Ökonomische und soziale Wirksamkeit des wissenschaftlich-technischen Fortschritts

Diese Schrift ist Bestandteil der internationalen Reihe:
„Sozialismus – Erfahrungen, Probleme und Perspektiven“

Ökonomische und soziale Wirksamkeit des wissenschaftlich-technischen Fortschritts

Herausgegeben von
Prof. Dr. sc. Harry Maier
und Dr. habil. Wolfgang Marschall

AKADEMIE-VERLAG · BERLIN
1978

Die Übersetzung der russischsprachigen Texte ins Deutsche wurde von einem Kollektiv des Zentralinstituts für Wirtschaftswissenschaften der AdW der DDR besorgt.

Erschienen im Akademie-Verlag, 108 Berlin, Leipziger Str. 3–4

Lizenz-Nr. 202 · 100/32/78
Gesamtherstellung: IV/2/14 VEB Druckerei »Gottfried Wilhelm Leibniz«,
445 Gräfenhainichen · 5036
Bestellnummer: 753 354 1 (6477) · LSV 0325
Printed in GDR
DDR 22,– M

Inhaltsverzeichnis

Autoren der einzelnen Abschnitte

Kapitel I

Abschnitt 1.1.: Prof. Dr. L. M. Gatovskij, Moskau
1.2.: Dr. J. Vaner, Prag
1.3.: Prof. Dr. Harry Maier, Berlin
1.4.: Prof. Dr. H.-D. Haustein, Berlin
1.5.: Dr. R. Krč, Bratislava
1.6.: Dr. W. Marschall, Berlin
1.7.: Prof. Dr. A. Lange, Berlin

Kapitel II

Abschnitt 2.1.: Prof. Dr. M. A. Vilenskij, Moskau
2.2.: Dr. M. Toms, Prag
2.3.: Dr. U. Ludwig, Berlin
2.4.: Prof. Dr. M. A. Vilenskij/Dr. Ju. A. Zykov, Moskau
2.5.: Dr. V. P. Loginov/Dr. F. G. Fel'zenbaum, Moskau
2.6.: Dr. S. I. Golosovskij/Dr. B. M. Grinčel', Moskau/Leningrad
2.7.: Dr. V. Růžička, Prag
2.8.: Prof. Dr. H.-D. Haustein, Berlin
2.9.: Dr. M. Hájek, Prag
2.10.: Dr. E. Šarmir, Bratislava

Kapitel III

Abschnitt 3.1.: Prof. Dr. Harry Maier, Berlin
3.2.: Dr. S. Karabin, Bratislava
3.3.: Prof. Dr. M. Kodai, Bratislava
3.4.: Dr. V. Rollova/J. Žilova, Bratislava
3.5.: Dr. Ju. B. Blagušiak, Bratislava

Kapitel IV

Abschnitt 4.1.: Dr. F. Kutta, Prag
4.2.: Dr. O. I. Volkov, Moskau
4.3.: Prof. Dr. A. Lange, Berlin
4.4.: Dr. K. I. Taksir, Moskau
4.5.: Dr. W. Marschall, Berlin
4.6.: Dr. P. A. Sedlov, Moskau

Vorwort

Die Parteitage der kommunistischen und Arbeiterparteien der UdSSR, der ČSSR und der DDR im Jahre 1976 haben dem dialektischen Wechselverhältnis von gesellschaftlichem und wissenschaftlich-technischem Fortschritt große Aufmerksamkeit geschenkt. Auf ihnen wurde übereinstimmend herausgearbeitet, daß die gegenwärtigen revolutionären Errungenschaften in Wissenschaft und Technik nur im Sozialismus im Interesse der Werktätigen, im Dienste der Befriedigung ihrer materiellen und kulturellen Bedürfnisse, der Entfaltung ihrer sozialen, produktiven, geistigen und ästhetischen Anlagen und Fähigkeiten verwirklicht werden können. Gleichzeitig wurde klargestellt, daß der Sozialismus/Kommunismus seine humanistischen Ziele nur auf der Grundlage einer durchgreifenden Erhöhung der ökonomischen und sozialen Wirksamkeit des wissenschaftlich-technischen Fortschritts voll realisieren kann. Diese Grundgedanken bildeten für die Autoren der vorliegenden Monographie den Ausgangspunkt dafür, Grundfragen der Erhöhung der sozialen und ökonomischen Wirksamkeit des wissenschaftlich-technischen Fortschritts in der sozialistischen Gesellschaft zu analysieren, die hierbei auftretenden Probleme und Widersprüche aufzudecken und Wege zu ihrer Lösung im Interesse der Werktätigen zu zeigen. Die wesentlichen Erkenntnisse dieser Monographie sind auf mehreren Zusammenkünften der Autoren in einer Atmosphäre eines schöpferischen Meinungsstreits und des kameradschaftlichen Ringens um die theoretische Bewältigung dieser komplizierten Probleme gemeinsam erarbeitet worden, wobei jede Form künstlicher Konfektionierung der Standpunkte sorgsam vermieden wurde. Daher zeichnen sich die Beiträge dieser Monographie – wie sich der Leser leicht überzeugen kann – sowohl durch eine gemeinsame Grundposition als auch durch die persönliche Handschrift der einzelnen Autoren aus.

Einen wichtigen Schwerpunkt der Monographie stellt das Verhältnis von gesellschaftlichem Fortschritt und wissenschaftlich-technischem Fortschritt dar. Die Autoren sind sich darin einig, daß es keinen gesellschaftsneutralen wissenschaftlich-technischen Fortschritt gibt. Sie sind auch nicht der Meinung, daß der wissenschaftlich-technische Fortschritt lediglich im Rahmen unterschiedlicher Produktionsverhältnisse wirkt, also – wie ein Theoretiker in den sechziger Jahren formulierte – eine Art „Goldmine des 20. Jahrhunderts“ darstellt, um deren Nutzung die antagonistischen Weltsysteme – Sozialismus und Imperialismus – miteinander wetteifern. Ein solcher oberflächlicher Standpunkt wird ihres Erachtens der Rolle des wissenschaftlich-technischen Fortschritts in unserer Zeit nicht gerecht.

Die Dialektik des gesellschaftlichen Entwicklungsprozesses besteht – wie sie meinen – vielmehr darin, daß ein bestimmtes Entwicklungsniveau des wissenschaftlich-technischen Fortschritts – als einer wichtigen Seite der Entwicklung der Produktivkräfte – auch bestimmte Produktionsverhältnisse hervorbringt und daß bestimmte Produktionsverhältnisse sich einen ihnen entsprechenden Typ der Technik schaffen.

Marx unterschied daher bei seiner Analyse der technologischen Basis der kapitalistischen Produktionsweise zwei Phasen:

1. Eine technologische Basis, die sich auf der alten Technik der Handwerksarbeit gründete, die aber unter dem Kommando des Kapitalisten zu erfolgen hatte. Er nannte sie die formelle Subsumtion der Arbeit unter das Kapital, formell deshalb, weil sich die technologische Grundlage gegenüber der kleinen Warenproduktion nicht veränderte. Diese Stufe ist vor allem gekennzeichnet durch die Produktion des absoluten Mehrwertes.
2. Die reale Subsumtion der Arbeit unter das Kapitel, wo sich die kapitalistischen Produktionsverhältnisse den ihnen gemäßen Typ der Technik schaffen, der auf der Zerstückelung der Arbeit beruht, auf der Trennung der gesellschaftlichen Produktivkräfte, wie Wissenschaft, Organisation, Kooperation von den individuellen Produktivkräften des Arbeiters, seine Verwandlung in ein Teilindividuum.[1]

Für die Autoren ergibt sich hieraus die Frage, ob nicht auch im Sozialismus/Kommunismus zwei Phasen der Entwicklung der technologischen Basis unterschieden werden müssen: Eine Entwicklungsphase, die auf der althergebrachten Technik beruht, und eine, in der die den Produktionsverhältnissen der kommunistischen Gesellschaftsformation gemäße technologische Basis entsteht, die auf einem neuen Typ der Technik basiert, der einen allseitig entwickelten Produzenten erfordert. Die Lösung dieser Aufgabe ist ein weitreichender historischer Prozeß, der erst im vollentwickelten Kommunismus abgeschlossen sein wird. Jedoch bereits heute sind all unsere Aufgaben darauf gerichtet, durch den Ausbau der materiell-technischen Basis, die Entwicklung des sozialistisch-kommunistischen Charakters der Arbeit, die Verringerung der wesentlichen Unterschiede zwischen körperlicher und geistiger Arbeit

[1] Diese Gedanken entwickelt Karl Marx ausführlich in seiner Arbeit „Resultate des unmittelbaren Produktionsprozesses“, die er ursprünglich als besonderen Abschnitt in Bd. 1 des Kapitals aufnehmen wollte. Hier werden eine Reihe von Gedanken näher ausgeführt, die in anderen Abschnitten des Kapitals, so im 5. und 7. Abschnitt, nur angedeutet werden. Vgl. Karl Marx, Resultate des unmittelbaren Produktionsprozesses, in: Marx-Engels-Archiv, Bd. 2 (7), Moskva 1933.

sowie zwischen industrieller und landwirtschaftlicher Arbeit, die Annäherung aller Klassen und Schichten an die Arbeiterklasse schrittweise diesem Ziel näher zu kommen.

Das erfordert die weitere Gestaltung der entwickelten sozialistischen Gesellschaft und die Schaffung der grundlegenden Voraussetzungen für den allmählichen Übergang zum Kommunismus.

Der Hauptweg des ökonomischen Fortschritts ist hierbei die Intensivierung des volkswirtschaftlichen Reproduktionsprozesses.

Deshalb liegt ein wichtiger Schwerpunkt der Monographie in der Bestimmung des Beitrags des wissenschaftlich-technischen Fortschritts zur Intensivierung der Volkswirtschaft. Die Autoren gehen davon aus, daß der wissenschaftlich-technische Fortschritt der entscheidende Intensivierungsfaktor ist, der das qualitative Niveau der Entwicklung der sozialistischen Volkswirtschaften immer tiefgreifender bestimmt.

Nach ihrer Auffassung genügt es heute nicht mehr, auf diesem oder jenem Gebiet wissenschaftlich-technische Höchstleistungen zu erreichen, sondern es ist notwendig, eine Beschleunigung des wissenschaftlich-technischen Fortschritts in großer Breite zu erreichen, bei der Entwicklung der Rohstoff- und Energiebasis, in der landwirtschaftlichen Produktion, bei dem Bau von modernen Maschinen und Ausrüstungen, bei der Entwicklung neuer Technologien bis hin zu solchen Konsumgütern, mit denen die wissenschaftlich-technischen Errungenschaften für die Befriedigung der Bedürfnisse unmittelbar wirksam werden.

Von besonderer Bedeutung ist der Beitrag des wissenschaftlich-technischen Fortschritts zur Entwicklung der Rohstoff- und Energiebasis einer sozialistischen Volkswirtschaft. Die Sicherung effektiver Gleichgewichtsbedingungen zwischen Rohstoff- und Energiebasis und Entwicklung der übrigen Bereiche der materiellen Produktion, vor allem der Industrie, ist eine grundlegende Voraussetzung für ein stabiles Wachstum der Leistungsfähigkeit der Wirtschaft.

Im Fünfjahrplan 1976 bis 1980 sind zum Beispiel in der DDR ein Drittel aller Investitionen für den Ausbau der Energie- und Rohstoffbasis vorgesehen, die es auf hohem wissenschaftlich-technischem Niveau zu realisieren gilt.

Gerade in der Senkung des spezifischen Energie- und Rohstoffverbrauchs pro Einheit Produktion liegt ein entscheidendes Bewährungsfeld für Wissenschaft und Technik. Insgesamt sollen im Fünfjahrplan 1976 bis 1980 in der DDR etwa 50 Prozent des für die Sicherung des Produktionszuwachses notwendigen Materialaufwands durch eine höhere Material- und Energieökonomie der Produktion verfügbar werden. Dies erfordert, den Verbrauch volkswirtschaftlich wichtiger Energieträger, Rohstoffe und Materialien, berechnet auf eine Einheit industrieller Warenproduktion, pro Jahr durchschnittlich um 3,0 Prozent zu senken. Vor allem ist der Einsatz von Energie, Walzstahl, Buntmetallen, Guß, Plast- und Holzwerkstoffen zu verringern. Diese enorme

Senkung des spezifischen Energie- und Materialverbrauchs soll zu 80 Prozent durch eine höhere Wirksamkeit von Wissenschaft und Technik gesichert werden. Es handelt sich hier durchaus nicht um eine zeitweilige, etwa sich aus einer konjunkturellen Situation auf dem Weltmarkt ergebende Aufgabe. Die natürliche Begrenztheit von Rohstoff- und Energieressourcen im Vergleich zu den wachsenden Dimensionen der Volkswirtschaft stellt ständig hohe Anforderungen an ihren rationellen Einsatz. Auch langfristig gesehen, wird die Dynamik der Wirtschaft der sozialistischen Länder immer stärker vom Tempo der Senkung des spezifischen Energie- und Materialverbrauchs abhängen.[2]

Die Autoren zeigen anhand konkreter Analysen in ihren Ländern, daß Wissenschaft und Technik wichtige Quellen sind, um durch Verbesserung der Gebrauchseigenschaften der Erzeugnisse, ihrer Güte, Lebensdauer, Funktionstüchtigkeit und gestalterischen Qualität pro Bedürfniseinheit, weniger Energie und Material zu verbrauchen. Gleichzeitig gilt es, durch die Erhöhung des „Veredlungsgrades" der Produkte den Rohstoffanteil an allen Waren zu senken, die Substitution von knappen Rohstoffen und Materialien zu ermöglichen sowie den verminderten Verbrauch von Rohstoffen durch Entwicklung von energie- und rohstoffarmen Technologien zu gewährleisten. Besonders wichtig ist die kontinuierliche Rückgewinnung von Rohstoffen aus Abfall und veralteten Gebrauchsgütern.

Gegenwärtig fehlen noch rationelle wissenschaftlich-technische Lösungen, um aus solchen Abprodukten wie Braunkohlenasche, Altreifen, Alttextilien, Magnesiumchloridlauge, Rotschlamm und Plastabfällen Sekundärrohstoffe zu gewinnen. Wissenschaftlich-technische Lösungen, die auf effektive Weise ermöglichen, die Abprodukte der Produktion möglichst umfassend wieder in den wirtschaftlichen Kreislauf einzubeziehen, sind nicht nur von hohem ökonomischem Wert. Sie haben auch entscheidende Bedeutung für die Sicherung einer effektiven Reproduktion der natürlichen Umwelt, denn Abprodukte, die nicht in irgendeiner Weise dem Produktionsprozeß wieder zugeführt werden, belasten Luft, Wasser oder Boden und mindern somit Qualität und Leistungsfähigkeit unserer natürlichen Umwelt.

Die Beschleunigung des wissenschaftlich-technischen Fortschritts ist ein entscheidender Faktor zur weiteren Steigerung der gesellschaftlichen Arbeitsproduktivität, zur Erhöhung der Qualität der Erzeugnisse, zur Freisetzung von gesellschaftlicher Arbeit für die Lösung neuer Aufgaben bei der Sicherung der planmäßig proportionalen Entwicklung der Volkswirtschaft und für die schrittweise Erhöhung des Gewichts der qualifizierten Arbeit im Reproduktionsprozeß.

Dies zeigt sich daran, daß in der DDR zum Beispiel 60 bis 70 Prozent der notwendigen Steigerung der Arbeitsproduktivität in der Zeit von 1976 bis

[2] Vgl. 2. Tagung des ZK der SED, 2./3. September 1976. Zu aktuellen Fragen unserer Innen- und Außenpolitik nach dem IX. Parteitag. Aus dem Schlußwort des Genossen Erich Honecker, Berlin 1976, S. 32.

1980 durch die Nutzung von wissenschaftlich-technischen Ergebnissen erzielt werden sollen, wobei jährlich 220 bis 280 Millionen Arbeitsstunden in der Industrie und im Bauwesen einzusparen sind.

Hierbei kommen dem Maschinenbau und der Elektrotechnik/Elektronik eine Schlüsselstellung zu, da über die Erzeugnisse dieser Zweige die Ergebnisse des wissenschaftlich-technischen Fortschritts in Form von Automatisierungs- und Mechanisierungsmitteln in alle Zweige der Volkswirtschaft Eingang finden. Da sie in einem entscheidenden Maße das wissenschaftlich-technische Niveau der gesamten Volkswirtschaft und die Effektivität des Exports bestimmen, sind in der UdSSR, der ČSSR und der DDR überdurchschnittliche Wachstumsraten der Produktion und der Qualität dieser Erzeugnisse vorgesehen.

Einen wichtigen Schwerpunkt der Monographie bildet die Untersuchung der Prozesse, die im Zuge des wissenschaftlich-technischen Fortschritts den sozialistisch-kommunistischen Charakter der Arbeit ausprägen, das Gewicht der qualifizierten Arbeit im Reproduktionsprozeß der Arbeit erhöhen. Dies ist durchaus kein gradliniger, widerspruchsfreier Prozeß.

Jede neue Stufe der Mechanisierung und Automatisierung verändert eine Reihe von Arbeitsplätzen, erhöht die qualitativen Anforderungen an sie, läßt aber auch gleichzeitig eine Reihe von Arbeitsplätzen in der alten Struktur und Form bestehen. Hierbei werden Teilfunktionen der ursprünglich komplexen Produktionstätigkeiten auf maschinelle Anlagen übertragen, zu neuen anspruchsvollen Tätigkeiten im Produktionsbereich zusammengefaßt sowie in die produktionsvorbereitenden Abteilungen transferiert. Gleichzeitig werden aber auch einfache und einseitige Tätigkeiten reproduziert.

Obwohl die grundlegende Tendenz dieses Prozesses in der Erhöhung des Gewichts der qualifizierten Arbeit besteht, wechseln in den einzelnen Technisierungsstufen die Anforderungen an die Qualifikation stark. Da im Sozialismus Produktionsverhältnissen der Boden entzogen ist, „worin das Verhältnis von Arbeit und Arbeitsbedingungen sich verkehrt, so daß nicht der Arbeiter die Bedingungen, sondern die Bedingungen den Arbeiter anwenden“[3], kann sich die Arbeiterklasse nicht einfach den mit den Mechanisierungs- und Automatisierungsstufen wechselnden Anforderungen an die Qualifikation anpassen, die sowohl zunehmen als auch abnehmen, sondern sie übt einen aktiven Einfluß auf die Veränderung ihrer Arbeitsbedingungen aus.

Bei der rationellen Gestaltung der Arbeitsplätze, der Verringerung der körperlich schweren und geistig monotonen Arbeit, wird die wissenschaftliche Arbeitsorganisation zu einem wichtigen Instrument der Arbeiterklasse zur Gestaltung ihrer Arbeitsbedingungen. Hierbei geht es nicht nur darum, vorhandene Arbeitsplätze neu zu gestalten, den Arbeitsablauf flüssiger und die Arbeit effektiver zu machen, sondern gleichzeitig sind auch größere Anstren-

[3] Karl Marx, Theorien über den Mehrwert, in: MEW, Bd. 26.3, Berlin 1968, S. 271.

gungen zu unternehmen, um bereits bei der Forschung und Entwicklung, der Projektierung und Konstruktion die Erfordernisse zur Reduzierung der unqualifizierten Arbeit und zur Entwicklung des Arbeitsinhalts zur Geltung zu bringen und konkrete soziale Vorgaben im Hinblick auf die Arbeitsgestaltung herauszuarbeiten. Möglichkeiten, die in Forschung, Entwicklung und am Reißbrett für die Verbesserung der Arbeitsbedingungen vertan werden, können später nur mit großen zusätzlichen Aufwendungen wieder wettgemacht werden. Deshalb entspricht eine solche rechtzeitige Einflußnahme der Arbeiter sowohl ihren eigenen Interessen als auch denen der gesamten Gesellschaft, trägt sie doch entscheidend dazu bei, schrittweise einen neuen, kommunistischen Typ der Produktivkräfte herauszubilden, der auf der allseitigen Entwicklung der Produzenten beruht, wodurch allmählich die Arbeit aus einer Existenznotwendigkeit zum ersten Lebensbedürfnis wird.

Von besonderer Bedeutung ist hierbei die Untersuchung des Anwachsens des Schöpfertums der Werktätigen im Prozeß der sozialistischen Anwendung des wissenschaftlich-technischen Fortschritts. In diesem Zusammenhang werden eine Reihe wichtiger Fragen aufgeworfen: Ist das Anwachsen der schöpferischen Elemente der Arbeit ein gesetzmäßiger Prozeß? Welche Widersprüche entstehen im Verlauf dieses Prozesses und wodurch werden sie lösbar? Welche Faktoren charakterisieren das Schöpfertum? Worin manifestiert sich das Schöpfertum der Arbeit? Ist es meßbar? Wie kann es gefördert werden? Welche objektiven Hindernisse sind zu überwinden? Wo stehen subjektive Hemmungen dem Schöpfertum im Wege? Worin zeigt sich die Kreativität in der Forschung? Welche Konsequenzen ergeben sich aus ihr für die Leitung und Planung der Forschung? Welche Stufen des kreativen Arbeitsprozesses gibt es und wie sind sie zu gestalten?

Besondere Aufmerksamkeit widmen die Autoren dem Problem des engeren Zusammenschlusses von Wissenschaft und Produktion. Dieser Zusammenschluß erfordert vor allem die Sicherung der allseitigen Wirksamkeit des wissenschaftlich-technischen Fortschritts im System der Intensivierungsfaktoren.

L. I. Breshnew sagte, daß „noch viel zu tun (ist), damit die Erkenntnisse der Wissenschaft schnell nicht nur in einzelnen – wenn auch noch so glänzenden – Experimenten und Ausstellungsstücken realisiert werden, sondern auch in Tausenden und aber Tausenden neuen Erzeugnissen ... Die Überleitung der neuen wissenschaftlichen Ideen in die Praxis ist heute eine nicht minder wichtige Aufgabe als ihre Ausarbeitung.“[4]

Die Lösung dieser grundlegenden Aufgabe des effektiven Zusammenschlusses von Wissenschaft und Produktion ist mit einer Vielzahl von Problemen

[4] XXV. Parteitag der KPdSU. Rechenschaftsbericht des Zentralkomitees der Kommunistischen Partei der Sowjetunion und die nächsten Aufgaben der Partei in der Innen- und Außenpolitik, Berichterstatter: L. I. Breshnew, Berlin 1976, S. 59.

verbunden, die unter den gegenwärtigen Bedingungen die ökonomische und soziale Wirksamkeit des wissenschaftlich-technischen Fortschritts bestimmen.

Vor allem geht es darum, das qualitative Niveau der wissenschaftlich-technischen Arbeit durchgehend zu erhöhen, überall hohe Maßstäbe, anspornende Ziele und eine Atmosphäre des Ringens um Lösungen, die das bereits Erreichte übertreffen, zu sichern. Hierin bestehen entscheidende Voraussetzungen, um „bei volkswirtschaftlich besonders wichtigen Produkten den fortgeschrittenen internationalen Stand" mitzubestimmen.[5]

Besonderer Aufmerksamkeit bedarf die effektive Gestaltung der Kette, die die Wissenschaft mit der Produktion verbindet, von der Lösung der wissenschaftlich-technischen Aufgaben an bis zu ihrer materiellen Realisierung, wobei sich die Neuerungen in der Produktion oder Konsumtion zu bewähren haben und ihr Einsatz ökonomisch effektiv sein muß. Für die Bewältigung dieser Aufgabe ist das Niveau der technologischen Arbeit, die rechtzeitige Planung der erforderlichen Rekonstruktions- und Investitionsmaßnahmen sowie die Vorbereitung der erforderlichen Kader von ausschlaggebender Bedeutung.

Deshalb ist der Lösung dieses Problems ein großer Teil der Beiträge dieser Monographie gewidmet. In ihnen werden eine Reihe wichtiger Fragen aufgeworfen und Lösungswege gezeigt.

Hier geht es um folgende Probleme:

Auf welche Stufen der Überführung muß sich die Leitung und Planung besonders konzentrieren?

Worin liegen die Haupthemmnisse?

Welche Faktoren bestimmen die Aufnahmefähigkeit einer Volkswirtschaft für neue wissenschaftliche Erkenntnisse?

Wie kann der Plan Wissenschaft und Technik mit dem Investitionsplan enger verbunden werden?

Welche Organisationsformen haben sich bei der kontinuierlichen Überführung von Forschungsprozessen in die Produktion bewährt?

Welche Stimulierungsformen können den Überführungsprozeß fördern?

Welche Methoden gibt es für eine rationelle Auswahl der zu überführenden Ergebnisse?

Welche Rolle kommt der Ziel-Programm-Planung und der Aufwand-Nutzen-Analyse als Planmethoden zur effektiven Gestaltung der Überführungsprozesse zu?

In allen Beiträgen wird hervorgehoben, daß die langfristig vorausschauende Planung auf der Ebene der Betriebe und Kombinate wie auch auf der Ebene der Ministerien und der gesamten Volkswirtschaft an Bedeutung gewinnt, um eine kontinuierliche Realisierung der Ergebnisse von Wissenschaft und Produktion zu sichern. Dies erfordert, „ausgehend von den sozialen und ökono-

[5] Vgl. 2. Tagung des ZK der SED, 2./3. September 1976. Zu aktuellen Fragen unserer Innen- und Außenpolitik nach dem IX. Parteitag. Aus dem Schlußwort des Genossen Erich Honecker, Berlin 1976, S. 26.

mischen Entwicklungszielen, die Aufgaben in Wissenschaft und Technik nach einem einheitlichen Konzept zu bestimmen“[6]. Das Niveau der realisierten wissenschaftlich-technischen Arbeit wird entscheidend vom Entwicklungsstand und der Wirksamkeit der Grundlagenforschung bestimmt. Genosse L. I. Breshnew wies auf dem XXV. Parteitag darauf hin, „daß der volle Strom des wissenschaftlich-technischen Fortschritts versiegt, wenn ihn nicht ständig Grundlagenforschungen speisen“[7]. Es geht demnach um eine Grundlagenforschung, die den Umfang unserer fundamentalen Erkenntnis erweitert, die potenzierend auf die angewandte und Überführungsforschung wirkt und mit ihren Ergebnissen direkt auf die Produktion Einfluß nimmt. Wird die wachsende Rolle der Grundlagenforschung im System des wissenschaftlich-technischen Fortschritts unter diesem Aspekt betrachtet, dann wird klar, daß es eine Illusion wäre, an der Grundlagenforschung vorbei die ökonomische und soziale Wirksamkeit des wissenschaftlich-technischen Fortschritts langfristig und stabil zu erhöhen.

Hierbei stehen folgende Probleme im Vordergrund:

Worin besteht gegenwärtig die effektivitätssteigernde Rolle der Grundlagenforschung?

Auf welche Grundrichtungen der volkswirtschaftlichen Entwicklung soll der wissenschaftlich-technische Fortschritt ausgerichtet werden?

Was sind die Hauptfaktoren zur Steigerung der Effektivität der Grundlagenforschung?

Wie kann die Kreativität der Forscher gesteigert und die materiell-technische Basis zur Grundlagenforschung erweitert werden?

Wie kann die Grundlagenforschung innerhalb der Kette Wissenschaft – Produktion wirksamer gemacht werden?

In den Beiträgen der vorliegenden Monographie werden höchst aktuelle Fragen aufgeworfen. Die Autoren sind sich bewußt, daß sie nur auf einen Teil der von ihnen aufgeworfenen Fragen eine ausreichende Antwort gefunden haben. Sie hoffen jedoch, daß ihre Arbeit die Diskussion und den Meinungsstreit der Ökonomen in den sozialistischen Ländern anregen und die Suche nach besseren Lösungen, als es ihnen gelungen ist, stimulieren wird. Die Mitarbeiter der Monographie danken den Akademien der beteiligten Länder für die Unterstützung ihrer Arbeit und die Förderung ihrer wissenschaftlichen Diskussion im Rahmen der sich vertiefenden wissenschaftlich-technischen Zusammenarbeit der sozialistischen Länder.

Harry Maier

[6] IX. Parteitag der SED. Bericht des Zentralkomitees der Sozialistischen Einheitspartei Deutschlands an den IX. Parteitag der SED, Berichterstatter: Erich Honecker, Berlin 1976, S. 75.

[7] XXV. Parteitag der KPdSU. Rechenschaftsbericht des Zentralkomitees der Kommunistischen Partei der Sowjetunion und die nächsten Aufgaben der Partei in der Innen- und Außenpolitik, Berichterstatter: L. I. Breshnew, Berlin 1976, S. 59.

1. Wissenschaft und Produktion

1.1. Einheit von Wissenschaft, Technik und Ökonomie

Die Forschungstätigkeit kann unter den heutigen Bedingungen nicht auf das Hervorbringen von Wissen beschränkt werden. Für die wissenschaftlich-technische Revolution ist das Entstehen und Entwickeln einer zweiten Funktion der Wissenschaft charakteristisch, die unmittelbare Mitwirkung an der Umsetzung der gewonnenen Erkenntnisse in den Bereich der materiellen Produktion. Die Wissenschaft wird zu einem organischen Bestandteil des Zyklus Wissenschaft – Produktion und nimmt die Form einer sich rasch entwickelnden „Wissenschaftsindustrie" an.

Gegenwärtig werden in der UdSSR das Planungs- und Stimulierungssystem und die Organisationsstruktur der Leitung immer stärker auf die Meisterung der sich aus der wissenschaftlich-technischen Revolution ergebenden Gesetzmäßigkeiten ausgerichtet. Wissenschaftliche Forschung und technische Entwicklung (mit den Stadien Projektierung, Technologie, Experiment) werden zu untrennbaren, organisch mit der Produktion verbundenen Elementen des einheitlichen Zyklus Wissenschaft–Produktion. Der Fortschritt der Wissenschaft wird zum Maßstab der Produktionsentwicklung und in wachsendem Maße zu einem notwendigen Faktor für die Vervollkommnung der laufenden Produktion. Umgekehrt wird in Forschung und Entwicklung die unmittelbare Mitwirkung der in der Produktion Beschäftigten erforderlich. All das wird letztlich durch Veränderungen des Charakters der Produktion, durch Herausbildung und Entwicklung ihrer wissenschaftlichen Grundlagen hervorgerufen. Weitere Gründe hierfür bestehen in dem raschen Anwachsen des wissenschaftlich-technischen Niveaus der Produktionsprozesse und ihrer Wissenschaftsintensität. Eine große Anzahl neuer Erzeugnisse resultiert unmittelbar aus der wissenschaftlichen Tätigkeit. Die vorrangige Entwicklung der Wissenschaft zeigt sich darin, daß sie dem technischen Fortschritt, der Produktion, dem Dienstleistungsbereich und der Kultur neue Perspektiven eröffnet. Das drückt sich im systematischen Anwachsen des Anteils der Wissenschaftsaufwendungen an den gesellschaftlichen Aufwendungen aus. In der UdSSR wachsen die Wissenschaftsausgaben wesentlich rascher als das Nationaleinkommen.

Unter den Bedingungen der wissenschaftlich-technischen Revolution erfordern Produktionsvorbereitung, -durchführung und deren Weiterentwicklung eine direkte, maßgebliche Beteiligung der Wissenschaft. Das findet darin seinen Ausdruck, daß in der UdSSR ein System für die komplexe Leitung des Zyklus Wissenschaft–Produktion entsteht. Ausgangspunkt dafür sind Fortschritte der Grundlagenforschung. Schrittweise bildet sich die einheitliche, planmäßige Leitung von Wissenschaft und Technik heraus als wesentliche Voraussetzung zur Beschleunigung des wissenschaftlich-technischen Fortschritts und für seine Verwirklichung in Form einer höheren Produktionseffektivität, worin auch die Grundlage für die Lösung sozialer Probleme liegt.

Auf diese Weise entsteht und verstärkt sich die Komplexität von Forschung, Entwicklung, Produktion neuer Technik und ihrer Anwendung im produzierenden und nichtproduzierenden Bereich. Sie äußert sich in der Kontinuität des Gesamtzyklus, der Abstimmung, Aufeinanderfolge und Synchronität seiner Elemente und ihrer gemeinsamen Wirksamkeit. Die dadurch erzielte Zeiteinsparung und die daraus resultierende Aufwandsverringerung pro Einheit nützliches Ergebnis sowie die Effektivitätssteigerung der Technik wird durch das Zusammenwirken dreier Hauptfaktoren erreicht: durch Verkürzung und Beseitigung von Zeitverzögerungen zwischen den einzelnen Stadien; durch Verringerung der Bearbeitungsdauer der jeweiligen Aufgabe auf jeder Stufe; durch teilweise gleichzeitig durchgeführte Arbeiten in verschiedenen Stadien zur Verwirklichung einer konkreten Aufgabe, wobei die Ergebnisse verschiedener Arbeitsetappen aufeinander aufbauen. Die ökonomischen Beziehungen innerhalb der einzelnen Stadien sowie zwischen ihnen und der Volkswirtschaft werden sowohl im produzierenden Bereich als auch im Wechselverhältnis von wissenschaftlich-technischem Fortschritt und unmittelbar unproduktiver Konsumtion immer enger.

Die komplexe Leitung des Zyklus Wissenschaft–Produktion vollzieht sich auf folgenden Ebenen:

– *Volkswirtschaftliche Ebene:* Das betrifft einerseits die Orientierung von Wissenschaft und Technik auf die Erhöhung des technisch-ökonomischen Niveaus von Produktion und Erzeugnissen und andererseits die Ausrichtung der Volkswirtschaft auf die vorrangige Realisierung wissenschaftlich-technischer Erkenntnisse. Weiterhin berührt dies die Umwandlung der wissenschaftlich-technischen Entwicklung in einen wesentlichen Bestandteil der gesellschaftlichen Produktion und Konsumtion (materieller und immaterieller Güter) und die organische Verbindung und Planung von Wissenschaft und Technik mit der Planung von Wirtschaft und Kultur.

– *Zweigebene:* Hierbei erfolgt der Übergang zu einer durchgängigen Planung im Zweigmaßstab, wobei die materielle sowie finanzielle Sicherstellung aller Stadien als einheitliches Ganzes zu gewährleisten ist durch Anwendung eines Vertragssystems (das den gesamten Zyklus Wissenschaft–Produktion umfaßt), die Schaffung wissenschaftlich-technischer Zentren, die komplexe Stimulierung aller Stufen auf der Grundlage des Effekts aus der Einführung wissenschaftlich-technischer Ergebnisse in die Produktion und aus der Anwendung neuer Technik sowie durch die Herstellung von Kooperationsbeziehungen zu anderen Zweigen.

– *Ebene der Produktionsvereinigungen:* Hier ist es erforderlich, zu einer einheitlichen Leitung von Forschung, Projektierung, Technologie und Überleitung neuer Technik in die Produktion, ihrer Anwendung und Ausbreitung überzugehen.

– *Betriebsebene:* Auf dieser Ebene ist eine einheitliche Leitung aller Abteilungen zu verwirklichen, in denen neue Technik entwickelt, eingeführt und angewendet wird und die sich mit der technischen Vorbereitung der Produktion befassen. Die Planung des technischen Fortschritts muß zum wichtigsten Bestandteil des Betriebsplanes und seine Leitung zum organischen Leitungselement der gesamten Wirtschafts- und Produktionstätigkeit der Betriebe werden, die auf die Beschleunigung des technischen Fortschritts und die Erneuerung der Produktion als Grundlage für ihre Effektivitätssteigerung zu orientieren ist.

Auf diese Weise vollzieht sich die Bildung des Zyklus Wissenschaft–Produktion oder genauer des Zyklus Wissenschaft–Technik–Produktion–Konsumtion. Alle seine Stufen bilden eine Einheit, die auf starken produktionstechnischen und ökonomischen Verflechtungen beruht. Unter sozialistischen Bedingungen sind die Zyklen Wissenschaft–Technik–Produktion–Konsumtion eine spezifische Form der Vergesellschaftung der Produktion, also von Produktionsverhältnissen, die auf dem gesellschaftlichen Eigentum an Produktionsmitteln beruhen. Dieses wiederum bedingt die Verwirklichung des Ziels der sozialistischen Produktion und ihren planmäßigen Charakter. Deshalb stellt der Zyklus eine Kategorie der Politischen Ökonomie des Sozialismus dar, die bei der Entwicklung der sozialistischen Wirtschaft entsteht und deren allseitige Erforschung immer größere Aktualität erlangt.

Das Wesen der komplexen Leitung des Zyklus Wissenschaft–Produktion besteht darin, Planung, Bewertung der Produktionstätigkeit, materielle Stimulierung, Rechnungsführung und Kontrolle sowie ökonomische und organisatorische Faktoren zu einer organischen Einheit zu verbinden und in steigendem Maße Betriebe und ihre Kollektive, Vereinigungen und Zweigorgane zu einer raschen, hocheffektiven, technischen Erneuerung der Produktion zu veranlassen. Große Bedeutung hat in diesem Zusammenhang das auf dem XXV. Parteitag der KPdSU hervorgehobene Prinzip der Orientierung am Endresultat. Dieses Prinzip besagt vor allem, daß Pläne und Stimuli auf Kennziffern und Normative zu richten sind, die die Qualitätserhöhung, die Effektivität und das technisch-ökonomische Niveau der Produktion zum Ausdruck bringen. Dabei sollten quantitative Kennziffern auf diesen qualitativen Kennziffern basieren und von ihnen ausgehen. Nur eine solche Orientierung kann eine enge Verbindung von Wissenschaft und Produktion gewährleisten, da die in Qualitäts- und Effektivitätsnormativen widerzuspiegelnden wissenschaftlich-technischen Erkenntnisse und Neuerungen zu Richtwerten für die Produktions- und Wirtschaftstätigkeit werden müssen.

Zentrale Bedeutung bei der komplexen Leitung des Zyklus Wissenschaft – Produktion hat die organische Verbindung der Planung der wissenschaftlich-technischen Entwicklung mit der Produktions- und Investitionsplanung auf allen Ebenen. Die Pläne Wissenschaft und Technik sind Ausgangspunkt für alle anderen Teile des Volkswirtschaftsplans, werden früher als diese aufgestellt und dienen ihnen als Orientierung und Grundlage. Dies erfordert die Einführung eines Systems vergleichbarer Planberechnungskennziffern und Effektivitätsnormative für die gesamte Kette Forschung–Entwicklung–Projektierung.

Die Entwicklung neuer Technik und der Nachweis ihrer Effektivität ist das Endprodukt der wissenschaftlich-technischen Bereiche, dargestellt in Projekten und industriellen Versuchsmustern. Endprodukt der produzierenden Bereiche ist die Realisierung der entsprechenden Neuerungen und ihrer Effekte. Nur die einheitliche Aufgabenstellung auf allen Stufen des Zyklus läßt eine durchgängige Leitung des wissenschaftlich-technischen Fortschritts von der Bestimmung der Forschungsthemen bis zur Verwirklichung ingenieurtechnischer Lösungen in der Serienfertigung und Massenanwendung neuer effektiver Technik zu. Dabei kommt einer ergebnisbezogenen *Ziel–Programm–Planung* mit Hilfe langfristiger zwischen- und innerzweiglicher Programme des wissenschaftlich-technischen Fortschritts, die auf die Lösung sozialer Aufgaben gerichtet sind, große Bedeutung zu. Programme des wissenschaftlich-technischen Fortschritts, die auch konkrete Wege für ihre Realisierung im produktiven und nichtproduktiven Bereich enthalten müssen, sollten eine zentrale Stellung im gesamten Planungssystem einnehmen. Dies erfordert die Lösung einer Reihe von organisatorischen Problemen, die die Leitung der Ausarbeitung, materiellen Sicherung und Programmrealisierung wie auch die Verantwortlichkeit der ausführenden Organe und die Verfügung über die Mittel betreffen. Gegenwärtig geht man in der UdSSR von der Planung einzelner Erzeugnisse und Maßnahmen zur komplexen Planung über, wenn vielfältige technisch-ökonomische Zusammenhänge, verschiedene Arten der Technik und ganze Richtungen des wissenschaftlich-technischen Fortschritts betroffen sind.

Die Entwicklung der komplexen Leitung des Zyklus Wissenschaft – Produktion in der „Horizontalen" gewährleistet die Vervollkommnung einer einheitlichen wissenschaftlich-technischen Politik. Sie ermöglicht es, diese wissenschaftlich zu begründen und erhöht ihre operative Wirksamkeit. Die organische Verbindung der Pläne für wissenschaftlich-technische Entwicklung mit den Plänen zur Realisierung wissenschaftlich-technischer Ergebnisse in der Volkswirtschaft erfordert es, einen Komplex von Kennziffern einzuführen, der die Qualität und Effektivität der neuen Technik sowie den

Umfang ihrer Produktion und Anwendung charakterisiert. Weiterhin sollten diese Kennziffern dazu dienen, den Zeitbedarf für das Durchlaufen aller Stufen des Zyklus Wissenschaft–Produktion und die dafür erforderlichen Ressourcen, einschließlich der Stimulierungsfonds, sowie die konkreten Anwendungsmöglichkeiten einzuschätzen. Folglich ist ein geschlossenes Kennziffernsystem des technischen Fortschritts und seiner Effektivität erforderlich, das auf entsprechenden Normen und Normativen basiert. Dieses System beinhaltet:

– eine *allgemeine Kennziffer der ökonomischen Effektivität*, die den ökonomischen Gesamteffekt zum Ausdruck bringt, das heißt die Gesamteinsparungen an Aufwendungen und folglich die Erhöhung der Gesamtproduktivität lebendiger und vergegenständlichter Arbeit,

– einzelne – gewöhnlich als *technisch-ökonomisch* bezeichnete – Kennziffern des technischen Fortschritts, die diese oder jene Seite der Effektivität kennzeichnen (Verringerung des Arbeitsaufwands, Einsparung und Freisetzung von Arbeitskräften, Vergrößerung der Produktivität lebendiger Arbeit, Verringerung der Materialintensität und Fondsintensität der Produktion, Verringerung des spezifischen Investitionsaufwands, Selbstkostensenkung),

– *technische Parameter* (Leistungsparameter, Zuverlässigkeit, Genauigkeit, Operationsgeschwindigkeit der Technik, Gebrauchseigenschaften, differenziert nach Erzeugnisarten),

– *Kennziffern sozialer Faktoren* (Verbesserung der Arbeitsbedingungen bei der Produktion und Anwendung neuer Technik, Wirkung des wissenschaftlich technischen Fortschritts auf Erhaltung und Schutz der natürlichen Umwelt).

Der größte Teil der technisch-ökonomischen und alle technischen Kennziffern und Normative sind nach Zweigen und Erzeugnissen zu differenzieren. Das Kennziffernsystem wird durch die Effektivitätskriterien der gesellschaftlichen Produktion und des Zyklus Wissenschaft–Produktion bestimmt. Es spiegelt die Komplexität der Wirtschaftsleitung wider, insbesondere die komplexe Leitung des Zyklus Wissenschaft–Produktion. Diese Komplexität basiert vor allem auf dem Grundprinzip: Was dem gesamtgesellschaftlichen, das heißt volkswirtschaftlichen Interesse dient, muß auch den Betrieben (Vereinigungen), ihren Kollektiven und einzelnen Beschäftigten nützen. Je größer ihr Beitrag zur volkswirtschaftlichen Effektivität ist, desto höher sind ihre Leistungen zu bewerten und desto stärker sind ihre Arbeitsergebnisse anzuerkennen.

Die volkswirtschaftlichen Interessen bestehen in der größtmöglichen Befriedigung der wachsenden materiellen und kulturellen Bedürfnisse des gesamten Volkes bei gegebenen Ressourcen. Daraus resultiert die Orientierung auf die Intensivierung der Wirtschaft durch Beschleunigung des wissenschaftlich-technischen Fortschritts und konsequente Durchführung der wissenschaftlich-technischen Revolution. Das ermöglicht, die Grundaufgaben zu lösen: die Aufwendungen pro Einheit nützlichen Ergebnisses (Erzeugnis oder Dienstleistung unter Berücksichtigung ihrer Qualität) zu senken. Dadurch werden Voraussetzungen für die Ressourcenvermehrung geschaffen, um eine Steigerung des gesellschaftlich nützlichen Ergebnisses im Maßstab des ganzen Landes zu gewährleisten.

Folglich werden durch die volkswirtschaftliche Effektivität, wie auch die gesellschaftliche Produktion insgesamt, zwei Momente ausgedrückt: erstens das durch den wissenschaftlich-technischen Fortschritt bewirkte Anwachsen des materiellen Reichtums und damit der Möglichkeiten zur ständig besseren Befriedigung der gesellschaftlichen Bedürfnisse. Hierzu gehören Vergrößerung der Menge, Struktur- und Qualitätsverbesserungen der Erzeugnisse und Dienstleistungen in Übereinstimmung mit der konkreten Nachfrage, Verbesserung der Arbeitsbedingungen und Umweltschutz. Zweitens betrifft das die volkswirtschaftlichen Einsparungen an Aufwendungen für jede Einheit nützliches Ergebnis.

Das erste Moment der volkswirtschaftlichen Effektivität erfordert, die Bedürfnisse nach ihrer Wichtigkeit zu ordnen, wobei sie zu den vorhandenen Ressourcen und deren Verbrauch in Beziehung gesetzt werden. Daraus resultiert eine Rangfolge der Bedürfnisbefriedigung unter Verwendung entsprechender Bilanzen. Bei dieser Seite der Effektivitätsbetrachtung besteht das Ziel in einem nützlichen Ergebnis, das durch die volkswirtschaftlichen Einsparungen erreicht werden soll. Letztere sind demnach das Mittel, um dieses Ziel zu erreichen. Der volkswirtschaftliche Effekt drückt sich in einem Einkommenszuwachs der Gesellschaft aus, der sich aus Einsparungen durch Anwendung neuer Technik ergibt. Dieser Einkommenszuwachs basiert auf der Vergrößerung des Saldos zwischen den Ergebnissen der Anwendung der neuen Technik und den vollständigen Aufwendungen für ihre Herstellung und ihren Einsatz. Volkswirtschaftlich drückt sich dies in einem Nationaleinkommenszuwachs aus, der aus der Anwendung neuer Technik entsteht.

Der *zusammengefaßte volkswirtschaftliche Effekt* aus den Einsparungen ergibt sich aus dem Endergebnis, das in den Anwendungsbereichen der neuen Technik erzielt wird. Er faßt die Komponenten, also die einzelnen Ressourceneinsparungen, zusammen und wird bei der Produktionsplanung zur Auswahl einer effektiven Variante der neuen Technik genutzt. Diese Kennziffer des volkswirtschaftlichen Effekts der neuen Technik wird von den statistischen und Planungsorganen aller Leitungsebenen, von Betrieben, Vereinigungen, Zweigorganen, Forschungsinstituten und Projektierungseinrichtungen sowie in der Versuchsproduktion verwendet. Sie charakterisiert die Gesamteinsparungen aller Produktionsressourcen durch Anwendung neuer Technik, zumindest jedoch die Einsparungen der reduzierten Aufwendungen. Die laufenden und die reduzierten Aufwendungen werden für die auszuwählende Variante der neuen Technik und für die weniger effektive Basisvariante als

Vergleichsmaßstab berechnet. Die Differenz der Gesamtaufwendungen bildet die Grundlage zur Auswahl der Variante neuer Technik, die in den Produktionsplan aufgenommen werden soll.

Der jährliche ökonomische Effekt, der sich aus der neuen Technik ergibt, ausgedrückt als Differenz der gesamten laufenden und reduzierten Aufwendungen für die neue und Basistechnik, kann durch folgende Formel dargestellt werden:

$$A = (A_1 - A_2) \cdot U_2. \qquad (1)$$

Dabei bedeuten:

A – jährlicher ökonomischer Effekt (in Rubel),

A_1, A_2 – Gesamtaufwendungen je Einheit der Varianten (in Rubel),

U_2 – jährlicher Produktionsumfang der neuen Technik im Berechnungsjahr (in Naturaleinheiten).

Bei der Bestimmung des Effekts vergleichbarer Varianten wird berücksichtigt, daß Investitionen für unterschiedlich lange Zeiträume getätigt werden und daß sich laufende Aufwendungen und Produktionsergebnisse im Verlauf der Anwendungszeit von Jahr zu Jahr ändern. Der Zeitfaktor wird durch Reduzierung der Aufwendungen zur Schaffung und Anwendung neuer Technik und ihrer Anwendungsergebnisse auf einen bestimmten Zeitpunkt (Beginn der Berechnungsperiode) nach folgender Formel berücksichtigt:

$$R = (I + \mathrm{E}_N)^t. \qquad (2)$$

Dabei bedeuten:

R – Reduktionskoeffizient,

E_N – Effektivitätsnormativ,

t – Anzahl der Jahre, die zwischen Aufwendungen und Ergebnissen im Basis- und Berechnungsjahr liegen,

I – Investitionen.

Die Aufwendungen, die bis zum Beginn des Berechnungsjahres getätigt wurden und die bis dahin vorliegenden Ergebnisse werden mit dem Reduktionskoeffizienten R multipliziert. In der Zeit nach Beginn des Berechnungsjahres wird durch diesen Koeffizienten dividiert.

Im Auswahlstadium der Varianten neuer Technik für ihren Einsatz in der Produktion dienen als Vergleichsbasis für die Effektivitätsbestimmung neuer Technik die Kennziffern der besten bereits angewandten und projektierten Technik. Die Vergleichbarkeit der neuen und Basistechnik ist bei der Bestimmung des ökonomischen Effekts durch entsprechende Berechnungen zu gewährleisten. Dazu gehören Berechnungen zum Zeitfaktor, zum Umfang der herzustellenden Erzeugnisse oder der zu leistenden Arbeiten, zur Struktur und Qualität sowie der sozialen Auswirkungen der Herstellung und Nutzung neuer Technik. Der volkswirtschaftliche Effekt, der sich aus der neuen Technik ergibt, wird für jeden Anwendungsbereich berechnet und danach für alle Bereiche summiert.

Die Beurteilung vom Standpunkt volkswirtschaftlicher Interessen ist unzureichend, wenn nicht gleichzeitig den ökonomischen Interessen der Betriebe und Wirtschaftsvereinigungen Rechnung getragen wird, denn die Planwirtschaft in der UdSSR setzt die Wirtschaftlichkeit und Rentabilität der Wirtschaftseinheiten, die nach der wirtschaftlichen Rechnungsführung arbeiten, voraus. Deshalb ist der volkswirtschaftliche Effekt neuer Technik, der die gesamtgesellschaftlichen Interessen repräsentiert, ebenfalls in Kennziffern auszudrücken, die den ökonomischen Nutzen charakterisieren, den die Betriebe durch Anwendung dieser Technik als deren Hersteller und Anwender erzielen. Dieser Nutzen zeigt sich im betrieblichen Effekt, der gesondert für die Hersteller und Anwender berechnet wird. Über den ökonomischen Mechanismus soll erreicht werden, daß der ökonomische Nutzen der Betriebe desto größer ist, je mehr Mittel auf Grundlage des wissenschaftlich-technischen Fortschritts eingespart werden und je konsequenter das Prinzip durchgesetzt wird, Aufwendungen und Preis, bezogen auf eine Gebrauchswerteinheit, zu senken. Allgemein müßten sich diese Einsparungen und der Effekt aus der neuen Technik bei den Betrieben und Vereinigungen im Zuwachs am Bruttogewinn und im Nettogewinn ausdrücken. Somit wird der volkswirtschaftliche Effekt neuer Technik in der Wirtschaftspraxis selbst realisiert und steht mit dem betrieblichen Effekt in engem Zusammenhang.

Für die komplexe Leitung des Zyklus Wissenschaft–Produktion haben somit die Kriterien für die ökonomische Effektivität neuer Technik große praktische Bedeutung. Erstens dienen sie dazu, die Auswahl der effektivsten Variante der Schaffung und Anwendung neuer Technik zu begründen. Weiterhin verkörpert der nach diesen Kriterien berechnete Effekt die wichtige Orientierung für Normative zur technisch-ökonomischen Ressourcennutzung und für Plankennziffern der Betriebe, Vereinigungen, Ministerien und der Volkswirtschaft insgesamt. Drittens wird, ausgehend von diesen Kriterien, der tatsächlich erzielte Effekt der neuen Technik berechnet und die Wirtschaftstätigkeit eingeschätzt. Viertens läßt sich in Abhängigkeit davon das Ausmaß der materiellen Stimulierung der Betriebe, Betriebskollektive und der Beschäftigten festlegen. Und schließlich wird der Effekt, den die neue Technik bringt, bei einer ökonomisch begründeten Preisbildung über den Preis zwischen den Hersteller- und Anwenderbetrieben verteilt.

Die komplexe Stimulierung des wissenschaftlich-technischen Fortschritts drückt sich vor allem in einer konsequenten materiellen Anerkennung der Betriebe aus, die sich auf dieses Kennziffern- und Normativsystem stützen, das die ökonomischen Produktionsergebnisse widerspiegelt. Andererseits sind für seine Nichteinhaltung spürbare materielle Sanktionen erforderlich. Der Erfüllung dieser Aufgabe dient ein auf die Beschleunigung des technischen Fortschritts ausgerichtetes System ökonomischer Hebel, das sowohl gesamtwirtschaftliche als auch spezielle Stimulierungsfonds einschließt. Sehr wichtig ist dabei, den Betrieben und Kombinaten, die volkswirtschaftlich effektive neue Technik einführen, von der Produktionsaufnahme an Vorteile einzuräumen, damit zeitweilig ungünstige Auswirkungen der Anlaufperiode auf die ökonomischen Kennziffern ausgeglichen werden. Vor allem sind produktionstechnische Bedingungen zu schaffen, unter denen diese ungünstigen Wirkungen so gering wie möglich sind. Weiterhin ist es erforderlich, gesellschaftlich notwendige hohe Einführungsaufwendungen (entsprechend den Normativen) auszugleichen. Dieser Ausgleich hat unter der Voraussetzung einer normalen Wirtschaftstätigkeit der Betriebe nicht nur zu garantieren, daß keine Verluste auftreten, sondern auch einen Normativgewinn zu gewährleisten. Darüber hinaus ist jenen Betrieben, die qualitativ hochwertige Technik produzieren, als spezieller Stimulus ein Zusatzgewinn zu gewährleisten. Als Hauptquelle dieses Zusatzgewinns sollte ein Zuschlag zum Abgabepreis für Erzeugnisse der höchsten Güteklasse dienen.

Um die Bedeutung der Stimulierungsfunktion des Preises zu erhöhen, sind eine Reihe von Voraussetzungen zu schaffen. Dazu gehört, die Preise pro Einheit nützlicher Ergebnisse der Anwendung neuer Technik zu senken. Weiterhin sollte die Effektivitätsentwicklung neuer Technik wesentlich rascher verlaufen als ihre Preisentwicklung, um den Anwendernutzen zu erhöhen und die ökonomischen Stimuli zur Aufwandssenkung zu verstärken. Eine weitere Bedingung besteht in der rechtzeitigen Senkung der Abgabepreise für veraltete Erzeugnisse. Konsequent sollte darauf geachtet werden, Projekte neuer Technik nicht zu bestätigen, wenn kein entsprechend abgestimmter Limitpreis existiert. Schließlich muß der Übergang zu einem Stufenpreissystem konsequent vollzogen werden. Seine erste Funktion besteht darin, die Einführung neuer hocheffektiver Technik in die Produktion zu stimulieren. Dazu dient ein Zuschlag zum Abgabepreis für Erzeugnisse der höchsten Güteklasse. Da ein solcher Zuschlag nur zeitweilig gewährt wird (beispielsweise für drei Jahre), wird der Hersteller neuer Technik an der raschen Einführung interessiert. Er ist bestrebt, in dieser Zeit eine große Menge von Erzeugnissen zu produzieren, und dafür den Zuschlag in Anspruch zu nehmen. Außerdem stimuliert der Qualitätszuschlag den Hersteller zu ständiger Vervollkommnung des jeweiligen Produktionsmusters, damit das Erzeugnis weiterhin in der höchsten Güteklasse verbleibt, um den Zuschlag auf lange Sicht zu erhalten. Zweitens wird der Hersteller nach Aberkennung des Zuschlags, also nach der ersten Preissenkung bei Einordnung des Erzeugnisses in die nächstniedrigere Güteklasse, ökonomisch daran interessiert, durch Aufwandssenkung und Erhöhung des Produktionsumfangs den ursprünglichen Gewinn zu erhalten. Dadurch wird die Verbreitung dieser Technik in der gesamten Volkswirtschaft beschleunigt. Drittens wird der Hersteller durch Preissenkung für veraltete Erzeugnisse veranlaßt, deren Produktion einzustellen.

Um die Rolle des Gewinns, insbesondere des Nettogewinns, für die wirksame Stimulierung des technischen Fortschritts und seiner Effektivität zu erhöhen, wird bei der Einschätzung der Tätigkeit der Betriebe und Kombinate und bei der Bildung der Stimulierungsfonds eine Faktorenanalyse des Gewinns durchgeführt. Faktoren, wie Effektivität, Aufwandssenkung durch neue Technik werden dabei gegenüber Faktoren, wie Preiserhöhung, Sortimentsänderungen und volkswirtschaftlich ungünstigem Einsatz teurer Rohstoffe sichtbar gemacht. Erstrangige Bedeutung erlangt die Stimulierung der Leistung der Betriebskollektive nach den Endergebnissen und dem dafür notwendigen Zeitbedarf.

Ein wichtiger ökonomischer Faktor, der auf die organische Verbindung von Wissenschaft und Produktion einwirkt, ist die Stimulierung der Forschungs- und Entwicklungsabteilungen anhand des Effekts, der entsteht, wenn deren Arbeitsergebnisse in die Produktion eingeführt werden. Eine wesentliche Bedingung hierfür ist der Übergang von Instituten für angewandte Forschung zu einem speziellen System der wirtschaftlichen Rechnungsführung und die Entwicklung der Auftragsforschung. Das System der wirtschaftlichen Rechnungsführung wirkt sich günstig auf die Forschung aus und behindert sie nicht, wenn dafür spezifische Mittel eingesetzt werden.

Die Leitung des Zyklus Wissenschaft–Produktion erfordert, die wissenschaftlich-technischen und Produktionsbereiche im Komplex organisatorisch zu verbinden und zu konzentrieren. Dieser Prozeß, der die Entwicklung der Komplexität des Zyklus Wissenschaft–Produktion in den Zweigen und Vereinigungen bei gleichzeitiger Festigung und Förderung noch zu schwacher Bereiche beinhaltet, vollzieht sich gegenwärtig in der UdSSR. Großen Vereinigungen werden entsprechende Forschungs-, Projektierungs- und technische Einrichtungen sowie die Versuchsproduktion unterstellt. Dies geschieht vor allem in Zweigen, die bei der Beschleunigung des wissenschaftlich-technischen Fortschritts eine führende Stellung einnehmen. Auf der Ebene der Vereinigungen verlaufen solche Prozesse der Abstimmung, Koordinierung und Zusammenfassung der verschiedenen Stufen des Zyklus Wissenschaft–Produktion besonders rasch. Es bilden sich große *komplexe Vereinigungen* heraus, zu denen außer der Serienfertigung Forschungs- und Projektierungsabteilungen sowie die Versuchsproduktion neuer Technik gehören. In den übrigen Vereinigungen entwickeln sich die der industriellen Fertigung vorgelagerten wissenschaftlich-technischen Bereiche besonders stark. Auf der Grundlage großer, wissenschaftlich führender Forschungsinstitute und Projektierungseinrichtungen erweitert sich das Netz der Wissenschafts-Produktions-Vereinigungen, die über wissenschaftlich-technische Bereiche und Versuchsabteilungen verfügen. Diese Vereinigungen beginnen auch mit der Einführung der neuen Technik in die Serienproduktion. Es ist zweckmäßig, wenn große, leistungsfähige Forschungsinstitute den Kern einer solchen Vereinigung bilden, da das die Entwicklung und Einführung prinzipiell neuer

Technik in die Produktion begünstigt. Letztlich sollten in jedem Zweig und jeder Industriegruppe mehrere große Wissenschafts-Produktions-Vereinigungen vorhanden sein. Daneben ist ein Netz komplexer Forschungsinstitute zu entwickeln, die über eine leistungsfähige Projektierungs-, technologische und experimentelle Basis verfügen.

Nach und nach werden in den Zweigen und Industriegruppen wissenschaftlich-technische Zentren gebildet. Die Funktion solcher Zentren übernehmen die entwickeltsten Wissenschafts-Produktions-Vereinigungen und die führenden Komplexforschungsinstitute. Diesen wissenschaftlich-technischen Zentren ist eine genau fixierte Verantwortung für die Erhöhung des technisch-ökonomischen Niveaus der Produktion, für die Ausarbeitung der wissenschaftlich-technischen Politik und der langfristigen Prognosen über die Entwicklung von Wissenschaft und Technik zu übertragen. Weiterhin sollten sie dafür verantwortlich sein, Projekte von Perspektivplänen und laufenden Plänen für die Forschung, Projektierung, Technologie und die Anwendung abgeschlossener wissenschaftlich-technischer Entwicklungen in der Volkswirtschaft auszuarbeiten. Darüber hinaus sollten von diesen Zentren wesentliche Impulse ausgehen, um die technisch-ökonomischen Anforderungen an neue, volkswirtschaftlich hocheffektive Erzeugnisse oder Technologien zu erhöhen. Das erfordert, daß in den Zentren Erkundungsforschungen betrieben werden, auf deren Grundlage der Produktion prinzipiell neue Erzeugnisse, Materialien, Technologien, Ausrüstungen und die entprechenden Verfahren zur Verfügung gestellt werden können. Die Bildung der Zentren dient der Konzentration der materiellen und finanziellen Mittel auf die wichtigsten Richtungen des wissenschaftlich-technischen Fortschritts.

Es ist eine Gesetzmäßigkeit des wissenschaftlich-technischen Fortschritts, daß die wachsende Bedeutung der Grundlagenforschung mit engeren Bindungen der Wissenschaft an die Produktion, die Wirtschaftsentwicklung und die Lösung sozialer Aufgaben einhergeht. Damit die Wissenschaft eine Vorrangstellung gegenüber der Produktion einnehmen kann, ist es erforderlich, daß die Grundlagenforschung innerhalb der Wissenschaften einen führenden Platz einnimmt. Damit ist eine weitere Gesetzmäßigkeit der wissenschaftlich-technischen Revolution angesprochen, die Verstärkung der Einheit von Grundlagenforschung und angewandter Forschung. Die führende Rolle der Grundlagenforschung ist jedoch Ausgangsbedingung und entscheidend für die Beschleunigung des wissenschaftlich-technischen Fortschritts sowie seinen Beitrag zur Effektivität der gesellschaftlichen Produktion. Die Institute für angewandte Forschung schlagen eine Brücke von den neuesten Ergebnissen der Wissenschaften zur Produktion und bestimmen die Richtung der unmittelbaren Realisierung des technischen Fortschritts. Gleichzeitig liegt eine logische Konsequenz der wissenschaftlich-technischen Revolution darin, daß sich Grundlagenforschungsinstitute verstärkt der angewandten Forschung und Entwicklung, ja sogar der unmittelbaren Einführung neuer Technik in die

Produktion zuwenden, vor allem bei prinzipiell neuen Erzeugnissen. Dies muß keineswegs dazu führen, daß die Entwicklung der Grundlagenforschung gehemmt wird. Aber oft sind an Instituten, die Grundlagenforschung betreiben, eigene angewandte Forschungen und Entwicklungen ein notwendiger und wichtiger Faktor, um grundlegende Resultate zu erzielen, wobei auch die enge Verbindung von Grundlagenforschungsinstituten mit Instituten der angewandten Forschungen ein wichtiges effektivitätssteigerndes Moment ist. Von großer Bedeutung für die Beschleunigung des wissenschaftlich-technischen Fortschritts ist die Erhöhung des Anteils der Grundlagenforschungen in den führenden Zweiginstituten und damit die Entwicklung einer zweigspezifischen Grundlagenforschung.

Die Verbindung von Grundlagenforschung mit der angewandten Forschung, der technischen Entwicklung und der Anwendung neuester wissenschaftlicher Erkenntnisse in der Volkswirtschaft hat erstrangige Bedeutung für *das komplexe Leitungssystem des Zyklus Wissenschaft–Produktion*, für die Beschleunigung des Überführungsprozesses und damit letztlich für eine konsequente Durchführung der wissenschaftlich-technischen Revolution. Dies erfordert einen Leitungsmechanismus, der auf der Grundlage von Perspektivplänen gewährleistet, daß die Ergebnisse der Grundlagenforschung in den Instituten der angewandten Forschungen, in den Bereichen der Projektierung und Technologie, der Versuchsproduktion sowie in den verschiedenen Volkswirtschaftszweigen realisiert werden. Weiterhin muß er sichern, daß bedeutende wissenschaftlich-technische Neuerungen ohne Zeitverzug in einem oder mehreren Zweigen angewendet werden.

Gegenwärtig gibt es bestimmte Schwerpunkte bei der Leitung des Zyklus Wissenschaft–Produktion. Dazu gehört zunächst die finanzielle, organisatorische und kadermäßige Sicherung der grundlegenden Forschungsergebnisse, die zur Einführung bestimmt sind. Dabei ist die Einführung exakt zu organisieren, und die Formen der sachlichen, schöpferischen Zusammenarbeit zwischen den Instituten der Grundlagen- und angewandten Forschung sind mit der Industrie zu vervollkommnen. Ein weiterer Schwerpunkt besteht darin, daß sich die Zweiginstitute und Produktionsbereiche rechtzeitig auf die Anwendung der Arbeitsergebnisse der Grundlagenforschungsinstitute vorbereiten, die ihrerseits die Zweiginstitute und die Industrie unterstützen, die von ihnen entwickelten Ideen zu realisieren.

Hervorzuheben ist in der UdSSR die rasche Entwicklung der Kooperation zwischen Akademieinstituten, wissenschaftlichen Hochschulzentren, Zweiginstituten, großen Konstruktionsbüros, der Versuchsproduktion und der Industrie. Besondere Bedeutung hat gegenwärtig die Erarbeitung einer langfristigen Strategie des wissenschaftlich-technischen Fortschritts, die sich auf die Grundlagenforschung stützt. Dazu gehören Prognosen über die künftige Produktion, ihre sozialökonomischen Voraussetzungen und über Ergebnisse einer konsequenten Durchführung der wissenschaftlich-technischen Revolution. Es ist einzuschätzen, wie sich die Aufwendungen und Intensivierungsfaktoren sowie die entsprechenden Ressourcen in der Perspektive entwickeln. Ebenso muß berücksichtigt werden, wie die demographische Entwicklung verläuft und in welchem Maße sich das materielle Lebensniveau entwickelt, wie das Niveau von Bildung und Kultur wächst, inwieweit das System der Aus- und Weiterbildung von qualifizierten Kadern auszubauen ist und wie sich der Charakter der Arbeit verändert. Letztlich sind in diesem Zusammenhang auch Fragen der Lebensweise und des Lebensniveaus, der Ökologie und Ergonomik sowie der Leitungsformen und -methoden von Bedeutung.

In der komplexen Lösung wissenschaftlich-technischer und sozialökonomischer Probleme kommen die wachsende Einheit von Natur- und technischen Wissenschaften sowie Gesellschaftswissenschaften und Integrationsprozesse der Forschungen beider Wissenschaftssphären zum Ausdruck. Die Wissenschaftskooperation ist bei gleichzeitiger Spezialisierung eine der wichtigsten Voraussetzungen für die komplexe Leitung des Zyklus Wissenschaft—Produktion. Zu den Gesetzmäßigkeiten der *wissenschaftlich-technischen Revolution* gehört auch, daß sie ständig wachsende Bedeutung für den wissenschaftlich-technischen Fortschritt erlangt, der auch die Entwicklung traditioneller Zweige zum Ziel hat. Dies findet in der vorrangigen Entwicklung neuer Produktionsarten und solcher Zweige seinen Ausdruck, die unmittelbares Ergebnis der wissenschaftlich-technischen Revolution sind. Weiterhin drückt sich das darin aus, daß sie in traditionelle Zweige „eindringt" und diese von „innen her" verändert. Ebenso ist das an einer Modifizierung des Charakters und der Beschleunigung des wissenschaftlich-technischen Fortschritts insgesamt zu erkennen. Die wissenschaftlich-technische Politik ist mehr und mehr darauf zu richten, diese Gesetzmäßigkeiten wirksamer umzusetzen und auf dieser Basis eine Technik zu entwickeln, überzuleiten und in großem Umfange anzuwenden, deren Effektivität dem internationalen Höchststand entspricht.

Die wissenschaftlich-technische Revolution ist nicht nur die höchste Form, sondern auch die wichtigste Seite des gesamten gegenwärtigen wissenschaftlich-technischen Fortschritts. Sie bestimmt in wachsendem Maße seinen Charakter und seine Entwicklungstendenzen. Außerdem ist sie die Grundlage, auf der Entwicklungsstrategien für Wissenschaft und Technik ausgearbeitet und Forschungsergebnisse in großem Umfange praktisch realisiert werden. Jedoch wäre es unrichtig, die wissenschaftlich-technische Revolution und andere traditionelle Formen des wissenschaftlich-technischen Fortschritts isoliert voneinander zu betrachten. Die wissenschaftlich-technische Revolution drückt sich in allen qualitativen Veränderungen in Wissenschaft, Technik und Produktion aus. Sie orientiert den gesamten wissenschaftlich-technischen Fortschritt auf bestimmte Entwicklungsrichtungen. Gleichzeitig aber nutzt sie ihn, indem sie schrittweise alle Produktionszweige und -arten ihrem Einfluß unterwirft.

Es gibt eine Vielzahl von Stufen, die den Übergang von der traditionellen Technik zu einer Technik vermitteln, die Ergebnis der wissenschaftlich-technischen Revolution ist, und die Entwicklung dieser Zwischenstufen schafft Voraussetzungen für die Entfaltung der wissenschaftlich-technischen Revolution. Sie stellt sich in neuesten Produktionsarten dar, die neben den herkömmlichen existieren und mit ihnen verflochten sind. Um diese Ergebnisse in die Produktion einzuführen, ist es erforderlich, daß die gesamte Produktion durch Vervollkommnung traditioneller Verfahrensweisen einen entsprechenden Stand erreicht hat. Anders ist es nicht möglich, die erforderliche Komplexität der technischen Produktionsausrüstung zu erreichen, ohne die die Realisierung der potentiellen ökonomischen Vorteile neuester Technik und Technologien behindert wird. So hat die Frage, wie die Umsetzung von Ergebnissen der wissenschaftlich-technischen Revolution in den verschiedensten Volkswirtschaftszweigen mit einer durchgreifenden Erhöhung des technisch-ökonomischen Niveaus herkömmlicher Produktion komplex und am wirksamsten zu verbinden ist, für die wissenschaftlich-technische Politik der UdSSR erstrangige Bedeutung.

Die Ausarbeitung und planmäßige Realisierung einer komplexen Leitung des Zyklus Wissenschaft—Produktion, der auf die Lösung sozialer Probleme gerichtet ist, stellt an die Gesellschaftswissenschaften hohe Anforderungen und eröffnet ihr neue Perspektiven.

1.2. Gesellschaftlicher Fortschritt, wissenschaftlich-technischer Fortschritt und die neue Rolle der Wissenschaft

Das Verhältnis von gesellschaftlichem und wissenschaftlich-technischem Fortschritt

Die richtige Bestimmung von Inhalt und Wechselbeziehung der Begriffe wissenschaftlich-technischer und gesellschaftlicher Fortschritt hat große Bedeutung sowohl für die Forschungsarbeit selbst als auch für die praktische Leitung der Entwicklung der sozialistischen Gesellschaft. Betrachtungen über Platz und Rolle des wissenschaftlich-technischen Fortschritts im gesellschaftlichen Leben der Gegenwart verlassen sehr leicht den Boden der Wirklichkeit, wenn nicht gleichzeitig der Zusammenhang mit dem gesellschaftlichen Fortschritt herausgearbeitet wird, weil anders der wissenschaftlich-technische Fortschritt nicht als ein einheitlicher Prozeß untersucht werden kann.

Anschauungen, die den Inhalt des gesellschaftlichen und wissenschaftlich-technischen Fortschritts und ihre Wechselbeziehungen verschleiern, sind aus verständlichen Gründen vor allem für die bürgerliche Literatur kennzeichnend. „Die bürgerlichen Ideologen vermögen den revolutionären Charakter unserer Zeit nicht zu leugnen. Sie sind jedoch bemüht, die Entwicklung der heutigen Welt auf den wissenschaftlich-technischen Fortschritt zu reduzieren und ignorieren dabei die revolutionären Prozesse im Bereich der sozialökonomischen Verhältnisse oder sehen die unmittelbare Ursache gesellschaftlicher Veränderungen in der Eigenentwicklung der Technik.“[1]

Der Begriff gesellschaftlicher Fortschritt ist in der bürgerlichen Ideologie nicht zufällig wenig gebräuchlich. Man ist bemüht, ihn entweder zu leugnen, zu entfernen, zu „vergessen“ oder zu entstellen und zu entschärfen, indem aus ihm die dialektische Entwicklung der Produktionskräfte und Produktionsverhältnisse sowie insbesondere die historische Notwendigkeit ihrer qualitativen Umgestaltung auf sozialistischer Grundlage eliminiert wird.

Für die marxistisch-leninistische Theorie ist der Begriff gesellschaftlicher Fortschritt im Sinne einer progressiven Entwicklung der menschlichen Gesellschaft, als Reproduktion des Lebens der Gesellschaft in aufsteigender Stufenleiter ein Schlüsselbegriff. Umfassender, da auch Elemente der Stagnation und Regression eingeschlossen sind, ist nur der Begriff der *gesellschaftlichen Entwicklung als Ganzes*. Wo jedoch diese Elemente fehlen, wie in den sich erfolgreich entwickelnden sozialistischen Ländern, sind die beiden Begriffe nahezu identisch.

Der Marxismus-Leninismus stellt eine geschlossene Lehre von der gesellschaftlichen Entwicklung dar. Mit seinen drei Hauptbestandteilen, dem dialektischen und historischen Materialismus, der marxistischen politischen Ökonomie und dem wissenschaftlichen Kommunismus, gibt er eine wissenschaftliche Darstellung von den Gesetzmäßigkeiten für die Entwicklung der Gesellschaft. Er enthält zudem die methodologischen Grundlagen und Mittel zur Analyse der gesellschaftlichen Entwicklung, zum Auffinden der Wege für die progressive Überwindung auftretender Widersprüche und zur Festlegung der weiteren Entwicklungsrichtungen. Auf der Grundlage des Marxismus-Leninismus leiten die kommunistischen und Arbeiterparteien der sozialistischen Länder erfolgreich die Entwicklung der sozialistischen Gesellschaft, und die kommunistischen und Arbeiterparteien der kapitalistischen Länder kämpfen – zum Teil unter außerordentlich schweren Bedingungen – gegen den Imperialismus, für den Übergang vom Kapitalismus zum Sozialismus. Sie stehen gemeinsam in den ersten Reihen der Kämpfer für friedliche Koexistenz und Zusammenarbeit aller Länder der Erde, für eine fortschrittliche, friedliche Entwicklung der gesamten Menschheit.

Die marxistisch-leninistische Theorie schließt die Möglichkeit aus, gesellschaftlichen und wissenschaftlich-technischen Fortschritt zu identifizieren, den ersten Begriff durch den zweiten zu ersetzen und den gesellschaftlichen Fortschritt auf die Entwicklung von Wissenschaft und Technik zu beschränken. Trotzdem kann man auch in unserer Literatur auf zweierlei Arten von Vereinfachungen stoßen.

[1] P. Fedoseev, Volksmassen und sozialer Fortschritt, in: Pravda (Moskva) vom 30. 5. 1975, S. 3.

Die erste besteht darin, daß beide Begriffe in einigen seltenen Fällen als Begriffe *gleicher Ordnung* nebeneinander gestellt werden. Unter gesellschaftlichem Fortschritt wird dabei im wesentlichen die Entwicklung und Vervollkommnung der gesellschaftlichen Verhältnisse verstanden. Ein solches Herangehen kann die ganze Komplexität des Problems nicht erfassen.

Zweifellos nimmt die Entwicklung der gesellschaftlichen Verhältnisse, insbesondere der Produktionsverhältnisse, einen zentralen Platz in der Entwicklung der Gesellschaft ein. Sie vollzieht sich jedoch letztlich nur im Zusammenhang mit der Entwicklung der Produktivkräfte und auf deren Grundlage sowie in wechselseitiger Verbindung mit der Entwicklung zahlreicher Elemente des Überbaus. Die Entwicklung der Gesellschaft erschöpft sich aber nicht in der Entwicklung der gesellschaftlichen Verhältnisse, und diese Tatsache muß bei der Bestimmung des gesellschaftlichen Fortschritts ihren Niederschlag finden.[2] Der gesellschaftliche Fortschritt erschöpft sich gleichfalls nicht in der Entwicklung der Produktivkräfte, obwohl dies seine Grundlage ist. In seiner Gesamtheit beinhaltet er noch eine ganze Reihe anderer Komponenten, wie beispielsweise die Entwicklung der nichtproduzierenden Bereiche und der Formen des gesellschaftlichen Bewußtseins. Gesellschaftlicher Fortschritt ist somit die positive Veränderung des gesamten gesellschaftlichen Systems, dessen Teilsysteme eine komplizierte Struktur bilden und in vielfältigen Beziehungen gegenseitiger Abhängigkeit stehen, sich gegenseitig bedingen und einander durchdringen (Beziehungen der Subordination und Koordination).

Bei einer derartigen Auffassung vom gesellschaftlichen Fortschritt ist der wissenschaftlich-technische Fortschritt wie auch der Fortschritt der gesellschaftlichen Verhältnisse lediglich ein Element des gesellschaftlichen Fortschritts, ein Bestandteil des gesamten Entwicklungsprozesses der menschlichen Gesellschaft. Die Begriffe wissenschaftlich-technischer und gesellschaftlicher Fortschritt stehen somit in einem Verhältnis von Teil und Ganzem zueinander, von Allgemeinem und Besonderem. Gleichzeitig ist offensichtlich und vielfach bewiesen, daß im Rahmen des gesellschaftlichen Fortschritts der wissenschaftlich-technische Fortschritt letzten Endes die *entscheidende und bestimmende Rolle* spielt. Diese unbestreitbare Tatsache führt jedoch manchmal zu einer unberechtigten und unbegründeten Erweiterung des Begriffs wissenschaftlich-technischer Fortschritt.

[2] Von der umfangreichen Literatur zu Fragen des gesellschaftlichen Fortschritts soll das bekannte Buch von A. A. Makarovskij, Obščestvennyj progress, Moskva 1970, erwähnt werden, in dem diese Kategorie aus allgemeintheoretischer und historischer Sicht gründlich und allseitig analysiert wird. Insbesondere wird darin die These von der Entwicklung der Produktivkräfte als Kriterium und Grundlage des gesamten gesellschaftlichen Fortschritts begründet. Die Fragen der Struktur des Systems des gesellschaftlichen Fortschritts werden jedoch in diesem Buch nicht als selbständiges Problem behandelt.

Die neue Rolle der Wissenschaft für den gesellschaftlichen Fortschritt. Der wissenschaftlich-technische Fortschritt

Dieser angedeuteten „Tendenz zur Erweiterung“ des Inhalts des wissenschaftlich-technischen Fortschritts, der zweiten Vereinfachung, kann man häufiger begegnen. Sie hängt hauptsächlich mit der Identifikation des wissenschaftlich-technischen Fortschritts mit dem Fortschritt von Wissenschaft und Technik zusammen. Obwohl es merkwürdig scheinen mag, so verletzt doch die Vereinigung dieser *zwei* ihrem Wesen nach unterschiedlichen Erscheinungen zu einem Begriff seine Reinheit und innere Logik, führt letztlich zu ungerechtfertigter terminologischer Verwirrung, zu einem *einseitigen Herangehen an die Wissenschaft* und erschwert die richtige Analyse des inneren Mechanismus des gegenwärtigen gesellschaftlichen Fortschritts, besonders in der sozialistischen Gesellschaft. Wissenschaft – das sind doch nicht nur die technischen und Naturwissenschaften, wo ein mehr oder weniger direktes Verhältnis zur Technik besteht, sondern auch die Gesellschaftswissenschaften und eine Reihe allgemeiner Wissenschaften, deren Gegenstand die gesellschaftlichen Verhältnisse, der Mensch in seiner ganzen Vielfalt oder das System von Natur und Gesellschaft als Ganzes ist. Von diesen Wissenschaften wird mit Recht gleichfalls verlangt, daß sie praktisch anwendbare Ergebnisse hervorbringen, beispielsweise für die Vervollkommnung der gesellschaftlichen Verhältnisse, der Leitung und des menschlichen Bewußtseins. Es gibt jedoch keinerlei Grundlage dafür, diese Ergebnisse der Technik zuzuordnen.

Bei einer solchen Auffassung vom wissenschaftlich-technischen Fortschritt, die die Entwicklung der *gesamten* Wissenschaft und – so muß man annehmen – auch ihre Anwendung beinhaltet, ist es nur logisch, jede Veränderung im gesellschaftlichen Leben, die durch die Entwicklung der Wissenschaft bedingt ist, als Bestandteil des wissenschaftlich-technischen Fortschritts zu deuten. Das hat jedoch zur Folge, daß in den Begriff wissenschaftlich-technischer Fortschritt verschiedene soziale Momente eingehen, die seinen Inhalt stark erweitern. Diese Tendenz bis zu Ende verfolgt, würde wiederum die Gleichsetzung von wissenschaftlich-technischem und gesellschaftlichem Fortschritt bedeuten, weil in der Logik des wissenschaftlich-technischen Fortschritts Wissenschaft immer als System verstanden wird, das alle Ebenen ihrer Anwendung bis zum fertigen Ergebnis, dem neuen Erzeugnis, umfaßt. Die Erklärung, daß die technischen und Naturwissenschaften einschließlich ihrer Anwendungsgebiete, die Gesellschaftswissenschaften dagegen ohne ihre Anwendungsformen, in den Begriff wissenschaftlich-technischer Fortschritt eingehen, ist logisch nicht akzeptabel. Noch weniger gerechtfertigt erscheint es, unter Wissenschaft nur die technischen und Naturwissenschaften zu verstehen, was leider nicht selten stillschweigend geschieht.

In der Gegenwart wirken die Wissenschaft und ihre verschiedenen Teilgebiete in diesem oder jenem Maße praktisch auf das gesamte System des gesellschaftlichen Fortschritts, auf alle seine Bestandteile ein. Daher ist es ungerechtfertigt, die Entwicklung der Wissenschaft nur mit der Entwicklung eines dieser Bestandteile, nämlich der Entwicklung der Technik, zu einem Begriff zu vereinen, wie groß die Bedeutung dieses Bestandteils auch immer sei. Begrifflich kann die Wissenschaft im Sozialismus mit dem gesellschaftlichen Fortschritt in Beziehung gesetzt werden. Dies muß daher auch im Begriff *wissenschaftlich-gesellschaftlicher Fortschritt* zum Ausdruck kommen.

Die moderne Wissenschaft ermöglicht nicht nur die Vervollkommnung der verschiedenen Arten der Technik und Produktivkräfte, sondern ist auch Grundlage und Ausgangspunkt für die Veränderung und Vervollkommnung der gesellschaftlichen Verhältnisse und die allseitige Persönlichkeitsentwicklung. Die Anwendung und Vergegenständlichung der Ergebnisse der einzelnen Richtungen des gesellschaftlichen Fortschritts macht die Wissenschaft zum Hauptfaktor für die rasche Entwicklung der Gesellschaft. Sie erlaubt, auftretende Widersprüche und Probleme zu lösen und Wege zur umfassenden Befriedigung der Bedürfnisse des Menschen zu finden.

Im Zusammenhang mit der neuen Rolle der Wissenschaft wird gewöhnlich nur von ihrer Umwandlung in eine unmittelbare Produktivkraft gesprochen. Die Wissenschaft wird in der Tat zu einer realen, unmittelbaren Produktivkraft, insofern als sie sich in bestimmten Produktionsmitteln (vor allem Produktionstechnik) und technologischen Prozessen vergegenständlicht und weil wissenschaftliche Erkenntnisse immer mehr zum Bestandteil der Qualifikation der unmittelbaren Produzenten und des Gesamtarbeiters werden.

Die neue Rolle der Wissenschaft erschöpft sich darin jedoch nicht. Beispielsweise können die Gesellschaftswissenschaften nicht als unmittelbare Produktivkraft angesehen werden. „Die Gesellschaftswissenschaften, die sich mit Basis und Überbau der Gesellschaft beschäftigen, haben zur Produktion ein völlig anderes Verhältnis. Sie beschäftigen sich mit den Produktivkräften nicht unmittelbar, sondern mittelbar durch das Prisma der Produktionsverhältnisse der Menschen, und deshalb können sie im Unterschied zur Mechanik, Physik und Chemie nicht als unmittelbare gesellschaftliche Produktivkraft gelten.“[3] Folglich üben solche Gesellschaftswissenschaften, wie die politische Ökonomie und andere Wirtschaftswissenschaften, die Soziologie, die Leitungswissenschaft, einen mittelbaren Einfluß auf die Produktivkräfte aus. Durch ihre Mitwirkung an der Vervollkommnung der sozialökonomischen Verhältnisse, der Organisations- und Leitungsformen tragen sie dazu bei, die Produktivkräfte umfassender zu nutzen und günstigere Bedingungen für ihre Weiterentwicklung zu schaffen. *Die Rolle der Gesellschaftswissenschaften muß vor allem nach ihrem Verhältnis zu ihrem unmittelbaren Gegenstand, den gesellschaftlichen Verhältnissen, beurteilt werden.* Dabei ist das Verhältnis der Gesellschaftswissenschaft zu den gesellschaftlichen Verhältnissen analog zum Ver-

[3] Autorenkollektiv, Čelovek – Nauka – Technika, Praga-Moskva, 1973, S. 69.

hältnis der Naturwissenschaft zu den Produktivkräften zu verstehen. Ebenso wie die technischen und Naturwissenschaften sich in vollkommeneren Technologien, Produktionsmitteln und materiellen Gebrauchswerten vergegenständlichen, vergegenständlichen sich die Erkenntnisse der marxistisch-leninistischen Gesellschaftswissenschaften und die praktischen Erkenntnisse auf Grund der Erfahrungen im politischen Kampf der Arbeiterklasse und der Leitung der sozialistischen Gesellschaft, in den sozialistischen Produktionsverhältnissen, in ihren immer vollkommeneren und präziseren Formen, in den entsprechenden Formen und Methoden zur planmäßigen Leitung und Organisation der Gesellschaft.

Analog könnten wir auch die Rolle und die Art und Weise der Vergegenständlichung einiger anderer Wissenschaftsdisziplinen, vor allem aus der Gruppe der soziologischen Wissenschaften präzisieren (zum Beispiel Heranbildung einer Persönlichkeit, die bestimmte Eigenschaften besitzt).

Die Struktur des gesellschaftlichen Fortschritts

Um die Entwicklung der sozialistischen Gesellschaft praktisch zu leiten, ist es erforderlich, allen Seiten des gesellschaftlichen Lebens, allen Teilen des gesellschaftlichen Systems, große Aufmerksamkeit zu widmen, denn sie sind miteinander verbunden, bedingen einander wechselseitig, und nur in ihrer Einheit gewährleisten sie die rasche Vorwärtsbewegung der sozialistischen Gesellschaft zu den hohen Zielen des Kommunismus. Das entspricht der bekannten These Lenins, derzufolge sich die sozialistische Revolution, die sozialistische Umgestaltung der Produktionsverhältnisse und der anderen gesellschaftlichen Verhältnisse in organischer Einheit mit der raschen Entwicklung der Produktivkräfte und der Kulturrevolution im weitesten Sinne des Wortes vollziehen müssen. Das heißt jedoch nicht, daß allen Teilen die gleiche Bedeutung beizumessen wäre, insbesondere aus der Sicht einer konkreten historischen Situation.

Ausgehend vom unterschiedlichen Charakter der einzelnen Bereiche und Seiten des gesellschaftlichen Lebens, könnte man etwa folgende „elementare“ Struktur für das System des gesellschaftlichen Fortschritts vorschlagen:

1. *Fortschritt auf dem Gebiet der Produktivkräfte*
   - technischer Fortschritt,
   - Fortschritt bei der beruflichen Qualifikation der Arbeitskräfte,
   - Fortschritt auf dem Gebiet der Organisation des Arbeitsprozesses (Organisation der Elemente der Produktivkräfte).
2. *Fortschritt in einzelnen gesellschaftlichen Tätigkeitsbereichen, die den Hauptbedürfnisarten entsprechen*
   - Steigerung der materiellen Produktion und Konsumtion, einschließlich Entwicklung ihrer Struktur,

- Fortschritt in Bildung und Erziehung,
- Fortschritt im Gesundheitswesen,
- Entwicklung der Kunst und Kultur,
- Entwicklung von Körperkultur und Sport.

3. *Fortschritt auf dem Gebiet der gesellschaftlichen Verhältnisse*
   - Produktionsverhältnisse,
   - sonstige Verhältnisse (politische, juristische, Familienverhältnisse usw.).
4. *Entwicklung der Persönlichkeit und der Lebensweise*
5. *Fortschritt auf dem Gebiet der Erkenntnis*
6. *Fortschritt auf dem Gebiet der Leitung*

Die Prozesse unter 1., 2., 3., 4. bilden die großen Bereiche des gesellschaftlichen Reproduktionsprozesses. Sie vollziehen sich im Rahmen eines bestimmten Systems gesellschaftlicher Verhältnisse (3.), und nur vermittels dieser Verhältnisse nehmen sie einen bestimmten Charakter an. Bei der Arbeit oder anderen Arten von Betätigungen gehen die Menschen bestimmte Beziehungen zueinander ein, und in der Einheit dieser Momente vollzieht sich die gesellschaftliche Entwicklung.

Im Ergebnis der Einzeltätigkeiten und des gegebenen konkreten Systems gesellschaftlicher Verhältnisse entwickelt sich die sozialistische Persönlichkeit und Lebensweise (4.).

Mit der Entstehung des Sozialismus wird die gesellschaftliche Entwicklung zu einem bewußt zu leitenden Prozeß. Die Menschen sind nicht nur Mitwirkende, sondern aktive Gestalter ihrer Geschichte. Der gesellschaftliche Fortschritt wird um ein neues Moment reicher, die bewußte Leitung der Gesellschaft. Sie berührt ausnahmslos alle Bereiche und deren Wechselbeziehungen.

Erkenntnis- und Leitungsprozesse sind dadurch gekennzeichnet, daß die Rolle des Subjekts (des Bewußtseins) weitaus größer ist als in anderen Bereichen.

Die genannten Bestandteile des Systems der gesellschaftlichen Entwicklung stehen *in wechselseitiger Abhängigkeit. Sie bedingen, durchdringen und überlappen einander.* Elemente jedes Gebiets lassen sich je nach den konkreten Untersuchungszielen und je nach dem Grad der Komplexität, mit der eine bestimmte Frage behandelt wird, auch anderen Gebieten des Systems zuordnen. Die einzelnen Bestandteile können und müssen häufig auch *auf bestimmte Art und Weise zu komplizierteren Systemen vereint oder auch stärker aufgegliedert werden.*

So läßt sich die Entwicklung der Wissenschaft, die das Hauptelement des Fortschritts auf dem Gebiet der Erkenntnis ist, in bestimmtem Maße in den Begriff wissenschaftlich-technischer Fortschritt einbeziehen. Es ist aber völlig klar, daß der Fortschritt im Erkenntnisprozeß, der sich insgesamt auf der Grundlage und unter dem Einfluß der gesellschaftlichen Praxis vollzieht, sich nicht in der Entwicklung der Wissenschaft erschöpft und seinen Ursprung nicht allein in der Wissenschaft hat, was aus größerer historischer Sicht besonders deutlich wird. Bei totaler Einbeziehung der Wissenschaft in das Subsystem wissenschaftlich-technischer Fortschritt ergeben sich, wie bereits erwähnt, große Schwierigkeiten, insbesondere wegen der Rolle der Gesellschaftswissenschaften und der entsprechenden Formen ihrer Anwendung. Die Welt der Erkenntnis ist ein besonderes Gebiet des gesellschaftlichen Lebens und gegenwärtig sogar ein besonderer Bereich der gesellschaftlichen Arbeitsteilung. Daher ist sie bei der Analyse des gesellschaftlichen Fortschritts gesondert zu behandeln.

Der technische Fortschritt ist seinerseits eng mit der Entwicklung der Produktion verflochten. Hier ist der Grad des gegenseitigen Durchdringens außerordentlich hoch. Bei einem breiteren Verständnis von der Entwicklung der Produktion (und Konsumtion) geht der technische Fortschritt sogar völlig als Bestandteil in ihn ein. Dennoch kann kaum daran gezweifelt werden, daß es besonders wegen seiner enormen Bedeutung in der Gegenwart, seiner eigenen inneren Struktur, der engen Verflechtung mit dem entsprechenden Bereich der Wissenschaft und der Problematik seiner Leitung, sinnvoll ist, den technischen Fortschritt als relativ eigenständiges Gebiet des gesellschaftlichen Fortschritts zu behandeln. Die Entwicklung von Produktion und Konsumtion stellt keinesfalls nur einfachen technischen Fortschritt dar, sondern vollzieht sich stets im Zusammenwirken von Produktivkräften und Produktionsverhältnissen.

Hierzu zählen außer den Produktionsverhältnissen auch zahlreiche nichtmaterielle Verhältnisse wie politische, juristische, organisatorische, ethische und andere. Alle diese Verhältnisse stehen untereinander im Zusammenhang und bedingen einander gegenseitig. In ihrer Gesamtheit bedingen sie den Prozeß der menschlichen Tätigkeit und damit auch das Tempo und die Effektivität der gesellschaftlichen Entwicklung. Zweifellos erfordert die Entwicklung und Vervollkommnung der gesellschaftlichen Verhältnisse, daß der Theorie und Praxis der Leitung der sozialistischen Gesellschaft besonders große Aufmerksamkeit geschenkt und dieses Gebiet verhältnismäßig selbständig analysiert wird. Speziell Fragen der inneren Struktur dieses Systems wie auch der wechselseitigen Bedingtheit und Abhängigkeit der einzelnen Arten von Verhältnissen ist noch größere Bedeutung beizumessen. Daraus resultiert das Bestreben nach interdisziplinären Untersuchungen innerhalb der Gesellschaftswissenschaften.

Das System der gesellschaftlichen Verhältnisse gestaltet und bestimmt wesentlich die Lebensweise der Menschen. Es schafft auch diese oder jene Bedingungen für die Persönlichkeitsentwicklung. Der Fortschritt in Produktion und Technik schafft für diesen Bereich des gesellschaftlichen Fortschritts die materielle Basis. Bei der Gestaltung der sozialistischen Lebensweise und der allseitigen Entwicklung der Persönlichkeit wirken auch alle übrigen Teilbereiche des gesellschaftlichen Reproduktionsprozesses (Gesundheitswesen, Kultur und andere) mit.

Der Marxismus-Leninismus untersucht die gesellschaftliche Entwicklung auf wissenschaftlicher Grundlage als objektiven gesetzmäßigen Prozeß. Dieser Prozeß vollzieht sich jedoch durch die subjektive Tätigkeit der Menschen. „Alles, was die Menschen in Bewegung setzt, muß durch ihren Kopf . . .“[4] Je nach dem Grad der Koordination und der gesellschaftlich bewußten Ausrichtung dieser Tätigkeit, die in erster Linie von den Eigentumsverhältnissen bestimmt wird, verläuft dieser Prozeß spontan oder planmäßig. Koordination, Regulierung, Bestimmung von Richtung und Zielen werden selbst zu einer besonderen Art menschlicher Tätigkeit, der Leitungstätigkeit. Im Sozialismus umfaßt die Leitung den gesamten Prozeß der gesellschaftlichen Entwicklung in den einzelnen Teilgebieten, für deren Gesamtheit sowie auf allen Ebenen und wird zur planmäßigen gesellschaftlichen Leitung. Sie basiert auf der Kenntnis der objektiven Entwicklungsgesetze der Gesellschaft und stützt sich auf die schöpferische Tätigkeit von Millionen Werktätigen.

Mit fortschreitender gesellschaftlicher Entwicklung muß sich auch die Leitung vervollkommnen, um nicht hinter den realen Wandlungen auf anderen Gebieten des gesellschaftlichen Fortschritts zurückzubleiben, denn sie ist ein Kernstück aller Umgestaltungen.

Gesellschaftlicher Fortschritt – das ist ein komplizierter Prozeß, der noch nicht völlig erforscht ist. Enge Zusammenarbeit und interdisziplinäre Forschungen der Gesellschaftswissenschaften sind unerläßliche Voraussetzungen für die weitere, tiefgehende Ausarbeitung einer in sich geschlossenen Theorie des gesellschaftlichen Fortschritts. Darüber hinaus muß die Ausarbeitung einer „speziellen“ Theorie des gesellschaftlichen Fortschritts (anwendbar auf den Sozialismus) als System Gegenstand gebührender Aufmerksamkeit sein und intensiv betrieben werden.

1.3. Wissenschaftlich-technischer Fortschritt als entscheidender Intensivierungsfaktor und die Rolle der Grundlagenforschung

Immer deutlicher zeigt sich bei der Vertiefung der Intensivierung ein wichtiger Wesenszug unserer gesellschaftlichen Entwicklung, das enge Wechselverhältnis von wirtschaftlichem und sozialem Fortschritt. So trägt die konsequente Entwicklung und effektive Nutzung der Intensivierungsfaktoren zur schrittweisen Herausbildung der entwickelten sozialistischen Gesellschaft und damit zur Schaffung von grundlegenden Voraussetzungen für den allmählichen Übergang zum Kommunismus bei.

Es zeigt sich immer klarer, daß das Tempo der Entwicklung der gesellschaftlichen Arbeitsproduktivität und der Effektivität der gesellschaftlichen Gesamtarbeit entscheidend bestimmt wird von der Entwicklung und dem

[4] Friedrich Engels, Ludwig Feuerbach und der Ausgang der klassischen deutschen Philosophie, in: MEW, Bd. 21, Berlin 1962, S. 298.

effektiven Zusammenwirken der Intensivierungsfaktoren. Die Intensivierung beinhaltet hierbei sowohl die volle Ausnutzung des bereits geschaffenen ökonomischen Potentials als auch die Erweiterung der produktiven Potenzen der Gesellschaft durch die Mobilisierung und bessere Nutzung der qualitativen Wachstumsfaktoren.

Hierbei handelt es sich vor allem um folgende Intensivierungsfaktoren:

Qualitative Höherentwicklung der Hauptproduktivkraft, der sozialistischen Werktätigen, die sich in der wachsenden Bewußtheit über ihre schöpferische Rolle bei der Entwicklung der Wirtschaftskraft unserer Gesellschaft, im wachsenden Niveau der Befriedigung ihrer materiellen und kulturellen Bedürfnisse, in der Erhöhung und besseren Nutzung ihres Bildungs- und Qualifikationsniveaus, in der wachsenden Organisiertheit, Arbeitsdisziplin und Initiative äußert.

Beschleunigung des wissenschaftlich-technischen Fortschritts zur Erhöhung des Leistungsniveaus und der Qualität der Produktion, der Verbesserung der Grundfondseffektivität, der Senkung des spezifischen Material- und Energieverbrauchs und der Arbeitsaufwendigkeit der Produktion sowie der Erhöhung der Exportkraft unserer Wirtschaft.

Planmäßig proportionale Entwicklung der materiell-technischen Basis der Produktion durch die Vervollkommnung der Produktionsstruktur, der volkswirtschaftlichen Grundproportionen und der Reproduktion der natürlichen Umwelt, die Sicherung eines effektiven Verhältnisses von Zuliefer- und Finalproduktion, von Erweiterungs- und Rationalisierungsinvestitionen, Arbeitsplätzen und Arbeitskräften, um eine hohe Effektivität bei der Nutzung der geschaffenen Produktionsfonds zu sichern.

Erhöhung des Tempos und Umfangs der *sozialistischen ökonomischen Integration* zur weiteren Verflechtung der Volkswirtschaften der sozialistischen Länder, zum Ausbau ihrer Rohstoff- und Energiebasis, zur Vertiefung ihrer wissenschaftlich-technischen Zusammenarbeit, der Ermöglichung des Übergangs zu kostengünstigen Serien in der Produktion und zur gemeinsamen Realisierung von wissenschaftlich-technischen Programmen.

Vervollkommnung der *Leitung, Planung, Organisation und ökonomischen Stimulierung* auf allen Ebenen der Volkswirtschaft, vor allem durch die wirkungsvolle Verbindung von zentraler Planung mit der wirtschaftlichen Rechnungsführung, der Vervollkommnung der Organisation der Wirtschaft, der Verbesserung der normativen Basis der Planung, der Erweiterung ihres Zeithorizonts und ihrer Komplexität.

Der wissenschaftlich-technische Fortschritt steht im Zentrum des Wirkungszusammenhangs der Intensivierungsfaktoren. Auf dem IX. Parteitag der SED wurde hervorgehoben: „Der wissenschaftlich-technische Fortschritt ist und bleibt der Schlüssel zu hoher volkswirtschaftlicher Dynamik.“[1] Es gilt daher

[1] Bericht des Zentralkomitees der Sozialistischen Einheitspartei Deutschlands an den IX. Parteitag der SED, Berichterstatter: Erich Honecker, Berlin 1976, S. 74.

„zu sichern, daß der wissenschaftlich-technische Fortschritt als Hauptfaktor der Intensivierung mit großer Breitenwirkung in der gesamten Volkswirtschaft so geleitet, geplant und produktionswirksam gemacht wird, daß die Ziele der Leistungs- und Effektivitätsentwicklung erreicht und überboten werden“[2].

Schon im Fünfjahrplan 1971 bis 1975 spielte der wissenschaftlich-technische Fortschritt die entscheidende Rolle bei der Steigerung der Arbeitsproduktivität, der Verbesserung der Qualität der Erzeugnisse, der Senkung ihrer Material- und Energieintensität und der Stärkung der Exportkraft unserer Wirtschaft.

Mit dem Übergang zur intensiv erweiterten Reproduktion wächst gesetzmäßig die Rolle des wissenschaftlich-technischen Fortschritts. Von seiner umfassenden Wirksamkeit hängt zu einem wichtigen Teil die Verwirklichung der sozialökonomischen Ziele der sozialistischen Gesellschaft ab. Ein Reihe wesentlicher Bedingungen für unseren weiteren ökonomischen Fortschritt, wie die Senkung der Ressourcenintensität der Produktion, die Substitution nicht regenerierbarer Rohstoffe und primärer Energieträger, die Sicherung der notwendigen Reproduktion der natürlichen Umwelt etc. können nur auf Grundlage der Beschleunigung des wissenschaftlich-technischen Fortschritts gesichert werden.

Die Wirksamkeit des wissenschaftlich-technischen Fortschritts hängt zu einem wichtigen Teil ab von der Entwicklung des Bildungs- und Qualifikationsniveaus der Werktätigen, der materiell-technischen Basis der Produktion, der sozialistischen ökonomischen Integration und dem Niveau der Leitung, Planung und ökonomischen Stimulierung. Dies wird augenscheinlich, wenn man sich die grundlegenden Komponenten vergegenwärtigt, die die Wirksamkeit des wissenschaftlich-technischen Fortschritts als Intensivierungsfaktor bestimmen:

– Planmäßige Konzentration des Forschungspotentials auf die gegenwärtigen und perspektivischen Aufgaben der Intensivierung, Intensivierung der Volkswirtschaft und die Sicherung effektiver innerer planmäßig proportionaler Beziehungen zwischen den einzelnen Arten und Disziplinen der Forschung (vor allem zwischen Grundlagenforschung, angewandter Forschung, Entwicklung und Projektierung bei gleichzeitiger Sicherung ihrer Korrespondenz mit den anderen Teilen des Volkswirtschaftsplanes).

– Realisierung der wissenschaftlich-technischen Ergebnisse als einen kontinuierlichen Prozeß, der die ständige Modernisierung der Produktion und Erhöhung der Qualität der Erzeugnisse sichert. Voraussetzung dafür ist die Erhöhung des wissenschaftlich-technischen Niveaus der Erweiterungs- und Erneuerungsinvestitionen und die Vervollkommnung der ökonomischen

[2] Direktive des IX. Parteitages der SED zum Fünfjahrplan für die Entwicklung der Volkswirtschaft der DDR in den Jahren 1976–1980, Berlin 1976, S. 23.

Stimulierung. Dies wiederum erfordert die inhaltliche Verflechtung des Plans Wissenschaft und Technik mit dem Investitionsplan, um die Vorbereitung und Durchfühung von Investitionen auf Grundlage von Forschungsergebnissen realisieren zu können, die die Intensivierung der Volkswirtschaft vorantreiben,

– Zielstrebige Lösung des Widerspruchs zwischen den hohen gesellschaftlichen Vorleistungen, die in Forschung und Entwicklung für bestimmte Erzeugnisse und Verfahren erbracht werden, und dem zu geringen Anteil der Mittelserien-, Großserien- und Massenfertigung an ihrer Produktion. Die ungenügende Massenproduktion von Erzeugnissen auf Grundlage neuester wissenschaftlich-technischer Ergebnisse, die zu langsame Verbreitung von material-, energie- und arbeitssparenden Verfahren, Technologien und Wirkprinzipien im Rahmen der Volkswirtschaft sowie die zögernden Aussonderungen veralteter Produkte und technologischer Verfahren sind schwerwiegende Hemmnisse für die Intensivierung. Sie können wiederum nur beseitigt werden durch die Mobilisierung der anderen Intensivierungsfaktoren.

– Senkung des relativ hohen Aufwandes für die Überführung von Forschungsergebnissen durch Erhöhung des Niveaus der Standardisierung und Typisierung der Produktion. Hierzu gilt es, Projektierung und Entwicklung stärker an den qualitativen Faktoren – auch mit Hilfe der moralischen und materiellen Stimulierung – zu orientieren, um durch Erarbeitung und Einführung von staatlichen Standards zur einheitlichen Gestaltung der technologischen und Konstruktionsdokumentation, zur Klassifizierung von technologischen und Montageprozessen zu kommen und damit durch Anwendung von auswechselbaren Bauelementen und -teilen auch den Überführungsaufwand zu senken.

Ein Hauptproblem besteht hierbei darin, den Plan der Entwicklung von Wissenschaft und Technik zum Kernstück der volkswirtschaftlichen Planung wie auch der Planung in den Betrieben und Kombinaten zu machen. Über die Planung des wissenschaftlich-technischen Fortschritts müssen die wichtigsten das Effektivitätsniveau bestimmenden Prozesse zur Wirkung gebracht werden. Ausgangspunkt für die Realisierung der Ergebnisse von Wissenschaft und Technik muß die Erkenntnis sein, daß sich der wissenschaftlich-technische Fortschritt immer in der *Einheit von revolutionären und evolutionären Prozessen* vollzieht. Revolutionäre Veränderungen, die meist mit der Entwicklung und Einführung völlig neuer technologischer Prinzipien verbunden sind, haben eine sehr große Bedeutung für die Steigerung der volkswirtschaftlichen Effektivität, ganz abgesehen davon, daß bestimmte Entwicklungsprobleme, die sich aus Verknappung einer Reihe natürlicher Ressourcen ergeben, nur gelöst werden können, wenn durch Wissenschaft und Technik entsprechende Substitutionsmöglichkeiten geschaffen werden. Jedoch hängt der wissenschaftlich-technische Fortschritt nicht allein von diesen revolutionären Entwicklungen ab. Eine Überbewertung dieser Formen kann sogar, wenn andere Formen vernachlässigt werden, zu volkswirtschaftlichen Verlusten führen. Denn eine hohe Effektivität wird letztlich nur dann erreicht, wenn nach Einführung des neuen technologischen Prinzips in einer relativ langen evolutionären Phase alle seine Entwicklungsmöglichkeiten voll erschlossen werden. Die Steigerung der volkswirtschaftlichen Effektivität setzt also voraus, daß zu jedem Zeitpunkt ein ausgewogenes Verhältnis zwischen der Einführung prinzipiell neuer Verfahren und Erzeugnisse und der Vervollkommnung vorhandener gesichert wird.

Intensive und extensive Prozesse durchdringen hierbei einander. In den vergangenen Jahren haben die sozialistischen Länder große Anstrengungen unternommen, um eine schnelle Entwicklung ihres Forschungspotentials zu sichern. Der Übergang zum vorwiegend intensiven Typ der erweiterten Reproduktion des Forschungspotentials ist sowohl auf Grund der Erfordernisse der planmäßig proportionalen Entwicklung der Volkswirtschaft als auch der Beschleunigung des wissenschaftlich-technischen Fortschritts gesetzmäßig. Zum einen muß sich das Forschungspotential planmäßig proportional zu seinen Realisierungsmöglichkeiten und damit zu den gesellschaftlichen Bedürfnissen entwickeln, wobei nach Sicherung der notwendigen Komplexität der Forschung ihre Effektivität zu einem entscheidenden Teil von der Konzentration auf gesellschaftlich notwendige Schwerpunkte abhängt. Grobe Erfahrungswerte deuten darauf hin, daß bei der Sicherung der planmäßig proportionalen Entwicklung von Forschung, Entwicklung und Produktionsvorlauf, zum Beispiel in der Elektrotechnik und Kernphysik, mit Aufwandsrelationen von 1:10:100 und in der Chemie von 3:10:100 gerechnet werden muß.

Zum anderen führt die Beschleunigung des wissenschaftlich-technischen Fortschritts selbst dazu, daß die Anforderungen nicht nur an die Qualität und Qualifizierung der Forschungskader ständig wachsen, sondern auch an die vorhandenen Forschungsplätze, die in immer kürzeren Zeiträumen modernisiert werden müssen, da die Forschungsanlagen und Geräte in besonders hohem Maße dem moralischen Verschleiß unterworfen sind. Es ist nicht schwer zu verstehen, daß durch die ständige Schaffung neuer Forschungsplätze sowohl ihre Besetzung mit schöpferischen Forschungskadern als auch ihre einfache Reproduktion auf dem der wissenschaftlich-technischen Revolution entsprechenden Niveau immer schwieriger wird.

Diese Aufgaben können nicht im Selbstlauf gelöst werden, sie erfordern den zielgerichteten Einsatz unseres Forschungspotentials. Formalismus und Selbstzufriedenheit sind hierbei die Hauptthemmnisse. Eine echte zielgerichtete Leitung und Planung der Forschung muß vom ersten bis zum letzten Schritt um die Aufdeckung des gesellschaftlichen und ökonomischen Nutzens des Forschungsvorhabens ringen, um die den gesellschaftlichen Bedürfnissen entsprechende Rangfolge der Aufgaben zu bestimmen und Maßnahmen einzuleiten, die den Forschern die erforderliche materielle und politisch-ideologische Unterstützung gewähren und gleichzeitig die effektive Überführung der

Ergebnisse sicherstellen. Wie verschiedene Untersuchungen zeigten, haben viele Schwierigkeiten, mit denen wir bei der Überführung von Forschungsergebnissen kämpfen, bereits ihre Ursachen in der ungenügenden Berücksichtigung gegenwärtiger und künftiger Bedürfnisse unserer Gesellschaft im Prozeß der Auswahl und Vorbereitung von Forschungsvorhaben.

Ein Wesenszug der gegenwärtigen Entwicklungsetappe der Wissenschaft besteht in der wachsenden Rolle der Grundlagenforschung im System des wissenschaftlich-technischen Fortschritts. Die Grundlagenforschung wird immer mehr zum niveaubestimmenden Glied in der Kette Bedürfnisentwicklung – Wissenschaft – Technik – Produktion – Bedürfnisbefriedigung. Deshalb wies Breshnew auf dem XXV. Parteitag der KPdSU darauf hin, „daß der volle Strom des wissenschaftlich-technischen Fortschritts versiegt, wenn ihn nicht ständig Grundlagenforschungen speisen"[3].

Ein wesentlicher Grundzug der Entwicklung der Grundlagenforschung in unserer Zeit besteht darin, daß ihr unmittelbarer Einfluß sowohl auf die angewandte Forschung als auch auf die Produktion rasch wächst. Die Illusion, an der Grundlagenforschung vorbei zu stabilen und dauerhaften Lösungen in der Effektivitätsentwicklung zu kommen, wird in der Regel mit schwerwiegenden Effektivitätsverlusten bezahlt. Denn allzu oft haben Schwierigkeiten, bei bestimmten Forschungsvorhaben das internationale Niveau in bezug auf die wissenschaftlich-technischen und ökonomischen Parameter zu erreichen, ihre Ursache gerade darin, daß die Grundlagenprobleme nicht rechtzeitig oder nicht auf dem erforderlichen Niveau gelöst worden sind.

Die wachsende Rolle der Grundlagenforschung im System des wissenschaftlich-technischen Fortschritts, ihre niveaubestimmende Wirkung auf die angewandte Forschung und die Produktion wirft eine Reihe neuer Probleme für die Leitung und Planung des wissenschaftlich-technischen Fortschritts auf.

Der These vom gesetzmäßigen Wachstum der Grundlagenforschung im System des wissenschaftlich-technischen Fortschritts werden gewöhnlich drei Argumente entgegengesetzt:

1. Der wissenschaftliche Vorlauf sei angeblich bereits so groß, daß einige Jahrzehnte notwendig seien, um die bereits vorhandenen fundamentalen Erkenntnisse in die Produktion zu überführen. Ein solche Auffassung ist falsch, weil ihr völlig vereinfachte Vorstellungen über das Verhältnis der Produktion wissenschaftlicher Erkenntnisse zu ihrer praktischen Realisierung zugrunde liegen. Sie ignoriert das gegenwärtige Tempo des wissenschaftlich-technischen Fortschritts und verkennt die entscheidende Rolle der Grundlagenforschung im Kampf der beiden Weltsysteme. Es ist eine hinlänglich bekannte Tatsache, daß das, was heute wissenschaftlich-technischer Vorlauf ist, morgen

[3] Rechenschaftsbericht des Zentralkomitees der Kommunistischen Partei der Sowjetunion und die nächsten Aufgaben der Partei in der Innen- und Außenpolitik, Berichterstatter: L. I. Breshnew, Berlin 1976, S. 59.

schon veraltet sein kann, denn Forschen ist ständiges Schwimmen gegen den Strom, wer aufhört, treibt zurück.

Gleichzeitig liegt dieser Auffassung eine naive Vorstellung vom Überführungsprozeß zugrunde, als ob man jedes Forschungsergebnis in die Praxis überführen könne und müsse. Solange dies nicht geschehen ist, so meint man, seien weitere Forschungen übertriebener Luxus. Die Praxis unserer ökonomischen Entwicklung zeigt aber, daß man immer über eine größere Palette von Forschungsergebnissen verfügen muß, als sie in einem bestimmten Zeitpunkt übergeführt werden können. Das ist schon allein deshalb notwendig, um jene Forschungsergebnisse auswählen zu können, die für die Durchführung konkreter Maßnahmen zur Erhöhung der volkswirtschaftlichen Effektivität am geeignetsten sind. Die Aufnahmefähigkeit einer Volkswirtschaft für neue Ergebnisse der Forschung ist zu einem konkreten Zeitpunkt durchaus nicht unbegrenzt. Sie hängt ab von den verfügbaren Investitionsmitteln, den konkreten Schwerpunkten der Effektivitätsentwicklung der Volkswirtschaft, der vorhandenen materiell-technischen Basis der Produktion, dem Vorhandensein einsatzbarer Kader einer bestimmten Qualifikation usw. Es bedarf daher abgewogener Entscheidungen, welche Forschungsergebnisse übergeführt werden können und welche nicht. Kvaša hat am Beispiel der USA gezeigt, daß nur 0,15 Prozent der zwecks Schaffung neuer Produkte entwickelten Ideen der Grundlagenforschung den Markt mit kommerziellem Gewinn erreichen.[4] Hinzu kommt noch, daß sich auf Grund der feinmaschigen Verflechtung der Disziplinen und Forschungsprobleme die gesellschaftliche Nützlichkeit bestimmter wissenschaftlicher Ideen und Entdeckungen erst über eine Vielzahl vermittelnder Glieder offenbart. Die umfassende Entwicklung der Grundlagenforschung ist sowohl die entscheidende Voraussetzung für die Entwicklung der Wissenschaft als Ganzes, für die Effektivität der angewandten Forschung als auch für eine durchgreifende Erhöhung der Effektivität der Produktion, denn die Realisierung ihrer Ergebnisse führt auf Grund ihres fundamentalen Charakters oftmals zu größeren Effektivitätssteigerungen als die anderer Arten der Forschung. Daher kann ohne Entfaltung der Grundlagenforschung keine reale Beschleunigung des wissenschaftlich-technischen Fortschritts erreicht werden.

2. Die Grundlagenforschung sei in unserer Zeit angeblich so teuer geworden, daß sie nur noch von Ländern mit großem Forschungspotential betrieben werden könne, während sich die kleineren Länder auf die angewandte und Überführungsforschung konzentrieren sollten. Dies ist zweifellos eine Illusion, die mit hohen Effektivitätsverlusten bezahlt werden muß. Es ist eine allgemeine Erfahrung der Wissenschaftsentwicklung, daß nur derjenige am internationalen Wissensfundus partizipieren kann, der selbst zu seiner Entwicklung beiträgt. Die Wissenschaft schützt sich selbst gegen müßige Kost-

[4] Vgl. J. B. Kwascha, Wissenschaftsaufwendungen und Investitionen, in: Wirtschaftswissenschaft, 9/1971, S. 1344.

gänger, indem sie nur demjenigen den Zugang zu ihren Ergebnissen eröffnet, der selbst auf diesem Gebiet intensiv forscht. Dies ergibt sich allein schon aus dem schnellen Tempo des wissenschaftlich-technischen Fortschritts und der feinmaschigen Verflechtung zwischen den Disziplinen, Arten und Stufen der Forschung. Im übrigen ist die Grundlagenforschung billiger als die angewandte und Überführungsforschung. Diese können gerade dadurch sehr teuer werden, wenn man meint, die Grundlagenforschung einsparen zu können.

3. Eine vereinfachte Auffassung geht von der Behauptung aus, daß in unserer Zeit sich Grundlagenforschung, angewandte Forschung und Überführungsforschung so sehr durchdringen, daß es falsch wäre, die einzelnen Arten der Forschung überhaupt noch voneinander zu unterscheiden. Deshalb mieden einige Ökonomen eine Zeit lang überhaupt das Wort Grundlagenforschung und lehnten eine besondere Planung der Grundlagenforschung ab.

Zweifellos sind Grundlagenforschung, angewandte Forschung, Überführungsforschung Bestandteile des einheitlichen Forschungspotentials der sozialistischen Gesellschaft. Mißachtet man jedoch die Spezifik der einzelnen Arten der Forschung, so besteht die Gefahr, daß der Entwicklungsspielraum für die Grundlagenforschung eingeschränkt wird und die fundamentale Forschung zugunsten von kurzfristigen Projekten der angewandten und Überführungsforschung vernachlässigt wird. Der wesentlich höhere Grad der Unsicherheit und der notwendig breite Suchraum gestatten es nicht, die Ziele und Stufen der Grundlagenforschung in gleicher Weise festzulegen wie bei der angewandten Forschung, ohne sie in ein Korsett zu pressen, das ihre Effektivität stark beeinträchtigen würde. Dies macht die Ausarbeitung eines speziellen Plans der Grundlagenforschung notwendig. Nach den gegenwärtigen Erfahrungen in der DDR bei der Planung der naturwissenschaftlichen und mathematischen Grundlagenforschung müßte ein solcher Plan vier Komplexe umfassen:

- die Planung der entscheidenden wissenschaftlichen Zielstellungen und Forschungsrichtungen,
- die sich hieraus ergebenden komplexen Aufgaben und Maßnahmen,
- die Entwicklung des Forschungspotentials sowohl in bezug auf die Zahl der Forscher, wissenschaftlich-technischen Mitarbeiter etc. als auch die Entwicklung der materiell-technischen Basis der Forschung,
- die Schaffung von Bedingungen für höchste Kreativität der Forscher, um sie anzuspornen, in wissenschaftliches Neuland vorzudringen und Mittel für die produktive Nutzung der hierbei gewonnenen Ergebnisse zu produzieren.

Dabei ist zu sichern, daß die Grundlagenforschung in einem hinreichend weiten Suchraum durchgeführt, die bewährte Zusammenarbeit der wichtigsten Träger der Grundlagenforschung – der Akademie der Wissenschaften, des Hochschulwesens und der Industrie – weiter vertieft und durch die Entwicklung der materiell-technischen Basis der Forschung die Überführungsreife der erzielten Forschungsergebnisse erhöht werden kann.

Insgesamt lassen sich drei Funktionen beziehungsweise Stufen der Grundlagenforschung unterscheiden:

- Untersuchung fundamentaler Probleme zur Gewinnung neuer Erkenntnisse über grundlegende Gesetzmäßigkeiten und Zusammenhänge in Natur und Gesellschaft,
- Schaffung von wissenschaftlichem Vorlauf in perspektivreichen Richtungen der Forschung, auf dessen Grundlage rechtzeitig Entscheidungen in Hinblick auf die weitere wissenschaftliche und volkswirtschaftliche Entwicklung getroffen werden können. Es geht hier also um die Erarbeitung wissenschaftlicher Grundlagen für die Entwicklung neuer beziehungsweise verbesserter Technologien, Verfahren, Erzeugnisse und Methoden.
- Durchführung einer anwendungsorientierten Grundlagenforschung unter Nutzung des wissenschaftlichen Vorlaufs zur Lösung konkret vorgegebener volkswirtschaftlicher Zielstellungen, die sich unmittelbar aus der Produktion ergeben, so zum Beispiel die Entwicklung arbeits-, material- und energiesparender Technologien für den Intensivierungsprozeß.

Bei der Erfüllung dieser drei Funktionen der Grundlagenforschung ist eine sinnvolle Arbeitsteilung zwischen den wichtigsten Trägern der Grundlagenforschung – Akademie der Wissenschaften, Hochschulwesen, Industrie – unerläßlich. Nach den in der DDR gesammelten Erfahrungen bei der naturwissenschaftlichen und mathematischen Grundlagenforschung ist es zweckmäßig, wenn sich die Grundlagenforschung in der Industrie (hier sind 40 Prozent des Grundlagenforschungspotentials) auf die dritte Funktion konzentriert und an der zweiten mitwirkt. Die Akademie der Wissenschaften und das Hochschulwesen dagegen sollten sich auf die erste und zweite Stufe konzentrieren und Arbeiten zur dritten Stufe nur soweit durchführen, wie sie unmittelbar mit der Schaffung des wissenschaftlichen Vorlaufs zusammenhängen.

Zur Begründung der langfristigen Strategie der naturwissenschaftlichen und mathematischen Grundlagenforschung war es wichtig, spezielle Forschungsprogramme für die einzelnen Hauptforschungsrichtungen auszuarbeiten. Sie beinhalten die Entwicklungsprobleme der einzelnen Disziplinen, ihre Verflechtung mit anderen Disziplinen, die zu erwartenden Ergebnisse und die Anforderungen, die sich aus ihrer Realisierung ergeben.

Folgende Hauptforschungsrichtungen der naturwissenschaftlichen und mathematischen Forschung gilt es zu erfassen:

- Mathematik, Mechanik, Kybernetik und Informationsverarbeitung,
- Physik einschließlich Kern- und Werkstofforschung,
- Chemie (Grundlagen der Stoffe und der Stoffumwandlung),
- Biowissenschaften einschließlich der naturwissenschaftlichen Grundlagen der Medizin,
- Geo- und Kosmoswissenschaften,
- ingenieurwissenschaftliche Grundlagen der Energiewirtschaft,

– ingenieurwissenschaftliche Grundlagen der Konstruktion,
– ingenieurwissenschaftliche Grundlagen der Be- und Verarbeitung.

Diese Hauptforschungsrichtungen und ihre Forschungsprogramme wurden bei ihrer Ausarbeitung von vornherein auf die Befriedigung der wichtigsten Bedürfniskomplexe bei der Entwicklung der sozialistischen Gesellschaft ausgerichtet. In der Konzeption der naturwissenschaftlichen und mathematischen Grundlagenforschung der DDR bis 1990 sind die Hauptforschungsrichtungen auf folgende Bedürfniskomplexe gelenkt worden:

1. Deckung des Rohstoffbedarfs durch Erkundung, Erschließung, rationelle Aufbereitung, Verarbeitung und Verwertung von Rohstoffen. Auf die Lösung dieser Aufgabe sind 18 Disziplinen konzentriert, von der Geologie, Geophysik, Meereskunde bis zur Mathematik.

2. Befriedigung des Energiebedarfs durch rationelle Energieerzeugung, Übertragung, Wandlung und rationellen Energieeinsatz unter der besonderen Berücksichtigung der Senkung des spezifischen Energieverbrauchs. Hier sind 24 Disziplinen beteiligt, von der Kernenergetik, Mechanik, Thermodynamik bis zur Biophysik und Verarbeitungstechnik.

3. Sicherung des Werkstoffbedarfs durch die Entwicklung neuer und Verbesserung vorhandener Werkstoffe, durch rationellen Werkstoffeinsatz und rationelle Werkstoffbearbeitung und -verarbeitung. Hier sind 14 Disziplinen beteiligt, von der Festkörperchemie, Polymerchemie bis zur Werkstoffkunde.

4. Befriedigung der wachsenden Informations- und Kommunikationsbedürfnisse durch Schaffung naturwissenschaftlicher und technischer Grundlagen. Hier sind 17 Disziplinen beteiligt, von der Kybernetik, Informationsverarbeitungstechnik bis zur Bionik und Psychologie.

5. Sicherung der gesunden Ernährung. Hier sind 15 Disziplinen beteiligt, von der Ernährungsphysiologie, Eiweißchemie, Toxikologie bis zur anorganischen Chemie.

6. Erhaltung, Förderung und Wiederherstellung von Gesundheit und Leistungsfähigkeit des Menschen durch Vertiefung der naturwissenschaftlichen Grundlagen der Medizin. Hier sind 12 Disziplinen beteiligt, von der Immunologie, Molekular- und Humangenetik bis zur Isotopen- und Strahlentechnik.

7. Sicherung des Bedürfnisses nach Wohnung und Kleidung durch naturwissenschaftliche und technologische Grundlagen für die Be- und Verarbeitung der erforderlichen Werkstoffe. Hier sind 11 Disziplinen beteiligt, von der anorganischen Chemie bis zur Verarbeitungs- und Fertigungstechnik.

8. Sicherung optimaler Umweltbedingungen durch Schaffung naturwissenschaftlicher und technischer Grundlagen zur Minderung umweltschädigender Einflüsse. Hier sind 14 Disziplinen beteiligt, von der naturwissenschaftlichen Ökologie, der Hydrologie bis zum wissenschaftlichen Gerätebau.[5]

[5] Vgl. auch Direktive des IX. Parteitages der SED zum Fünfjahrplan für die Entwicklung der Volkswirtschaft der DDR in den Jahren 1976–1980, Berlin 1976, S. 26–30.

Durch den Vergleich der für die Befriedigung dieser Bedürfniskomplexe erforderlichen Forschungsleistungen mit dem vorhandenen Forschungspotential konnten vorhandene Engpässe aufgedeckt und eine inhaltliche Orientierung zu ihrer Beseitigung erarbeitet werden. Dies betrifft zum Beispiel die verstärkte Entwicklung der numerischen Mathematik und der Stochastik, den Ausbau der mathematischen und technischen Grundlagen für die Versuchs- und Prozeßsteuerung, den Ausbau der Optoelektronik und der Mikroelektronik, die Erweiterung der Forschung zur Erschließung und besseren Nutzung der einheimischen Rohstoffe etc.

Diese langfristigen Aufgaben der Grundlagenforschung können nur gelöst werden, wenn es gelingt, in weitem Umfang die Kreativität der Forscher zu entfalten und die materiell-technische Basis der Forschung entscheidend weiterzuentwickeln. Auf dem 13. Plenum des ZK der SED (1974) wurde von Kurt Hager auf diesen entscheidenden Faktor für die Erhöhung der Effektivität der wissenschaftlichen Arbeit hingewiesen. Dieser besteht „vor allem in der Sicherung einer Atmosphäre, die die Kreativität der Wissenschaftler und Ingenieure anregt und es ermöglicht, die zur Verfügung stehende Zeit maximal für wissenschaftliches Arbeiten zu nutzen“[6].

Die Entfaltung des wissenschaftlichen Schöpfertums, das heißt der Fähigkeit, neues Wissen zu produzieren sowie wissenschaftlich-technische Mittel und Verfahren für seine praktische Anwendung zu schaffen, ist für die sozialistische Gesellschaft ebenso wesentlich wie selbstverständlich, hängt doch die Ausprägung der Wesenszüge dieser Gesellschaft unmittelbar von der Entwicklung der Initiative und des Schöpfertums der werktätigen Massen ab.

Kreatives Denken und Handeln entstehen nicht im Selbstlauf. Kreativität bedarf gesellschaftlicher und individueller Voraussetzungen, die klug und umsichtig geschaffen werden müssen. Ebenso wie sie in einer bestimmten Atmosphäre stimuliert werden kann, wird sie durch Formalismus, Selbstgefälligkeit, Kanonisierung von Mittelmäßigkeit und Routine überlagert und verliert sich schließlich.

Um aktiv auf die Herausbildung von Bedingungen für kreatives Denken und Handeln in der wissenschaftlichen Arbeit einwirken zu können, ist es notwendig, tiefer in die Spezifik des wissenschaftlichen Arbeitsprozesses einzudringen. Hiervon ausgehend, gilt es Stil und Praxis der Leitung und Planung zu vervollkommnen, um – wie Erich Honecker forderte – überall „eine kluge, unbürokratische Leitung und Organisation der Wissenschaft, die das Zustandekommen wissenschaftlicher Ergebnisse fördert“[7], zu sichern. In anderen Bereichen der gesellschaftlichen Arbeit bewährte Methoden schema-

[6] Kurt Hager, Unsere Wissenschaftler stehen vor neuen großen Aufgaben, in: Aus den Diskussionsreden auf der 13. Tagung des ZK der SED, Berlin 1974, S. 7.

[7] Bericht des Zentralkomitees an den VIII. Parteitag der Sozialistischen Einheitspartei Deutschlands, Berichterstatter: Erich Honecker, Berlin 1971, S. 49.

tisch auf die Leitung, Planung und Abrechnung der Forschungsarbeit zu übertragen, kann hierbei nur Schaden stiften.

Natürlich bringt auch das lebendigste und leistungsfähigste Kollektiv nicht anonym neue Erkenntnisse hervor. Diese sind immer das Ergebnis der Arbeit konkreter Mitglieder des Kollektivs, ihres Meinungsstreits und ihrer Zusammenarbeit. Entsprechend sind die Atmosphäre und der Arbeitsstil in einem Kollektiv zu gestalten, wobei der Beitrag des einzelnen klar bestimmbar sein muß. Die Leistungsfähigkeit eines Kollektivs hängt entscheidend davon ab, wie es seinen Mitgliedern die Möglichkeit gibt, ihre spezifischen Fähigkeiten zu entfalten. Unser Ideal von einem Forschungskollektiv kann nicht darin bestehen, daß in ihm alle gleichviel und gleichwenig wissen und können. Nicht ohne Grund erweisen sich oftmals interdisziplinär zusammengesetzte Forschungskollektive als besonders leistungsfähig. Das ständige Erproben seiner Kräfte an neuen Aufgaben und Problemen setzt größere Beweglichkeit der Forscher und der Forscherkollektive voraus, stellt hohe Anforderungen an ihre Fähigkeit, sich in neue Probleme einzuarbeiten, sich neues Wissen anzueignen und es zu verarbeiten.

Eine wichtige Art von Kollektiven sind wissenschaftliche Schulen. Sie zeichnen sich durch ein hohes Anforderungsniveau und eine spezifische Art des Herangehens an bestimmte Forschungsprobleme aus, wie sie durch überragende Forschungspersönlichkeiten begründet wurden. Wissenschaftliche Schulen haben dazu beigetragen, das wissenschaftliche Ethos, unerbittliche Anforderungen an Leistungsniveau und wissenschaftliche Redlichkeit, in einer Vielzahl von Forschergenerationen herauszubilden. Die Entstehung von Schulen ist selbst ein schöpferischer Prozeß, ein Prozeß der Herausbildung neuer Ideen, spezifischer Methoden des Herangehens an den Forschungsgegenstand sowie der Ausprägung eines hohen Anforderungsniveaus an die wissenschaftliche Arbeit.

Natürlich wäre es falsch zu behaupten, daß kreatives Denken nur im Rahmen von wissenschaftlichen Schulen möglich sei. Nur ein relativ kleiner Teil der Wissenschaftler wird zu einem konkreten Zeitpunkt in wissenschaftlichen Schulen arbeiten können. Außerdem gibt es genügend Beispiele hervorragender Wissenschaftler, die auf Grund persönlicher Eigenarten oder äußerer Umstände nicht in der Lage waren, wissenschaftliche Schulen zu gründen beziehungsweise sie fortzuführen.

Jedoch sind wichtige Arbeitsprinzipien wissenschaftlicher Schulen auch auf andere Forschungskollektive übertragbar:

- die völlige Identifikation mit der gestellten Aufgabe und konsequente Förderung jener Mitglieder des Kollektivs, die zum Wissensfortschritt beitragen,
- ein hohes Anforderungsniveau an alle Mitglieder des Kollektivs und die Entwicklung eines wissenschaftlichen Ethos und einer Lebensdisziplin, die auf die Lösung der gestellten Aufgabe ausgerichtet ist,

– die Herausbildung stabiler Maßstäbe zur Beurteilung des erreichten Erkenntnisfortschritts, Offenlegung der noch strittigen Probleme und Beharrlichkeit bei der Durchsetzung der gewonnenen Erkenntnisse.

Das schöpferische Denken entzündet und bewährt sich bereits beim Finden der Probleme, die für den Erkenntnisfortschritt und die Effektivitätsentwicklung der Forschung entscheidend sind. Offen zu sein für das gesellschaftlich Notwendige und wissenschaftlich-technisch Mögliche ist eine wichtige Seite der schöpferischen Arbeit. Daher liegt das Kardinalproblem bei der Verbesserung des Stils und der Methoden der Leitung und Planung der wissenschaftlichen Arbeit in der Herausarbeitung und Bestimmung von Zielsetzungen, die die Fähigkeiten der Forscher und Forschungskollektive voll fordern. Ein wichtiges Kriterium für kreativitätsfördernde Leitungsmethoden besteht darin, inwieweit es gelingt, die Forscher selbst anzuregen und zu befähigen, sich wissenschaftliche, anspruchsvolle Aufgaben zu stellen. Methoden, die dazu führen, daß nur solche Aufgaben in den Plan aufgenommen werden, deren Lösung kein Problem darstellt, hemmen kreative Prozesse und führen nicht zu dem notwendigen Erkenntnisfortschritt. Der Wetteifer um qualitativ hohe Ziele für die Forschung, die sowohl einen hohen Erkenntnisfortschritt als auch gesellschaftlichen Nutzen beinhalten, muß zum Gegenstand des Wetteiferns der Forschungskollektive gemacht werden. Hohe Zielstellungen für die Forschung können nur auf Grundlage der gesellschaftlichen Bedürfnisse gemeinsam mit den Forschern erarbeitet werden, denn normalerweise weiß niemand über die in einem Forschungsvorhaben liegenden Möglichkeiten und Grenzen besser Bescheid als derjenige, der auf diesem Gebiet intensiv forscht. Nur so kann die Erscheinung überwunden werden, daß Forschungsergebnisse, obwohl sie die geplante Zielstellung erreichen, im Hinblick auf die wissenschaftlich-technischen und ökonomischen Parameter unter dem internationalen Niveau liegen.

Bei der Schaffung einer schöpferischen Atmosphäre in den Forschungsinstituten ergeben sich wichtige Aufgaben für die ideologische Arbeit, um den nach neuen, fortschrittlichen Lösungen suchenden Forschern die nötige Unterstützung zu geben, sie gegenüber Störungen und bürokratischen Belastungen abzuschirmen und sie in ihrer Arbeit anzuspornen. Wer Neues hervorbringt, sei es eine neue wissenschaftliche Idee oder Lösung, ein neues Verfahren oder neue Erzeugnisse, steht unter der Verantwortung, dem Neuen auch zum Durchbruch und zur gesellschaftlichen Wirksamkeit zu verhelfen. Der Kampf für die Durchsetzung des Neuen ist ein zäher Kampf gegen eingefahrene Denkgewohnheiten, geistige Trägheit, Formalismus und Rechthaberei. Er verlangt von dem Wissenschaftler persönlichen Mut, Überzeugungskraft und Standvermögen. Andererseits muß der Kampf gegen kreativitätstötende Phrasen und Gewohnheiten in den Mittelpunkt der ideologischen Arbeit bei der Beschleunigung des wissenschaftlich-technischen Fortschritts gestellt werden.

Eine wichtige Dimension kreativen Denkens und Handelns ist die Entwicklung der Fähigkeit, das erzielte Ergebnis auf seinen wissenschaftlichen Wert und seine gesellschaftliche Nützlichkeit zu bewerten.

Die richtige Abrechnung der geleisteten Forschungsarbeit ist ein Vorgang von großer gesellschaftlicher und wissenschaftlicher Tragweite, von dem eine starke stimulierende Wirkung auf das kreative Denken und Handeln ausgeht. Hierbei geht es sowohl um die Bewertung des erzielten Ergebnisses als auch die Herausbildung von hohen, qualitativen Maßstäben für die weitere wissenschaftliche Arbeit. Die offene Darlegung des erreichten Standes, die selbstkritische und kritische Suche nach Verbesserung des erzielten Ergebnisses darf nicht erdrückt werden durch einen mit einer formalen Berichterstattung erzeugten „Erfolgszwang".

Glatte, problemlose Abrechnungen von wissenschaftlichen Ergebnissen nützen weder der Wissenschaft noch der Gesellschaft. Eine offene, sachliche Darlegung des erreichten Standes ist nur möglich in einer Atmosphäre, in der dogmatische Rechthaberei, Selbstzufriedenheit und Augenwischerei keinen Platz haben. Eine solche selbstkritische und kritische Haltung ist aber von entscheidender Bedeutung sowohl für die weitere Arbeit des Forschers, für die Herausbildung stabiler Maßstäbe für die weitere Arbeit wie auch für die Nutzbarmachung des erzielten Forschungsergebnisses für die vor uns stehenden Aufgaben. Hierzu müssen mehr als bisher kreativitätsstimulierende Formen genutzt werden, wie die Durchführung von Problemdiskussionen über das erzielte Ergebnis, Einholung unabhängiger Gutachten, Offenlegung der noch nicht gelösten Probleme. Die ständige Einschätzung des erreichten Erkenntnisfortschritts und die weitere Arbeit mit dem erzielten Forschungsergebnis müssen einen wichtigen Platz in der Arbeit der Leiter von Forschungskollektiven einnehmen. Dies setzt voraus, daß die Leiter über ausreichend Zeit für die Beschäftigung mit den inhaltlichen Problemen der Arbeit verfügen und sie sich selbst in gewissem Maße unmittelbar am Forschungsprozeß beteiligen. Nur dann sind sie in der Lage, die wesentlichen, inhaltlichen Prozesse ihres Aufgabenbereichs zu erfassen, wie das Aufdecken von relevanten Forschungsproblemen, die Bewertung der erzielten Forschungsergebnisse und die Förderung besonders kreativer und leistungsfähiger Forscher. Ein das Schöpfertum fördernder Leitungsstil ist nur möglich, wenn unnötiger Verwaltungsaufwand, die „Geschäftigkeit" bei der Erarbeitung von Konzeptionen und Berichten rigoros eingeschränkt und Zeit gewonnen wird für die inhaltliche Leitung und Kontrolle wie auch für die Entwicklung der kreativen Fähigkeiten der Leiter selbst.

Von besonderer Bedeutung ist die Entwicklung des kreativen Potentials des wissenschaftlichen Nachwuchses. Hier muß die eigene Verantwortung des jungen Wissenschaftlers für das Auffinden eines tragfähigen Forschungsproblems – bereits hierbei wird Kreativität unter Beweis gestellt – und für seine Bewältigung gefestigt werden. Der ganze Prozeß der Anfertigung und

Verteidigung einer solchen Arbeit muß von hohen Anforderungen an Einsatzbereitschaft, Mut und Ideenreichtum getragen sein. Wissen ist eine unbedingte Voraussetzung für kreatives Denken und Handeln, aber es muß in kreativer Weise angeeignet werden. Hierbei gilt es, allen Tendenzen der Gleichmacherei, der Ignoranz gegenüber dem Streben nach neuen Ideen und Lösungen, der Mißachtung spezieller Begabungen und Fähigkeiten entgegenzutreten. Ohne Zweifel liegt ein Mangel bei der Heranbildung des wissenschaftlichen Nachwuchses darin, daß es noch nicht ausreichend gelingt, das kreative Potential unserer Gesellschaft zu mehren, die spezifischen Anlagen und Fähigkeiten zu fördern. Spezialisten mit einzelnen hervorragenden Fähigkeiten sind eben häufiger als „Universalgenies".

Die Erhöhung der Effektivität der wissenschaftlichen Arbeit hängt zu einem wichtigen Teil von der Entwicklung der materiell-technischen Basis der Forschung ab.[8] Im Unterschied zu der Zahl der Forscher, die sich in den vergangenen Jahren schnell steigerte, konnte sich deren Ausstattung mit modernen wissenschaftlichen Geräten nicht in dem erforderlichen Tempo entwickeln. Dies führte zu Schwierigkeiten im Ablauf der Forschungsprozesse, weil oftmals die erforderlichen Anlagen, wissenschaftlichen Geräte, Baugruppen, Bauelemente, Materialien und Chemikalien nicht ausreichten.

Der weitere Ausbau der materiell-technischen Basis der Forschung erfordert vor allem die Verstärkung der eigenen Produktion von Geräten und des Geräteaustausches zwischen den sozialistischen Ländern. Durch einen leistungsfähigen eigenen Gerätebau ist es oftmals möglich, spezielle Geräte im Forschungsprozeß fünf Jahre früher einzusetzen, als sie auf dem Weltmarkt zu haben sind. Hierdurch sind enorme Zeitgewinne im Forschungsprozeß erzielbar.

In der DDR ist zum Beispiel vorgesehen, bis 1980 an der Akademie der Wissenschaften den wissenschaftlichen Gerätebau im Vergleich zu 1975 zu verdoppeln. Ein ähnliches Wachstum des wissenschaftlichen Gerätebaus ist in der UdSSR und den anderen sozialistischen Ländern für diesen Zeitraum geplant.

Die wissenschaftlich-technische Zusammenarbeit der Mitgliedsländer des RGW ist eine wichtige Reserve für die Erhöhung der Effektivität des wissenschaftlichen Gerätebaus. Sie besteht in der Nutzung der Möglichkeiten für einen gezielten Geräteaustausch, für die Vertiefung der Arbeitsteilung und der Kooperation bei der Produktion von Geräten.

Gleichzeitig muß die wissenschaftlich-technische Basis der Forschung stärker als bisher dazu beitragen, die Überführungsreife der Forschungsergebnisse zu erhöhen. Dies gilt vor allem für Werkstofforschung, Halbleitertechnologie, kybernetischen Gerätebau und andere. Wie die Erfahrungen

[8] Vgl. Kurt Hager, Wissenschaft und Technologie im Sozialismus, Berlin 1974, S. 9.

lehren, kann der Überführungsprozeß durch die Fertigung von Mustern, Pilotanlagen etc. in den Forschungsinstituten wesentlich beschleunigt werden. Dem dient auch die Schaffung von Akademie-Industrie-Komplexen in der DDR. Die Entwicklung der materiell-technischen Basis der Grundlagenforschung soll gleichzeitig dazu beitragen, den Bedarf der Volkswirtschaft an bestimmten kleintonnagigen Chemikalien, Sonderwerkstoffen, Bauelementen und Baugeräten, speziellen Geräten durch die Schaffung von speziellen Kapazitäten in den Instituten zu befriedigen.

Das Wachsen der materiell-technischen Basis für die Forschung stellt hohe Anforderungen an die effektive Nutzung der geschaffenen Grundfonds. Bekanntlich unterliegen wissenschaftliche Geräte einem besonders schnellen moralischen Verschleiß. Oftmals werden sie in den Forschungsinstituten nur für die Lösung ganz spezieller Aufgaben gebraucht. Die mehrschichtige und komplexe Ausnutzung dieser kostspieligen Grundfonds ist daher von größter Aktualität. Hierbei sind effektive Formen der Grundfondsnutzung und -reproduktion über die Grenzen eines Forschungskollektivs beziehungsweise Instituts zu entwickeln. Hier gilt es die Vorzüge der sozialistischen ökonomischen Integration besser als bisher zu nutzen.

Durch die Konzentration beim Einsatz hochwertiger Geräte in den einzelnen Ländern – in der DDR sollen zum Beispiel in Zusammenarbeit der Akademie der Wissenschaften mit den zuständigen Industrie-Ministerien und territorialen Organen bis 1980 12 Technika aufgebaut beziehungsweise rekonstruiert werden – entstehen neue Möglichkeiten für die Erhöhung ihres Nutzungsgrades durch Vertiefung der wissenschaftlich-technischen Zusammenarbeit der Mitgliedsländer des RGW. Dies ist eine wichtige Reserve durch Erhöhung der Effektivität der Forschung.

Im Ergebnis der sich vertiefenden Verflechtung von Grundlagenforschung, angewandter Forschung und Produktion festigt sich die technologische und experimentelle Basis der Grundlagenforschung, die schrittweise zur Herausbildung ganzer Forschungs- und Produktionskomplexe führt, in denen sich Forschung und Entwicklung, Projektierung und Konstruktion, Experimentalproduktion und Serienfertigung zu einem einheitlichen Prozeß vereinigen. In diesem Prozeß kommt den betrieblichen Forschungs- und Entwicklungsstellen eine große Bedeutung zu. Sie müssen in engem Kontakt mit den Forschungseinrichtungen der Akademie der Wissenschaften und anderen Forschungseinrichtungen solche Verfahren und Erzeugnisse entwickeln beziehungsweise ihre Einführung in die Produktion unterstützen, die dazu beitragen, in relativ kurzer Frist das wissenschaftlich-technische Niveau der Produktion zu erhöhen, die gesellschaftliche Arbeitsproduktivität und die Qualität der Erzeugnisse zu steigern und die Exportrentabilität entscheidend zu verbessern.

1.4. Ökonomische Probleme des wissenschaftlich-technischen Schöpfertums

Die schöpferische Tätigkeit der Arbeiter, Techniker, Ingenieure und Wissenschaftler ist eine entscheidende Grundlage für die weitere Gestaltung der materiell-technischen Basis der sozialistischen Gesellschaft. In den letzten Jahren haben sich verschiedene natur- und gesellschaftswissenschaftliche Disziplinen verstärkt der Untersuchung kreativer Prozesse zugewandt. Dagegen wurden ökonomische Aspekte der Kreativität bisher nur wenig analysiert.

Produktive und schöpferische Arbeit

Unter produktiver Arbeit versteht die politische Ökonomie zunächst die gebrauchswertschaffende konkrete Arbeit. In ihrer historisch bestimmten Form wird sie zugleich als Arbeit betrachtet, die das Mehrprodukt hervorbringt, das entsprechend den Eigentumsverhältnissen angeeignet wird. Im Kapitalismus eignen sich die Besitzer der Produktionsmittel das Mehrprodukt als Mehrwert an. In der sozialistischen Gesellschaft dient das Mehrprodukt als gesellschaftliches Reineinkommen der Befriedigung der Bedürfnisse der Gesellschaft und aller ihrer Mitglieder.

Schöpferische Arbeit im weitesten Sinne wird im Bereich der produktiven und der nichtproduktiven Arbeit geleistet. Im allgemeinen Sinne wird ferner jede produktive Arbeit als schöpferisch bezeichnet. Hier soll jedoch das *spezifische* schöpferische Element der produktiven Arbeit betrachtet werden, das in der Schaffung neuer Gebrauchswerte, Technologien und Produktionsmittel besteht. Marx verweist bei der kritischen Analyse der Arbeiten von Richard Jones auf die „Entdeckung neuer Gebrauchswerte oder neuer Anwendung alter Gebrauchswerte und neue Erfindung von Maschinerie oder motive power, wodurch neue Arten des auxiliary capital geschaffen werden.“[1] In diesem Sinne unterscheidet Marx auch „reproduzieren und neuproduzieren“[2].

Der neue gesellschaftliche Gebrauchswert ist das Ergebnis eines Wissenszuwachses und der damit verbundenen Anwendung der schöpferischen Potenzen des gesellschaftlichen Gesamtarbeiters. Der Mensch verwirklicht im Arbeitsprozeß technische und schöpferische Fähigkeiten, die in enger und widerspruchsvoller Wechselbeziehung stehen. Zu den technischen Funktionen gehört die energetische, ausführende, kontrollierende und logische Funktion, während zu den schöpferischen Funktionen die empirische Weiterentwick-

[1] Karl Marx, Theorien über den Mehrwert, in: MEW, Bd. 26.3, Berlin 1968, S. 433.

[2] Karl Marx, Grundrisse der Kritik der politischen Ökonomie, Berlin 1953, S. 600.

lung, theoretische Analyse und Zielfindung sowie die Erfindung neuer Techniken und Gebrauchswerte gehören.

In diesem Zusammenhang soll unter *Kreativität* die Fähigkeit der menschlichen Arbeit zur Hervorbringung neuer Gebrauchswerte verstanden werden, die neue gesellschaftliche Bedürfnisse befriedigen oder vorhandenen Bedarf vollständiger beziehungsweise auf rationellere Weise decken. Die schöpferische Arbeit schafft jedoch neuen *gesellschaftlichen* Gebrauchswert auf widerspruchsvolle Weise. Erstens vermehrt sie den gesellschaftlichen Reichtum und zweitens führt sie zu seiner moralischen Entwertung.

Der „Gebrauchswert auf gesellschaftlicher Potenz" (Marx) ist Ergebnis der konkreten, nützlichen Arbeit. Diese besitzt selbst eine gesellschaftliche, historische Komponente. Dazu gehört vor allem die schöpferische Funktion der nützlichen Arbeit. Diese Funktion erscheint als natürliche, individuelle Eigenschaft der menschlichen Arbeit, sie ist dem Wesen nach aber selbst gesellschaftlich determiniert. Die schöpferische Veränderung der Arbeitsmittel, Arbeitsgegenstände und Produkte führt ihrerseits zur Vervollkommnung des gesellschaftlichen Menschen als Hauptproduktivkraft, zur Entwicklung seiner materiellen und geistigen Bedürfnisse. Es tritt ein moralischer Verschleiß des Nationalreichtums in bezug auf dieses wachsende Bedürfnispotential ein. Die geschichtsverändernde Kraft der produktiven Arbeit zeigt sich vor allem in ihrer schöpferischen Funktion, während ihre reproduktive Komponente das erreichte Niveau sichert.

Das schöpferische Element ist jedoch selbst, wie bereits dargelegt wurde, eine Einheit von Gegensätzen. Aus dem inneren Widerspruch der schöpferischen Funktion der nützlichen, konkreten Arbeit ergibt sich der Widerspruch des wissenschaftlich-technischen Fortschritts im Sozialismus/Kommunismus zwischen dem Wachstum der gesellschaftlichen Bedürfnisse und der Entwicklung der Mittel zu ihrer Befriedigung. Die schöpferische Arbeit führt zu

- dem zunehmenden Ersatz menschlicher Arbeitsfunktionen durch technische Mittel,
- der damit verbundenen Erhöhung der disponiblen Freizeit als Bedingung für weiteres Wachstum der Schöpferkraft,
- der zunehmenden Ausstattung der Arbeitskraft mit technischen Mitteln höherer Qualität, die dem wissenschaftlich-technischen Schöpfertum einen weiteren Aktionsradius schaffen,
- der Entwicklung aller Fähigkeiten des Menschen zur Produktion neuer Bedürfnisse und der ihnen entsprechenden Gebrauchswerte.

Daher ist die schöpferische Arbeit die Grundlage für das Wirken des von Marx und Lenin charakterisierten Gesetzes des Anwachsens der Bedürfnisse

Schöpferische Arbeit und Ökonomie

Die produktive Arbeit schafft den materiellen Reichtum der Gesellschaft. Unter den Bedingungen der Warenproduktion wird die gesellschaftlich notwendige Arbeitszeit zum Maß dieses Reichtums. Im Sozialismus besitzt dieses Maß eine neue soziale Qualität in doppelter Hinsicht: *Erstens* ist der Gegensatz von Arbeitszeit und Freizeit aufgehoben, da die Mittel und Ergebnisse des Arbeitsprozesses dem Produzenten gehören. *Zweitens* wird die gesellschaftlich notwendige Arbeitszeit planmäßig bestimmt, auf Rechnung der gesamten Gesellschaft verausgabt. Damit werden Aufwand und Ergebnis auf eine prinzipiell neue Weise kommensurabel. Marx bemerkt hierzu: „Es versteht sich von selbst, daß die time of labour selbst, dadurch, daß sie auf normales Maß beschränkt, ferner nicht mehr für einen andren, sondern für mich selbst geschieht, zusammen mit der Aufhebung der sozialen Gegensätze zwischen master und men etc., als wirklich soziale Arbeit, endlich als Basis der *disposable time* einen ganz andren, freiern Charakter erhält, und daß die *time of labour* eines man, der zugleich der man of disposable time ist, viel höhere Qualität besitzen muß als die des Arbeitstiers.“[3] Diese Überlegungen sind sehr wesentlich für die Analyse der schöpferischen Arbeit im Sozialismus und ihre Perspektive.

Die Effektivität des schöpferischen Elements der produktiven Arbeit kann nun nicht ohne weiteres mit Hilfe der Arbeitszeit gemessen werden:

Erstens ist die schöpferische Funktion der produktiven Arbeit in hohem Maße Resultat und Erscheinungsform der *allgemeinen* Arbeit. Allgemeine Arbeit ist nach Marx „alle wissenschaftliche Arbeit, alle Entdeckung, alle Erfindung“[4]. Hierbei wird auf vielfache Weise das Arbeitsergebnis vergangener Generationen genutzt, dessen Aufwand praktisch nicht mehr meßbar ist.

Zweitens ist die allgemeine Arbeitszeit der Originalproduktion eines schöpferischen Resultats, selbst wenn man sie ermitteln könnte, nicht kommensurabel mit der spezifischen Arbeitszeit zu seiner Reproduktion auf großer Stufenleiter.[5]

Drittens besitzt das Resultat der „allgemeinen Mächte des menschlichen Kopfes“[6] eine gesellschaftliche Potenz, eine Kraft der extensiven und intensiven Ausbreitung, die nicht als Ergebnis der direkt in der Forschung verausgabten Arbeitszeit betrachtet werden kann.

Mit der weiteren Gestaltung der entwickelten sozialistischen Gesellschaft

[3] Karl Marx, Theorien über den Mehrwert, in: MEW, Bd. 26.3, Berlin 1968, S. 253.

[4] Karl Marx, Das Kapital. Bd. 3, in: MEW, Bd. 25, Berlin 1964, S. 113–114.

[5] Vgl. Karl Marx, Theorien über den Mehrwert, in: MEW, Bd. 26.1, Berlin 1965, S. 329.

[6] Karl Marx, Grundrisse der Kritik der politischen Ökonomie, Berlin 1953, S. 593.

und Schaffung grundlegender Voraussetzungen für den allmählichen Übergang zum Kommunismus wird die *gesellschaftliche Kreativitätsdichte* der Arbeit wachsen. Daraus entsteht ein qualitativer Umschlag in der Rolle der gesellschaftlich notwendigen Arbeitszeit, den Marx in einer weitreichenden ökonomisch-philosophischen Überlegung so charakterisiert hat: „In dem Maße aber, wie die große Industrie sich entwickelt, wird die Schöpfung des wirklichen Reichtums abhängig weniger von der Arbeitszeit und dem Quantum angewandter Arbeit, als von der Macht der Agentien, die während der Arbeitszeit in Bewegung gesetzt werden und die selbst wieder – deren powerfull effectiveness – selbst wieder in keinem Verhältnis steht zur unmittelbaren Arbeitszeit, die ihre Produktion kostet, sondern vielmehr abhängt vom allgemeinen Stand der Wissenschaft und dem Fortschritt der Technologie, oder der Anwendung dieser Wissenschaft auf die Produktion."[7] Damit wird eine qualitativ neue Stufe der Entwicklung der schöpferischen Funktion der menschlichen Arbeit erreicht: „In dieser Umwandlung ist es weder die unmittelbare Arbeit, die der Mensch verrichtet, noch die Zeit, die er arbeitet, sondern die Aneignung seiner eignen allgemeinen Produktivkraft, sein Verständnis der Natur und die Beherrschung derselben durch sein Dasein als Gesellschaftskörper – in einem Wort die Entwicklung des gesellschaftlichen Individuums, die als der große Grundpfeiler der Produktion und des Reichtums erscheint."[8] Hierbei muß man jedoch beachten:

Erstens ist dieser Prozeß in seiner entwickelten Form erst in der zweiten Phase der kommunistischen Gesellschaft erreichbar und setzt eine sehr hohe Stufe der materiell-technischen Basis des Kommunismus voraus.

Zweitens ist er das Ergebnis einer langwährenden Metamorphose der notwendigen Arbeit, deren Berechnung durch die Gesellschaft im Sozialismus und beim Übergang zum Kommunismus an Bedeutung gewinnt. Der Qualitätszuwachs der notwendigen Arbeit entzieht sich keinesfalls der exakten Messung.

Drittens kann die Arbeit nicht Spiel werden.[9] Auch im Kommunismus wird sie stets eine Einheit der angewandten schöpferischen und technischen Funktionen sowie der neuproduzierenden und der reproduzierenden Komponente sein.

Die erwähnten Schwierigkeiten der Messung der schöpferischen Komponente der produktiven Arbeit, deren Ergebnis letztlich die „entwickelte Produktivkraft aller Individuen"[10] ist, bedeuten jedoch nicht, daß sich das Schöpfertum dem ökonomischen Kalkül entzieht. Aber dieses ökonomische Kalkül wird immer stärker mit sozialer Qualität angereichert, und darin besteht die innere Logik seiner Entwicklung.

[7] Ebenda, S. 592.
[8] Ebenda, S. 593.
[9] Vgl. ebenda, S. 599.
[10] Ebenda, S. 596.

Zum Prozeß der schöpferischen Arbeit in Wissenschaft und Technik

Mit dem Übergang zur intensiven Nutzung des Wissenschaftspotentials steigen die Anforderungen an den schöpferischen Koeffizienten der wissenschaftlichen Arbeit. Es ist dabei notwendig, zwischen objektivem und subjektivem Schöpfertum zu unterscheiden. Bekanntlich werden auf der ganzen Welt ständig wissenschaftlich-technische Aufgaben neu und selbständig gelöst, obwohl ihre Lösungen objektiv keine Neuheit mehr darstellen. Das Ausmaß des Nacherfindens ist enorm. Wie aber kann der Grad des Schöpfertums von Kollektiven gemessen werden? Man kann annehmen, daß dies vom Resultat des Prozesses, von seinem festgelegten Ziel, von den angewandten Methoden und von den Eigenschaften der Bearbeiter her möglich ist. Von diesen Möglichkeiten gibt wohl lediglich die erste eine Auskunft über das *objektive* Schöpfertum, während die anderen die subjektiv-schöpferische Leistung charakterisieren.

Zur Erhöhung des wissenschaftlich-technischen Schöpfertums ist es notwendig, die subjektiven Faktoren durch Anwendung kollektiver und individueller Methoden und Stimuli zu nutzen, die objektiven Faktoren der schöpferischen Arbeit zu entwickeln und die schöpferische Arbeit in Forschung und Entwicklung richtig zu leiten. Entscheidend sind die subjektiven Faktoren des Schöpfertums. Hier ist es erforderlich, das produktive, phantasievolle Denken der Wissenschaftler, Ingenieure, Techniker und aller Mitarbeiter zu stimulieren und die spezifischen Methoden der Ausnutzung der produktiven Phantasie anzuwenden.

Die Stimulierung des schöpferischen Denkens im Interesse der allseitigen Entwicklung der Persönlichkeit ist eine Aufgabe, die sich nur die sozialistische Wirtschaftsführung stellen kann. Für das kapitalistische Management ist meist eine enge pragmatische Grundhaltung typisch, die nur auf das jeweilige Entscheidungsproblem zur Profitsicherung gerichtet ist. Die Dialektik der produktiven Phantasie besteht aber darin, daß die höchste Effektivität durch zeitweiliges scheinbar uneffektives Abweichen von den Brennpunkten des Entscheidungsproblems gesichert wird. Allseitig gebildete Menschen, deren Bildungs- und Erlebnisräume ein weites Panorama überdecken, sind für die produktive Ideenfindung viel besser geeignet als enge Spezialisten. Der Leiter muß daher im Forschungs- und Entwicklungskollektiv jene Atmosphäre schaffen, die ein vielseitiges geistiges Leben stimuliert. Als Methoden zur systematischen Ausnutzung der produktiven Phantasie seien vor allem hervorgehoben:

- die Problemdiskussion,
- die Ideenkonferenz,
- die Expertenbefragung,
- die synektische Methode,
- das Training des Assoziationsvermögens und
- der Ideenanreiz durch freies Frage-Antwort-Spiel.

Bevor eine vom Leiter beauftragte Gruppe jedoch mit der Anwendung solcher Methoden beginnen kann, muß der Gesamtrahmen für den Suchraum abgesteckt werden. Es ist eine, wenn auch zunächst grobe prognostische Systemanalyse durchzuführen. Dazu dient die Darstellung der wichtigsten Systembeziehungen in Form von Matrizen oder Graphen. Diese Systemanalyse ist so zu gestalten, daß nach Möglichkeit alle relevanten Vektoren beziehungsweise Knoten erfaßt, trotzdem aber auch gedanklich Erweiterungen des Systems berücksichtigt und die wichtigsten Leerstellen (freie Felder der Matrix, freie Knoten des Graphen) bloßgelegt werden. Wenn der Gesamtrahmen, also gewissermaßen das Koordinatensystem der produktiven Phantasie bestimmt ist, sind als nächster Schritt die Felder (Knoten) in eine Rangordnung zu bringen. Naturgemäß sind dafür nur sehr grobe Kriterien verwendbar, wie zum Beispiel:

- Sind schon Arbeitsprobleme der Forschung formuliert worden?
- Wie stark ist das Interesse an der Überwindung des Defekts, der aus der internationalen Literatur sichtbar ist?
- Welche Voraussetzungen für die Inangriffnahme des Problems sind bei uns gegeben?
- Welche Verflechtungen mit anderen Fragestellungen existieren, an denen bereits gearbeitet wird?
- Welche Bedeutung hätte die Überwindung des Defekts für die Befriedigung zukünftiger Bedürfnisse?

Die bereits erwähnten Matrizen und Graphen sind gewissermaßen die Generalstabskarten der produktiven Phantasie. Sie dienen dem Leiter als Überblick über das gesamte Suchfeld zur Grundorientierung der Forschungsstrategie, keinesfalls aber als perfektionistisches Korsett, das kühnes Denken in ungewohnten Richtungen verhindern soll. Neue Entdeckungen sind oft genug mit neuen Koordinaten systematischen Denkens verbunden. Auf solche Überraschungen muß der Leiter stets vorbereitet sein. In der leitenden Gruppe darf daher neben dem produktiven Systematiker jener Typ des Mitarbeiters nicht fehlen, dessen Denken altgewohnte Systematiken sprengt.

Zu den speziellen kollektiven Methoden der Ideenstimulierung gehören die Problemdiskussion, die Ideenkonferenz und die synektische Methode.

Die *Problemdiskussion* läßt sich dadurch charakterisieren, daß auf der Grundlage der mit der Systemanalyse erkannten Defekte Fragen formuliert und in einer operativ gelenkten Diskussion beantwortet werden. Jeder Teilnehmer erhält rechtzeitig das Beratungsmaterial und bereitet sich sorgfältig auf die Diskussion vor. Diese bewegt sich im Rahmen der vorgegebenen Fragen. Auch die Methode der Klausurbefragungen gehört zu diesem Verfahren. Sie besteht darin, daß Experten zusammengerufen werden, denen nach Erläuterung der Aufgabenstellung Fragen gestellt werden, die sie zunächst individuell beantworten müssen. Gewöhnlich werden dann in einer zweiten Phase die Ergebnisse ausgetauscht, und es wird eine gemeinsame

Konzeption ausgearbeitet. Die traditionellen Methoden der Problemdiskussion haben den wesentlichen Nachteil, daß Ideenfindung und Ideenkritik nicht getrennt werden und damit die produktive Phantasie nicht angeregt, sondern gelegentlich stark blockiert wird.

Die *Ideenkonferenz* ist daher auf eine strikte Trennung des Hervorbringens und der Wertung von Ideen gerichtet. Sie wird in verschiedenen Bereichen unserer Volkswirtschaft angewendet, um ein breites Kollektiv von Mitarbeitern in den Prozeß der Ideenerzeugung einzubeziehen, zum schöpferischen Denken anzuregen und einen Fundus von Lösungsvorschlägen zu erhalten. In der Praxis haben sich dabei verschiedene Regeln bewährt, unter anderem

- die sorgfältige Formulierung des Problems,
- die geschickte operative Lenkung der Diskussion durch einen Mitarbeiter, der gründliche Kenntnisse der Materie, zugleich aber eine vielseitige Bildung besitzt,
- die zeitliche Beschränkung der Diskussion auf maximal anderthalb Stunden (mit einer kurzen Pause nach etwa 30 bis 40 Minuten),
- das gezielte Hochschaukeln und Verzweigen der Ideen ohne Rücksicht auf irgendwelche materielle Beschränkungen.

Im allgemeinen sind aber Ideenkonferenzen eindeutig auf die Lösung eines Problems gerichtet, und das Denken bewegt sich in starkem Maße im Rahmen des vorgegebenen Problems.

Die *synektische Methode* ist eine höhere Stufe der Ausnutzung der produktiven Phantasie. Sie wird in folgenden Schritten durchgeführt:

- Problemformulierung,
- Problemanalyse,
- Reinigung,
- Neuformulierung des Problems,
- erste direkte Analogie,
- persönliche Analogie,
- symbolische Analogie (drei Worte mit eingebautem Konflikt),
- zweite direkte Analogie,
- Verbindung,
- neue Gesichtspunkte.

In den Stufen der persönlichen und der symbolischen Analogie wird der „Problemkasten“ verlassen und versucht, zu völlig neuen Ideen (gegenüber den in der Stufe der „Reinigung“ bereits abgestoßenen) zu gelangen. Alle bisher erwähnten Methoden tragen kollektiven Charakter, sie sind allerdings nur wirksam bei sorgfältiger individueller Vorbereitung.

Neben den kollektiven Methoden ist es notwendig, auch den individuellen Besonderheiten des Schöpfertums ein größeres Augenmerk zu schenken. Bekanntlich verläuft der schöpferische Prozeß in den Phasen: Vorbereitung, Konzentration, Erholung, Ideenfindung, Prüfung, Einführung, Vorbereitung. Dabei treten Hemmungsfaktoren auf, die überwunden werden müssen.

Wissenschaftspsychologische Untersuchungen führten zu folgendem Modell des schöpferischen Entdeckens[11]:

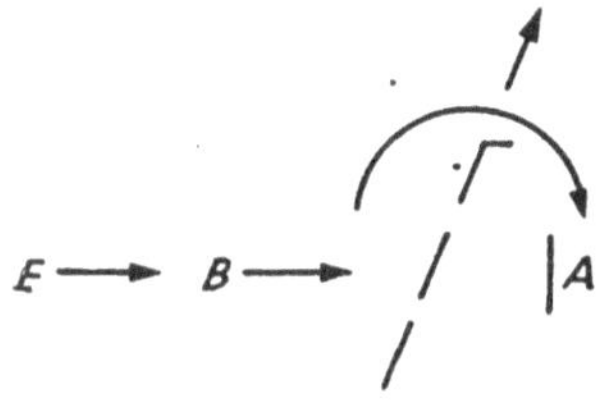

Dabei bedeuten:
E – Sammlung einzelner Fakten,
B – Gruppierung, Aufdeckung von Besonderheiten,
A – Entdeckung einer allgemeinen Theorie,
| – psychologische Barriere,
┌ – Sprungbrett des schöpferischen Denkens,
↗ – zufällige Gedankenkreuzung, die das Sprungbrett bildet.

Die Existenz der Barriere ist durch einfache Denkexperimente nachweisbar. Bekanntlich kann die wissenschaftlich-technische Entwicklung als materielle „Entäußerung" des schöpferischen Denkens als Folge von logistischen Kurven dargestellt werden. Offenbar verläuft der Denkprozeß in gleicher Weise. Es gibt also einen bestimmten Mechanismus der Erkenntnis, der uns in der vorgegebenen S-förmigen Bahn hält. Dieser Mechanismus ermöglicht, die Potenzen einer Entdeckung voll auszuschöpfen und verhindert voreilige Aufgabenstellungen, für die noch keine Voraussetzungen gegeben sind. Früher oder später aber wird dieser Mechanismus zur Barriere für den schöpferischen Sprung in eine neue Qualität. Um diese Barriere zu überwinden, braucht das Denken eine Hilfsgröße oder ein Sprungbrett.

Ein psychologisches und zugleich ökonomisches Problem ist das Zeitregime der schöpferischen Arbeit. Es ist offenbar nicht so, daß ein lockeres Zeitregime die günstigsten Bedingungen für das Schöpfertum bietet. So weist Kedrov auf die stimulierende Wirkung der Zeitnot in Mendeleevs Arbeit hin. Andererseits nutzen zum Beispiel amerikanische Unternehmen die Freizeit für eigene Forschungen in folgender Weise[12] (vgl. dazu auch Tabelle 1).

Es versteht sich, daß das nicht aus philanthropischen Überlegungen, sondern im Interesse der Profitwirtschaft geschieht. Die Rückkopplung der in der nicht beauflagten Zeit gewonnenen Ideen auf die Hauptarbeit wird als be-

[11] Vgl. B. M. Kedrov, Über die Theorie der wissenschaftlichen Entdeckung, in: Naučnoe tvorčestvo, Moskva 1969.

[12] Vgl. R. Sejler, Povyšenie éffektivnosti issledovanij i razrabotok, Per. s angl., Moskva 1967, S. 156.

Tabelle 1
Nicht beauflagter Teil des Arbeitstages von Wissenschaftlern in amerikanischen Unternehmen

Nicht beauflagter Teil des Arbeitstages	Anteil der Unternehmen an der Gesamtzahl der Unternehmen
Keine	2,8
unter 5	20,2
5–10	45,0
10–15	20,1
15–20	10,0
mehr als 20	0,9

sonders positiv betrachtet. Diese Feststellung gilt auch für sozialistische Produktionsverhältnisse. Offenbar gibt es aber einen optimalen Bereich der Freizügigkeit, der durch empirische Untersuchungen unter jeweils spezifischen Bedingungen näher bestimmt werden muß.

Bedeutende Reserven liegen in der Schaffung weiterer objektiver Bedingungen der schöpferischen Arbeit, die in der Formalisierung und Automatisierung des Routineprozesses sowie in der Rationalisierung der geistigen Arbeit liegen.

Tabelle 2 gibt eine detaillierte Unterscheidung der Typen von Aufgabenstellungen in Forschung und Entwicklung. Zum formulierbaren Bereich gehören:

- vollständige Algorithmen (streng deterministische und stochastische) sowie
- heuristische oder unvollständige Algorithmen.

Probleme, zu deren Lösung eine riesige Zahl von Varianten zu berechnen ist, können nur dann ökonomisch oder in manchen Fällen überhaupt bewältigt werden, wenn heuristische Algorithmen verwendet werden, die auf EDVA abgearbeitet werden können. Dies sind im Grunde lediglich unvollständige Algorithmen, die die Kette des Übergangs vom Anfangs- zum Endzustand verkürzen, ansonsten aber den nichtheuristischen Algorithmen gleichen.

Ihre Beschränkungen liegen in folgendem:

1. Sie arbeiten mit der sogenannten Labyrinth-Hypothese. Es wird angenommen, daß man *nacheinander* die Wege des Labyrinths durchschreiten muß, indem man jedesmal das erzielte Ergebnis beurteilt, und zwar so lange, bis man den richtigen Weg findet.[13] Ein Mensch, der ein kompliziertes Problem löst, wird nicht auf solche Weise verfahren. Sein Suchfeld ist dynamisch, es wird nicht selten überraschend ergänzt, und es wird nicht so pedantisch durchlaufen.

[13] Vgl. J. Rudnianski, Efektywnośc mysíenia. Państwowe Zaklady Wydawnictw Szkolnach, Warszawa 1969, S. 69.

Tabelle 2

Typen von Aufgabenstellungen in Abhängigkeit von den Mitteln, über die der Bearbeiter verfügt

Bezeichnung der Aufgabenstellung	Einsetzbare Methoden	Elemente der Aufgabenstellung			Suchbereich	
		Weg Kette des Übergangs vom Ausgangs- zum Endzustand	Gesamtheit der Operatoren des Übergangs	Zuordnung der Operatoren zu den Zuständen des Systems	Ziel (gedanklicher Endzustand des Prozesses)	einzuschlagende Richtung der Suche
Gestellte Aufgabe	Informations-, Erfahrungs-, Erinnerungs-Algorithmus	streng festgelegt	bekannt	streng festgelegt	bekannt	bekannt
Gegebenes Problem 1. Ordnung	Versuch/Irrtum-Prinzip, heuristische Algorithmen	nicht streng festgelegt	bekannt	streng festgelegt	bekannt	bekannt
Gegebenes Problem 2. Ordnung	Heuristiken 1. Ordnung	unbekannt	teilweise bekannt	nicht streng festgelegt	bekannt	bekannt
Suchprobleme	Heuristiken 2. Ordnung	unbekannt	unbekannt	unbekannt	unbekannt/bekannt	bekannt/unbekannt
Entdeckung von Problemen	produktive Phantasie, Abweichen vom logischen Denken	unbekannt	unbekannt	unbekannt	unbekannt	unbekannt

2. Die Erfolgskriterien des heuristischen Algorithmus werden vom Menschen vorgegeben. Mit heuristischen Algorithmen wird also das bekannte und definierte Suchfeld nach vorgegebenen Regeln abgefragt.[14]

Trotz dieser Einschränkungen sind natürlich die heuristischen Algorithmen, deren Einsatzfeld sich ständig erweitert, von Bedeutung. Ein Beispiel dafür war der Versuch, die Abfertigung der Schiffe im Leningrader Hafen mittels EDVA zu optimieren. Ein hierfür erarbeitetes determiniertes Netzwerkprogramm kann auf einem schnellen Elektronenrechner in 30 bis 45 Minuten zu einer optimalen Entscheidung führen. Die Entscheidung muß aber in 10 bis 15 Minuten vorliegen. Der beste Dispatcher des Hafens war in der Lage, in neun Minuten befriedigend zu entscheiden. Nachdem ein heuristisches Programm für den Rechner entwickelt worden war, lag in fünf bis sechs Minuten eine Entscheidung vor, die mit einer bestimmten Wahrscheinlichkeit dem Optimum nahekommt.

Für die zukünftige Entwicklung ist einzuschätzen, daß die Automatisierung von Routineprozessen, der Mensch-Maschine-Dialog sowie die Anwendung von deterministischen und heuristischen Algorithmen die Effektivität der Forschung und Entwicklung beträchtlich erhöhen werden. Aber den eigentlichen Effekt wird nach wie vor die schöpferische Arbeit ohne spezifische Hilfsmittel bringen.

Ferner erhält die Leitung schöpferischer Arbeit eine immer größere Bedeutung für die Steigerung der Effektivität von Forschung und Entwicklung: Der Leitungsprozeß muß die maximale Nutzung des wissenschaftlichen Potentials für das Hauptthema sichern und gleichzeitig, parallel dazu gewährleisten, daß mit wenigen, ausgewählten Nachwuchskadern ein neues Thema erkundet wird. Der Erfolgszyklus eines wissenschaftlichen Kollektivs zum gegebenen Hauptthema umfaßt etwa sechs bis acht Jahre (ein Jahr Anlauf, drei Jahre „Durststrecke", drei Jahre Aufschwung und Erfolge, ein Jahr Stillstand). Diesem Mechanismus läßt sich entgegenwirken, wenn man rechtzeitig auf ein neues, erkundetes Gebiet umsteigen kann.

Die Leitung schöpferischer Arbeit muß in der richtigen Weise die Funktionen der Stimulierung und Koordinierung miteinander verbinden. Eine Leitung, die nur koordiniert, jedoch keine schöpferischen Impulse und Bedingungen schafft, wird wenig effektiv sein.

Die Leistungsbewertung wissenschaftlicher Kollektive muß schöpferische Leistungen fördern. So wurde in den Forschungseinrichtungen der sowjetischen Buntmetallurgie ein System der Bewertung und materiellen Stimulierung der Arbeit von Forschern eingeführt, das in hohem Maße schöpferische Leistungen zur Erhöhung des wissenschaftlich-technischen Niveaus stimuliert.

[14] Vgl. N. L. Landa, Über das Verhältnis von heuristischen und algorithmischen Prozessen, in: Naučnoe tvorčestvo, Moskva 1969.

Intensivierung und Schöpfertum

Unter kapitalistischen Produktionsverhältnissen wird die schöpferische Funktion der produktiven Arbeit im Interesse der Profitmaximierung genutzt. Die Industrialisierung verringert die Bedeutung des menschlichen Faktors proportional zur Kapazität der Maschinenausrüstung. In der Epoche des Imperialismus spitzt sich der Widerspruch zwischen der schöpferischen Potenz der Arbeit und ihrer begrenzt privatkapitalistischen und destruktiven Nutzung auf gravierende Weise zu. Aber der grenzenlose Trieb zur Profitmaximierung trieb das Kapital immer wieder auf die Suche nach neuen Anwendungsbereichen. Die schöpferischen Potenzen der produktiven Arbeit finden das besondere Interesse der führenden Monopole, die die militärische Forschung und Entwicklung, die Elektronik und Chemie beherrschen. So argumentiert der japanische Industrielle Masatoshi Yoshimura:

„Menschliche Talente ... sind geradezu unbegrenzt entwicklungsfähig. Die zerebralphysiologische Forschung hat eine Kapazität von 13,6 Milliarden Hirnzellen festgestellt, von denen jede einzelne für fähig gehalten wird, die Funktion von einem oder mehreren elektronischen Schaltelementen zu übernehmen. Wenn man bedenkt, daß die größte Rechenanlage heute über zirka 100000 Schaltelemente verfügt, ist die Kapazität des menschlichen Gehirns 130000mal größer als das Leistungsvermögen der modernsten heute eingesetzten Anlagen.

Wenn man darüber hinaus alle denkbaren Kombinationen und Verbindungen der Elemente in Erwägung zieht, wirkt die Kapazität des menschlichen Gehirns geradezu unendlich überlegen im Verhältnis zu den Einsatzmöglichkeiten des Computers. Bedauerlicherweise wird aber selbst von Geistesarbeitern nur ein Drittel der Hirnzellen innerhalb eines Menschenlebens in Anspruch genommen. Ebenso schätzt man, daß von diesen Zellen wiederum nur 5 Prozent ausgelastet werden. Welch ein Fingerzeig auf noch unausgeschöpfte Chancen geistiger Potentiale!“[15]

Man kann sich unschwer vorstellen, wie unruhig das Kapital wird, wenn es solche und ähnliche Fingerzeige erhält. Die schöpferische Funktion der produktiven Arbeit steht jedoch in einem antagonistischen Widerspruch zur privatkapitalistischen Aneignung.

Erstens untergräbt die kapitalistische Ausbeutung täglich und stündlich die Bedingungen ihres Wirkens.

Zweitens kann ihre gesellschaftliche Potenz nicht ohne gesellschaftliche Planmäßigkeit erschlossen werden.

Drittens wendet sich ihre parasitäre und destruktive Nutzung (militärische Zwecke, Umweltverwüstung) direkt und indirekt gegen den Träger ihres Wirkens.

[15] Masatoshi Yoshimura, Quellen der Erkenntniskraft für Führungskräfte, in: Rationalisierung, 8/1969, S. 186.

In der sozialistischen Gesellschaft sind nicht nur diese Hemmnisse beseitigt; die Entwicklung der schöpferischen Funktion der produktiven Arbeit ist letztlich das Bewegungsgesetz der neuen Produktionsverhältnisse. Hier ist jener innere Zusammenhang gemeint, der zwischen der schöpferischen Arbeit und der Entwicklung und Befriedigung der Bedürfnisse beziehungsweise der allseitigen Entwicklung des Menschen besteht. Die Bedürfnisse teilen sich selbst wieder in reproduktive und schöpferische, da sie in enger Beziehung zu den Funktionen der Arbeit stehen. Ihre wachsende qualitative und quantitative Befriedigung wirkt als mächtiger Faktor auf das Schöpfertum der Arbeit zurück. In der kommunistischen Gesellschaft besitzt die gesamte produktive Arbeit schöpferischen Charakter, das heißt, die schöpferische Funktion dominiert gegenüber den reproduktiven, technischen Funktionen. Dazu bemerkt Marx:

„Die Arbeit der materiellen Produktion kann diesen Charakter nur erhalten, dadurch, daß 1) ihr gesellschaftlicher Charakter gesetzt ist, 2) daß sie wissenschaftlichen Charakters, zugleich allgemeine Arbeit ist, nicht Anstrengung des Menschen als bestimmt dressierter Naturkraft, sondern als Subjekt, das in dem Produktionsprozeß nicht in bloß natürlicher, naturwüchsiger Form, sondern als alle Naturkräfte regelnde Tätigkeit erscheint.“[16]

Bereits in der ersten Phase der kommunistischen Formation entwickelt sich der schöpferische Charakter der produktiven Arbeit. Aber in der Periode der Industrialisierung sind seine materiell-technischen und ökonomischen Voraussetzungen noch ungenügend entwickelt. Erst der Übergang zur Intensivierung, zur systematischen und kontinuierlichen Ausnutzung der qualitativen Wachstumsfaktoren im reifen Sozialismus ermöglicht eine schnell steigende Nutzung des schöpferischen Faktors. Von einem bestimmten Punkt der Entwicklung des reifen Sozialismus ab wird es notwendig und möglich, einen ständigen Vorsprung der allgemeinen menschlichen Entwicklung vor der wachsenden Flut materieller Technik zu sichern.

In diesem Zusammenhang entsteht für den Ökonomen die interessante Frage, wie man den wachsenden Anteil der schöpferischen Funktion der produktiven Arbeit messen kann. Das wissenschaftlich-technische Schöpfertum kann man indirekt erfassen mit Hilfe der Kennziffer Nutzen aus Neuerungen[17] in Mark je 100 Mark Bildungsfonds in den produzierenden Bereichen. Diese Kennziffer wuchs von 1,27 Mark im Jahre 1960 auf 1,52 Mark im Jahre 1965, 2,54 Mark im Jahre 1970 und zirka 3,12 Mark im Jahre 1972, also von 1960 bis 1972 um jährlich 7,8 Prozent (Bildungsfonds um 2,7 Prozent, Anzahl

[16] Karl Marx, Grundrisse der Kritik der politischen Ökonomie, Berlin 1953, S. 505.

[17] Etwa 30 Prozent dieses Nutzens sind Selbstkosteneinsparung. Die Neuerungen bringen über 50 Prozent der Selbstkosteneinsparungen in der volkseigenen Wirtschaft.

der Neuerer um 9,2 Prozent, Nutzen pro Neuerer um 1,3 Prozent). Eine Analyse nach Wirtschaftsbereichen würde hier sicher nähere Aufschlüsse über den kausalen aber nicht einfach mechanischen Zusammenhang von Bildungsniveau und Schöpfertum bringen. So zeigt sich, daß Bereiche mit unterdurchschnittlicher Bildungsfondsausstattung je Berufstätigen (Land- und Forstwirtschaft, Handel, Verkehr, Post- und Fernmeldewesen) auch eine unterdurchschnittliche Beteiligung am Neuererwesen aufweisen. Bemerkenswert ist ferner die enge Korrelation des Zuwachses des Koeffizienten des wissenschaftlich-technischen Schöpfertums mit dem Zuwachs der Arbeitsproduktivität (vgl. Tabelle 3).

Tabelle 3

Vergleich des wissenschaftlich-technischen Schöpfertums und Zuwachses der Arbeitsproduktivität in der Industrie der DDR

Jahre	Koeffizient des Schöpfertums, jährlicher Zuwachs in Prozent (1)	Produktivität je Stunde einfacher Arbeit, jährlicher Zuwachs in Prozent (2)	Relation der Indizes (3)
1960–1965	3,7	1,9	1,019
1965–1970	10,8	3,9	1,068
1970–1972	10,9	3,9	1,069

In der Relation dieser Indizes zeigt sich zugleich die wachsende soziale Qualität der Arbeit unter sozialistischen Produktionsverhältnissen, die Herausbildung von Keimformen für die kommunistische Arbeit.

1.5. Beschleunigung des Zyklus Wissenschaft–Technik–Produktion durch Überwindung von Hemmnissen im Zyklusverlauf

Ein charakteristisches Merkmal des Zyklus Wissenschaft–Technik–Produktion ist das Entstehen immer neuer, teilweise unvorhergesehener Probleme, die gelöst werden müssen. Da der Überführungsprozeß wissenschaftlich-technischer Resultate keine eng begrenzte Phase zwischen Forschung und Produktion ist, sondern auch ein Prozeß, der sich aus einer Reihe von Teilüberführungen zwischen seinen einzelnen Etappen zusammensetzt, hängen die endgültigen ökonomischen Parameter der realisierten Resultate von der Geschwindigkeit und Effektivität des gesamten Überführungsprozesses ab. Die Hemmnisse, die in jeder Phase des Zyklus und in jeder Etappe der Teilüberführung entstehen und den Ablauf des gesamten Zyklus verlangsamen, stören seine Kontinuität und beeinflussen die Effektivität der realisierten Forschungsergebnisse. Nicht zufällig richteten die letzten Parteitage aller kommunistischen Parteien ihre Aufmerksamkeit auch auf dieses Problem. Zum Beispiel sagte Gustav Husak auf dem XV. Parteitag der KPČ wörtlich: „Es ist unerläßlich, energischer die Barrieren zu beseitigen, die bisher einer schnellen Einführung von Wissenschaft und Technik in die Produktion im Wege stehen“[1]. Hemmende Faktoren im Ablauf des Zyklus ergeben sich einerseits aus dem Wesen des schöpferischen Prozesses und andererseits aus der Organisation der wissenschaftlichen Arbeit.

Kontinuität, Geschwindigkeit und Effektivität des Zyklus hängen maßgeblich bereits von der Erarbeitung einer langfristig stabilen wissenschaftlich-technischen Strategie und der Festlegung ihrer entsprechenden Forschungsrichtungen ab. Die hauptsächlichen Impulse, die Eingangsinformationen, gehen von den Bedürfnissen der Praxis und vom Niveau des wissenschaftlich-technischen Erkenntnisstandes aus. Die Orientierung der Forschung an der Produktions- oder gesellschaftlichen Praxis bedeutet, daß die Forschung Impulse aus der Produktions- oder anderen Anwendungssphäre wissenschaftlich-technischer Ergebnisse erhält und diesen wiederum solche Impulse erteilt.

Aus dem Wesen der Forschung als schöpferischem Prozeß, dem erreichten wissenschaftlich-technischen Erkenntnisstand sowie technologischen und ökonomischen Prinzipien folgt, daß die Forschungsergebnisse nicht immer direkt proportional den Mitteln und Leistungen sind, die in den wissenschaftlich-technischen Prozeß investiert wurden. Die einzelnen Elemente des wissenschaftlichen Arbeitsprozesses existieren nicht unabhängig voneinander, sondern sind durch externe Effekte miteinander verknüpft. Aus dem tendenziellen gegenseitigen Durchdringen der Wissenschaften ergibt sich eine wechselseitige Verbindung der einzelnen Erkenntnisse, woraus oft bedeutende Neuerungen hervorgehen.

Ein typisches Beispiel dafür ist die Entwicklung von Rechenautomaten. Sie setzte die Realisierung einer großen Anzahl technischer Kenntnisse und Neuerungen sowie die Einführung bislang unbekannter Produktionsprozesse voraus. Das wurde möglich, als Erkenntnisse vieler wissenschaftlicher Disziplinen, zwischen denen zunächst keinerlei Verbindung zu bestehen schien, genutzt und verknüpft wurden. Folglich führt die Tendenz zum gegenseitigen Durchdringen der Wissenschaften zu Effekten, denen die investierten Mittel nicht immer adäquat sind. Hieraus lassen sich bestimmte Widersprüche zwischen den investierten Mitteln und den objektiven Möglichkeiten zur Erreichung effektiver Lösungen erklären. So existieren in der Praxis Bereiche, in denen die technologischen und ökonomischen Möglichkeiten der wirtschaftlichen Entwicklung erschöpft sind und selbst verhältnismäßig hohe Mittel,

[1] XV. Parteitag der KPČ, in: Dokumenty a materiály, Bratislava 1976, S. 27.

die in die Forschung investiert werden, keinen entsprechenden Effekt mehr bringen können, wobei ein Übergang zu neuen Prinziplösungen in absehbarer Zeit nicht zu erwarten ist. Umgekehrt existieren Produktionszweige, in denen der Mangel an Mitteln empfindlich zu spüren ist, eine Konzentration von Mitteln und Forschungskapazitäten aber zu einer maßgeblichen Verbreiterung und Vertiefung des Wissensstandes und die Materialisierung der Forschungsergebnisse zu wesentlichen Effekten führen könnte.

Ein weiteres wichtiges Moment, das bereits vom Plan her das Entstehen bestimmter Schwierigkeiten im Zyklusverlauf nicht ausschließt, ist die Aufteilung von Mitteln und Kapazitäten, die in den Forschungsprozeß investiert werden. Das betrifft die Durchsetzung einer langfristig stabilen Forschungsstrategie. So erfordert die Festlegung der Reihenfolge von Investitionen Entscheidungen darüber, ob bis zu einem bestimmten Zeitpunkt ein Problem auf mehreren parallelen Wegen erforscht werden soll, um dann die Parallelität abzubrechen und den erfolgversprechendsten Weg weiterzugehen, oder ob die Mittel und Kapazitäten auf die Erforschung eines Lösungsweges konzentriert werden sollten, der in der Vergangenheit zu bedeutenden Erfolgen geführt hat.

Vom volkswirtschaftlichen Standpunkt sind die Aufteilung von Mitteln und Kapazitäten auf die einzelnen Arten der Forschung (Erkundungsforschung, gezielte Grundlagenforschung und angewandte Forschung), auf die wissenschaftlichen Forschungsinstitute und ähnlichen gleichermaßen wichtig. Besondere Bedeutung wird in den sozialistischen Ländern der Grundlagenforschung beigemessen (15 bis 18 Prozent des wissenschaftlichen Forschungspotentials insgesamt).

Entscheidungen über die Aufteilung von Mitteln auf volkswirtschaftlicher Ebene sind auch bezüglich der Aufteilung zwischen dem Bildungswesen und der Forschung zu treffen. Insbesondere aus der Langfristigkeit des Bildungsprozesses können sich Probleme ergeben, denn das Bildungswesen dient nicht nur der Erweiterung des gegenwärtigen Wissens, sondern bringt gleichzeitig wissenschaftliche Mitarbeiter für die Zukunft hervor.

Eine andere mögliche Quelle für Hemmnisse und letztlich niedrigere Effektivität ist Formalismus in der Forschungsarbeit und der Tätigkeit in den anderen Phasen des Zyklus Wissenschaft–Technik–Produktion. Dieser Formalismus tritt bei der routinemäßigen Ausführung der wissenschaftlichen Tätigkeit zutage.

Initiativlosigkeit in der letzten Phase des Zyklus – in der Produktion – bedeutet nicht nur unmittelbare Verluste auf Grund nichtrealisierter Neuerungen, sondern Effektivitätsverluste und Kostennachteile im gesamten Zyklus. Gleichzeitig kommt der potentielle Effekt der Ausbreitung einer Neuerung in der Volkswirtschaft nicht zum Tragen. Routine und eingefahrener Formalismus in der wissenschaftlichen Arbeit lassen sich oft nur im Verlauf längerer Zeiträume überwinden.

Wissenschaftliche Forschungsbasis der Institute und Organisation der materiellen Produktionsgrundlagen

In der ČSSR existierten 1974 395 selbständige wissenschaftliche Forschungseinrichtungen. Die schöpferische Tätigkeit durchläuft vereinfacht folgende Etappen: vom Erkennen der Wirklichkeit über die Schaffung eines Projekts, das heißt die Anwendung der wissenschaftlichen Erkenntnisse auf ein konkretes technisches Problem und durch Rückkopplung die Präzisierung dieses Projekts über die ökonomische Bewertung bis hin zur Produktion selbst. Im Verlauf des Forschungsprozesses ergibt sich häufig eine Kombination von Tätigkeiten. Ein Wissenschaftler entdeckt nicht nur Gesetze und Gesetzmäßigkeiten, sondern konstruiert auch technische Mittel und Geräte, er wird zum Techniker. Umgekehrt konstruiert und projektiert ein Techniker nicht nur, sondern dringt in die Gesetze und Gesetzmäßigkeiten ein. Unter Berücksichtigung der erwähnten Verflechtung der Wissenschaften wird deutlich, daß die Forschungsarbeit in den Instituten sowohl horizontal als auch vertikal mit Schwierigkeiten konfrontiert wird, die die Überführung der Resultate verlangsamen. Diese lassen sich bei vertikaler Aufteilung der Forschungsbasis teilweise durch vertraglich geregelte Zusammenarbeit zwischen den Mitarbeitern der einzelnen miteinander verbundenen Forschungsinstitute und den potentiellen Produzenten oder Anwendern beseitigen, durch die Schaffung von Produktionsabteilungen in Forschungsinstituten oder durch Gründung von Forschungs-Produktions-Komplexen. Die Hemmnisse, die aus der horizontalen Organisation der Forschungsinstitute und dem Durchdringen der Wissenschaften resultieren, können teilweise durch eine entsprechende Zusammensetzung der Forschungskollektive überwunden werden.

Zur Lösung von Problemen, die sich aus dem Widerspruch zwischen den Stadien der Forschungstätigkeit und ihrer Aufteilung auf Institute ergeben, erwies sich in den letzten Jahren die Zusammenarbeit der sozialistischen Länder als ein wichtiger Weg. Sie findet ihren Niederschlag im Komplexprogramm der sozialistischen ökonomischen Integration. Im Verlaufe der vergangenen fünf Jahre (1971 bis 1975) übergaben allein tschechoslowakische Organisationen anderen Mitgliedsländern des RGW etwa 8000 wissenschaftlich-technische Dokumentationen und erhielten mehr als 6000 aus anderen Mitgliedsländern.

Gegenwärtig verlagert sich der Schwerpunkt der Zusammenarbeit von organisatorischen Fragen auf die Lösung bestätigter wissenschaftlicher Forschungsprogramme. Der Plan für die wissenschaftlich-technische Zusammenarbeit, der auf der 9. Sitzung im Dezember 1974 durch das Komitee des RGW für wissenschaftlich-technische Zusammenarbeit angenommen wurde, enthält 24 Probleme und 202 ausführende Kollektive. Der aggregierte Plan für den Zeitraum 1976 bis 1980 enthält mehr als 120 Probleme und 1000 ausführende Kollektive.

Ein weiteres Problem liegt in den Möglichkeiten der Wirtschaft zur Anwendung und Ausbreitung der neuesten und progressivsten Technik. Die Aufnahmefähigkeit der Wirtschaft ist nicht nur an das Vorhandensein von Arbeitskräften, materiellen und finanziellen Mitteln gebunden, die für die Einführung und breite Anwendung der neuen Technik notwendig sind, sondern hängt auch von der Vorbereitung der Anwender auf die neue Technik ab, von der noch vorhandenen Unvollkommenheit der neuen Technik sowie vom Verlauf des Überführungsprozesses in der Volkswirtschaft. Darüber hinaus spielt die Produktionsorganisation eine bedeutende Rolle. Jede neue Technik, die in der Volkswirtschaft eingeführt wird, braucht eine bestimmte Zeit für die volle technologische Bewältigung der Herstellung dieser neuen Produkte, für die Sicherung der Serienproduktion und für die Ausbreitung der neuen Technik im Rahmen der Volkswirtschaft.

Die Aufnahmefähigkeit der Wirtschaft geht dann zurück, wenn der Anwender der neuen Technik auf Grund einer zu eng spezialisierten oder zu niedrigen Qualifikation der Arbeitskraft nicht darauf vorbereitet ist. Zwischen dem wissenschaftlich-technischen Fortschritt und der Arbeitskraft gibt es bestimmte Wechselbeziehungen. Der technische Fortschritt ist einer der Hauptfaktoren zur Änderung der Qualifikationsstruktur und Standortverteilung der Arbeitskräfte. Eine zu niedrige Anpassungsfähigkeit der Arbeitskraft kann unter anderem dadurch hervorgerufen werden, daß sie mit der neuesten Technik (eigener und ausländischer Herkunft) ungenügend vertraut ist.

Hemmnisse bei der Einführung wissenschaftlich-technischer Resultate in die Produktion

Am häufigsten gehen Hemmnisse bei der unmittelbaren Einführung von Forschungsergebnissen in die Produktion auf die begrenzten Kapazitäten bei den Produzenten und Verbrauchern der neuen Technik zurück. Bisher stellten der Mangel an Arbeitskräften, Grundfonds und Akkumulationsmitteln die Hauptprobleme dar und ihnen wurde die meiste Aufmerksamkeit geschenkt. In letzter Zeit kam das Rohstoffproblem dazu. Besonders deutliche Schranken treten in den großen Forschungs- und Entwicklungsprogrammen zutage, auf deren Grundlage größere Veränderungen der Wirtschaftsstruktur erfolgen. Die wissenschaftlich-technische Entwicklung basiert jedoch nicht allein auf großen und weitreichenden Forschungsprogrammen. Der wissenschaftlich-technische Fortschritt fließt auch in Form kleinerer technischer Veränderungen in die Produktion ein. Die massenhafte Verwirklichung von Teilveränderungen hilft, Mittel für die Verwirklichung von bedeutenden technischen, finanziellen, arbeits- und materialökonomischen Aufgaben zu erwirtschaften. Durch massenhafte Einführung kleinerer Neuerungen wird ein überführungsfreundliches Klima geschaffen, denn hierbei geht es nicht um große, extensive Erweiterungen der Produktionsbasis oder bedeutende Strukturveränderungen, sondern der Schwerpunkt wird auf eine bessere Abstimmung der vorhandenen Kapazitäten gelegt, auf ihre intensive Nutzung und die allmähliche Akkumulation von Mitteln (Reserven), die einen elastischen Übergang zur Realisierung großer Überführungsprojekte zulassen. Die Realisierung solcher großen Programme, die hohe Anforderungen an Akkumulationsmittel, Material und Arbeitskräfte stellen, ist unmittelbar mit der wissenschaftlich-technischen Politik des sozialistischen Staates verbunden.

Einige Hemmnisse für den reibungslosen Ablauf des Zyklus Wissenschaft–Technik–Produktion, die aus der Differenz zwischen den vorhandenen und den zur Realisierung des Überführungsprozesses notwendigen Kapazitäten hervorgerufen werden, sind eng mit der Intensivierung und der Verbreitung des Erzeugnissortiments verbunden. Diese Differenz ist eine der Triebkräfte des technischen Fortschritts. So wie durch Überführungen neue Möglichkeiten zur Bedürfnisbefriedigung entstehen, ergeben sich auch höhere Anforderungen an die Ökonomie, an die Ausdehnung des Produktionsumfangs, an Sortimentsbreite, an die Herstellung völlig neuer Produktarten. Dadurch kommt es zur Herausbildung von neuen Widersprüchen. Der Widerspruch zwischen der Forderung nach Überführung neuer Ergebnisse von Wissenschaft und Technik und den existierenden Kapazitäten verschärft sich besonders dann, wenn der Aussonderungsprozeß der veralteten Produkte und Produktionsmittel nicht den Erfordernissen entspricht. Auf diesem Gebiet wurden zum Beispiel in der ČSSR nicht alle Möglichkeiten ausgeschöpft. Im Jahresdurchschnitt 1948 bis 1974 betrug der jährliche durchschnittliche Anteil der Grundfondsaussonderung weniger als 2 Prozent, was einem Erneuerungszeitraum von mehr als 50 Jahren entspricht. Analog dazu sind auch bei der Aussonderung veralteter Erzeugnisse aus der Produktion noch bedeutende Reserven vorhanden.

Die raschere Sortimentsveränderung und die Ausbreitung der neuen Technik erhöhen die Anforderungen an die Elastizität der Produktion. Wenn diese Anpassung nur langfristig möglich ist oder wenn die Beschleunigung des Erzeugnisumschlags und der Erneuerung der Technik nicht zu einer Erweiterung der Produktion führt, dann wird keine Effektivitätssteigerung erreicht, und es verringert sich auch die Möglichkeit, die von der Forschung angebotenen Neuerungen zu realisieren. Gleichzeitig wird durch den zu hohen Zeitbedarf für den Einführungsprozeß die Effektivität des gesamten Zyklus verringert. Für die beschleunigte Überführung und eine hohe Effektivität der in der Praxis realisierten Forschungsresultate ist die Schaffung eines für die Überführung günstigen Klimas entscheidend. Eine wichtige Rolle spielt dabei das Leitungssystem, das auf der Vertiefung der Prinzipien des demokratischen Zentralismus und der Planmäßigkeit basiert. Das Leitungssystem muß in allen Phasen des Zyklus eine aktive Rolle spielen. Für die Kontinuität des Zyklus wirkt sich negativ aus, daß bis jetzt noch keine Einheit zwischen dem Volkswirtschaftsplan und dem Forschungsplan sowohl auf zentraler Ebene als auch auf der Ebene der Kombinate und Betriebe in vollem Umfang existiert. Vorhandene Unzulänglichkeiten im Plan zur Einführung der neuen Technik und bei der Plankoordinierung bedingen eine unvollständige Verknüpfung der Aufgaben von der Forschung bis zur Realisierung. Vom XIV. Parteitag der KPČ wurden aus diesem Grunde für die ČSSR wichtige Maßnahmen beschlossen, beispielsweise die Einführung von Koordinierungsplänen im VI. Fünfjahrplan.

Die Koordinierung der Pläne wird dadurch erschwert, daß die Einführung der neuen Technik ein ständig komplizierter werdender Prozeß ist. Es geht heute nicht nur um die Einführung von einzelnen Maschinen und Geräten, sondern vor allem um die Einführung ganzer Produktionslinien und -systeme auf hohem wissenschaftlich-technischem Niveau. Unter den gegenwärtigen Bedingungen einer entwickelten gesellschaftlichen Arbeitsteilung lösen Neuerungen in einem Betrieb des Zweiges Kettenreaktionen aus, zumindest bei den materiell-technischen Fonds in den Zulieferbetrieben, was oft Rückforderungen an die Forschung bedingt.

Leitungsinstrumente, wie Preis, Finanzen, Kredit und materielle Interessiertheit müssen bewußt ausgenutzt werden, um die Beschleunigung des Zyklus zu fördern. Bis jetzt sind Fragen der Stimulierung der Produktion technisch progressiver Produkte noch nicht klar genug und komplex gelöst. Daraus resultieren Schwierigkeiten für den Überführungsprozeß, die sich beispielsweise darin niederschlagen, daß die Preise für progressive Produkte schneller steigen als die ökonomischen Sanktionen für veraltete Produkte wirksam werden. Der ungenügende ökonomische Druck auf die Einführung von Ergebnissen aus Forschung und Entwicklung in die Produktion bewirkt, daß die Betriebe zu stark an der Beibehaltung einer eingefahrenen Produktion interessiert sind. Mangelndes Interesse an der neuen Technik ist oft auch darauf zurückzuführen, daß die Kosten für die Einführung der neuen Produktion sehr hoch sind. Dieses Problem muß in der Forschung und Entwicklung, bei der Planung der Betriebe und bei der Gestaltung der ökonomischen Regelungen beachtet werden. Eine gesellschaftlich effektive und rechtzeitige Realisierung von Forschungsergebnissen muß auf allen Ebenen vorteilhaft sein. Eine wichtige Rolle könnten hierbei auch Rationalisierungskredite spielen. In diesem Zusammenhang soll auf die positiven Erfahrungen der ČSSR mit rückzahlbaren Valutakrediten an Betriebe für den Kauf von moderner Technik aus dem Ausland verwiesen werden. Bezüglich der Kreditrückzahlung in Valuta ist aber unbedingt zu sichern, daß diese nur aus den Valutamitteln erfolgen darf, die aus dem Export der mit Hilfe importierter Technik hergestellten Produkte erzielt wurden. Bei der Vergabe von Valutakrediten für große Investitionen mit sehr langen Rückzahlungsfristen wurden fast durchweg negative Erfahrungen gesammelt.

1.6. Überführung wissenschaftlicher Erkenntnisse in die Produktion als volkswirtschaftliche Aufgabe

Ziel der Überführung wissenschaftlicher Erkenntnisse in die Produktion ist die durchgängige Intensivierung des volkswirtschaftlichen Reproduktionsprozesses. Allein die ständige Erneuerung des Reproduktionsprozesses, die Anwendung neuer Verfahren und Technologien sowie die Herstellung neuer Produkte gibt langfristig die Gewähr dafür, daß die Effektivität der Produktion systematisch gesteigert wird. Mit geringerem Aufwand an lebendiger und vergegenständlichter Arbeit eine immer größere Menge an Gebrauchswerten und Leistungen herzustellen, ist Ziel der Effektivitätssteigerung und wichtigste Bedingung langfristiger Verbesserungen in der Bedürfnisbefriedigung. Zur Erreichung dieses Ziels kommt der Überführung wissenschaftlicher Erkenntnisse in die Produktion erstrangige Bedeutung zu. Die Überführung wird somit zu einem Schlüsselproblem beim Wirksammachen des wissenschaftlich-technischen Fortschritts als dem entscheidenden Intensivierungsfaktor.

Bei der Leitung und Planung von Überführungsprozessen muß von der Komplexität des Zyklus Wissenschaft–Produktion und von der Einheit des gesamten Reproduktionsprozesses ausgegangen werden. Das heißt:

– Die Überführungsaktivitäten sind schon bei der Profilierung des Forschungs- und Entwicklungspotentials zu berücksichtigen, die aufzubauenden Forschungs- und Entwicklungskapazitäten sind auf die Schwerpunkte der Intensivierung des Reproduktionsprozesses zu richten.

– Die Überführung ist bereits, beginnend mit den Entscheidungen über die Aufnahme einer Forschungsaufgabe, in dem Plan vorzubereiten. Überführungserfordernisse sind im frühestmöglichen Stadium der Forschung zu berücksichtigen.

– Die Überführungsproblematik läßt sich nicht auf die unmittelbare Nahtstelle zwischen angewandter Forschung beziehungsweise Entwicklung und Produktion einengen, auch wenn dort die größten Aktivitäten wahrzunehmen sind.

– Der Überführungsprozeß ist erst mit der umfassenden Nutzung neuer Produkte, Verfahren beziehungsweise Technologien im Rahmen der Volkswirtschaft abgeschlossen. Nicht nur die Einführung, sondern auch der Absatz neuer Produkte und die Anwendung neuer Verfahren, ihre Nutzung in der Breite der technisch und ökonomisch möglichen Anwendungsgebiete (multivalente Nutzung), Nutzung wissenschaftlicher Erkenntnisse in Form von Lizenzen, know-how usw. gehören zur Überführung.

Bei der Leitung und Planung des wissenschaftlich-technischen Fortschritts ist von dem einheitlichen Prozeß des Findens und Umsetzens von Erkenntnissen auszugehen. Der Überführungsprozeß wird verkürzt und effektiver, wenn sich bereits in der Phase der langfristigen Forschungsplanung die wissenschaftliche Arbeit an den gesellschaftlichen Bedürfnissen und Prioritäten orientiert. Schwerpunkte sind aus den Hauptentwicklungsrichtungen der Wirtschaft abzuleiten und langfristig im Rahmen der sozialistischen Staatengemeinschaft zu koordinieren.

Um den Auswahlprozeß über die perspektivreichsten Forschungsrichtungen zu qualifizieren, ist es notwendig, die Prognose des wissenschaftlich-technischen Fortschritts inhaltlich zu vervollkommnen und sie mit Prognosen über die Gestaltung der entwickelten sozialistischen Gesellschaft zu koordinieren, zum Beispiel Prognosen für die Entwicklung der Produktionsstruktur und Energiewirtschaft, Rohstoffprognosen, Prognosen über die Entwicklung der Infrastruktur und der territorialen Entwicklung, des Bildungs- und Kulturniveaus, der sozialen Versorgung usw. Eine klare Festlegung der Forschungsrichtungen, Auswahl und Vorbereitung der Forschungsvorhaben sowie langfristige Abstimmung großer Forschungskomplexe wirken sich maßgeblich auf die Effektivität der Überführung von Forschungsergebnissen au s

Zu den Phasen des Überführungsprozesses

Die Überführung grundlegender Forschungsergebnisse in die Produktion ist ein langfristiger Prozeß, den man zweckmäßigerweise in drei Phasen untergliedert:

„1. die Zeitspanne zwischen dem Nachweis der technischen Durchführbarkeit und dem Beginn der Entwicklungsarbeiten für die ökonomische Nutzung eines Forschungsergebnisses;
2. die Zeitspanne zwischen dem Beginn der Entwicklungsarbeiten und der ersten ökonomischen Nutzung des Forschungsergebnisses;
3. die Zeitspanne zwischen der ersten ökonomischen Nutzung, der einsetzenden Vervollkommnung und dem wissenschaftlich-technischen Ausreifen sowie der umfassenden Nutzung eines Erzeugnisses, Verfahrens oder Wirkprinzips im Rahmen der Volkswirtschaft."[1]

Die erste Phase wird häufig als *Inkubationsperiode* bezeichnet. Sie ist eine Phase theoretisch orientierter Arbeit an einem bestimmten Lösungsansatz. Die Literatur ist reich an Beispielen, die belegen, welche großen Zeitspannen bisweilen zwischen dem Auftreten einer Idee, ihrer wissenschaftlichen Bearbeitung und ihrer Nutzanwendung liegen. Gewöhnlich wird in diesem Zu-

[1] Harry Maier, Probleme der Beschleunigung des wissenschaftlich-technischen Fortschritts im Sozialismus, in: Wirtschaftswissenschaft, 4/1973, S. 514. Eine ähnliche Phaseneinteilung wird auch von anderen Autoren vorgenommen; vgl. zum Beispiel K. I. Klimenko/W. I. Pawlutschenko/S. W. Pirogow/M. P. Ring, Wissenschaftlich-technischer Fortschritt und Effektivität, Berlin 1972, S. 76. Den Ausführungen zu den Phasen der Überführungsprozesse liegt eine Analyse von Kerstin Rüdiger zugrunde.

sammenhang von einer Verkürzung dieser Periode gesprochen. Die zum Beleg angeführten Beispiele sind hinlänglich bekannt. Demnach erforderte die Nutzung des Prinzips der Fotografie die beachtliche Zeitspanne von 102 Jahren (1827 bis 1929). Dem Laser, als Beispiel aus der jüngsten Zeit, wird demgegenüber eine Zeitspanne von fünf Jahren zugeordnet (1956 bis 1961). Diese Angaben sind jedoch umstritten. So wird bezüglich des Laserbeispiels nachgewiesen, daß bereits 30 Jahre früher die erzwungene Emission – die theoretische Grundlage des Lasers – erkannt worden war. Kuczynski[2] weist anhand zahlreicher weiterer Beispiele die Fragwürdigkeit der These von einer pauschalen Verkürzung der Inkubationsperiode nach.

Untersuchungen am Beispiel der Werkstofforschung in der DDR zeigen ebenfalls, daß die Mehrzahl der Anfang der siebziger Jahre aufgenommenen Forschungen auf Ideen beziehungsweise Prinziplösungen beruhen, die bereits 20 bis 30 Jahre lang bekannt sind.

Diese Beispiele zeigen also, daß die Aufnahme bestimmter Forschungen, die der Nutzung der Ergebnisse durch die Praxis dienen, nicht allein von dem Entstehen der jeweils zugrunde liegenden Ideen bestimmt wird, sondern viel stärker von den gesellschaftlichen Erfordernissen. Es läßt sich anhand solcher Beispiele wie dem Energieproblem oder dem Umweltproblem sogar leicht erkennen, daß das Vorliegen bestimmter Ideen beim heutigen Entwicklungsstand der Wissenschaft gar nicht primär ist. Liegt ein entsprechendes Bedürfnis vor – zum Beispiel die Notwendigkeit der Erschließung der Atomkraft für die Energieproduktion –, so fehlt es nicht an Lösungsansätzen. Es gibt heute Kernkraftwerke, die man als traditionelle bezeichnen sollte, da sie die übliche Kraftwerktechnologie übernehmen, mit Ausnahme des Kessels, an dessen Stelle der Kernreaktor tritt. Parallel dazu werden Vorarbeiten für Brutreaktoren und für die technische Nutzbarmachung der Kernverschmelzung in Fusionskraftwerken durchgeführt. Prognostische Vorstellungen gehen davon aus, daß der Anteil der Kernenergie an der Gesamtelektroenergieherstellung im Weltmaßstab bis zum Jahre 2000 mehr als 25 Prozent erreichen soll. Diese Zielstellung ergibt sich aus objektiv heranreifenden Bedürfnissen. Es ist sicher, daß diese Zahlen nicht nur von Kernkraftwerken der heute gebräuchlichen Generation ausgehen, sondern den technischen Fortschritt auf diesem Gebiet einschließen.

Neben dem realen Bedürfnis für die Aufnahme einer bestimmten Forschung spielen ökonomische und wissenschaftlich-technische Gründe dafür eine Rolle, daß nicht alle Ideen praktischen Eingang in Forschungsprogramme finden, das heißt, es gibt in jeder konkreten Situation normalerweise mehr tragfähige Ideen, denen auch reale Bedürfnisse gegenüberstehen, als praktisch realisierbar sind. Deshalb ist sehr sorgfältig zu entscheiden, welche Ideen in einer konkreten Situation aufgegriffen und realisiert werden können. Zur

[2] Vgl. Jürgen Kuczynski, Wissenschaft und Gesellschaft, Berlin 1972, S. 210–212.

Vorbereitung von Forschungsprogrammen sind dementsprechend gründliche Entscheidungen zu treffen. Dabei sind zu beurteilen:

– die technische, wirtschaftliche und rechtliche Durchführbarkeit; dafür sind einzuschätzen: Forschungs- und Entwicklungsaufwand, Investitionsvolumen, Möglichkeiten für die Ausnutzung vorhandener Technologien und Ausrüstungen, Proportionalitätsanforderungen, Kooperationsbeziehungen, Stofffluß innerhalb verschiedener Verantwortungsbereiche, Anforderungen an Struktur und Qualifikation der Kader,

– die wirtschaftliche Durchführungswürdigkeit; dafür sind einzuschätzen: Bedarfsentwicklung, Absatzmöglichkeiten, Zeitdauer der Bearbeitung, Ausbreitung und umfassende Anwendung, Verhältnis von Aufwand und Ergebnis, Anwendungsmöglichkeiten, konkurrierende Techniken,

– die mit der Realisierung der wissenschaftlichen Idee verbundenen Risiken sowie die Rentabilität der Projektvorschläge; dafür sind einzuschätzen: Forschungs- und Entwicklungsrisiko, Produktionsrisiko, Absatzrisiko, Generationsdauer der neuen Erzeugnisse, Verhalten und Zuverlässigkeit neuer Erzeugnisse und Verfahren unter verschiedenen Einsatzbedingungen, Abhängigkeiten von anderen wissenschaftlichen Ergebnissen, Faktoren, die das Durchsetzen fördern oder hemmen.

Die zweite Phase des Überführungsprozesses ist die sogenannte *Materialisierungsperiode*, in deren Verlauf eine wissenschaftliche Idee den gesamten Prozeß des wissenschaftlichen Reifens und der erstmaligen praktischen Anwendung durchlaufen muß. Diese Periode ist diejenige, auf die sich die Leitungs- und Planungsaktivitäten ganz besonders konzentrieren. Zur Realisierung einer wissenschaftlichen Idee, zu ihrer praktischen Nutzanwendung wird in der Regel eine Reihe von Stadien durchlaufen, wie Grundlagenforschung, angewandte Forschung, Entwicklung, Konstruktion, Projektierung, Investition mit dem Ziel, fertigungsreife Unterlagen zu erarbeiten sowie die ökonomischen und organisatorischen Voraussetzungen für eine neue Produktion zu schaffen und diese Produktion aufzunehmen. Auf Grund der entwickelten gesellschaftlichen Arbeitsteilung besteht eine relative Selbständigkeit der einzelnen Stadien des Zyklus Wissenschaft–Technik–Produktion. Deshalb ist es bei der Planung des wissenschaftlich-technischen Fortschritts notwendig, die einzelnen Stadien in ihrer funktionalen und zeitlichen Folge zu einem einheitlichen Ganzen zusammenzuführen. Indem durch Planung und Stimulierung der Überführungsaktivitäten die gesellschaftlichen, betrieblichen und individuellen Interessen in Einklang gebracht werden, bestehen im Sozialismus gute Voraussetzungen, um die notwendigen engen Beziehungen von Forschung und Produktion herzustellen.

An die Stadien der theoretischen Problemlösung (Grundlagenforschung, angewandte Forschung) schließen sich Aktivitäten zur praktischen Produktionsvorbereitung an, die häufig als Überleitung bezeichnet werden. Die Überleitung ist somit im Unterschied zur Überführung die Phase, in der die

Verantwortung für die Problemlösung schrittweise von der Forschung auf die Produktion übertragen wird. Hinsichtlich der Aufgabenstellung ist die Überleitung folglich enger als die Überführung. Grundlage der Überleitungsaktivitäten sind die zunehmende Materialisierung der wissenschaftlichen Lösung im Prozeß der Überleitung und die sich hieraus ergebenden vielfältigen Aktivitäten:

- technische Entwicklungsarbeiten,
- Ausarbeitung der konstruktiven und technologischen Lösung,
- arbeitswissenschaftliche Tätigkeiten, Kaderbereitstellung und -qualifizierung,
- Produktions- und Absatzvorbereitung,
  Markterschließung, Werbung usw.,
  Sicherung der Rohstoff- und Energiebasis,
  Projektierung und Investition,
  Vorbereitung der Produktionsorganisation,
- Produktionsanlauf,
  Nullserienfertigung,
  Anlaufphase der Massenproduktion.

Die Überleitung endet also mit der Einführung einer neuen wissenschaftlich-technischen Problemlösung in die Produktion, das heißt mit dem Abschluß der Einlaufperiode der neuen Produktion.

In der zweiten Phase des Überführungsprozesses wird ein erheblicher Teil der bearbeiteten Themen ausgesondert. Nur die den größten Erfolg versprechenden Lösungsansätze werden bis zur praktischen Anwendbarkeit geführt und nur ein Teil von diesen tatsächlich in der Praxis angewendet. Dieser Weg, in der Anfangsphase mehrere erfolgversprechende Varianten zu bearbeiten und sich mit wachsendem Erkenntnisfortschritt letztlich auf ein Projekt festzulegen, ist Voraussetzung, um den wissenschaftlichen Suchprozeß mit einer bestimmten Sicherheit zum Erfolg zu bringen. Aber auch von den abgeschlossenen Forschungs- und Entwicklungsergebnissen gehen nicht alle in die Produktion ein. Dafür gibt es nicht nur objektiv vertretbare Begründungen. Häufig ist zu beobachten, daß ein großer Teil der Forschungsergebnisse auf Grund fehlender materiell-technischer Voraussetzungen nicht übergeleitet werden konnte. So waren zum Beispiel in der DDR vom Gesamtumfang der nicht überführten Ergebnisse

- 34 Prozent nicht ausgereift, da es an industriellen Erprobungsmöglichkeiten gefehlt hatte,
- 20 Prozent nicht ausgereift, weil es an den notwendigen Ausrüstungen, Materialien und finanziellen Mitteln mangelte,
- 37 Prozent im Überführungs- und Bearbeitungsstadium verblieben, da die Betriebe mit ihren eigenen Mitteln den Überleitungsprozeß nicht vollziehen konnten,
- nur 9 Prozent der Vorschläge für die Überführung von Forschungsergebnissen aus objektiven Gründen abgelehnt worden.

Nach Angaben des sowjetischen Wissenschaftlers Trapeznikov[3] werden nur etwa 30 bis 50 Prozent der vorliegenden Forschungsergebnisse produktionsseitig umgesetzt. Die Gründe hierfür sind verschiedenartig. Sie liegen insbesondere in Veränderungen der volkswirtschaftlichen Bedürfnisentwicklung, in der unterschiedlichen Realisierbarkeit der technischen Lösungen, in der Höhe der erforderlichen Realisierungsaufwendungen und in dem wachsenden volkswirtschaftlichen Risiko bei aufwendigen wissenschaftlich-technischen Forschungen.

Ein unvertretbar hoher Anteil von nicht zu Ende geführten Forschungs- und Entwicklungsthemen wird insbesondere deshalb zum Problem, weil sich die Aufwendungen für Forschung und Entwicklung mit der Annäherung an die Produktion erhöhen und der weitaus größte Aufwand bei der technischen Umsetzung der neuen Lösungsansätze entsteht. In der Regel wird für die Aufwendungen in der Grundlagenforschung, angewandten Forschung sowie Entwicklung und Überleitung ein Verhältnis von 1 : 10 : 100 angegeben. Zweifellos sind diese Werte in Abhängigkeit von zweigspezifischen Besonderheiten unterschiedlich. Aber in jedem Fall wird deutlich, daß die zur Überleitung erforderlichen Aufwendungen die Forschungsaufwendungen um ein Mehrfaches übersteigen. Das zeigt sich auch an den Relationen zwischen Wissenschaftsaufwendungen und Investitionen, die in der DDR im Jahre 1975 etwa 1 : 6 betrugen.

Daß es bei der Überführung von wissenschaftlich-technischen Ergebnissen in die Produktion um die Organisation der Tätigkeit von schöpferisch handelnden Kollektiven sozialistischer Werktätiger geht, bedeutet, daß sich bei Überführungsarbeiten vielfältige Aufgaben für die politisch-ideologische Arbeit ergeben, die durch die staatlichen Leiter der an der Überführung beteiligten Kollektive mit Unterstützung der gesellschaftlichen Organisationen zu erfüllen sind. Gerade im Prozeß der Überführung entwickelt sich die kameradschaftliche Zusammenarbeit zwischen der Arbeiterklasse und der Intelligenz. Die dabei entstehende neue Qualität der Zusammenarbeit schafft günstige Voraussetzungen für eine höhere Stabilität der Überführung in der gesamten Volkswirtschaft. Wichtig ist, daß die politisch-ideologische Arbeit zur Klärung der Probleme unmittelbar mit der staatlichen Leitungstätigkeit bei der Überführung wissenschaftlich-technischer Ergebnisse in die Produktion verbunden wird. Es gilt insbesondere, Voraussetzungen zu schaffen, bei der Leitung, Planung und Stimulierung das Ressortdenken zu überwinden, die Verantwortung der Leiter für die Überführungsprozesse zu erhöhen und gleichzeitig die sich aus den Forderungen der sozialistischen Arbeitsmoral ableitende Verantwortung der Werktätigen für das Ganze zu erhöhen. Besonders bestehen Ansatzpunkte für solche ideologischen Klärungen in den

[3] Vgl. V. A. Trapeznikov, Effekt der Überführung, in: Socialističeskaja industrija vom 12. 3. 1971.

Forschungseinrichtungen, in Kombinaten und in den Betrieben, weil hier die Überführungsprozesse konkret, unmittelbar zu beeinflussen und Gegenstand der Leitungstätigkeit sind. Das gilt vor allem für die Überleitungsarbeiten, da die Mehrzahl dieser Aktivitäten in den Kombinaten und in den Betrieben realisiert wird. Infolgedessen ist es wichtig, klare Regelungen der Verantwortung und der Aufgaben im Prozeß der Leitung der Überführung zu schaffen. Eine hohe Verantwortung tragen dabei die Direktoren der Kombinate, der Betriebe und der Forschungseinrichtungen, deren Gesamtverantwortung für die Überführung nicht delegierbar ist, weil durch Forschung und Überführung der entscheidende Einfluß auf die Effektivität des Gesamtprozesses ausgeübt wird und weil Forschung und Überführung mit allen Phasen des Reproduktionsprozesses vielseitig und eng verflochten sind. Demnach sind alle Grundsatzentscheidungen über die Leitung und Planung wissenschaftlich-technischer Arbeiten durch die Kombinatsdirektoren, die Leiter der Betriebe und der Forschungseinrichtungen persönlich zu treffen. Zu diesen Entscheidungen gehören insbesondere die Abnahme von Planverteidigungen für Wissenschaft und Technik, die Entscheidungen über Themenaufnahme, Themenänderung und Themenabbruch bei Aufgaben, die in der Kompetenz des Kombinates liegen, die Entscheidung über die Aufnahme und Durchführung von Aufgaben der internationalen Forschungs- und Entwicklungskooperation mit Ländern der sozialistischen Staatengemeinschaft.

Um Fehlentscheidungen bei der Aufnahme beziehungsweise Weiterführung von Forschungsvorhaben zu vermeiden, ist eine umfassende Kenntnis der wirtschaftlichen Belange sowie der konkreten Situation der Industrie notwendig. Von der Anfangsphase der Bearbeitung eines Themas an muß ein enger Kontakt zwischen Forschungseinrichtung und Produktionsbereich hergestellt werden. Dazu tragen ein systematischer Erfahrungsaustausch, der Kaderaustausch, die Betreuung von Aspiranten und Diplomanden durch Mitarbeiter aus der Forschung, gemeinsame wissenschaftliche Veranstaltungen, Bildung von Überleitungs- und Anfahrkollektiven, die wissenschaftliche Betreuung des Produktionsanlaufs, die Schaffung überbetrieblicher sozialistischer Arbeitsgemeinschaften und die gemeinsame Organisation des sozialistischen Wettbewerbs für Forschung und Produktion bei. Trotz der gemeinsamen Verantwortung von Wissenschaft und Produktion für die Einführung der Forschungsergebnisse in die Produktion sind nach Möglichkeit die Aufgaben und Verantwortlichkeiten exakt abzugrenzen. Gute persönliche Kontakte von Forschern, Produzenten und Anwendern erleichtern die Überführung. Eine intensive und kontinuierliche Zusammenarbeit sichert den notwendigen Informationsfluß, hilft ideologische Hemmnisse zu überwinden und die Risikobereitschaft zu erhöhen. Letztlich werden dadurch Reserven zur Beschleunigung der Überführungsprozesse erschlossen und die Effektivität des wissenschaftlich-technischen Fortschritts gesteigert.

Mit einer wesentlich verbesserten technologischen und experimentellen

Basis der Grundlagenforschung entstehen Voraussetzungen dafür, daß die von der Forschung bereitgestellten Arbeitsergebnisse hinsichtlich Reifegrad und wissenschaftlich-technischem Niveau eine rasche Einführung in die Produktion und umfassende Anwendung erlauben und mithin ein spürbarer Beitrag zur Effektivitätssteigerung geleistet wird. Im Zusammenhang damit geht es vor allem um folgende Aufgaben:

- verstärkter Aufbau und Ausbau von Laborwerkstätten, Technika sowie Einrichtungen für die Atelierproduktion und Applikationsforschung in den wissenschaftlichen Einrichtungen der Akademien, Universitäten und Hochschulen,
- breite und multivalente Nutzung von Technikums- und Erprobungsanlagen der Industrieforschungszentren, wobei insbesondere die Möglichkeiten einer internationalen Kooperation im RGW-Maßstab zu nutzen sind,
- Einsatz von Rechenanlagen für die Analyse, Synthese und Optimierung der verschiedensten Systeme und Prozesse,
- Nutzung aller Vorteile der Standardisierung und Typisierung.

Von außerordentlicher Bedeutung für den ökonomischen Effekt der Überführung ist die *Ausbreitungsperiode.* Mit dem Abschluß der Überleitungsarbeiten ist der Überführungsprozeß im umfassenden Sinne noch nicht abgeschlossen. Es wird notwendig, eine rasche Verbreitung des neuen Verfahrens beziehungsweise Erzeugnisses zu gewährleisten. Bezogen auf das bereits dargestellte Laserbeispiel heißt das, die Anwendung des Baustellenlasers in der gesamten eigenen Volkswirtschaft sowie darüber hinaus im internationalen Maßstab vor allem in den Mitgliedsländern des RGW zu erreichen. Erst wenn alle potentiellen Bedarfsträger das neue Prinzip nutzen, wird der volkswirtschaftlich mögliche Effekt erreicht. Dabei geht es einerseits um einen hohen Anwendungseffekt, andererseits um einen hohen Effekt bei der Herstellung des Lasers, der natürlich um so größer sein wird, je mehr Erzeugnisse gefertigt werden.

Die Ausbreitung eines neuen Prinzips umfaßt mehr als seine massenhafte Anwendung. Es geht auch darum, das Prinzip als solches weiterzuentwickeln. Für den Laser zum Beispiel hieße das, seine Leistung zu steigern, ihn unempfindlicher und robuster zu bauen, was auf Baustellen besonders wichtig ist, weitere Anwendungsgebiete zu erschließen sowie die Herstellungskosten zu senken. Für die Erzielung eines hohen ökonomischen Effekts ist die Verkürzung der Ausbreitungsperiode von großer Bedeutung.

Ist die Ausbreitung des Baustellenlasers als eines konkreten Anwendungsbeispiels der Lasertechnologie vollzogen, so ist das Laserprinzip als solches in seiner Leistungsfähigkeit keineswegs erschöpft. L. M. Gatovskij weist völlig zu Recht darauf hin, daß das „Prinzip . . . bedeutend länger neu als jedes darauf aufbauende Modell“[4] bleibt. Die ersten Typen des Baustellenlasers

[4] L. M. Gatovskij, Neue und alte Technik, in: Wissenschaft–Ökonomie–Fortschritt, hg. von Lev M. Gatovskij/František Kutta/Harry Maier, Berlin 1974,

werden also vielleicht schon in wenigen Jahren veraltet und durch neue ersetzt sein. Das Laserprinzip ist dann immer noch neu. Das gleiche gilt für die Fernsehtechnik, die elektronische Datenverarbeitung, die Kernenergetik. In der Ausbreitungsperiode geht es also einmal darum, ein neues Wirkprinzip, eine neuartige Problemlösung umfassend anzuwenden. Im Rahmen dieser Aufgabe ist das engere Problem der Ausbreitung eines neuen Erzeugnisses beziehungsweise eines bestimmten neuen Verfahrens zu sehen. Es dient der Verbreitung der neuen Prinziplösung, erschöpft es aber durchaus nicht.

Entsprechend dem Anliegen der Ausbreitungsperiode erstreckt sie sich in der Regel über einen längeren Zeitraum. Zwischen der ersten praktischen Anwendung eines Forschungsergebnisses und dem Erreichen der möglichen ökonomischen Effektivität liegen oft Jahre, und vielfach wird das Ergebnis erst nach weiteren Jahren im großen Maßstab angewandt. Die Ausbreitungsgeschwindigkeiten streuen jedoch stark. So werden Erzeugnisse der pharmazeutischen Industrie sowie der Leicht- und Lebensmittelindustrie im allgemeinen in weniger als fünf Jahren die volle Verbreitung erfahren. Demgegenüber gibt es Beispiele dafür, daß dieser Prozeß mehr als zwanzig Jahre erfordert, so der Einsatz von Aluminium als Konstruktionswerkstoff. Hier deutet sich wieder der Unterschied an zwischen der Ausbreitung eines neuen Erzeugnisses (zum Beispiel eines neuen Arzneimittels) und der Ausbreitung einer neuen Prinziplösung (zum Beispiel Einführung eines neuen Konstruktionswerkstoffs). Je grundsätzlicher eine Neuerung ist, desto länger wird ihre Ausbreitung dauern und desto länger wird sie auch als neu gelten. Das Laserprinzip, das nun einige Jahrzehnte alt ist, gilt fraglos noch immer als neu. Viele Anwendungsgebiete sind kaum beziehungsweise noch gar nicht erschlossen. So gibt es bisher keine Datenverarbeitungsanlagen, denen das Laserprinzip zugrunde liegt.

Ein wesentliches Moment für die Erzielung eines hohen Effekts aus der Überführung ist die Erschließung von Möglichkeiten der Sekundärnutzung. Große Aufwendungen wurden in den vergangenen Jahren beispielsweise für die Weltraumforschung betrieben. Ganz gezielt wurde dabei auf konstruktive Lösungen hingearbeitet, die sich durch Miniaturisierung auszeichnen und mit geringem energetischem Aufwand funktionieren. Unzweifelhaft ist die Umsetzung der entsprechenden Erkenntnisse in die industrielle Nutzungssphäre von großem volkswirtschaftlichem Interesse. Eine Vielzahl aktueller volkswirtschaftlicher Probleme wäre zu lösen, wenn es beispielsweise gelänge, stärker diese Miniaturisierung einzuführen. Diese Forderung widerspricht in keiner Weise der allgemeinen Tendenz zur Vergrößerung der produzierenden Einheiten, zum Beispiel dem Übergang zu 800 Megawatt- oder sogar 1200 Megawatt-Generatoren für die Elektroenergieherstellung. Es gibt keinen Grund dafür, daß die zugehörigen Armaturen, Steuer- und Regeleinrichtungen

S. 39 (Akademie der Wissenschaften der DDR, Schriften des Zentralinstituts für Wirtschaftswissenschaften, Nr. 6).

kleinere Dimensionen einnehmen, daß sie einen geringeren Eigenbedarf an Energie aufweisen. Es gibt aber auch keinen Grund dafür, daß die Konstruktionswerkstoffe für den Generator wesentlich leichter sind als bei vergleichbaren traditionellen Aggregaten.

Die Nutzung der Erkenntnisse aus der Weltraumforschung für die industrielle Praxis macht das Problem der Sekundärnutzung deutlich, erschöpft es aber durchaus nicht. Zweifellos wird es notwendig sein, künftig bei wissenschaftsstrategischen Überlegungen diesen Fragen verstärkte Beachtung zu widmen. Viele Erkenntnisse, die ursprünglich für einen ganz bestimmten Zweck vorgesehen waren, lösen möglicherweise bei der Nutzung in anderen Zweigen und Bereichen einen weit größeren Effekt aus.

Nicht immer sind neue Erzeugnisse beziehungsweise Verfahren von vornherein im Vergleich mit der alten Technik ökonomisch überlegen. Mitunter läßt sich erst nach einigen Jahren genauer beurteilen, ob die geplanten Produktions- und Effektivitätsziele tatsächlich erreichbar sind.

Zum Erneuerungstempo der materiellen Produktion

Erfahrungen zeigen, daß Überführungsprozesse in den seltensten Fällen völlig konfliktlos verlaufen. Neben den normalen Problemen, die jede Veränderung im Produktionsprozeß mit sich bringt, treten bisweilen größere Schwierigkeiten auf. Einerseits gibt es für Forschungseinrichtungen, vor allem für Einrichtungen der Akademie der Wissenschaften und des Hochschulwesens, Schwierigkeiten, für ihre Forschungsergebnisse Interessenten in der Praxis zu finden, vor allem, soweit es sich um grundlegend neue Lösungen handelt, wonach erst ein Bedarf geweckt werden muß. Wesentlich leichter erfolgt die Überleitung von Lösungen, die eine Weiterentwicklung im Rahmen eines bestimmten Prinzips darstellen. Die Praxis ist dann grundsätzlich auf die Übernahme der neuesten Lösungsvariante vorbereitet. Tatsächlich übergeleitet wird sie allerdings nur dann, wenn seitens des betrieblichen Reproduktionsprozesses die Realisierungsbedingungen vorhanden sind, wenn also die Investitionsmittel zur Verfügung stehen, die Arbeitskräfte verfügbar sind, die materiell-technische Versorgung gesichert ist.

Seitens der Industrie steht das Überführungsproblem anders als für das Forschungsinstitut. Hier geht es darum, den Produktionsprozeß kontinuierlich weiterzuentwickeln, entsprechend den Anforderungen der Gesellschaft an den Betrieb. Diese Anforderungen lösen auch konkrete Bedürfnisse nach neuen wissenschaftlich-technischen Erkenntnissen über bestimmte Probleme aus, zum Beispiel materialsparende Technologien, Übergang auf einen neuen Ausgangsstoff, neue Qualitätsparameter. Das Hauptproblem bei der Überführung – sofern man sie als gesellschaftliches Problem betrachtet – ist die Abstimmung der Bedürfnisse und Möglichkeiten von Wissenschaft und Produktion durch den Plan der wissenschaftlich-technischen Entwicklung. Man kann also sagen, es geht darum, den Druck, der von der Forschung auf die qualitative Weiterentwicklung der Produktion ausgeht, möglichst genau auf den Sog auszurichten, den die Produktion gegenüber der Wissenschaft entwickelt. Beide Aktivitäten aufeinander abzustimmen, sie zielgerichtet zu kanalisieren, ist eine Grundvoraussetzung dafür, daß die Reibungsverluste in Überführungsprozessen minimal werden. Dabei sind die unterschiedlich langen Realisierungsperioden für wissenschaftlich-technische Lösungen zu berücksichtigen, die entsprechenden Bilanzierungen durch die wirtschaftsleitenden Organe zu sichern und die Veränderungen in der Qualifikationsstruktur der Kader zu beachten.

Nur wenn die Ergebnisse der Wissenschaft mit den Bedürfnissen der Praxis übereinstimmen, ist gewährleistet, daß die Überführungsprozesse relativ konfliktarm verlaufen. Anderenfalls ist mit größeren Reibungs- und folglich mit Effektivitätsverlusten zu rechnen. So ist immer noch zu beobachten, daß die Wissenschaft einerseits Lösungen anbietet, die von der Produktion nicht übernommen werden können, gleichzeitig aber Lösungen in die Produktion eingeführt werden, die nicht durch Forschung im eigenen Land erzielt wurden, sondern importiert werden mußten. Die Aufwendungen für den wissenschaftlichen Vorlauf erhöhen sich dadurch sprunghaft. Gleichzeitig treten ideologische Probleme auf. Beide Seiten sind mit ihrem Partner unzufrieden. Statt langfristiger systematischer gemeinsamer Arbeit sind beide relativ unabhängig voneinander tätig. Die Möglichkeiten der sozialistischen Gesellschaft zur Lösung der Probleme des wissenschaftlich-technischen Fortschritts werden nur ungenügend genutzt.

Eine wesentliche Ursache dafür, daß derartige Konfliktsituationen immer wieder auftreten, liegt darin, daß es noch nicht gelungen ist, in jedem Fall einen klaren Überblick über die objektiv vorhandenen Reproduktionszyklen der Erzeugnisse, Verfahren und Technologien zu schaffen. So ist für die Möbelindustrie der DDR folgende Situation kennzeichnend: Die Umschlagszeit des Sortiments (Lebensdauer grundsätzlicher Lösungen) beträgt etwa 18 Jahre; die Umschlagszeit des Maschinenparks – physisch – beträgt etwa 20 Jahre; die Umschlagszeit des angebotenen Sortiments der Spezialmaschinen beträgt etwa sieben Jahre; die Umschlagszeit der Fertigerzeugnisse beim Verbraucher beträgt etwa 25 Jahre.[5] Es ist sicher, daß sich diese Zahlen relativ stark verändern. Durch die Wirkung des wissenschaftlich-technischen Fortschritts werden sich die einzelnen Zyklen verkürzen. Berücksichtigt man weiter, daß zur Zeit der Bedarf an Möbeln noch nicht voll befriedigt werden kann, muß man schlußfolgern, daß sich mit Erreichen einer vollen Bedürfnisbefriedigung die Zyklen, vor allem bezüglich der Umschlagszeit beim Verbraucher, abermals verkürzen werden. Entsprechendes gilt für alle

[5] Vgl. Autorenkollektiv, Probleme der Leitung und Planung der Industriezweige (Konsumgüterproduktion), Teil 1: Ein Leitfaden für die Weiterbildung, Hg. Hochschule für Ökonomie „Bruno Leuschner“, Berlin 1973, S. 366.

Zweige und ihre Erzeugnissortimente. Allerdings weichen die entsprechenden Werte zwischen den Zweigen relativ stark voneinander ab. Außerdem treten Besonderheiten in einzelnen Volkswirtschaften auf. Je nach der Bedeutung eines Zweiges im Rahmen der jeweiligen nationalen Wirtschaft wird er eine unterschiedliche Dynamik des wissenschaftlich-technischen Fortschritts aufweisen. Generell ist jedoch zu erkennen, daß die Zweige und Bereiche, deren Entwicklung für den wissenschaftlich-technischen Fortschritt von grundlegender Bedeutung ist, zum Beispiel die elektronische Industrie, der Maschinenbau, die chemische Industrie, ein überdurchschnittliches Umschlagstempo der Erzeugnisse aufweisen.

Weiterhin zeigen Erfahrungen aus der Praxis, daß Erzeugnisse und Technologien durchaus nicht im gleichen Rhythmus umschlagen. So ist zu erkennen, daß in der chemischen Industrie nicht selten Standarderzeugnisse, zum Beispiel Schwefelsäure, Zement nach neuen Verfahren und Technologien hergestellt werden, gegebenenfalls auf der Basis neuer Rohstoffe. In anderen Fällen werden neue Erzeugnisse und entsprechende Technologien entwickelt, zum Beispiel für die Herstellung von Polyurethan, dessen Anwendungszwecke für Möbelpolster, als Anstrichstoff, als Werkstoff sehr vielfältig sind. Schließlich gibt es Fälle, in denen neue Erzeugnisse nach alten Technologien und mit einer vergleichsweise sehr alten Technik hergestellt werden. Beispiele hierfür finden sich im Maschinenbau und in der elektrotechnischen Industrie. Dabei kommt es bisweilen zu Situationen, in denen hochmoderne, weltstandsbestimmende Gerätesysteme nach völlig veralteten Technologien hergestellt werden. Der Effektivitätsfortschritt, den das neue Erzeugnis bringt, wird dann zu einem bedeutenden Teil bei seiner Herstellung aufgezehrt. Ursache dafür ist eine vergleichsweise gering entwickelte technologische Forschung. So ist in der DDR festzustellen, daß in der chemischen Industrie ein ausgewogenes Verhältnis von Erzeugnisforschung und technologischer Forschung besteht. Forschungen für die geräteherstellende Industrie und für den Maschinenbau sind dagegen fast vollständig auf Erzeugnisforschung konzentriert. Weniger als 10 Prozent werden zur Zeit für technologische Forschungen aufgewendet.

Diese Beispiele kennzeichnen die gegenwärtige Situation und machen die Dringlichkeit klar, die Reproduktionszyklen, die durch verschiedene Faktoren bestimmt sind, zu analysieren. Derartige Faktoren sind Besonderheiten des Zweiges, Vereinbarungen innerhalb des RGW, die eine bestimmte Dynamik verlangen; Liefervereinbarungen mit dem nichtsozialistischen Wirtschaftsgebiet; Möglichkeiten der Lizenzvergabe für Verfahren, Technologien, Produktionsanlagen; politische Erfordernisse sowie die Akkumulationsrate der Volkswirtschaft, die das generelle Tempo der wirtschaftlichen Entwicklung bestimmt. Angaben über die Art der wirkenden Faktoren, ihre Wirkungsrichtung und Wirkungsintensität lassen erkennen, wann die besten Bedingungen für die Überleitung einer neuen wissenschaftlich-technischen Lösung in die

Produktion vorhanden sind. Dieser Zeitpunkt muß zum Ausgangspunkt für die Planung der Forschungs- und Entwicklungsarbeiten genommen werden, damit das Ergebnis dann vorliegt, wenn es gebraucht wird. Die Abstimmung zwischen Wissenschaft und Produktion bezüglich der Art der erforderlichen wissenschaftlich-technischen Lösung ist folglich durch die zeitliche Koordinierung der entsprechenden Aktivitäten zu ergänzen.

Die systematische Analyse der Produktionsprozesse unter dem Gesichtspunkt der ablaufenden Reproduktionszyklen kann somit als ein wesentlicher Beitrag zur planmäßigen Realisierung des wissenschaftlich-technischen Fortschritts verstanden werden. Sie ermöglicht es, die zeitliche Koordinierung der einzelnen Phasen des Zyklus Wissenschaft–Technik–Produktion zu verbessern, die Potentiale der Wissenschaft und der Produktion aufeinander abzustimmen und in Relation dazu die Investitionskapazitäten zu entwickeln.

Das Studium der Reproduktionszyklen ist aber auch Bedingung, um das Sortiment der hergestellten Erzeugnisse nicht unbegründet stark zu erweitern. Die Erfahrungen der vergangenen Jahre beweisen deutlich, daß die Beschleunigung des wissenschaftlich-technischen Fortschritts zu einer vielfältigen Sortimentsverbreiterung und zum Aufbau ungenügend genutzter Kapazitäten führen kann. Eine Sortimentsverbreiterung ist nur in bestimmtem Umfang objektiv begründet und nicht zu umgehen. Berücksichtigt man, daß die Aufblähung des Sortiments immer mit relativen Effektivitätsverlusten verbunden ist, weil die Seriengrößen geringer werden, wird deutlich, daß in jedem Fall geprüft werden muß, ob ein neues Erzeugnis die Herstellung eines anderen erübrigen kann. In der Vergangenheit war eine klare Orientierung auf die Herstellung neuer Erzeugnisse erkennbar. Dementsprechend wurden in der DDR von 1971 bis 1975 über 22000 neue Erzeugnisse und Verfahren in die Produktion übergeführt. Die Aussonderung veralteter Erzeugnisse und Verfahren konnte aber mit dieser Dynamik nicht Schritt halten. Hierdurch entstehen viele ökonomische Probleme trotz der insgesamt positiven Entwicklung, zum Beispiel das Arbeitskräfteproblem, die rasche Steigerung des Reparatur- und Instandhaltungsaufwandes, die Auslastung der Produktionskapazitäten, das Energie- und Ressourcenproblem. Eine Aufgabe bei der Leitung des wissenschaftlich-technischen Fortschritts muß deshalb auch darin bestehen, bei allen Überführungsprozessen die Auswirkungen auf die Entwicklung des Erzeugnissortiments sowie auf die Entwicklung der materiell-technischen Basis der Produktion im Detail zu analysieren und hieraus schlußfolgernd die effektivste Lösungsvariante abzuleiten.

1.7. Verflechtung der Wissenschaft mit der Produktion

Die konsequente Nutzung der wissenschaftlichen Erkenntnisse für den ökonomisch-sozialen Fortschritt der Gesellschaft, insbesondere ihre zielstrebige Anwendung zur Erreichung eines kontinuierlichen stabilen Effektivitätszuwachses, ist eine aktuelle politische Aufgabe im Prozeß der weiteren Gestaltung der entwickelten sozialistischen Gesellschaft.

Theoretischer wie praktischer Ausgangspunkt ist dabei die Erkenntnis, daß die Wissenschaft ein untrennbarer Bestandteil des gesellschaftlichen Reproduktionsprozesses ist. Sie hat sich historisch im Prozeß der Arbeitsteilung als besondere Phase des gesellschaftlichen Reproduktionsprozesses herausgebildet, wodurch sich eine Trennung von materieller Produktion und Wissenschaft vollzog. Die disponible Arbeit spezialisierte sich auf die Ausführung bestimmter konkreter Tätigkeiten. Das schuf die Grundlage dafür, daß diese Arbeiten massenhaft von Spezialisten mit hoher Sachkenntnis und hoher Effektivität ausgeführt werden können. Hierin zeigt sich, daß Spezialisierung nicht nur relative Verselbständigung bestimmter Arbeitsgänge und -aufgaben bedeutet, sondern auch die Konzentration der Arbeit auf Teilaufgaben mit dem Ziel erfordert, die Gesamtaufgabe effektiver zu lösen. Teilung und Vereinigung der Arbeitsprozesse sind deshalb ein unumgängliches Erfordernis, das auch für die Vereinigung der Wissenschaft mit der Produktion gilt. Die Wissenschaft kann in der sozialistischen Gesellschaft ohne die Produktion ebensowenig existieren und sich weiterentwickeln wie die Produktion ohne die Wissenschaft, weil es sonst keinen Fortschritt der Produktivkräfte geben könnte. Diese Erkenntnis geht bereits auf Marx zurück, der schon bei der Analyse der kapitalistischen Produktion in den vorbereitenden Heften „Zur Kritik der politischen Ökonomie" feststellte: „Damit zugleich Trennung der Wissenschaft als auf die Produktion angewandter Wissenschaft von der unmittelbaren Arbeit."[1] Marx sah die Wissenschaft als allgemeine menschliche Arbeit immer im Zusammenhang mit der Produktion und mit der Ausführung der unmittelbaren Arbeitstätigkeiten. In dieser engen Verknüpfung entwickelte er auf seine Auffassungen von der Produktivkraftwirkung der Wissenschaft. Er erklärte, daß die Produktivkraft der Arbeit hauptsächlich abhängt „von den *Natur*bedingungen der Arbeit, wie Fruchtbarkeit des Bodens, Ergiebigkeit der Minen" und vor allem „von der fortschreitenden Vervollkommnung der *gesellschaftlichen Kräfte der Arbeit*, wie sie sich herleiten aus Produktion auf großer Stufenleiter, Konzentration des Kapitals und Kombination der Arbeit, Teilung der Arbeit, Maschinerie, verbesserten Methoden, Anwendung chemischer und andrer natürlicher Kräfte, Zusammendrängung von Zeit und Raum durch Kommunikations- und Transportmittel und aus jeder andern Einrichtung, wodurch die Wissenschaft Naturkräfte in den Dienst der Arbeit zwingt und wodurch der gesellschaftliche und kooperierte Charakter der Arbeit zur Entwicklung gelangt".[2]

[1] Karl Marx, Zur Kritik der politischen Ökonomie (1861 bis 1863). Aus dem handschriftlichen Nachlaß von Karl Marx, Heft XX, S. 1261f., in: Kommunist, 7/1958, S. 22. Zitiert nach: Autorenkollektiv, Die gegenwärtige wissenschaftlich-technische Revolution, Berlin 1972, S. 195f.

[2] Karl Marx, Lohn, Preis und Profit, in: MEW, Bd. 16, Berlin 1962, S. 126 und 127.

Eines der größten Verdienste von Marx und Engels besteht darin, daß sie nicht nur den Einfluß der Wissenschaft auf die Produktivkräfte untersuchten, sondern auch die Wirkungen der Wissenschaft auf die Produktionsverhältnisse erkannten. Im Zusammenhang mit der Entwicklung der großen Industrie erklärten Marx und Engels die Widersprüche zwischen der auf dem kapitalistischen Privateigentum an den Produktionsmitteln beruhenden Entwicklung der Produktivkräfte und den Entwicklungsanforderungen der Produktionsverhältnisse, die zum gesellschaftlichen Eigentum an den Produktionsmitteln drängten. Es wurde der Nachweis geführt, daß die kapitalistischen Produktionsverhältnisse zerschlagen werden und an ihre Stelle sozialistische Produktionsverhältnisse treten müssen. Erst dann kann die Entwicklung von Wissenschaft, Technik und Produktion uneingeschränkt erfolgen. Angesichts einer solchen notwendigen Entwicklung erklärte Marx weitsichtig: „Dampf, Elektrizität und Spinnmaschine waren Revolutionäre von viel gefährlicherem Charakter als selbst die Bürger Barbès, Raspail und Blanqui."[3] Wilhelm Liebknecht berichtete darüber, wie Marx ein im Jahre 1850 in London ausgestelltes Modell einer elektrischen Eisenbahn besichtigte und dabei erklärte: „Jetzt ist das Problem gelöst – die Folgen sind unabsehbar. Der ökonomischen Revolution muß mit Notwendigkeit die politische folgen, denn sie ist nur deren Ausdruck."[4]

Die Hervorhebung der Wirkungen, die die Wissenschaft auf die Produktionsverhältnisse ausüben kann, läßt nicht nur die gesetzmäßige Vereinigung von Wissenschaft und Produktion klarer erkennen, sondern vermittelt auch prinzipielle Hinweise auf Möglichkeiten, die sich unter sozialistischen Produktionsverhältnissen zur rationellen Gestaltung der Verbindungen zwischen Wissenschaft und Produktion ergeben. Im entwickelten Sozialismus wird die Vereinigung der Wissenschaft mit der Produktion zu einer unabdingbaren Voraussetzung, um im Sinne der Hauptaufgabe die Bedürfnisse zu befriedigen, die gesellschaftliche Arbeitsproduktivität stetig zu erhöhen und den wissenschaftlich-technischen Fortschritt zu entwickeln.

Ausgehend von den prinzipiellen Möglichkeiten der Vereinigung von Wissenschaft, Technik und Produktion unter sozialistischen Bedingungen, arbeitete Lenin unermüdlich für die Entwicklung wissenschaftlicher Institutionen an der Hebung des technischen Niveaus und an der wissenschaftlichen Fundierung der Produktion. Er wies den obersten Volkswirtschaftsrat und andere Organe der jungen Sowjetmacht auf notwendige Maßnahmen hin, um die Einbeziehung der Wissenschaftler in die Lösung der Aufgaben des gesellschaftlichen Aufbaus und der Entwicklung der Produktion zu gewährleisten.

[3] Karl Marx, Rede auf der Jahresfeier des „People's Paper" am 14. April 1856 in London, in: MEW, Bd. 12, Berlin 1961, S. 3.

[4] Wilhelm Liebknecht, Karl Marx zum Gedächtnis, in: Mohr und General. Erinnerungen an Marx und Engels, Berlin 1964, S. 51.

Von hoher Bedeutung ist der von ihm erarbeitete „Entwurf eines Plans der wissenschaftlich-technischen Arbeiten", in dem die produktionsorientierte Tätigkeit der wissenschaftlichen Einrichtungen, insbesondere der Akademie der Wissenschaften, betont wurde.[5] In diesem Plan sind Aufgaben für wissenschaftliche Arbeiten

- zur Elektrifizierung der Industrie und des Verkehrswesens sowie der Landwirtschaft,
- zur Versorgung der Sowjetrepublik mit Rohstoffen und Industrieerzeugnissen,
- zur rationellen Standortverteilung der Industrie in Rußland,
- zur Konzentration der Produktion und zur Entwicklung der großen Industrie

enthalten. Damit wurden die Wissenschaftler auf Probleme der perspektivischen wissenschaftlichen Arbeit orientiert, die für die gesamte Volkswirtschaft einen bedeutenden Nutzen bringen. Gleichfalls bildeten solche Aufgabenstellungen eine Grundlage der Leninschen Wissenschaftspolitik, in der die Vereinigung von Wissenschaft, Technik und Produktion, die Annäherung der wissenschaftlichen Forschungen an die Ansprüche der Volkswirtschaft und an die Bedürfnisse des Aufbaus des Sozialismus wesentliche Bestandteile sind.

Bei der Gestaltung der entwickelten sozialistischen Gesellschaft bildet sich ein geschlossener Zyklus Wissenschaft–Technik–Produktion heraus, der im Rahmen der gesellschaftlichen Entwicklung planmäßig gestaltet wird. Die Rolle der Wissenschaft für das Wachstum der Produktion und die Erhöhung ihrer Effektivität ist beträchtlich gewachsen. Auf diese Weise verwandelt sich die Wissenschaft in zunehmendem Maße in eine unmittelbare Produktivkraft, deren Integration in den volkswirtschaftlichen und betrieblichen Reproduktionsprozeß eine Gesetzmäßigkeit des sozialistischen Wirtschaftens darstellt. Die planmäßige Leitung des Zyklus Wissenschaft–Technik–Produktion muß dazu führen, in verstärktem Maße neue Technik (Maschinen, Ausrüstungen, Geräte, Vorrichtungen, Transportmittel, Nachrichtenmittel, Rohstoffe und Materialien) in die Volkswirtschaft einzuführen und zu verbreiten.[6]

Diese neue Qualität der Beziehungen zwischen Wissenschaft, Technik und Produktion in der sozialistischen Gesellschaft, die direkte Verflechtung ihrer Teiltätigkeiten im Reproduktionsprozeß, ist durch folgende charakteristischen Merkmale gekennzeichnet:

[5] W. I. Lenin, Entwurf eines Plans wissenschaftlich-technischer Arbeiten, in: Werke, Bd. 27, Berlin 1960, S. 312–313.

[6] Vgl. L. M. Gatovskij, Neue und alte Technik, in: Wissenschaft–Ökonomie–Fortschritt, hg. von Lev M. Gatovskij/František Kutta/Harry Maier, Berlin 1974, S. 35–53 (Akademie der Wissenschaften der DDR, Schriften des Zentralinstituts für Wirtschaftswissenschaften, Nr. 6). In einer anderen Publikation dehnt Gatovskij den Zyklus Wissenschaft–Technik–Produktion noch auf die Phase der Konsumtion aus. Vgl. L. M. Gatovskij, Naučno-techničeskij progress i ėkonomika razvitogo socializma, Moskva 1974, S. 148ff.

- Vertiefung der gesellschaftlichen Arbeitsteilung innerhalb der Wissenschaft, innerhalb der Produktion und zwischen Wissenschaft und Produktion,
- Vertiefung der internationalen Arbeitsteilung im gesellschaftlichen Reproduktionsprozeß, die sich nicht mehr nur auf die Spezialisierung der Produktion oder der Wissenschaften beschränkt, sondern die zunehmend Wissenschaft und Produktion erfaßt und arbeitsteilig durchdringt,
- Entwicklung der schöpferischen Arbeit in Wissenschaft und Produktion der Werktätigen.

Für die Beherrschung des Zyklus Wissenschaft–Technik–Produktion stellt die planmäßige Gestaltung der *Kooperationsbeziehungen* eine erstrangige Aufgabe dar. Diese sind ein Ausdruck der Vertiefung der gesellschaftlichen Arbeitsteilung, insbesondere der spezialisierten Tätigkeiten im Bereich von Wissenschaft und Produktion. Die schnelle Entwicklung der wissenschaftlichen Erkenntnisse brachte es mit sich, daß bereits seit Jahrzehnten die Bearbeitung wichtiger Forschungsvorhaben den Einsatz von Wissenschaftlerkollektiven erfordert. Die Kollektivität der wissenschaftlichen Arbeit ist zu einem charakteristischen Merkmal wissenschaftlicher Betätigung geworden. Derzeitig dominiert die Tätigkeit großer miteinander kooperierender Forschungskollektive, die in Forschungseinrichtungen arbeiten, die mit teuren und hochleistungsfähigen wissenschaftlichen Geräten ausgestattet sind. Die Verflechtung zwischen den einzelnen Wissenschaftsdisziplinen hat sich so stark entwickelt, daß bei der Durchführung wichtiger Forschungsaufgaben in wachsendem Umfang Erkenntnisse verschiedener Wissenschaftsdisziplinen zu berücksichtigen sind. Demzufolge ist es wichtig, die Notwendigkeiten interdisziplinärer Zusammenarbeit bei der Bildung von Forschungskollektiven zu beachten. So können bei geeigneter Zusammensetzung eines Forschungskollektivs die notwendigen Erkenntnisse in der Tätigkeit des Kollektivs zusammenfließen. Die politischen, gesellschaftlichen und ökonomischen Voraussetzungen für die Kooperation zwischen Vertretern verschiedener Fachrichtungen sowie zwischen Vertretern der Wissenschaft und der Praxis sind im Sozialismus in jeder Weise gegeben, denn die kooperative Arbeitsweise entspricht dem Wesen des Sozialismus.

So erklärte Erich Honecker auf dem IX. Parteitag der SED: „Wir sehen vor, Wissenschaft und Technik noch wirkungsvoller zu fördern und dafür in den kommenden fünf Jahren insgesamt 35 Milliarden Mark des Nationaleinkommens einzusetzen ... Diese Mittel werden dazu dienen, wesentliche Aufgaben unserer Konzeption der langfristigen Entwicklung der naturwissenschaftlichen und mathematischen Grundlagenforschung sowie zur Nutzung der Naturwissenschaft und Technik in der Volkswirtschaft zu verwirklichen.“[7]

[7] Bericht des Zentralkomitees der Sozialistischen Einheitspartei Deutschlands an den IX. Parteitag der SED, Berichterstatter: Erich Honecker, Berlin 1976, S. 42.

Da weder die moderne Wissenschaft noch die sozialistische Großproduktion ohne Kooperationsbeziehungen denkbar sind, ergibt sich, daß die planmäßige Gestaltung der Reproduktionsbeziehungen ein wichtiges Mittel zur Beherrschung des Zyklus Wissenschaft–Technik–Produktion ist. Das gilt nicht nur für die Wissenschafts- und Produktionskooperation im nationalen Maßstab. Charakteristisch für die Gestaltung dieser Kooperationsbeziehungen unter den Bedingungen der sozialistischen Produktionsverhältnisse ist die Ausdehnung der Wissenschafts- und Produktionskooperation über die Grenzen eines sozialistischen Landes hinaus. So entwickelt sich zwischen den sozialistischen Staaten des RGW die Wissenschafts- und Produktionskooperation in ihrer Einheit als Bestandteil der Maßnahmen zur Vertiefung der sozialistischen ökonomischen Integration gesetzmäßig immer stärker.

Ein anschauliches Beispiel hierfür ist das einheitliche System elektronischer Rechentechnik, ESER, an dessen Entwicklung und Nutzung sich bisher sechs sozialistische Länder beteiligten. Es stellt die Ergebnisse der Arbeit von mehr als 20000 Wissenschaftlern und Konstrukteuren dar, die in allen beteiligten Ländern nach einheitlichem Plan am Programm der elektronischen Rechentechnik arbeiten.[8] Mehr als 70 Betriebe der elektronischen Industrie aller sechs sozialistischen Länder mit etwa 300000 Beschäftigten stehen hinter diesem Programm, wobei eine nicht geringe Anzahl von Produktionsstätten erst in den letzten Jahren mit modernster Technik ausgerüstet und ein hochqualifizierter Facharbeiterstamm herangebildet wurde. Der Systemcharakter des ESER dokumentiert sich am deutlichsten in den aufeinander abgestimmten und abgestuften Parametern der einzelnen Modelle.

Die UVR baut den Rechner ES 2010 mit einer Leistung von 10000 Operationen/sec und einer Speicherkapazität aufrüstbar von 8 bis 64 K-Bytes.

Die VRB produziert das Modell ES 1020 mit dem Rechner ES 2020, welches in enger Zusammenarbeit mit der UdSSR entwickelt wurde. Die Produktion wird modifiziert in beiden Ländern vorgenommen. Wesentliche Leistungsparameter: Operationsgeschwindigkeit von 20000 Operationen/sec; Hauptspeicherkapazität aufrüstbar von 64 bis 256 K-Bytes.

Aus der ČSSR kommt als abgestimmte nationale Variante der Rechner ES 2021 mit einer Operationsgeschwindigkeit von 40000 Operationen/sec und einer Speicherkapazität aufrüstbar von 16 bis 64 K-Bytes.

Die VRP fertigt das Modell ES 1030 mit dem Rechner ES 2030. Es ist eine Gemeinschaftsentwicklung mit der UdSSR, die auch in beiden Ländern koordiniert produziert wird. Leistungsparamter: Operationsgeschwindigkeit von 100000 Operationen/sec; Speicherkapazität aufrüstbar von 128 bis 512 K-Bytes.

Die DDR ist mit dem Modell ES 1040 mit dem Rechner ES 2040 vertreten,

[8] Vgl. R. Naumann, ESER – Multinationales Rechnersystem der sozialistischen Länder, in: Technische Gemeinschaft, 9/1973, S. 31.

der eine Operationsgeschwindigkeit von 380000 Operationen/sec und eine Hauptspeicherkapazität aufrüstbar von 256 bis 1024 K-Bytes hat.

Durch die UdSSR wurde mit dem Modell 1050 mit dem Rechner ES 2050 die leistungsstärkste Anlage gewissermaßen als „Familienoberhaupt" erarbeitet. Der Rechner verfügt über eine Operationsgeschwindigkeit von 500000 Operationen/sec und eine Hauptspeicherkapazität aufrüstbar von 128 bis 1024 K-Bytes.

Darüber hinaus wurde es notwendig, ein komplettes Gerätesystem der ersten und zweiten Peripherie zu entwickeln, um beim Anwender eine maximale Effektivität zu erzielen. Alle Geräte – vom Wechselplattenspeicher und Magnettrommelspeicher über Magnetband- und Lochbandgeräte, Lochkartengeräte, Drucker, Abfrageeinheiten, Datenerfassungsgeräte bis hin zum optischen Belegleser – sind über entsprechende Anschlußbilder mit den genannten Modellen voll koppelfähig gestaltet worden.

Die praktischen Erfahrungen bei der Einführung dieses Rechnersystems lassen erkennen, wie schwierig es ist, die Verflechtungen zwischen Wissenschaft–Technik–Produktion sowohl im nationalen als auch im internationalen Maßstab zu beherrschen und dabei die notwendigen Proportionalitätsbeziehungen zu wahren.

Eine weitere bedeutsame Aufgabe im Hinblick auf die Sicherung der notwendigen Proportionalität zwischen Teilprozessen der Verflechtung von Wissenschaft, Technik und Produktion stellt die Verknüpfung der Forschungsaufgaben mit den Investitionen dar. Mit Hilfe der Investitionen werden die wissenschaftlich-technischen Ergebnisse in den Produktionsprozeß übergeführt und die notwendigen Produktionskapazitäten geschaffen (vgl. Tabelle 1).

Tabelle 1

Ausgaben für Wissenschaft und Technik (Forschung und Entwicklung) im Vergleich zu den Investitionsaufwendungen in verschiedenen sozialistischen Ländern im Zeitraum von 1965 bis 1970

Jahre	Auf eine Einheit Forschungs- und Entwicklungsaufwendungen entfallen . . . Einheiten an Investitionen in Landeswährung				
	UdSSR	ČSSR	DDR	UVR	VRP
1965	8,25	9,46	11,36	13,46	19,26
1966	8,12	9,42	10,12	13,75	17,15
1967	8,04	8,28	9,82	15,25	15,11
1968	7,90	7,86	9,92	12,00*	12,75
1969	7,35	8,14	9,40	13,16	13,65
1970	7,40	8,00	8,00	12,60	12,90

*Veränderung der Preisbasis

Im Jahr 1975 wurde in der DDR eine Proportion zwischen Forschungsaufwendungen und Investitionen von etwa 1 : 6 realisiert. Natürlich streuen diese volkswirtschaftlichen Durchschnittswerte in den einzelnen Zweigen und Bereichen in einem beträchlichen Maß, so daß es bei einer gründlichen Analyse dieser Proportionen unbedingt erforderlich ist, neben den volkswirtschaftlichen Durchschnittswerten auch deren Grenzwerte zu berücksichtigen. Gleichzeitig wird bei einer Betrachtung der zeitlichen Entwicklung dieser Proportionen sichtbar, daß es sich nicht um ein für allemal feststehende Werte handelt, sondern um Proportionen, die sich mit der Zeit verändern. Auch aus diesen Gründen ist eine sorgfältige Analyse und Gestaltung der diese Entwicklung beeinflussenden Faktoren erforderlich. Das Ziel sollte dabei sein, solche Proportionen zu erreichen, die den wissenschaftlich-technischen Fortschritt beschleunigen und auf diese Weise einen aktiven Einfluß auf die Intensivierung des volkswirtschaftlichen Reproduktionsprozesses ausüben.

Eine Untersuchung der vorstehend genannten Proportionen in zeitlicher Hinsicht zeigt: Setzt man die Ausgaben für Investitionen der DDR im Jahre 1960 gleich 100, so sanken sie 1975, bezogen auf eine Einheit Ausgaben für die Forschung, auf 40. Um eine gegebene Summe finanzieller Ausgaben für Forschung und Entwicklung produktionswirksam zu machen, waren also nur noch zwei Fünftel der früher erforderlichen Investitionsaufwendungen zu tätigen.

Eine solche Entwicklungstendenz verdient, sorgfältig analysiert zu werden. Es reicht nicht aus, wie dies gelegentlich gemacht wird, die Entwicklung dieser Proportion lediglich mit dem Hinweis erklären zu wollen, daß sich die finanziellen Ausgaben für Forschung und Entwicklung und für die Investitionen in unterschiedlich raschem Tempo entwickeln. Vielmehr ist durch eine inhaltliche Analyse herauszuarbeiten, welche hauptsächlichen Einflußfaktoren wirksam sind und wie sie gestaltet werden können. Auf diese Proportionen wirkt zum Beispiel die volkswirtschaftliche Strukturpolitik ein. Es spielt eine Rolle, ob grundlegende Veränderungen der Produktionstechnik mit wesentlichen Veränderungen der Produktionsstruktur vorgesehen sind oder ob vorhandene Technologien vervollkommnet werden und im wesentlichen mit dem vorhandenen Maschinen- und Anlagenpark produziert werden soll.[9] Das sind zugleich Fragen, die in engstem Zusammenhang mit den Intensivierungsaufgaben stehen, so daß es gerechtfertigt ist festzustellen, daß eine erfolgreiche Intensivierung auch in zweckmäßigeren Proportionen zwischen Forschungs- und Investitionsausgaben ihren Ausdruck findet.

Durch Untersuchung der Prozesse, die die Proportionen zwischen den Ausgaben für Forschung und Entwicklung sowie Investitionen beeinflussen,

[9] Vgl. Ja. B. Kvaša, Das Verhältnis der Aufwendungen für die Wissenschaft und für Investitionen in der Produktion (in Zusammenhang mit dem Problem der Effektivität der Akkumulation), in: Das Gesetz der sozialistischen Akkumulation, hg. von A. I. Notkin/ H. Maier, Berlin 1974, S. 254–258 (Akademie der Wissenschaften der DDR, Schriften des Zentralinstituts für Wirtschaftswissenschaften, Nr. 5).

können sowohl die Forschung als auch die Investitionen auf Schwerpunkte des volkswirtschaftlichen Reproduktionsprozesses gelenkt, Reserven für die Forschung und für die Investitionen erkannt und nutzbar gemacht werden, wodurch zu einer höheren Effektivität des gesamten Zyklus Wissenschaft–Technik–Produktion beigetragen wird.[10]

Investitionen beziehungsweise die im Stadium der Investitionsvorbereitung auszuarbeitenden Investitionslösungen weisen einen hohen Grad der Komplexität auf, da sie unterschiedliche Ergebnisse verschiedenartiger Forschungs- und Entwicklungsprozesse in sich zu einer Einheit verschmelzen. Hinzu kommt, daß Investitionen außerordentlich vielseitige, weitreichende und nachhaltige Wirkungen auf die Prozesse der Struktur- und Effektivitätsentwicklung und deren Elemente ausüben:

– Über Investitionen werden den Produktionsgrundfonds der Volkswirtschaft im Prinzip neue, bisher nicht genutzte Arbeitsmittel zugeführt, und deswegen sind sie diejenige Phase der Grundfondsreproduktion, über die weiterentwickelte, ökonomisch vorteilhafte, wissenschaftlich-technische Ergebnisse in den Produktionsprozeß eingeführt und real für die Produktivitäts- und Effektivitätsentwicklung sowie für die Strukturveränderung der Volkswirtschaft nutzbar gemacht werden.

– Auf Grund ihrer langen Nutzungsdauer, die sich bei Ausrüstungen durchschnittlich über 15 bis 25 Jahre und bei Bauten und baulichen Anlagen über 75 bis 100 Jahre erstreckt, sind die Investitionen und die durch sie materialisierten wissenschaftlich-technischen Ergebnisse von nachhaltiger Wirksamkeit.

– Die Nutzungsmöglichkeiten und -bedingungen der neu geschaffenen Grundfonds werden durch die Gestaltung der Investitionslösungen selbst wesentlich beeinflußt. Das gilt komplex sowohl für die Instandhaltung und Rekonstruktion der Grundfonds und die damit verbundenen Aufwendungen, für die aus Investitionen resultierenden Möglichkeiten und Erfordernisse einer verstärkten Aussonderung veralteter Grundfonds sowie für den erzielbaren und zu realisierenden hohen Ausnutzungsgrad der Arbeitsmittel. Deshalb nehmen Investitionen im Prozeß der Grundfondsreproduktion eine Schlüsselstellung ein. Sie müssen komplex der Intensivierung der Grundfondsreproduktion als einheitlichem Ganzen dienen und dazu führen, daß sich das Verhältnis zwischen den gebrauchswertmäßigen Wirkungen der Grundfonds auf Produktion und Produktivität und der Gesamtheit der für die Grundfondsreproduktion erforderlichen Aufwendungen stetig verbessert.

Ein wesentlicher Schritt in Richtung der komplexen Planung des Zyklus Wissenschaft–Technik–Produktion wurde mit der Anwendung von Koordinierungsplänen für die volkswirtschaftlich wichtigen wissenschaftlich-tech-

[10] Vgl. Heinz-Dieter Haustein, Die Proportionalität der technischen Basis im Sozialismus, Berlin 1975, insbesondere Abschnitt 1.2, S. 23ff.

nischen Probleme eingeleitet. Mit der Vorbereitung des Fünfjahrplanes werden aus den Hauptrichtungen für die Entwicklung der Volkswirtschaft und den Erfordernissen des technisch-ökonomischen Niveaus der Produktion sowie aus der Entwicklung von Wissenschaft und Technik jene volkswirtschaftlich wichtigen wissenschaftlich-technischen Probleme abgeleitet und ausgewählt, die die entscheidenden Kettenglieder für die einheitliche technische Politik darstellen. Sie werden Bestandteil des Staatsplanes Wissenschaft und Technik. Hierbei handelt es sich vor allem um solche komplexen Probleme, deren Lösung das planmäßige Zusammenwirken einer größeren Anzahl von Zweigen und Bereichen der Volkswirtschaft erfordert.

Unmittelbar mit der Auswahl und dem weiteren inhaltlichen Durchdringen der volkswirtschaftlich wichtigen wissenschaftlich-technischen Probleme wird in Zusammenarbeit zwischen dem jeweils verantwortlichen Industrieministerium, den beteiligten Ministern, Betrieben und Forschungseinrichtungen ein Koordinierungsplan für jedes dieser Probleme entworfen.

In dem Koordinierungsplan werden die vielfältigen inhaltlichen und zeitlichen Verflechtungen zwischen Wissenschaft, Technik und dem volkswirtschaftlichen Reproduktionsprozeß zur Lösung des komplexen Problems konkret erfaßt. Sie beginnen bei der Forschung und gehen über die konstruktive und verfahrenstechnische Entwicklung, die Versuchs- und Experimentalarbeiten, die Vorbereitung und Durchführung von Investitionen, das Herstellen der Versuchsmuster, die Nullserien- und Serienproduktion bis zur volkswirtschaftlich effektiven Nutzung der Erzeugnisse und Verfahren.

Das planmäßige Gestalten der kooperativen Verflechtungsbeziehungen in der wissenschaftlich-technischen Arbeit zwischen den Kombinaten und Forschungszentren, die die neuen Erzeugnisse, Materialien oder Anlagen herstellen, und jenen Betrieben, Kombinaten und ihren Forschungseinrichtungen, die sie anwenden, verlangt auch entsprechende Organisationsformen. In der UdSSR werden verschiedene Wege beschritten und Experimente durchgeführt, um den organischen Zusammenschluß von Wissenschaft und Technik mit der Produktion zu erreichen und den Zeitaufwand für das Hervorbringen und Überleiten von Ergebnissen des wissenschaftlich-technischen Fortschritts in die Produktion zu verkürzen.

Neben den Produktionsvereinigungen, die in ihrer Verbindung zwischen Forschung und Produktion etwa den Industriekombinaten der DDR mit ihren Forschungszentren entsprechen, wurden etwa zehn verschiedene Typen von Wissenschafts-Produktionsvereinigungen geschaffen. Sie passen sich mit ihren flexiblen Strukturen dem jeweiligen Profil der Produktionsaufgaben, der Standortverteilung der Betriebe und Forschungszentren sowie anderen wichtigen Bedingungen für den Zyklus Wissenschaft–Technik–Produktion an. „Die Vereinigungen sind eine qualitativ neue Erscheinung in der Leitung der Industrieproduktion", heißt es dazu im Referat von A. N. Kossygin auf dem XXV. Parteitag der KPdSU. „Sie bilden keine mechanische Zusammenlegung von Betrieben, sondern einen einheitlichen Produktions- und Wirtschaftskomplex, in dem die Wissenschaft und die Produktion organisch verschmolzen und die Spezialisierung und die Kooperation breit entwickelt sind." [11]

Auf der Grundlage bisheriger langfristiger Kooperationsbeziehungen zwischen wissenschaftlich-technischen Instituten und Produktionsbetrieben wurde eine qualitativ neue Organisationsform durch Konzentration und Kombination der verschiedenen Prozeßstufen unter einheitlicher Leitung erreicht.

Die verschiedenen Potentiale des Komplexes Wissenschaft–Technik–Produktion werden durch eine rationelle Struktur und Leitung so miteinander verbunden, daß der günstigste Ablauf des komplizierten Gesamtprozesses gewährleistet ist. Darüber hinaus wird eine langfristige Forschungskooperation zu Instituten der Industrie und Forschungseinrichtungen der Akademie der Wissenschaften aufgebaut. Die Arbeiter, Ingenieure und Wissenschaftler können heute bereits eine beachtliche Beschleunigung des wissenschaftlich-technischen Fortschritts im Industriezweig nachweisen. Es gelang ihnen, wesentlich mehr neue Erzeugnisse und Verfahren mit hohem technischem Niveau in die Produktion zu überführen. Damit wird ein entscheidender Beitrag geleistet, um die Forderung der Partei der Arbeiterklasse zu erfüllen, nicht nur brillante Einzelleistungen zu erringen, sondern das technische Niveau der gesamten Produktion zu erhöhen.

Die Erfahrungen, die mit neuen Formen der gesellschaftlichen Organisation von Wissenschaft–Technik–Produktion gewonnen werden, gilt, es für die Entwicklung der Verbindung von Forschung und Produktion innerhalb der Kombinate und Großbetriebe sowie für die Vervollkommnung der äußeren kooperativen Verflechtungsbeziehungen auszuwerten. So wird es, den Erfahrungen in der DDR und ihren Bedingungen entsprechend, zweckmäßig sein, künftig mehrere Wege sorgfältig zu erproben:

- das Forschungs-, Entwicklungs- und Überleitungspotential, vor allem in den Kombinaten und Großbetrieben zu stärken und die Verbindungen zu den Forschungseinrichtungen der Akademien und der Hochschulen sowie zu den Forschungszentren anderer Kombinate und Zweige über die bessere Leitung und Planung der Kooperation zu festigen,
- in bestimmten Zweigen und Bereichen zentrale Forschungszentren zu entwickeln, die technologische Querschnittsaufgaben lösen und eine einheitliche technische Politik im Zweig durchsetzen helfen,
- in einigen Zweigen Leitkombinate mit entsprechenden Forschungszentren zu bilden, die neue Erzeugnisse und Technologien entwickeln und dann im ganzen Zweig einführen,

[11] Die Hauptrichtungen der Entwicklung der Volkswirtschaft der UdSSR von 1976 bis 1980, Berichterstatter: A. N. Kossygin, Berlin 1976, S. 31.

- das Forschungspotential der Akademien und der Hochschulen auf jenen Gebieten qualitativ und quantitativ weiterzuentwickeln, die für die Gestaltung der zukünftigen Produktion, für die Erhöhung der Arbeits- und Lebensbedingungen der Werktätigen entscheidend sind,
- die ersten Erfahrungen mit den neu gegründeten Akademie-Industriekomplexen sorgfältig auszuwerten und sie zu verallgemeinern.

2. Effektivität des wissenschaftlich-technischen Fortschritts

2.1. Wesen der sozialökonomischen Effektivität des wissenschaftlich-technischen Fortschritts

Der wissenschaftlich-technische Fortschritt wird im Sozialismus zum entscheidenden Faktor für die kontinuierliche Entwicklung der gesellschaftlichen Produktion. Die objektiven ökonomischen Gesetze der sozialistischen Gesellschaftsordnung eröffnen praktisch unbegrenzte Möglichkeiten, die Erkenntnisse von Wissenschaft und Technik für die Entwicklung der Produktivkräfte zu nutzen.

Die einzige Begrenzung für die Anwendung der Errungenschaften von Wissenschaft und Technik in der gesellschaftlichen Produktion liegt im Sozialismus im erreichten Entwicklungsstand der Produktivkräfte. Er bestimmt die materiellen Möglichkeiten der Gesellschaft, die von der Wissenschaft gewonnenen Erkenntnisse und die darauf beruhenden technischen Entwicklungen zu nutzen.

Da der wissenschaftlich-technische Fortschritt kein Geschenk des Himmels ist, steht vor der sozialistischen Gesellschaft stets das Problem, die Effektivität der Errungenschaften von Wissenschaft und Technik einzuschätzen und solche Ergebnisse zur Nutzung auszuwählen, die sich in die materiellen Möglichkeiten der Gesellschaft einfügen und zur Lösung von Aufgaben und zur Verwirklichung von Zielen beitragen, die vor der Gesellschaft stehen. Die Bedeutung der Bewertung des wissenschaftlich-technischen Fortschritts wird folglich dadurch bestimmt, daß sie eines der wichtigen Instrumente ist, mit deren Hilfe die sozialistische Gesellschaft ihre wissenschaftlich-technische Politik gestaltet. Auf allen unteren Ebenen der planmäßigen Leitung der sozialistischen Produktion (Vereinigungen, Betriebe) wird die Bedeutung des Bewertungsproblems der Ergebnisse von Wissenschaft und Technik noch mannigfaltiger und umfassender. Schließlich wird die Effektivität der neuen Technik als Leitungsinstrument zu einer der wichtigsten Kennziffern für die Planung der Entwicklung von Wissenschaft und Technik auf allen Ebenen – angefangen vom Betrieb bis zur Volkswirtschaft.

Selbstverständlich steht das Problem der Effektivitätsbewertung der Errungenschaften des wissenschaftlich-technischen Fortschritts auch vor der kapitalistischen Wirtschaft. Wesen und Inhalt der Effektivität unterscheiden sich jedoch unter den Bedingungen des Sozialismus grundlegend von denen im Kapitalismus. Unter den Bedingungen des Kapitalismus, in dem die ökonomischen Gesetze in Anbetracht des Privateigentums an Produktionsmitteln spontan wirken, erfolgt die Leitung des wissenschaftlich-technischen Fortschritts nicht vom Standpunkt der Gesellschaft, sondern unter dem Blickwinkel der Verwertung des Kapitals. Daher beschränkt sich selbst in der modernen kapitalistischen Gesellschaft das Wesen der Effektivität des wissenschaftlich-technischen Fortschritts auf die *Bewertung seiner ökonomischen Ergebnisse* vom Standpunkt der Entwicklung der Verwertungsmöglichkeiten. Die sozialen Folgen des wissenschaftlich-technischen Fortschritts sind den wirtschaftlichen Ergebnissen untergeordnet und letztere werden vom Standpunkt des Hauptkriteriums – des Höchstprofits – betrachtet.

Diese Einschränkung des Wesens und des Inhalts der Effektivität des wissenschaftlich-technischen Fortschritts im Kapitalismus ergibt sich daraus, daß die sozialen Folgen des wissenschaftlich-technischen Fortschritts Ausdruck der Wirtschaftstätigkeit und deren Ergebnisse sind. In dem Streben nach Höchstprofit nutzt das Kapital die Erkenntnisse von Wissenschaft und Technik, ohne deren soziale Wirkungen zu berücksichtigen. Erst später treten die sozialen Fragen als drohende Kraft vor der kapitalistischen Gesellschaft auf. Die Bourgeoisie, die ihre engen Klasseninteressen verfolgt, hat, wie Karl Marx und Friedrich Engels nachwiesen, „in ihrer kaum hundertjährigen Klassenherrschaft massenhaftere und kolossalere Produktionskräfte geschaffen als alle vergangenen Generationen zusammen“[1], aber nicht vorausgesehen, daß sie damit die materiellen Voraussetzungen zur Vernichtung der von ihr errichteten Gesellschaftsordnung schmiedete.

Das gesellschaftliche Eigentum an den Produktionsmitteln gibt der sozialistischen Gesellschaft die Möglichkeit, die objektiven ökonomischen Gesetze zu erkennen. Dadurch wird es erstens möglich, den Wirkungsmechanismus dieser Gesetze aufzudecken und auszunutzen sowie die ökonomischen Ergebnisse und sozialen Folgen dieser Wirkung zu erfassen; zweitens ermöglicht die Beherrschung des Wirkungsmechanismus der ökonomischen Gesetze, ihn in der für die Gesellschaft erforderlichen Richtung planmäßig und zielgerichtet zu nutzen; drittens bietet sich in Übereinstimmung mit dem erkannten Wirkungsmechanismus und den daraus resultierenden ökonomischen und sozialen Folgen der Gesellschaft die Möglichkeit, solche Aufgaben und Ziele der sozialökonomischen Entwicklung planmäßig zu bestimmen, zu deren Verwirklichung die Gesellschaft über die entsprechenden Ressourcen verfügt. Schließlich geht, viertens, von der bewußten planmäßigen Nutzung der Wirkung der ökonomischen Gesetze ein neuer, von den vorangegangenen Gesellschaftsordnungen nie gekannter Impuls für die sozialökonomische Entwicklung aus, da es sich nicht um die engen Interessen einzelner Menschen oder Menschengruppen handelt, sondern um ein gesellschaftliches Interesse.

[1] Karl Marx/Friedrich Engels, Manifest der Kommunistischen Partei, in: MEW, Bd. 4, Berlin 1959, S. 467.

In der planmäßig geleiteten Gesellschaft im Sozialismus, in der nicht nur ökonomische, sondern auch soziale Prozesse in ihrer Einheit Gegenstand der Planung sind, muß die Bewertung dieser Prozesse nach Kriterien der sozialökonomischen Effektivität erfolgen. Das bezieht sich auch in vollem Maße auf den wissenschaftlich-technischen Fortschritt. Für eine erfolgreiche Leitung der gesellschaftlichen Produktion muß die sozialistische Gesellschaft einerseits wissen, was die Nutzung der Erkenntnisse der wissenschaftlich-technischen Revolution für die Verbesserung der Wirtschaftlichkeit und für die Erhöhung des Umfangs an produzierten Gütern mit sich bringt, andererseits auch, welchen Einfluß diese Nutzung auf die sozialen Lebensbedingungen der Menschen haben wird.

Eine solche Problemstellung ist dadurch bedingt, daß der wissenschaftlich-technische Fortschritt nicht nur die Ausdehnung der Maßstäbe und Vervollkommnung der Produktion zur Befriedigung der materiellen Bedürfnisse der Gesellschaft bewirkt. Er führt bei der Lösung der Aufgabe, die materiellen Bedürfnisse der Gesellschaft zu befriedigen, gleichzeitig und unvermeidlich auch zu sozialen Konsequenzen, die nicht unmittelbar mit der materiellen Produktion zusammenhängen. Unter den Bedingungen des Sozialismus werden diese sozialen Folgen auf Grund der planmäßigen Leitung rechtzeitig erkannt und vermieden, sofern sie negativ sind, oder sie werden, wenn sie positiv sind, als soziale Aufgaben und Ziele festgelegt, deren Erfüllung zugleich mit der Realisierung der ökonomischen Zielstellungen geplant wird. Deshalb sind Befriedigung des gesellschaftlichen Bedarfs an materiellen Gütern und Lösung sozialer Aufgaben oder Erreichung eines sozialen Ziels untrennbare Bestandteile des Kriteriums der sozialökonomischen Effektivität des wissenschaftlich-technischen Fortschritts. Diese beiden Seiten sind untrennbar miteinander verbunden und hängen voneinander ab. Davon ausgehend, kann das *Wesen und der Inhalt der Kategorie sozialökonomische Effektivität* folgendermaßen formuliert werden: Die Erzeugung einer Höchstmenge materieller Güter mit Hilfe der neuen Technik zur Befriedigung der gesellschaftlichen Bedürfnisse sowie das Erreichen sozialer Ziele dank dieser Technik mit geringstem gesellschaftlichen Gesamtarbeitsaufwand.

Ökonomische und soziale Effekte der neuen Technik

Zunächst ist es erforderlich, Wesen und Inhalt dieser sozialen Ergebnisse zu klären. Bei der Lösung dieser Frage ist davon auszugehen, daß der wissenschaftlich-technische Fortschritt von seinem sozialen Charakter her widersprüchlich ist. Einerseits ist der wissenschaftlich-technische Fortschritt von *großem Nutzen für die Gesellschaft*. Entwicklung und Nutzung seiner Errungenschaften in der materiellen Produktion zeigen, inwieweit der Mensch die Natur bezwungen, seinen Zielen nutzbar gemacht hat und sie beherrscht. Die

Gesamtheit der gesellschaftlichen Verhältnisse wird durch den erreichten Stand der Produktivkräfte bestimmt, deren wichtigstes Element die Technik als Produkt des wissenschaftlich-technischen Fortschritts ist. Unter den Bedingungen des entwickelten Sozialismus dient der wissenschaftlich-technische Fortschritt als Grundlage für die Schaffung der materiell-technischen Basis des Kommunismus und die Umwandlung sozialistischer Verhältnisse in kommunistische. Der wissenschaftlich-technische Fortschritt intensiviert die materielle Produktion und ermöglicht ein solches Niveau der Arbeitsproduktivität, das die sozialistischen Produktionsverhältnisse vervollkommnet, und daß schrittweise der Übergang zu kommunistischen Produktionsverhältnissen möglich wird. Der technische Fortschritt, der zu grundlegenden Veränderungen in der materiell-technischen Basis der Produktion führt, fördert die Hebung des kulturellen und Qualifikationsniveaus der Werktätigen. Er verändert den Charakter der Arbeit, der Anteil der geistigen Arbeit erhöht sich, so daß die Arbeit schöpferischer und anziehender wird, wodurch die Abschaffung der schweren körperlichen Arbeit und die Überwindung der wesentlichen Unterschiede zwischen körperlicher und geistiger Arbeit beschleunigt wird. Das alles macht den positiven sozialökonomischen Effekt des wissenschaftlich-technischen Fortschritts deutlich. Er tritt auf allen Ebenen des gesellschaftlichen Lebens zutage, angefangen bei der Gesellschaft insgesamt, über die Betriebskollektive bis zum einzelnen Werktätigen.

Andererseits birgt der wissenschaftlich-technische Fortschritt auch *negative soziale Folgen* in sich, die als negativer sozialer Effekt bezeichnet werden können. Friedrich Engels schrieb in „Dialektik der Natur“: „Schmeicheln wir uns indes nicht zu sehr mit unsern menschlichen Siegen über die Natur. Für jeden solchen Sieg rächt sie sich an uns. Jeder hat in erster Linie zwar die Folgen, auf die wir gerechnet, aber in zweiter und dritter Linie hat er ganz andre, unvorhergesehene Wirkungen, die nur zu oft jene ersten Folgen wieder aufheben.“ [2] Der negative soziale Effekt wird für die Gesellschaft in Abhängigkeit von Ausdehnung und Vertiefung des wissenschaftlich-technischen Fortschritts, der Zunahme seines Tempos und seines Umfangs immer deutlicher spürbar. So verstärken die veränderten Parameter, die die moderne Technik kennzeichnen (wie zunehmende Kompliziertheit der technischen Systeme, Zunahme technischer Grundgrößen – Druck, Temperatur, Geschwindigkeit), die Herausbildung einer auf der chemischen Technologie basierenden Technik sowie die rationellere Nutzung von Rohstoffen die Intensität des Arbeitsprozesses, erschweren seine Realisierungsbedingungen und gestalten ihn gefahrvoller.

Darüber hinaus erhöht der wissenschaftlich-technische Fortschritt durch die unglaubliche Erweiterung der materiellen Produktion die Menge der zu

[2] Friedrich Engels, Dialektik der Natur, in: MEW, Bd. 20, Berlin 1962, S. 452/453.

verarbeitenden natürlichen Rohstoffe und demzufolge auch die Menge der Schadstoffe, die in Abfällen der Produktion und Konsumtion enthalten sind. Die Schadstoffe gelangen in die Umwelt, verschmutzen Luft und Gewässer, führen zur Bodenerosion, wodurch das ökologische Gleichgewicht gestört und die äußeren Lebensbedingungen des Menschen sowie der normale Ablauf der sich in der Natur vollziehenden biologischen Prozesse verschlechtert werden.

Die Widersprüchlichkeit des wissenschaftlich-technischen Fortschritts ist unvermeidlich, aber bei entsprechenden sozialen Bedingungen durchaus lösbar. Diese wurden von der sozialistischen Gesellschaftsordnung geschaffen. Eine wichtige und entscheidende Bedingung ist die Planmäßigkeit. Die entwickelte sozialistische Gesellschaft, in der sich die Planmäßigkeit in vollem Maße entfaltet und die technische Politik den Interessen der ganzen Gesellschaft dient, hat die Möglichkeit, die positiven sozialen Ergebnisse des wissenschaftlich-technischen Fortschritts zu realisieren und gleichzeitig seine negativen sozialen Folgen vorauszusehen und zu verhindern. Es handelt sich demnach nicht um die Beseitigung der negativen Folgen der neuen Technik, nachdem sie der Gesellschaft einen Schaden zugefügt haben, sondern um deren Verhütung.

Gerade durch die Vereinigung der ökonomischen und sozialen Komponenten in der Effektivität des wissenschaftlich-technischen Fortschritts unterscheidet sich diese Kategorie im Sozialismus grundlegend von der im Kapitalismus. Durch die Bewertung der neuen Technik im Sozialismus nach ökonomischen wie auch nach positiven und negativen sozialen Folgen ihrer Nutzung steht vor den wissenschaftlichen Einrichtungen und Konstruktionsbüros die Aufgabe, auch solchen Komponenten bei der Entwicklung der neuen Technik gebührend Rechnung zu tragen, die die Arbeitsbedingungen vervollkommnen, die Arbeit erleichtern, die Gesundheit der Werktätigen schützen, die Arbeit schöpferischer und attraktiver gestalten, die das gesamte Produktionsklima verbessern. Den wissenschaftlichen Einrichtungen und Konstruktionsbüros wird auch planmäßig und bewußt die Aufgabe gestellt, solche Technologien zu entwickeln, die negative Einflüsse der neuen Technik auf die Umwelt ausschließen. Somit unterscheidet sich die neue Technik auch in technischer Hinsicht im Sozialismus von der Technik im Kapitalismus, wo den Komponenten, die zur Erreichung bestimmter sozialer Ziele und Ergebnisse beitragen, ein geringerer Stellenwert beigemessen wird.

Die Wirtschaftswissenschaft in den sozialistischen Ländern hat der Erarbeitung der sozialökonomischen Effektivitätskategorie bis jetzt noch nicht genügend Beachtung geschenkt. Die Bemühungen der Wissenschaftler waren bisher vorrangig auf die Erarbeitung einer Methodologie und auf die Entwicklung von Methoden zur Bestimmung des ökonomischen Nutzeffekts der neuen Technik gerichtet. Daher orientierte die Wissenschaft die Praxis bei der Leitung des wissenschaftlich-technischen Fortschritts im wesentlichen auf die Anwendung eines Instrumentariums der ökonomischen Effektivität. Entscheidungen auf dem Gebiet des wissenschaftlich-technischen Fortschritts werden daher vorwiegend unter Zugrundelegung von Kennziffern des ökonomischen Nutzeffekts getroffen. Soziale Ergebnisse werden dabei praktisch nicht berücksichtigt, sondern als selbstverständlich angesehen. Man muß feststellen, daß in dieser Hinsicht die Vorzüge des Sozialismus noch sehr wenig genutzt werden.

Wenn das in den vorangegangenen Entwicklungsetappen der sozialistischen Gesellschaft in gewissem Maße noch berechtigt war, entspricht es in der Etappe des entwickelten Sozialismus nicht mehr den gesellschaftlichen Erfordernissen. So war in den zurückliegenden Phasen der Entwicklung der sozialistischen Gesellschaft das Tempo des wissenschaftlich-technischen Fortschritts nicht so schnell und tiefgreifend wie gegenwärtig. Die gesellschaftliche Produktion entwickelte sich vorwiegend auf extensivem Weg. Nur in geringem Maße wurde eine Technik geschaffen und eingeführt, die auf neue technologische Prinzipien zurückging, die wissenschaftliche Entdeckungen und Erfindungen verkörperten. Die sozialen Ergebnisse waren weder vom Umfang der eingeführten neuen Technik noch vom Neuheitsgrad her so spürbar, daß es erforderlich gewesen wäre, sie bei der Bestimmung der Effektivität dieser Technik zu berücksichtigen und bei der Auswahl der Entwicklungsrichtungen der Produktion den ökonomischen gleichzustellen.

In der Etappe des entwickelten Sozialismus, in der der intensive Typ der erweiterten Reproduktion zum Hauptweg des ökonomischen Fortschritts wurde, haben sich das Tempo des technischen Fortschritts und seine Maßstäbe beachtlich vergrößert. Aber noch entscheidender ist, daß sich der Charakter des technischen Fortschritts selbst geändert hat, was darin zum Ausdruck kommt, daß er sich in großem Maße auf die Erkenntnisse von Wissenschaft und Technik stützt und diese Erkenntnisse in eine prinzipiell neue Technik umsetzt. Unter diesen Bedingungen werden soziale Folgen des wissenschaftlich-technischen Fortschritts deutlicher spürbar und dürfen bei der Wahl der Entwicklungsrichtungen der gesellschaftlichen Produktion und der Festlegung der technischen Politik nicht übergangen werden. Außerdem ist zu berücksichtigen, daß die sozialistische Gesellschaft in der Etappe des entwickelten Sozialismus auf Grund ihres gewachsenen ökonomischen Potentials auch über die erforderlichen materiellen Mittel verfügt, um den sozialen Ergebnissen des technischen Fortschritts Rechnung zu tragen, wie zum Beispiel den Arbeitsbedingungen in der Produktion sowie den Bedingungen der natürlichen Umwelt.

Bei der Festlegung des Kriteriums der sozialökonomischen Effektivität als Instrument zur Bewertung der Folgen des wissenschaftlich-technischen Fortschritts muß berücksichtigt werden, daß der wissenschaftlich-technische Fortschritt das wichtigste Mittel zur Lösung der vor der Gesellschaft stehenden ökonomischen Aufgaben ist. Diese werden aber von der Gesellschaft nicht ihrer selbst wegen gelöst, sondern um die vor ihr stehenden sozialen Aufgaben zu bewältigen. Nichts destoweniger ist natürlich die ökonomische Effektivität die Grundlage aller Erscheinungsformen des sozialen Effekts des wissenschaftlich-technischen Fortschritts, denn je effektiver die neue Technik ist, desto stärker und tiefer tritt ihr sozialer Effekt zutage.

Es wäre jedoch falsch zu behaupten, der soziale Effekt des wissenschaftlich-technischen Fortschritts sei eine Folge des ökonomischen Effekts, die Beziehung und Abhängigkeit zwischen ihnen seien einseitig. Solche Erscheinungsformen des positiven sozialen Effekts des wissenschaftlich-technischen Fortschritts, wie steigender Wohlstand des Volkes, Abschaffung schwerer körperlicher Arbeit, zunehmender schöpferischer Charakter der Arbeit, Verbesserung der Arbeitsbedingungen und ihrer Attraktivität, Anwendung industriemäßiger Produktionsmethoden in der Landwirtschaft und Annäherung der landwirtschaftlichen Arbeit an die industrielle Arbeit und schließlich die Überwindung der sozialökonomischen Unterschiede zwischen Stadt und Land lösen bei den Werktätigen neue, nur dem Sozialismus eigene materielle und moralische Stimuli zur Arbeit aus und steigern letztlich die gesellschaftliche Arbeitsproduktivität, die ökonomische Effektivität der Produktion. Somit werden die positiven Ergebnisse des wissenschaftlich-technischen Fortschritts selbst zu einer eigenständigen Quelle zur Erhöhung der ökonomischen Effektivität. Gerade darin besteht einer der wesentlichsten Unterschiede und einer der wichtigsten Vorzüge des Sozialismus gegenüber dem Kapitalismus bei der Nutzung der Errungenschaften von Wissenschaft und Technik.

Die neue, effektivere Technik, die auch auf den technologischen Ablauf einwirkt, kann andererseits die Arbeitsbedingungen in den Betrieben verschlechtern, wodurch die Arbeitsproduktivität negativ beeinflußt wird. Außerdem führen härtere technologische Bedingungen unvermeidlich zu einer höheren Zahl von Arbeitsunfällen, Berufskrankheiten und zur Verkürzung des aktiven Arbeitslebens der Werktätigen und müssen sich negativ auf den ökonomischen Effekt dieser Technik und auf die Wirtschaft des Landes auswirken. Eine neue Technik, die die Umwelt verschlechtert, fügt Betrieben, die in dieser Gegend tätig sind, unmittelbaren Schaden zu, was auch deren ökonomische Effektivität mindert. Das folgende Beispiel soll das verdeutlichen: Eine Erhöhung der Schwefelanhydridkonzentration um 1 mg/m^3 Luft verringert die Ertragsfähigkeit landwirtschaftlicher Kulturen und reduziert deren Nährwert. Im Bereich von Betrieben der Buntmetallurgie gehen die Weizenernte um 40 bis 60 Prozent, der Eiweißgehalt im Getreide um 20 bis 30 Prozent und auch der Vitamin-C-Gehalt in Gemüse und Kartoffeln zurück, es verringert sich die Produktivität des Viehs, und die Erkrankungen nehmen zu.

Die sozialistische Gesellschaft, die sowohl die positiven als auch die negativen sozialen Folgen der neuen Technik in die Planung einbezieht, hat die Möglichkeit, erstere zum Wohle der Gesellschaft zu realisieren und letztere abzuwenden, indem sie entsprechende Mittel dafür ausgibt. Darin besteht einer der wichtigsten Unterschiede zwischen dem technischen Fortschritt im Sozialismus und Kapitalismus.

Das Gesagte bestätigt den unlösbaren Zusammenhang des ökonomischen und sozialen Effekts des wissenschaftlich-technischen Fortschritts, ihre gegenseitigen Beziehungen und Bedingtheiten. Das bedeutet aber keineswegs, daß die sozialökonomische Effektivität nur von der ökonomischen und sozialen Effektivität abgeleitet wird, wie A. Sergeev den oben dargelegten Standpunkt deutete.[3] Die sozialökonomische Effektivität des wissenschaftlich-technischen Fortschritts ist keine einfache mechanische Synthese der ökonomischen und sozialen Effektivität, sondern eine einheitliche geschlossene Kategorie, die sowohl ökonomische als auch soziale Ergebnisse des wissenschaftlich-technischen Fortschritts in ihrer organischen Einheit und gegenseitigen Bedingtheit zum Ausdruck bringt. Daher ist es falsch anzunehmen, die neue Technik würde zunächst ihren ökonomischen Effekt und danach, nach diesem Effekt und auf seiner Grundlage, den sozialen Effekt hervorbringen. Für eine wissenschaftliche Analyse der realen Vorgänge in der gesellschaftlichen Produktion auf Grund des wissenschaftlich-technischen Fortschritts kann und muß man den sozialökonomischen Effekt in einen ökonomischen und einen sozialen gliedern und diese bei der Suche nach den inneren Beziehungen und Wegen der gegenseitigen Durchdringung getrennt analysieren. Das ist jedoch nur das methodische Herangehen und kein Beweis für ihre Trennung und Isoliertheit.

Volkswirtschaftlicher und betrieblicher Effekt der neuen Technik

Bei aller Bedeutung des Kriteriums der volkswirtschaftlichen ökonomischen Effektivität reicht es im Sozialismus nicht zur Leitung des wissenschaftlich-technischen Fortschritts aus. Der Charakter der sozialistischen Produktionsverhältnisse erfordert bekanntlich eine Wirtschaftsführung auf der Grundlage der wirtschaftlichen Rechnungsführung, die auf einer relativen wirtschaftlichen Selbständigkeit der sozialistischen Betriebe basiert. Sie drückt sich darin aus, daß jede Wirtschaftseinheit (Forschungsinstitute, Projektierungs- und Konstruktionsbüros, Betriebe als Hersteller und Anwender der neuen Technik), die mit staatlichen Mitteln ausgestattet ist, nicht nur die Kosten durch Verkauf ihrer Ergebnisse deckt, sondern auch Reineinkommen realisieren muß. Für jeden Betrieb ist es daher notwendig zu wissen, welcher ökonomische Effekt zu erzielen ist, bevor er mit der Entwicklung und Herstellung der neuen Technik oder mit ihrem Einsatz beginnt.

Die wirtschaftliche Rechnungsführung basiert auf einer genauen Erfassung

3 Vgl. A. Sergeev, Die sozialökonomische Effektivität der gesellschaftlichen Produktion, in: Voprosy ėkonomiki (Moskva), 3/1975, S. 86–95.

von Aufwand und Ergebnis der Produktion. Aber die durch die wirtschaftliche Rechnungsführung bedingte relative ökonomische Selbständigkeit der sozialistischen Betriebe führt dazu, daß jeder Betrieb nur die eigenen Aufwendungen erfaßt, die aus den Mitteln gedeckt werden, die ihm der Staat zur Verfügung gestellt hat, sowie die eigenen Ergebnisse in Form der durch Verkauf der Erzeugnisse erzielten Einnahmen, aus denen er die Aufwendungen ersetzt und die erweiterte Reproduktion vornimmt.

Der Unterschied zwischen Aufwendungen und Ergebnissen der Gesellschaft und Aufwendungen und Ergebnissen eines Betriebes mit wirtschaftlicher Rechnungsführung führt dazu, daß die wirtschaftlichen Interessen des einzelnen Betriebes (der Vereinigung) nicht immer mit den Interessen der Gesellschaft voll übereinstimmen. Dieser Widerspruch wird auch in der Etappe des entwickelten Sozialismus nicht aufgehoben, da die Wirtschaftsführung auf der Grundlage der wirtschaftlichen Rechnungsführung in dieser Etappe eine weitere Entwicklung und Vertiefung erfährt.

Der Widerspruch ist jedoch nicht antagonistisch, er wird durch eine Anpassung der Interessen des nach dem Prinzip der wirtschaftlichen Rechnungsführung arbeitenden Betriebes an die Interessen der Gesellschaft in erster Linie mit Hilfe der zentralen staatlichen Planung und des Systems der ökonomischen Stimulierung gelöst. Auf dem Gebiet des wissenschaftlich-technischen Fortschritts wird die Einheit der Interessen der Gesellschaft mit den Interessen der Betriebe in der Regel dadurch erreicht, daß die Bewertungskriterien der volkswirtschaftlichen Effektivität der neuen Technik auf der betrieblichen Ebene in entsprechenden Kriterien und Kennziffern der Effektivität auf volkswirtschaftlicher Ebene modifiziert werden. Doch ist die Summe der Effekte, die nach den Kennziffern der wirtschaftlichen Rechnungsführung berechnet wurden, nicht immer gleichbedeutend mit der Größe des volkswirtschaftlichen Effekts, weil eine Einsparung an Aufwand in einem Betrieb eine Aufwandserhöhung in einem anderen Betrieb zur Folge haben kann. So kann zum Beispiel eine im Betrieb x eingeführte hochleistungsfähige Technik eine bessere Aufbereitung des Rohstoffes oder qualitativ bessere Halbfabrikate im Betrieb y erfordern, der mit x in einer Kooperationskette arbeitet. Oder die Einführung leistungsstarker technischer Systeme in der chemischen Industrie kann zusätzlich Aufwendungen der Gesellschaft für die Reinhaltung der Luft oder der Gewässer erforderlich machen. Das widerspricht jedoch nicht im Prinzip der allgemeinen Gesetzmäßigkeit der Übereinstimmung der Summe auf Basis wirtschaftlicher Rechnungsführung ermittelter Effekte mit dem volkswirtschaftlichen Effekt der neuen Technik. Die Übereinstimmung von Kennziffern der volkswirtschaftlichen und betrieblichen Effekte ist für die Planungsziele des wissenschaftlich-technischen Fortschritts sehr wichtig. Sie ermöglicht prinzipiell die Anwendung einheitlicher Kennziffern des ökonomischen Effekts der neuen Technik auf den verschiedenen Ebenen – vom Betrieb bis zur Volkswirtschaft – und in den aufeinanderfolgenden Etappen der Planausarbeitung. Grundlage der Übereinstimmung der genannten Kennziffern ist die Einsparung an Aufwand, die den ökonomischen Inhalt sowohl des volkswirtschaftlichen als auch des betrieblichen Effekts bildet. Somit ist die *Einsparung an Aufwand das einheitliche Kriterium für die Bewertung* der ökonomischen Effektivität der neuen Technik für alle Wirtschaftseinheiten und auf allen Leitungsebenen der Volkswirtschaft. Aber in jeder dieser Einheiten wird dieses Kriterium entsprechend den jeweiligen ökonomischen Interessen modifiziert.

In Anbetracht des oben Dargelegten unterscheidet sich der auf wirtschaftlicher Rechnungsführung ermittelte Effekt wesentlich vom volkswirtschaftlichen Effekt. Der qualitative Unterschied zwischen beiden bedingt, daß sie auch quantitativ keine Übereinstimmung aufweisen. Deshalb ist es nicht möglich, mit den Kennziffern, mit denen der volkswirtschaftliche Effekt gemessen wird, den Effekt in den unteren Wirtschaftseinheiten zu ermitteln. Offenbar besteht die wichtigste Forderung, die an die Bewertungskennziffern des Effekts der neuen Technik in den unteren Wirtschaftseinheiten gestellt werden muß, darin, daß sie den eigenen Mittelaufwand des Betriebes widerspiegeln müssen wie auch die betrieblichen Ergebnisse, die mit der Einführung der neuen Technik erzielt werden. Hieraus ergibt sich noch eine andere, nicht weniger wichtige Forderung an diese Kennziffern – sie müssen real sein, das heißt, sie müssen sich in das geltende System der Bewertungskennziffern der Betriebe einfügen. Die Bedeutung dieser Forderung ergibt sich daraus, daß die Einführung der neuen Technik für den Betrieb nicht Selbstzweck, sondern ein Mittel ist, die Wirtschaftlichkeit und die Wirtschaftstätigkeit insgesamt zu verbessern. Inwieweit die neue Technik dazu beitragen kann, dieses Ziel zu erreichen, müssen die Kennziffern ihrer ökonomischen Effektivität zeigen. Die Einheit dieser beiden Kennzifferngruppen verbindet den Prozeß der Einführung der neuen Technik mit dem Produktionsprozeß des Betriebes zu einem Ganzen, was der Verbesserung der Planung sowohl der Einführung der neuen Technik als auch der gesamten Produktion dient.

Da sich das Ergebnis der Wirtschaftstätigkeit des Betriebes aus der Ausnutzung aller Ressourcen, die an der Produktion beteiligt sind, zusammensetzt, müssen die Kennziffern des betrieblichen Effekts den Einfluß der neuen Technik auf die Verbesserung der Ausnutzung dieser Ressourcen messen. Über diese Kennziffern ist der Einfluß der neuen Technik auf die Ausnutzung der Arbeitskräfte, der Produktionsgrundfonds sowie der Rohstoff- und Brennstoffressourcen gesondert auszuweisen. Da aber auch auf der Ebene des Betriebes die Ausnutzung der einzelnen Ressourcen im Ergebnis der Einführung neuer Technik unterschiedliche Tendenzen aufweisen kann – und zwar wenn die verbesserte Nutzung der einen Ressource mit der verschlechterten Ausnutzung einer anderen einhergeht –, läßt sich der nach der wirtschaftlichen Rechnungsführung ermittelte Effekt nicht anhand irgendeiner partiellen Kennziffer messen. Erforderlich ist ein *System von Kennziffern*, das den Einfluß der neuen Technik auf alle Seiten der Wirtschaftstätigkeit kennzeichnet. Dieses System muß neben den *partiellen Kennziffern* unbedingt eine *synthetische Kennziffer* enthalten, die die unterschiedlichen Tendenzen untereinander wichtet, so daß der Effekt der neuen Technik eindeutig ausgewiesen wird, entweder positiv oder negativ. Eine derartige Kennziffer würde das gesamte, den Prinzipien der wirtschaftlichen Rechnungsführung entsprechende Kennziffernsystem zur Berechnung des Effekts der neuen Technik vervollkommnen. Im Unterschied zu partiellen Kennziffern, wofür sich sowohl rein ökonomische als auch technisch-ökonomische eignen, kann die synthetische Kennziffer nur eine ökonomische Kennziffer sein.

Ausgehend von den dargelegten Forderungen, läßt sich das System dieser Kennziffern umreißen. Nicht problematisch ist die Frage, welche partiellen Kennziffern einzubeziehen sind. Da sie den Einfluß der neuen Technik auf den Ausnutzungsgrad der Produktionsressourcen – Arbeitskräfte, Produktionsgrundfonds, Rohstoffe, einschließlich Brennstoffe, Energie und verschiedene Materialien – kennzeichnen, kommen offensichtlich dafür in Frage: die Arbeitsproduktivität oder der Arbeitsaufwand der Produktion, die Fondsintensität oder Fondsquote, Materialintensität einschließlich Energieintensität der Erzeugnisse oder spezifischer Verbrauch an Arbeitsgegenständen pro Erzeugniseinheit. Selbstverständlich wird sich die Spezifik der Zweige auf die Zahl der erforderlichen Kennziffern auswirken. Aber wie sich auch der Kreis dieser Kennziffern innerhalb der Zweige unterscheiden mag, sie alle kennzeichnen in jedem Fall quantitativ den Grad der Ausnutzung der drei entscheidenden Produktionsressourcen im Zusammenhang mit der Einführung der neuen Technik.

Die Rolle der synthetischen Kennziffer kann vom Nettogewinn übernommen werden, der durch den Verkauf der Erzeugnisse, die mit Hilfe der neuen Technik hergestellt werden, erzielt wird. Dabei ist nicht das Gesamtvolumen des realisierten Gewinns die objektive Kennziffer des Effekts, sondern nur der Zuwachs im Vergleich zu dem Gewinn, den der Betrieb bei der Arbeit mit der abzulösenden Technik realisierte.

Es gibt Auffassungen, die sich gegen die Verwendung des Gewinns als synthetische Kennziffer wenden, mit der Begründung, daß die Gewinnerzielung im Sozialismus nicht Ziel der gesellschaftlichen Produktion ist. Zweifellos ist der Gewinn im Sozialismus nicht das Endziel der gesellschaftlichen Produktion. Man darf aber nicht das Endziel der gesellschaftlichen Produktion mit der Zielstellung der Wirtschaftstätigkeit des einzelnen nach dem Prinzip der wirtschaftlichen Rechnungsführung arbeitenden Betriebes verwechseln. Was die Zielstellungen unterschiedlicher Ebenen der Wirtschaft betrifft, so führt die Erreichung des Ziels der unteren Ebenen unmittelbar zur Erreichung der Zielstellungen der oberen Ebene. In dem Bestreben, immer mehr Gewinn zu erwirtschaften, leistet jeder nach dem Prinzip der wirtschaftlichen Rechnungsführung arbeitende Betrieb seinen Beitrag zur Erreichung des Endziels der gesellschaftlichen Produktion. Jedem Betrieb wird durch den zentralen Plan direktiv das Erzeugnissortiment und der Preis, zu dem die Ware abgesetzt wird, vorgegeben. Der von ihm erzielte Gewinn ist in den Gütern und Waren vergegenständlicht, die die Gesellschaft zur Befriedigung ihrer steigenden materiellen und geistigen Bedürfnisse, das heißt zur Erreichung des gesellschaftlichen Endziels des Sozialismus benötigt.

Deshalb führt die Fragestellung nicht weiter, was das Wichtigste in der Wirtschaftstätigkeit des Betriebes sei: die Erfüllung des Plans der Warenproduktion oder das Bestreben, einen hohen Gewinn zu erwirtschaften. Diese beiden Seiten der betrieblichen Tätigkeit sind keine Antipoden und können nicht als alternative Entscheidungen in der Wirtschaftspraxis sozialistischer Betriebe auftreten. Beide sind als eine einheitliche Aufgabe der Wirtschaftsführung zu sehen, da der Betrieb, wenn er normal arbeitet, also den Staatsplan erfüllt und die staatliche Preisdisziplin einhält, nur auf zwei Wegen einen hohen Gewinn erwirtschaften kann, und zwar indem er entweder das vom Plan vorgegebene Warenvolumen und -sortiment mit geringstem individuellen Gesamtaufwand herstellt oder den Produktionsplan für die von der Gesellschaft benötigten Erzeugnisse mengen- und sortimentsgerecht mit dem gleichen Gesamtaufwand übererfüllt.

Die Negierung der Rolle des Gewinns als Kennziffer zur Bewertung der Qualität der Arbeit sozialistischer Betriebe und der auf der Basis der wirtschaftlichen Rechnungsführung ermittelten Effektivität der neuen Technik widerspricht der Praxis der Wirtschaftsführung und der wachsenden Rolle des Gewinns in der UdSSR. Tatsächlich darf man nicht übersehen, daß der Anteil des Gewinns an der Akkumulation der Volkswirtschaft von Jahr zu Jahr zunimmt. Während 1940 die Akkumulation in der Volkswirtschaft nur zu 23 Prozent aus Gewinn resultierte und zu 77 Prozent aus Produktionsabgabe, stieg der Gewinnanteil 1973 auf 61,7 Prozent und der Produktionsabgabeanteil sank auf 38,3 Prozent ab. Bei einem Anstieg der gesamten Akkumulation in der Volkswirtschaft für den genannten Zeitraum um das 11,1fache erhöhte sich der Gewinn um das 30fache und die Produktionsabgabe um das 5,6fache. Wesentliche Veränderungen haben sich in der Großhandelspreisstruktur der Industrie vollzogen. Während der Anteil der Produktionsabgabe an diesen Preisen von 15,9 Prozent im Jahre 1955 auf 13,0 Prozent im Jahre 1973 zurückgegangen ist, stieg der Gewinnanteil in diesem Zeitraum von 9,4 Prozent auf 12,9 Prozent. Man darf auch nicht unbeachtet lassen, daß der Gewinn die Haupteinnahmequelle des Staatshaushalts bildet und die Produktionsabgabe allmählich verdrängt. So entfielen 1940 von der Gesamtsumme der Akkumulationen der staatlichen Betriebe, die an den Haushalt abgeführt wurden, auf den Gewinnanteil 16,1 Prozent und 83,9 Prozent auf die Produktionsabgabe. 1973 machte der Gewinnanteil schon mehr als die Hälfte aus, und der Produktionsabgabeanteil war somit fast um das 1,7fache zurückgegangen. Schließlich muß noch bemerkt werden, daß die Rolle des Gewinns für die Wirtschaftstätigkeit und bei der Verbesserung der materiellen Bedingungen für die Betriebskollektive wesentlich gestiegen ist. In den Jahren der Wirtschaftsreform ist der bei den Betrieben verbliebene Gewinnanteil von 30 Prozent im Jahre 1965 auf 44 Prozent im Jahre 1973 angestiegen. Dabei werden 28 Prozent dieses Gewinns für wirtschaftliche Zwecke der Betriebe selbst verwendet (Investitionen, Erhöhung der Umlaufmittel und anderes), wodurch ihre wirtschaftliche und finanzielle Lage und somit auch die materielle Grundlage der wirtschaftlichen Rechnungsführung gefestigt wird. 16 Prozent des Gewinns werden an die ökonomischen Stimulierungsfonds abgeführt (das 2,7fache mehr als 1965).

Folglich widerspricht das Bestreben eines sozialistischen Betriebes, Gewinn zu erwirtschaften, nicht dem staatlichen Plan und den sozialistischen Prinzipien der Wirtschaftsführung, sondern ergibt sich aus den gesellschaftlichen Interessen, wird durch sie bedingt und deckt sich voll und ganz mit ihnen.

Gewinn, den zu erhöhen der sozialistische Betrieb bemüht ist, hat nichts mit Profit zu tun. Natürlich sind solche Fälle nicht ausgeschlossen, daß ein Betrieb im Bestreben, den Gewinn zu erhöhen, gegen das geplante Sortiment und die staatliche Preisdisziplin verstößt. Diese Verstöße sind jedoch Verstöße gegen juristische Gesetze und können deshalb nicht als Beweis für die Untauglichkeit des Gewinns zur Bewertung des betrieblichen Effekts der neuen Technik ausgelegt werden.

Wenn dem Nettogewinn oder dem Gewinnzuwachs im Zusammenhang mit dem Einsatz neuer Technik die Rolle einer verallgemeinernden Kennziffer zur Bewertung des betrieblichen Effekts der neuen Technik zugesprochen wird, muß man davon ausgehen, daß der Plan in strenger Übereinstimmung mit den Bedürfnissen der Gesellschaft und unter Berücksichtigung der vorhandenen Ressourcen aufgestellt wurde. Weiterhin wird vorausgesetzt, daß die Betriebe das vom Plan festgelegte Warensortiment sowie die staatlich festgelegten Preise streng einhalten, zu denen diese Erzeugnisse verkauft werden. Dabei ist für die laut Plan festgelegte Warenmenge nur unter der Bedingung eine Gewinnsteigerung möglich, daß die Betriebe in der Lage sind, die Produktionskosten, das heißt die Selbstkosten der Waren zu senken.

Die Selbstkosten können durch Mobilisierung und Ausnutzung der innerbetrieblichen Reserven gesenkt werden. Sind aber diese Reserven schon alle ausgenutzt, besteht der einzige Weg zur Selbstkostensenkung in der Einführung neuer Technik, das heißt einer solchen Technik, die es ermöglicht, die Arbeitsproduktivität zu steigern, den Aufwand an Arbeitskräften zu senken, Roh- und Brennstoffe, Energie, Werkstoffe, Maschinen und Anlagen und anderes besser zu nutzen, lebendige und vergegenständlichte Arbeit einzusparen. Somit deckt sich der Gewinnzuwachs als Kennziffer des betrieblichen Effekts der neuen Technik im Grunde genommen mit der Kennziffer der Selbstkostensenkung der Erzeugnisse, die mit Hilfe neuer Technik produziert wurden.

Bisher war von dem nach den Kennziffern der wirtschaftlichen Rechnungsführung ermittelten Effekt der neuen Technik in den Bereichen die Rede, die diese Technik zur Herstellung von Erzeugnissen oder zur Ausübung entsprechender Arbeiten einsetzen. Das ist insofern berechtigt, als der ökonomische Nutzeffekt der neuen Technik letztlich nicht dort auftritt, wo sie entwickelt und hergestellt wird, sondern in den Zweigen und Betrieben, die sie zur Herstellung von Erzeugnissen einsetzen, die diese Technik nutzen. Offensichtlich müssen jedoch auch die Betriebe, die die neue Technik herstellen, einen entsprechenden Effekt realisieren. Denn auch sie arbeiten nach dem Prinzip der wirtschaftlichen Rechnungsführung. Außerdem darf nicht vergessen werden, daß das Tempo des technischen Fortschritts dadurch bestimmt wird, wie schnell neue Technik entwickelt und ihre Serienproduktion aufgenommen wird. Der potentielle ökonomische Effekt der neuen Technik kommt aber letztlich bei ihrer Anwendung zum Tragen. Daher darf bei der Herstellung der neuen Technik auch nur ein Teil des Effekts realisiert werden. Die Herstellung neuer Technik bringt in der Regel dem Hersteller keine Kosteneinsparung und entsprechende Gewinnerhöhung, sondern ist in vielen Fällen sogar mit erhöhten Kosten verbunden. Dabei kann die Kostensteigerung für die Fertigung neuer Technik sowohl insgesamt pro Einheit der hergestellten Technik (pro Anlage oder Werkzeugmaschine) als auch anteilig pro Einheit irgendeines technischen Parameters (Leistung) auftreten. Es wäre aber falsch, die neue Technik aus diesem Grunde für uneffektiv anzusehen. Nach den Fertigungskosten kann man nicht einschätzen, ob die neue Technik überhaupt und in welchem Maße sie effektiv ist. Der Effekt tritt im Prozeß ihres Einsatzes ein und wird dadurch bestimmt, daß die Kosteneinsparung bei der Herstellung von Erzeugnissen mit Hilfe dieser Technik den Kostenanstieg für die Herstellung dieser Technik selbst übersteigt.[4] In einer solchen Situation muß der Hersteller an einem Teil des volkswirtschaftlichen Effekts der neuen Technik beteiligt werden. Selbstverständlich hat die Verteilung des Effekts der neuen Technik über den Preis des neuen Erzeugnisses zu erfolgen. Demzufolge zeigt sich der Effekt der Herstellung neuer Technik in der Differenz zwischen dem Abgabepreis und den individuellen Fertigungskosten des Betriebes.

Anwendernutzen der neuen Technik und Herstellernutzen sind Teile des volkswirtschaftlichen Effekts, der auf Hersteller und Anwender aufgeteilt

[4] In der Wirtschaftspraxis treten Fälle auf, in denen die Fertigung der neuen Technik für den Hersteller ungünstig ist, obwohl sie in der Einsatzsphäre einen Effekt bringt. In diesem Fall, wenn der Anwendereffekt die zusätzlichen Herstellungskosten übertrifft, ist die Gesellschaft berechtigt, eine positive Entscheidung über die Herstellung einer solchen Technik zu treffen. Das gilt jedoch nicht für die umgekehrte Situation, da die Gesellschaft keine für den Anwender uneffektive Technik herstellen darf.

wird. Für die Volkswirtschaft ist es keineswegs gleichgültig, wer von ihnen den Effekt realisiert und in welcher Höhe, da davon das Tempo des technischen Fortschritts abhängt. Die Praxis der Preisfestlegung für neue Produkte beziehungsweise neue Technik ist auf die Teilung des volkswirtschaftlichen Effekts ausgerichtet. Von der Höhe des Preises für neue Produkte (Technik), davon, wieviel und welcher Anteil des volkswirtschaftlichen Effekts im Preis enthalten ist, davon, welcher Effekt über den Preis vom Hersteller abgefangen wird, hängt der betriebliche Effekt der neuen Technik auch in der Einsatzsphäre ab. Die vom Staatlichen Komitee für Preise beim Ministerrat der UdSSR ausgearbeitete Methodik zur Preisfestlegung sieht vor, dem Hersteller neuer Technik einen bestimmten Teil (maximal 50 Prozent) des volkswirtschaftlichen Effekts dieser Produktion zur Verfügung zu stellen. Dieser Teil des Effekts tritt als Zuschlag in Höhe von 20 bis 100 Prozent zu dem in Abhängigkeit vom volkswirtschaftlichen Effekt festgelegten Normativgewinn auf, der vom Hersteller zu erwirtschaften ist. Somit ist der Teil des volkswirtschaftlichen Effekts, den der Hersteller über den Preis für die von ihm erzeugte neue Technik realisiert, im Grunde genommen der Effekt des Herstellers und tritt als Gewinnzuwachs auf.

Gegenwärtig sind in der UdSSR die Beziehungen zwischen Hersteller und Anwender der neuen Technik hinsichtlich der Verteilung des volkswirtschaftlichen Effekts noch nicht so gestaltet, daß beide an der neuen Technik stärker interessiert wären. Selbst bei der vorhandenen Methodik der Preisbildung, die zweifellos einen Schritt nach vorn bedeutet, gibt es noch zahlreiche Fälle, wo der Effekt der neuen Technik vollständig oder zum überwiegenden Teil dem Hersteller zugute kommt. Davon zeugt die Tatsache, daß die Preise für eine Reihe neuer Maschinen und Anlagen im Vergleich zu den Preisen für zu ersetzende Maschinen und Anlagen schneller steigen als ihre technischen Hauptparameter (zum Beispiel die Leistung). So beträgt der festgelegte Preis für den verbesserten Bagger E-5015 das Doppelte des Preises für den Bagger E-3025, seine Leistung wurde aber nur um 25 Prozent erhöht. Der Preis für ein neues Modell einer Gewindeschneide-Werkzeugmaschine IK20 liegt um das 2,6fache höher als für das abgelöste Modell IK62, die Leistung wurde aber nur um 15 bis 20 Prozent gesteigert.

In der Wirtschaftspraxis tritt jedoch auch der umgekehrte Fall auf, daß Preise für neue Technik in einer solchen Höhe festgelegt sind, daß der Hersteller nur einen geringen Teil des Effekts erhält und der weitaus größte Teil dem Anwender zufällt. Als Beispiel dafür lassen sich die Preise für Erzeugnisse der elektrotechnischen Industrie anführen. Nach Berechnungen des Jahres 1973 entfielen vom gesamten volkswirtschaftlichen Effekt aus neuen elektrotechnischen Erzeugnissen 8,3 Prozent auf die Herstellerbetriebe in Form von Preiszuschlägen für Erzeugnisse mit dem höchsten Gütezeichen und 91,7 Prozent verblieben den Anwendern dieser Technik. In diesem Falle ist der vom Hersteller der neuen Technik realisierte Effekt zu gering und entspricht nicht seinem Beitrag zur Erhöhung der ökonomischen Effektivität. Damit der betriebliche Effekt als Stimulator des technischen Fortschritts dient, kommt es nicht nur darauf an, die Preisbildung für die neue Technik planmäßig zu beherrschen, sondern auch darauf, daß dieser Effekt den Betrieben direktiv vorgegeben wird. Offenbar ist es wichtig, bei der Planung der Auflagen zur Erwirtschaftung des Gewinns für jeden Betrieb auch den Teil auszuweisen, der durch die Herstellung und Einführung neuer Technik zu erzielen ist.

2.2. Methoden zur komplexen Bewertung von Varianten und die sozialökonomische Effektivität

Hauptproblem bei der Bewertung der Effektivität von Varianten der neuen Technik ist die Messung und der Vergleich der Effekte. Was den Aufwand betrifft, so gibt es eine relativ gut entwickelte Theorie und praktische Erfahrungen. In erster Linie ist hier die in der UdSSR erarbeitete und angewandte Konzeption des reduzierten Aufwandes zu nennen. Jedoch existiert bis zum gegenwärtigen Zeitpunkt noch keine zufriedenstellende Theorie zur Messung und vor allem zur Aggregation der Effekte. Bestimmte Fortschritte wurden unlängst bei der Messung der Nutzeffekte alternativer Strukturen von Konsumgütern erzielt. Methoden zur komplexen Messung der nützlichen Ergebnis beziehungsweise der Nutzeffekte des wissenschaftlich-technischen Fortschritts sind jedoch noch ungenügend ausgearbeitet.

Die Lösung des Problems wird vor allem durch folgende Faktoren erschwert:
- Es existiert eine Vielzahl von nützlichen Ergebnissen des wissenschaftlich-technischen Fortschritts.
- Die nützlichen Ergebnisse werden mit Hilfe unterschiedlicher Skalen (quantitative, qualitative) gemessen.
- Auch bei quantitativer (kardinaler) Messung werden die Ergebnisse größtenteils in unterschiedlichen Maßeinheiten (Naturalkennziffern, Wertgrößen) ausgedrückt, so daß sie nicht vergleichbar sind.
- Häufig haben die Ergebnisse unterschiedliche gesellschaftliche Bedeutung.
- Die Rangfolge der Varianten ist in Abhängigkeit von den einzelnen Ergebnissen unterschiedlich, folglich fehlt eine eindeutig dominierende Variante.

Aus diesem Grunde hat man in Theorie und Praxis Methoden zur Bewertung der Effektivität von Varianten entwickelt, die auf eine Messung der relativen Effektivität einzelner Varianten abzielen. Dabei verzichtet man entweder auf eine Messung der Ergebnisse als solcher ganz oder reduziert die Ergebnisvektoren auf eine Größe bzw. verweist einige Ergebnisse in die Randbedingungen der Aufgabe.

Hauptmangel dieser Arten der Effektivitätsbewertung der neuen Technik ist die fehlende Komplexität. Die Bestimmung der relativen Effektivität von

Varianten der Technik kann nicht ausschließlich von der ökonomischen Effektivität ausgehen. Sie muß auf einer komplex verstandenen sozialökonomischen Effektivität basieren. Die gegenwärtige Etappe der wirtschaftlichen Entwicklung der sozialistischen Länder ist vom wachsenden Einfluß sozialer Faktoren gekennzeichnet. Die Verflechtung sozialer und ökonomischer Faktoren vollzieht sich objektiv und verlangt die Bestimmung der Effektivitätskriterien auf der Grundlage der sozialökonomischen Optimalität. Die Nutzenskomponenten und die Aufwendungen, die mit der neuen Technik im Zusammenhang stehen, können vereinfacht in folgendem Schema dargestellt werden (vgl. Abbildung 1).

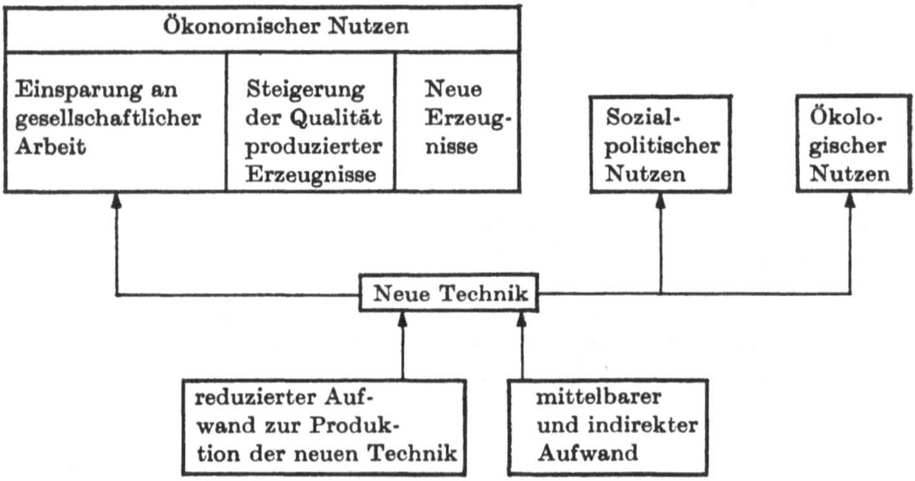

Abb. 1: Nutzen und Aufwand im Zusammenhang mit der neuen Technik

Ein Teil des sozialen Nutzens kann offensichtlich in Werteinheiten gemessen werden. Diese Komponenten können auf gesellschaftliche Aufwendungen „reduziert" und dadurch in die Berechnung des volkswirtschaftlichen Nutzens einbezogen werden. Eine Reihe von Komponenten kann quantitativ in Werteinheiten anhand jenes Aufwandes ausgedrückt werden, der zur Abwendung negativer Effekte bei der Nutzung der neuen Technik erforderlich ist. Als klassisches Beispiel dienen hier die Aufwendungen für die ökologische Technik, die eine wertmäßige Quantifizierung einiger Komponenten des negativen ökologischen Nutzens ermöglichen. Andere Komponenten des sozialen Nutzens lassen sich ebenfalls quantifizieren, aber nicht in Werteinheiten. Ihre Beschreibung kann mit Hilfe wissenschaftlich-technischer und anderer Naturalkennziffern erfolgen. Weit größere Schwierigkeiten bei der Bewertung der sozialökonomischen Effektivität der neuen Technik ruft die Einschätzung solcher Komponenten hervor, die nicht quantitativ, geschweige denn wertmäßig ausgedrückt werden können.

Die unterschiedlichen Richtungen der bürgerlichen subjektiven Nutzenstheorie trachteten danach, eine Maßeinheit zu finden, die allen möglichen Effekten einer Variante gemein ist (abstrakte Nutzenseinheit). Dieses Herangehen hatte keinen Erfolg. Aus dem Charakter der einzelnen Effekte geht hervor, daß diese in den spezifischen Einheiten gemessen werden können, die jedem dieser Effekte eigen sind. Anstatt eine einheitliche Maßeinheit für die einzelnen Effekte zu suchen, ist ein anderer Weg weit realer: die Bewertung der einzelnen Effekte und die Aggregation dieser Bewertungen zu einer komplexen Bewertung.

Die einzelnen Effekte der Varianten der Technik können als deren *Eigenschaften* bezeichnet werden.[1] Folglich wird jede Variante durch eine Vielzahl unterschiedlicher Eigenschaften charakterisiert. Karl Marx verwies darauf, daß es nicht darauf ankommt, alle Eigenschaften in Betracht zu ziehen, sondern nur solche, von denen die *„Nützlichkeit der Waren abhängt, das heißt sofern sie die Waren zum Gebrauchswert machen“*[2]. Folglich sind nicht alle Eigenschaften für die Entscheidungsfindung relevant. Aus diesem Grunde wird die Menge der Eigenschaften der Varianten und die Menge der *Charakteristika* unterschieden. Unter Charakteristika sind jene objektiven Eigenschaften der Varianten zu verstehen, die ihre Nützlichkeit bestimmen und die für den Entscheidungsträger relevant sind.[3]

Die Bestimmung der Charakteristika erfordert eine gründliche qualitative Analyse der Varianten.

Die Formulierung der Charakteristika muß möglichst exakt und kurz sein. Sie müssen ausgehend von den Haupt- und Nebenzielen bestimmt werden, die mit Hilfe der gegebenen Varianten erreicht werden sollen. Das ist die

[1] Unter Nutzeffekt verstand Karl Marx: „Die Nützlichkeit eines Dings macht es zum Gebrauchswert. Aber diese Nützlichkeit schwebt nicht in der Luft. Durch die *Eigenschaften* des Warenkörpers bedingt, existiert sie nicht ohne denselben.“ Karl Marx, Das Kapital, Bd. 1, in: MEW, Bd. 23, Berlin 1962, S. 50 (Hervorhebung des Verfassers). Die Marxsche Auffassung von der Nützlichkeit des Dings und dem Gebrauchswert unterscheidet sich wesentlich von der des Nutzens durch die subjektive Schule der bürgerlichen politischen Ökonomie. An anderer Stelle unterstreicht Marx, daß ein Ding durch „seine eignen Eigenschaften ... Gebrauchswert und daher ein Element des Reichtums für die Menschen ist. Nimm der Traube die Eigenschaften, die sie zur Traube machen, so hört der Gebrauchswert, den sie als Traube für die Menschen hat, auf: und sie hat auf gehört als Traube ein Element des Reichtums zu sein. Riches als identisch mit Gebrauchswerten sind *properties of things* that are made use of by men and which express a relation to their wants.“ Karl Marx, Theorien über den Mehrwert, in: MEW, Bd. 26,3, Berlin 1968, S. 126–127.

[2] Karl Marx, Das Kapital, Bd. 1, in: MEW, Bd. 23, Berlin 1962, S. 49/50.

[3] F. Valenta spricht von „entscheidenden Eigenschaften“ der Elemente des Reproduktionsprozesses; vgl. F. Valenta, Tvurei aktivita, inovace, efekty, Praha 1969.

Aufgabe von Spezialistengruppen, die nach festgelegten Regeln und Methoden vorgehen. Gegenwärtig gibt es bereits unterschiedliche Methoden zur Bestimmung relevanter Eigenschaften wissenschaftlich-technischer Varianten. Die wichtigsten Charakteristika beim Variantenvergleich kann man bedingt in folgende Gruppen unterteilen: wissenschaftlich-technische, ökonomische, soziale und ökologische Charakteristika. Zur Bewertung dieser Charakteristika werden wissenschaftlich-technische, technisch-ökonomische, ökonomische und soziale Kennziffern herangezogen.

Die *wissenschaftlich-technischen Kennziffern* hängen von der konkreten Anwendung der Variante ab, was ihre allgemeine Bestimmung erschwert. Vom technischen Standpunkt aus gesehen, muß die Variante dem gegenwärtigen Stand von Wissenschaft und Technik entsprechen und die Erfüllung der Produktions- und technologischen Aufgaben garantieren.

Neben einem bestimmten technischen Entwicklungsniveau müssen die Varianten den heutigen *sozialen Erfordernissen* genügen und zur Lösung gesellschaftlicher Aufgaben beitragen. Von besonderer Bedeutung ist die Verbesserung der Arbeitsbedingungen, die Erhöhung des Qualifikationsniveaus und die Erleichterung der Arbeit für das Bedienungspersonal. Neben Mechanisierungs- und Automatisierungskennziffern gehören hierzu sozial-hygienische Charakteristika, wie Feuchtigkeit und Temperatur am Arbeitsplatz, Gesundheitsschädlichkeit der Arbeit, Reinhaltung der Luft, Lärm- und Druckpegel sowie deren Einfluß auf die gesamte Umwelt (ökologisches Gleichgewicht).

Eine zentrale Stellung nehmen *ökonomische Kennziffern* ein. Wenn die neue Technik gesellschaftlich nützlich sein soll, muß sie gesellschaftliche Arbeit einsparen, die Effektivität der gesellschaftlichen Produktion erhöhen. Die Methoden zur Bewertung des ökonomischen Nutzens der Varianten sind am weitesten ausgearbeitet. Ökonomische Bewertungskennziffer auf volkswirtschaftlicher Ebene ist der reduzierte Aufwand. Auf betrieblicher Ebene sind dies der Gewinn (Brutto- beziehungsweise Nettogewinne) und die Rentabilität. In Volkswirtschaften, die intensiv in die internationale Arbeitsteilung einbezogen sind, wie zum Beispiel die tschechoslowakische Wirtschaft, sind der Reproduktionswert der Währung (Rubel, Dollar) und die Importintensität ebenfalls zu beachten.

Bei einem krassen Defizit an einigen Produktionsressourcen (Arbeitskräfte, Erdöl, Elektroenergie, Wasser, bestimmte Rohstoffe) sind die Wertkennziffern durch den Ressourcenaufwand im Naturalausdruck zu ergänzen. So kann eine Variante den Vorzug erhalten, bei der weniger defizitäre Ressourcen verbraucht werden, obwohl der reduzierte Aufwand höher liegt.

Der Bewertungsprozeß der Varianten neuer Technik zerfällt somit in drei Hauptetappen:

1. Bestimmung der wesentlichen Eigenschaften (Charakteristika), die bei der Variantenbewertung zu beachten sind,

2. gesonderte Bewertung des Nutzens einer jeden Variante auf der Grundlage der einzelnen Charakteristika,
3. Aggregation der Einzelbewertungen und Auswahl der besten Variante unter Beachtung der komplexen Bewertung aller in Betracht gezogenen Eigenschaften.

Wie die in der dritten Etappe anstehende Aufgabe gelöst wird, hängt vom Charakter der Ausgangsinformation über die Varianten ab, und zwar:
- der Information über die Charakteristika und
- der Information über die gesellschaftliche Relevanz der Charakteristika.

Die Charakteristika können qualitativ (ordinal) oder quantitativ (kardinal) gemessen werden. Der unterschiedliche Grad der Meßbarkeit der Charakteristika stellt unterschiedliche Anforderungen an die Methode der Aggregation der Einzelbewertungen. Als „Idealfall" gilt die quantitative Messung der Charakteristika. Eine Reihe technischer, ökonomischer und ökologischer Charakteristika ist quantitativ meßbar. Einige wissenschaftlich-technische und besonders die sozialen und ästhetischen Charakteristika der Varianten der neuen Technik lassen sich nicht auf diese Weise messen. Davon ausgehend, schlußfolgern einige Autoren, daß eine komplexe Bewertung der Varianten ausgeschlossen ist. Das stimmt nicht. Für die komplexe Bewertung der Varianten ist eine vollständige Quantifizierung der Charakteristika nicht erforderlich. Es reicht aus, wenn die einzelnen Charakteristika *ordinal* meßbar sind, das heißt, sie müssen eine Ordnung oder Quasiordnung[4] der Menge der Varianten zulassen. Das bedeutet aber nicht, daß vorwiegend qualitative Charakteristika kein quantitatives Maß besitzen. Bei der Bewertung der Intensität dieser Charakteristika können Punktbewertungen oder andere Methoden der Expertenbefragung zur Anwendung kommen. Am Anfang braucht die Bewertung nicht in Punkten zu erfolgen. Die Intensitätsgrade eines Charakteristikums können verbal beschrieben sein. Die Feinheit der Differenzierung ist unterschiedlich. Die Gradeinteilung kann zwei, vier oder zehn betragen. So wird zum Beispiel folgende Skala benutzt: „hervorragend", „gut", „befriedigend", „schlecht" oder die Skala „außerordentlich günstig", „günstig", „durchschnittlich", „ungünstig", „außerordentlich ungünstig". Dieser verbalen Skala kann eine beliebige quantitative Skala mit einem vorher festgelegten Intervall von null bis eins, von null bis vier, von null bis zehn usw. zugeordnet werden. Bei der oben genannten Skala können das zum Beispiel die Punkte vier, zwei, eins und null sein. Oft reicht die vierstufige Skala nicht aus, um einen genauen Ausdruck für die Intensität des Charakteristikums zu erlangen. Die Aufstellung detaillierterer Skalen stößt auf keinerlei prinzipielle Schwierigkeiten.

Der zweite Teil notwendiger Informationen für die komplexe Bewertung

[4] Bei der Quasiordnung einer Menge von Varianten können einige von ihnen in bezug auf ein Charakteristikum die gleiche Bedeutung haben.

der Varianten betrifft die relative gesellschaftliche Bedeutung der Charakteristika. Sie ist für die einzelnen Charakteristika und für die einzelnen Varianten der neuen Technik unterschiedlich. Sie hängt von einer Reihe sozialökonomischer Faktoren ab und ist historisch wandelbar. Aus diesem Grunde muß der Entscheidungsträger die Rangfolge der Charakteristika festlegen. Bei der Bestimmung der relativen gesellschaftlichen Bedeutung der Charakteristika der neuen Technik können in der Praxis folgende Situationen auftreten:

1. Die Charakteristika der unterschiedlichen Varianten sind nicht vergleichbar,
2. einige Charakteristika sind vergleichbar,
3. die Charakteristika sind qualitativ vergleichbar,
4. alle Charakteristika sind quantitativ vergleichbar, das heißt, die Menge der Charakteristika kann durch die Menge der realen Zahlen ausgedrückt werden.

Die angegebene Klassifizierung der Charakteristika sowie die ihrer Vergleichbarkeit tritt in der Praxis der Variantenbewertung sehr häufig auf. Zwischen beiden Klassifizierungsschemata kann es verschiedene Kombinationen geben (vgl. Tabelle 1).

Tabelle 1
Die wichtigsten Situationen bei der komplexen Bewertung der Varianten der neuen Technik

Gesellschaftliche Relevanz der Charakteristika / Wesen der Charakteristika	Quantitativ meßbare (kardinale) Charakteristika	Qualitative Charakteristika	
		ordinale	quasiordinale
1. Nichtvergleichbare Charakteristika			
2. Teilweise vergleichbare Charakteristika			
3. Qualitativ vergleichbare Charakteristika			
4. Quantitativ vergleichbare Charakteristika			

Quellen für die Ausgangsinformation sind:
- technische, ökonomische und informative Spezialliteratur und Kataloge,
- Projektierungs- und Konstruktionsunterlagen, technologische Angaben, Planungsdokumente,
- Buchhaltungs- und statistische Belege,

– Normen, Normative, Preislisten, Tarife, Handbücher und Instruktionen,
– Expertenaussagen, Schlußfolgerungen aus Spezialanalysen.

In Abhängigkeit von der Beschaffenheit der Ausgangsinformation ist die entsprechende Methode für die Aggregation der Effekte auszuwählen. Erst muß jedoch geklärt werden, ob es zweckmäßig ist, die Effektivität anhand eines Kennziffernsystems oder anhand einer synthetischen Kennziffer zu bewerten. Die komplexe Bewertung der sozialökonomischen Effektivität des wissenschaftlich-technischen Fortschritts erfordert ein System miteinander verbundener partieller Kennziffern (Charakteristika), die einzelne Aspekte der Varianten beschreiben.

Im Gegensatz dazu beweisen einige Autoren, daß die optimale Variante der neuen Technik anhand eines Kriteriums ausgewählt werden muß. Sie haben unterschiedliche synthetische Kennziffern für die Volkswirtschaft und deren einzelne Leitungsebenen entworfen. Bisher ist jedoch noch keine befriedigende Synthese der Teilkennziffern gelungen. Auf ihrer Grundlage ist keine eindeutige Ordnung einzelner Varianten oder ökonomischer Situationen nach dem Effektivitätsgrad möglich. Aus diesem Grund müssen sie in der Praxis durch eine Reihe technisch-ökonomischer Kennziffern ergänzt werden. Je größer aber die Zahl solcher zusätzlichen Kennziffern, desto schwieriger ist es, Entscheidungen zu fällen.

Einen Ansatz zur Lösung des gestellten Problems bieten die *Methoden zur komplexen Variantenbewertung*. Dieses Herangehen geht nicht von einer synthetischen Effektivitätsziffer aus, sondern beruht auf der Aggregation von Teilkennziffern. Genaugenommen ist das nicht neu. Es ist eine gewisse Formalisierung von Entscheidungsprozessen, die bisher intuitiv erfolgt. Die Aggregation der Einzelbewertungen geschieht jedoch dabei für Außenstehende verdeckt und wird nicht objektiviert vollzogen. Daher kommen unterschiedliche Entscheidungsträger häufig zu verschiedenen Lösungen. In dieser Situation ist es sehr schwierig und häufig sogar unmöglich, die objektiven Gründe für die unterschiedlichen Positionen aufzudecken. Dabei geht es noch gar nicht um Situationen, wo eine Reihe von Varianten auf der Grundlage von 10 bis 50 verschiedenen Charakteristika einzuschätzen ist und einige unter ihnen in Werteinheiten, andere in Naturalkennziffern ausgedrückt sind und weitere lediglich verbal (qualitativ) vorliegen. In diesem Fall muß die Entscheidung von gewissen Regeln ausgehen, die den Mechanismus zum Fällen komplizierter Entscheidungen bilden. So wird auch die Beratung und Bestätigung der Effektivität verschiedener Varianten objektiviert, und es lassen sich ziemlich leicht Gründe für unterschiedliche Aussagen finden (zum Beispiel für das unterschiedliche Einordnen einzelner Charakteristika). Diese Gründe können mit gesamtgesellschaftlichen Überlegungen und Aspekten verglichen werden. Anhand eines solchen systematischen Mechanismus zur komplexen Bewertung von Varianten, der auf vielseitigen sozialökonomischen Aspekten aufbaut, könnte künftig ein entsprechender Apparat geschaffen werden, der zu einem qualifizierten Dialog über die einzelnen Varianten führt. Um dieses Problem zu lösen, muß das Wesen der komplexen Bewertung der Effektivität geklärt werden. Unter komplexer Bewertung wird eine solche Folge von Operationen verstanden, bei der aus einer endlichen Zahl von Charakteristika, die durch die Menge der Varianten bestimmt ist, ein aggregiertes Charakteristikum entsteht, das eine komplexe Bewertung der Varianten zuläßt. Aus dieser Definition folgt, daß die komplexe Bewertung von Varianten ein Problem der sogenannten komplizierten Entscheidungen ist, das heißt der Entscheidungen, die auf der Grundlage mehrerer Kriterien gefällt werden.

In der Literatur wird bereits eine ganze Reihe von Methoden zum Fällen komplizierter Entscheidungen angegeben. Die einzelnen Methoden unterscheiden sich in erster Linie nach der Art und Weise der Ausgangsinformation. Auf dieser Grundlage können die vorhandenen Methoden zur komplexen Bewertung der Varianten klassifiziert werden. Tabelle 2 enthält die wichtigsten Methoden, die in einzelnen Situationen angewandt werden können. Für die Aggregation der Charakteristika sollen lediglich einige elementare Methoden angeführt werden, die in bestimmtem Maße das Herangehen an das oben genannte Problem illustrieren.

Angenommen, die einzelnen Charakteristika sind in bezug auf ihre gesellschaftliche Relevanz nicht vergleichbar. In der Praxis tritt diese Situation sehr häufig ein. Als Ursache käme in Frage, daß eine Ordnung einzelner Charakteristika objektiv überhaupt nicht möglich ist. Es gibt aber auch Gründe auf seiten des Entscheidungsträgers. Diese können zu folgenden Gruppen zusammengefaßt werden:

- Der Entscheidungsträger ist außerstande, genau die Hierarchie der Charakteristika zu „begründen" (die Begründung ist nichtssagend, im Innern ist er nicht von der Richtigkeit der Reihenfolge überzeugt).
- Die momentan vorhandene Hierarchie bleibt offensichtlich nicht konstant, und der Entscheidungsträger ist nicht in der Lage, mögliche Änderungen in der Reihenfolge für die Zukunft vorauszusehen.
- Die Zahl der Charakteristika ist zu groß, was ihre Ordnung erschwert.
- Die betrachteten Charakteristika sind derart heterogen, daß sie für den Entscheidungsträger nicht vergleichbar sind (oder es fehlt die erforderliche empirische Erfahrung dazu) und andere.

Diese Ursachen häufen sich besonders stark beim Übergang von kurzfristigen zu langfristigen Entscheidungen, von unteren zu oberen Leitungsebenen, von Entscheidungen über Einzelmaßnahmen zu komplexen (grundlegenden) Vorhaben, von eng ökonomischen Entscheidungen über die Produktion zu Entscheidungen über umfangreiche sozialökonomische Probleme und andere. In all diesen Fällen, und das sind, wie die Praxis zeigt, viele, kann keine Reihenfolge der Charakteristika angegeben werden. Daraus folgt aber nicht, daß der Versuch einer komplexen Bewertung der Varianten vergeblich ist.

Diese Situationen werden in der Praxis auf die Weise gelöst, daß die nicht-

Tabelle 2
Einige Methoden der komplexen Bewertung

	Vergleich mit Basisvariante	Punktbewertungen	Sukzessive Permutation	Gewogene Rangfolgensumme	AGREP-REF	ELECTRA I	ELECTRA II	Substitutionsmaß
A. *Aufgabentypen*								
1. Wahl der optimalen Variante	×	×	×	×	×		×	×
2. Bestimmung der Menge der effektiven Varianten	×	×	×	×	×	×		×
3. Ordnung der Menge der Varianten	×	×	×	×	×		×	×
B. *Eigenschaften der Charakteristika*								
1. kardinal	×	×	×	×	×	×	×	×
2. ordinal		×	×	×	×	×	×	×
3. partiell				×	×	×	×	
4. gesamt	×	×	×	×	×	×	×	×
C. *Eigenschaften der Aggregation*								
1. eindeutig	×	×		×		×		×
2. vollständig	×	×	×	×				×
3. transitiv	×	×	×	×				×
4. kein „Diktat“ eines Charakteristikums	×	×	×	×	×	×	×	×
5. monoton	×	×			×	×	×	×
6. unabhängig von benachbarten Varianten								
7. Souveränität	×	×	×	×	×	×	×	×

vergleichbaren Charakteristika als gleichwertige behandelt werden. Anders ausgedrückt, erhalten alle Charakteristika implizit das gleiche „Gewicht“. Die Begründung dafür liegt im Wesen der Situation. Der Entscheidungsträger ist nicht in der Lage, das „Gewicht“ der einzelnen Charakteristika zu unterscheiden und muß sie deshalb als gleichwertige betrachten.

Jetzt sollen einige Aggregationsverfahren behandelt werden, wenn die Charakteristika ordinal beziehungsweise kardinal nicht miteinander vergleichbar sind. Das am weitesten verbreitete Verfahren im Falle ordinaler Charakteristika ist die sogenannte *Mehrheitsregel*. Formal lautet sie: Variante „x“ erhält den Vorrang vor Variante „y“, wenn $n_{xy} > \frac{n}{2}$. Hier gibt n_{xy} die Zahl der Charakteristika an, bei denen Variante „x“ Variante „y“ vorgezogen wird.

Die Mehrheitsregel hat den Nachteil, daß die aggregierte Ordnung der Varianten nicht in jedem Fall transitiv ist. Diese Möglichkeit entfällt bei der Aggregation nach der Punktbewertungsmethode. Bei dieser Methode werden die Varianten in bezug auf jedes einzelne Charakteristikum anhand vorher festgelegter Skalen nach Punkten bewertet. Die Gesamtbewertung einer Variante ist der Summe von Punkten gleich, und die Variante mit der maximalen Punktzahl gilt als beste. Bezeichnet $u_j(x_i)$ die Zahl der Punkte, die Variante i in bezug auf das Charakteristikum j erhält, dann lautet die aggregierende Präferenzfunktion:

$$u(x_i) = \sum_{j=1}^{n} u_j(x_i) \qquad i = 1, \ldots, m. \tag{1}$$

Diese Funktion ist transitiv. Außerdem erfüllt sie weitere Bedingungen, die an die Aggregation gestellt werden, zum Beispiel die Bedingung der Monotonie. Die aggregierende Funktion erfüllt nicht die Bedingung der Unabhängigkeit von benachbarten Varianten.

Ein Spezialfall der Punktbewertungsmethode ist die Rangfolgenbestimmung. Die Varianten werden lediglich in bezug auf die einzelnen Charakteristika „durchnumeriert“. Die Variante mit der größten Rangnummer wird am höchsten bewertet.

Die Charakteristika können *kardinal* nicht miteinander vergleichbar sein. Einige Autoren transformieren die kardinale Ausgangsinformation in eine ordinale Skala und bestimmen in bezug auf jedes Charakteristikum die Rangfolge der Varianten. Die beste Variante erhält in bezug auf jedes einzelne Charakteristikum (nach der gleichen Methode wie vordem) eine Nummer, die gleich der Anzahl der zu vergleichenden Varianten (m) ist, die zweitbeste die Nummer ($m-1$) usw.

Diese Ordnung ist ziemlich einfach. Sie hat aber den Nachteil, daß die kardinale Ausgangsinformation über die Charakteristika verlorengeht. Letztere ist sehr wichtig, da es zur Lösung einiger Probleme nicht ausreicht, die Varianten zu ordnen, sondern Antwort auf die Frage verlangt wird, inwieweit eine Variante effektiver als eine andere ist.

Dieses Problem ist auch auf andere Weise lösbar. Die primäre Information über die Varianten wird nicht in eine ordinale Skala übergeführt, sondern alle Varianten werden zunächst einer eigens dafür ausgewählten Standardvariante (Basisvariante) gegenübergestellt. Vergleicht man die Größen der Charakteristika aller Varianten mit der Größe der Charakteristika der Basisvariante, entsteht folgende Koeffizientenmatrix:

$$u_j(x_i) = z_{ij} = \frac{b_{ij}}{b_{i_0 j}}, \qquad (i \neq i_0). \tag{2}$$

Dabei bedeuten:
b_{ij} – die Größe des j-ten kardinalen Charakteristikums von Variante i,
i_0 – den Index der Basisvariante.

Der Koeffizient z_{ij} ist eine dimensionslose Zahl der Variante i in bezug auf das Charakteristikum j.

Die komplexe Bewertung der Varianten ergibt sich aus der Reihenfolge der Koeffizientensummen in den Zeilen. Das aggregierte Charakteristikum bleibt kardinal. Die Transitivitätsbedingung wird eingehalten. Die Bedingung der Unabhängigkeit von benachbarten Varianten wird jedoch verletzt.

Gesetzt nun den Fall, die Charakteristika der Varianten sind miteinander vergleichbar, das heißt, die Menge der Charakteristika kann durch die Menge der realen Zahlen ausgedrückt werden. In diesem Fall erhält jedes Charakteristikum ein entsprechendes „Gewicht" p_j, das den Bedingungen genügt:

$$0 \leqq p_j \leqq 1 \qquad (j = 1, 2 \ldots, n)$$

$$\sum_{j=1}^{n} p_j = 1. \tag{3}$$

Die einzelnen Gewichte drücken quantitativ die *relative Wichtigkeit* (*Bedeutung*) aus, die der Entscheidungsträger den entsprechenden Charakteristika beimißt.

Von prinzipieller Bedeutung ist die Bestimmung des Vektors der Gewichte. In der Praxis tritt häufig der Fall ein, daß der Entscheidungsträger einzelne Charakteristika nur qualitativ entsprechend ihrer Bedeutung einzuordnen vermag und auf dieser Grundlage die *Reihenfolge* der einzelnen Charakteristika zusammenstellt. Von dieser qualitativen Reihenfolge der Charakteristika kann zu einer quantitativen übergegangen werden, wenn sich auf der Grundlage der Reihenfolge der Charakteristika deren Gewicht bestimmen läßt.

Dieses Problem wird durch verschiedene Methoden der Expertenbefragung gelöst. Die bekanntesten sind: Rangfolgenbestimmungen, Benotungen, partielle paarweise Vergleiche, vollständige paarweise Vergleiche, sukzessive Vergleiche.

Anhand dieser Methoden bestimmen die Gruppen ausgewählter Spezialisten die Gewichtungskoeffizienten der einzelnen Charakteristika. Greift man auf kardinale Charakteristika zurück, so steht anstelle der Beziehung

$$u(x_i)=z_i=\sum_{j=1}^{n} z_{ij} \tag{4}$$

die Beziehung

$$u(x_i)=\sum_{j=1}^{n} z_{ij}p_j. \tag{5}$$

Auf diese Weise wird die *kardinale* Nichtvergleichbarkeit der Charakteristika zu einem Spezialfall der Situation, wenn die Reihenfolge der Charakteristika quantifiziert vorliegt. Ähnlich der gewichteten Summe der einzelnen *ordinalen* Charakteristika lautet die Aggregationsformel:

$$u(x_i)=\sum_{j=1}^{n} u_j(x_i)p_j. \tag{6}$$

Darüber hinaus gibt es einfache Verfahren zur Aggregation quasiordinaler Charakteristika (sukzessive Permutation, Sensibilitätsschwelle) vgl. Abbildung 2).

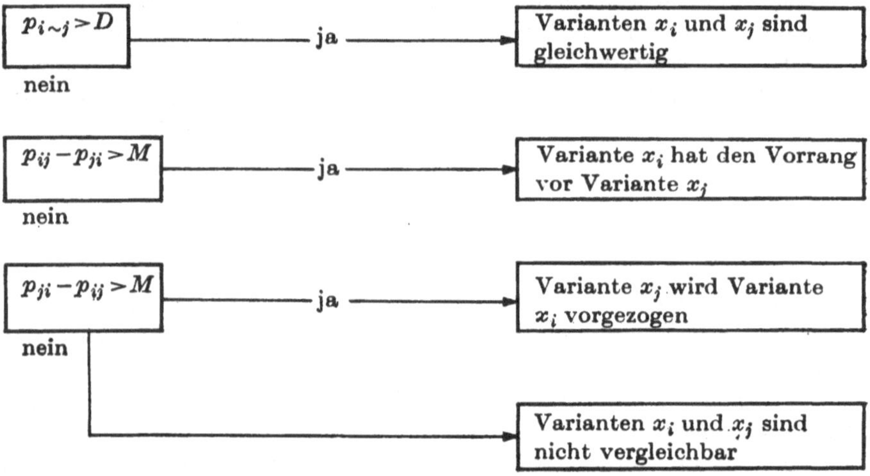

Abb. 2: Algorithmus der Aggregation anhand der Sensibilitätsschwellenanalyse

Die komplexe Bewertung der Varianten kann insgesamt nach folgenden methodologischen Hauptpunkten vonstatten gehen. Diese geben gleichzeitig die Reihenfolge der zu lösenden Probleme an:

1. Bestimmung der Gesamtheit aller möglichen Varianten, kurze und präzise Beschreibung nach einem einheitlichen Schema,

2. Festlegung der relevanten Eigenschaften der Varianten, ihrer Charakteristika,
3. Spezifizierung der Charakteristika:
   - Bestimmung, ob sie quantitativ meßbar (kardinal) oder ob sie qualitativer Natur sind,
   - Bestimmung der Maßeinheiten der kardinalen Charakteristika (Natural- beziehungsweise Werteinheiten),
   - Bestimmung des Verfahrens für die Darstellung der ordinalen Charakteristika (Rangfolge, Punktbewertungen),
   - Bestimmung des Vollständigkeitsgrades der Charakteristika,
4. Aufstellen einer Matrix der Präferenzfunktionen der Charakteristika für die Gesamtheit der Varianten,
5. Eliminierung eindeutig uneffektiver Varianten,
6. isolierte Bewertung der Varianten für jedes einzelne Charakteristikum,
7. Analyse der gesellschaftlichen Wichtigkeit der einzelnen Charakteristika auf der Grundlage der Haupt- und Nebenziele, die mit den Varianten angestrebt werden, sowie Entscheidung darüber, ob die Charakteristika geordnet werden können oder ob sie nicht vergleichbar sind,
8. Bestimmung der hierarchischen Struktur (Relevanzbaum) der vergleichbaren Charakteristika und der Methode zur Berechnung der Gewichte (Relevanzzahlen),
9. Auswahl des Aggregationsverfahrens der Charakteristika,
10. Analyse der Eigenschaften des aggregierten Charakteristikums,
11. Ordnung der Varianten auf der Grundlage des aggregierten Charakteristikums entsprechend ihrem Effektivitätsgrad.

Anmerkung: Dieses Herangehen trifft auf die Fälle zu, wenn das aggregierte Charakteristikum ordinal ist. Bleibt das aggregierte Charakteristikum kardinal, können die Varianten jede für sich anhand der Effekte und des gesellschaftlichen Aufwandes bewertet werden. In diesem Fall enthält die Matrix der einzelnen Charakteristika keine Bewertung des Aufwandes, der bei der Realisierung der einzelnen Varianten entsteht, sie enthält lediglich die Charakteristika der Effekte. Dadurch ändert sich auch die Interpretation des aggregierten Charakteristikums. Die Varianten können jede für sich auf der Grundlage der Effekte und der Beziehung der Effekte zu den Kosten (Effektivitätskoeffizient) bewertet werden. Anstelle von Operation 11 tritt folgende Modifizierung in Kraft:

- Ordnung der Varianten auf der Basis des aggregierten Charakteristikums. Sie bringt die Reihenfolge der Varianten in bezug auf den Komplex der gesellschaftlichen Effekte zum Ausdruck,

12. Ermittlung des reduzierten Aufwandes für jede Variante und Berechnung der Effektivitätskoeffizienten (Vergleich der Effekte mit dem Aufwand),
13. Bestimmung der Reihenfolge der Varianten nach der Größe des Effektivitätskoeffizienten.

Die dargelegte Modifizierung ist sinnvoll, da, wenn sie anwendbar ist, die Effektivität der Varianten[5] gründlicher analysiert werden kann. Das Verfahren der komplexen Bewertung, das mit Operation Nummer 11 abschließt, ist aber offensichtlich universeller, da es sowohl angewandt werden kann, wenn das aggregierte Charakteristikum ordinal als auch wenn es kardinal ist.

2.3. Anwendung komplexer Bewertungen der Effektivität des wissenschaftlich-technischen Fortschritts

Effektivität bezeichnet ein Verhältnis zwischen Einsatz und Ergebnis eines Prozesses. Der wissenschaftlich-technische Fortschritt ist effektiv, wenn seine Ergebnisse dem gesellschaftlichen Bedarf an Gütern und Leistungen entsprechen und mit minimalem Aufwand an lebendiger und vergegenständlichter Arbeit erzielt wurden. Beim heutigen Entwicklungsstand von sozialistischer Gesellschaft, Technik und Produktion greift der wissenschaftlich-technische Fortschritt nicht nur in den Prozeß der unmittelbaren Produktion ein, er erfaßt alle Phasen des gesellschaftlichen Reproduktionsprozesses. Seine Effektivität wird wesentlich von sozialen Ergebnissen mitbestimmt, wie dem Charakter der Arbeit, dem Verhältnis von Arbeitszeit und Freizeit, der Bedarfsgerechtheit der materiellen Produktion, der Entwicklung von Wohnungsbau, Kommunikation, Einzelhandel, der sozialen und gesundheitlichen Betreuung der Werktätigen, ihrer Bildung, der Umweltgestaltung. Die Bestimmung der Effektivität des wissenschaftlich-technischen Fortschritts erfordert eine ihr adäquate komplexe Bewertung, wenn sich nicht alle ihre Seiten direkt auf eine einzige, den Aufwand an lebendiger und vergegenständlichter Arbeit, reduzieren lassen.

Platz sozialer Ergebnisse des wissenschaftlich technischen Fortschritts bei der Bewertung seiner absoluten und relativen ökonomischen Effektivität

Grundproblem jeder Effektivitätsrechnung ist die Kommensurabilität von Aufwand und Ergebnis. Bei der Ermittlung der absoluten und relativen ökonomischen Effektivität des wissenschaftlich-technischen Fortschritts ist dieses Problem mehr oder weniger gelöst. Das trifft jedoch keineswegs auf die sozialen Ergebnisse des wissenschaftlich-technischen Fortschritts zu. Das Haupthindernis für die Lösung des Kommensurabilitätsproblems besteht in der Annahme, daß es kein einheitliches Maß gibt, anhand dessen Aufwand

[5] Hier wird angenommen, daß alle gesellschaftlichen Aufwendungen in Form des reduzierten Aufwands aggregiert werden können.

und Ergebnis gegeneinander abgewogen werden können. So werden die sozialen Ergebnisse des wissenschaftlich-technischen Fortschritts oftmals unabhängig von den ökonomischen bewertet, und diese Bewertung bleibt vom Standpunkt der Kennziffern der absoluten und relativen ökonomischen Effektivität ein modellexterner Vorgang. In Wirklichkeit besteht jedoch kein Grund, die sozialen Ergebnisse aus dem Kommensurabilitätsproblem von Aufwand und Ergebnis auszuklammern, nur weil die bekannten Kennziffern und Berechnungsmethoden der absoluten und relativen ökonomischen Effektivität von Investitionen und neuer Technik dieses Problem umgehen.

In der Tat stößt die Bewertung der sozialen Ergebnisse des wissenschaftlich-technischen Fortschritts im Rahmen der Bestimmung seiner absoluten und relativen ökonomischen Effektivität auf eine Reihe von Schwierigkeiten. Was die *absolute Effektivität* betrifft, so werden die sozialen Ergebnisse wertmäßig über ihren Einfluß auf das Nationaleinkommen oder den Gewinn ausgedrückt. Die Grenzen dieser Kennziffern können jedoch dadurch nicht überwunden werden. Da bei einem solchen Herangehen der Aufwand-Ergebnis-Vergleich in einen Aufwand-Aufwand-Vergleich transferiert wird, kann die Kennziffer der absoluten Effektivität zwar angeben, wo mit demselben Aufwand bei gegebener Höhe der Produktivkraft der Arbeit ein größerer und wo ein kleinerer Zuwachs an ökonomischen und sozialen Ergebnissen erzielt werden kann. Diese Kennziffer gibt jedoch keine Auskunft, welcher Zuwachs an welchen Gütern und Leistungen dem gesellschaftlichen Bedarf besser und welcher ihm weniger entspricht.

Im Rahmen der Bestimmung der *relativen Effektivität* wird zwar die Kenntnis der Bedarfsgerechtheit des Produktionszuwachses vorausgesetzt, dieses Verfahren ist aber genauso wenig geeignet, die Effektivität des wissenschaftlich-technischen Fortschritts komplex zu bewerten. Wenn überhaupt, dann finden soziale Ergebnisse keine vollwertige Berücksichtigung. Das wird anhand des Grundschemas der Optimierungsrechnung sichtbar.

Optimalitätskriterium bei der Bestimmung der relativen ökonomischen Effektivität ist die Minimierung des reduzierten Aufwands. Er wird unter der Voraussetzung (Nebenbedingung) minimiert, daß alle betrachteten technischen Varianten zu einem gleichgroßen Nutz- beziehungsweise Anwendungseffekt führen. In der Form des Variantenvergleichs lautet die Optimierungsaufgabe:

$$\max kz^0 - z^1, \tag{1}$$

$$k = q^1 : q^0. \tag{2}$$

Dabei bedeuten:

z^0, z^1 – reduzierter Aufwand zur Herstellung der Basis beziehungsweise Vergleichstechnik,

q^0, q^1 – technisch-ökonomisches Qualitäts- und Leistungsniveau der Basis- beziehungsweise Vergleichstechnik,
k – Proportionalitätskonstante.

Die Proportionalitätskonstante zeigt an, wieviel Exemplaren der Basisvariante die Vergleichsvariante vom Standpunkt der Identität des Nutz- beziehungsweise Anwendungseffekts gleichwertig ist. Zu ihrer Bestimmung werden in der Regel solche technisch-ökonomischen Parameter herangezogen, wie die Produktivität technischer Systeme, ihre Nutzungsdauer, die Störanfälligkeit und andere. Gesucht wird jene Variante neuer Technik zur Befriedigung eines vorgegebenen Bedarfsvolumens, bei der eine maximale Einsparung an lebendiger und vergegenständlichter Arbeit im Vergleich zur vorhandenen Technik eintritt.

Soziale Ergebnisse des wissenschaftlich-technischen Fortschritts können in das Optimalitätskriterium und in die Nebenbedingung einbezogen werden. Formell läßt sich zum Beispiel die Voraussetzung der Identität des Nutzeffekts auf soziale Parameter ausdehnen, auf solche, wie die Technisierungsstufe der Arbeit, den Charakter der Arbeit, die Arbeitsbedingungen (Lärmbelästigung, Arbeitstemperatur, Ästhetik). Die entsprechende Optimierungsaufgabe ist jedoch dann nicht mehr lösbar.

In der Tat lautet jetzt die Optimierungsaufgabe:

$$\max k_j z^0 - z^1 , \tag{3}$$

$$k_j = q_j^1 : q_j^0 . \tag{4}$$

Neben der Proportionalitätskonstanten für den Vergleich des technisch-ökonomischen Qualitäts- und Leistungsniveaus der technischen Varianten sind Proportionalitätskonstanten für den Vergleich ihrer sozialen Parameter zu ermitteln, wie der Technisierungsstufe der Arbeit, dem Inhalt der Arbeit, der Arbeitsbedingungen und andere. Dementsprechend gibt es eine ganze Menge von Proportionalitätskonstanten, deren Elemente jeweils eine Proportionalitätsbeziehung in technisch-ökonomischer oder sozialer Hinsicht zum Ausdruck bringen. Das wird durch den Index j bezeichnet.

Die Ausdehnung der Voraussetzung der Identität des Nutzeffekts auf soziale Parameter der Technik zieht entsprechend der inneren Logik des Verfahrens Konsequenzen auf der Seite des Optimalitätskriteriums nach sich. Seine Größe ist nicht mehr eindeutig bestimmt. Unter diesen Umständen ist nur in einem einzigen Fall entscheidbar, welche Variante am effektivsten ist, nämlich, wenn alle Proportionalitätskonstanten gleich sind:

$$k_1 = k_2 = \ldots = k_n . \tag{5}$$

Neben diesem formellen Grund ist ein solches Herangehen inhaltlich nicht gerechtfertigt. Im Gegensatz zum technisch-ökonomischen Qualitäts- und Leistungsniveau der Technik kann im Hinblick auf ihre sozialen Parameter nicht unbedingt von einer ähnlichen Proportionalitätsbeziehung zwischen Aufwand und Ergebnis ausgegangen werden, wie das in (1) und (3) zum Ausdruck kommt.

Im einzelnen heißt das, wenn ein neues Maschinensystem die doppelte Produktivität gegenüber dem angewandten System hat, so ist es unter sonst gleichen Bedingungen vom Standpunkt der Identität des Nutzeffekts zwei Exemplaren des alten Maschinensystems gleichwertig. Da es im Falle der Überführung in die Produktion die doppelte Anzahl alter Systeme ersetzt, hat die Verwendung einer entsprechenden Proportionalitätskonstante beim Aufwandsvergleich eine reale Basis. Anders ist es in bezug auf soziale Parameter. Angenommen, die Verdoppelung der Produktivität sei durch die Steigerung der Arbeitsgeschwindigkeit der Maschinen erreicht, womit sich auch die Lärmbelästigung erhöht hat. Das neue Maschinensystem sei vom Standpunkt dieser Auswirkung anderthalb alten Systemen gleichwertig. Selbst im Falle einer Lärmverringerung ist damit keineswegs schon gesagt, daß dies einer realen proportionalen Einsparung an reduziertem Aufwand gleichzusetzen ist. Die Erweiterung der Voraussetzung der Identität des Nutzeffekts auf soziale Parameter ist demnach kein gangbarer Weg, die Effektivität des wissenschaftlich-technischen Fortschritts im Rahmen der Bestimmung seiner relativen Effektivität komplex zu bewerten.

Anstelle der Identität sozialer Ergebnisse kann eine andere Voraussetzung, und zwar das Einhalten sozialer Normen, in Ansatz gebracht werden. In diesem Falle besteht die entsprechende Optimierungsaufgabe aus einer Vielzahl von Nebenbedingungen:

$$\max\ kz^0 - z^1, \tag{6}$$

$$k = q^1 : q^0, \tag{7}$$

$$q_j^* \leqq q_j^1 \leqq q_j^{**}. \tag{8}$$

Dabei bedeuten:

q – technisch-ökonomisches Qualitäts- und Leistungsniveau der Technik,

q_j – soziale Parameter, die einen Höchstwert (q_j^{++}) nicht überschreiten beziehungsweise einen Mindestwert (q_j^{+}) nicht unterschreiten dürfen.

Alle technischen Varianten, bei denen mindestens ein sozialer Parameter nicht in den Zulässigkeitsbereich der sozialen Normen fällt, gelten als nicht effektiv, und jene Varianten, bei denen alle sozialen Parameter in den Zulässigkeitsbereich fallen, erhalten vom Standpunkt dieser Ergebnisse eine gleichgroße Bewertung. Diese Voraussetzung kann jedoch dazu führen, daß nicht die beste, sondern eine mittelmäßige Variante als effektivste erscheint.

Die Verdoppelung der Produktivität eines neuen Maschinensystems sei zum Beispiel mit einer Steigerung der Lärmbelästigung verbunden. Damit der Lärmpegel die zulässige Grenze nicht überschreitet, stehen aktive und passive Maßnahmen der Lärmbekämpfung zur Auswahl. In allen Fällen werde der

Norm entsprochen. Durch die aktive Maßnahme wird der durch das Maschinensystem verursachte Lärm auf ein Niveau herabgesetzt, das mit Geräuscharmut bezeichnet werden kann. Durch die passive Maßnahme wird die zulässige Lärmgrenze gerade erreicht. Die Durchführung aktiver Maßnahmen der Lärmbekämpfung erfordert aber in der Regel bedeutend mehr Aufwand. Nach dem Optimalitätskriterium gilt dann die passive Maßnahme, obwohl sie zu einer höheren Lärmbelästigung als die aktive Maßnahme führt, als die effektivere. Somit wird jede Größe des Optimalitätskriteriums höher bewertet als ein beliebiges soziales Ergebnis, das gleich oder besser als die Norm ist. Die sozialen Ergebnisse werden gegenüber den ökonomischen unterbewertet.

Gegen eine Effektivitätsrechnung nur auf der Basis sozialer Normen sprechen weitere Überlegungen: *Erstens* lassen sich solche Normen nicht für jedes soziale Ergebnis der Produktion bestimmen. *Zweitens* sind Normen über ihre sozialtechnische Bedeutung hinaus sozialökonomische und damit variable Größen. Als solche sind sie einerseits bei gegebener Nationaleinkommensgröße durch den maximal zulässigen Aufwand an gesellschaftlicher Arbeit zur Erzielung positiver sozialer Ergebnisse und zur Minderung schädlicher Auswirkungen des wissenschaftlich-technischen Fortschritts bestimmt. Andererseits geben sie keine Auskunft, was die Gesellschaft die Verbesserung einer sozialen Norm kostet und in welcher Reihenfolge sowie in welchem Grade die Normen beim weiteren Wachstum des Nationaleinkommens geändert werden sollen.

Endlich können soziale Ergebnisse des wissenschaftlich-technischen Fortschritts in das Optimalitätskriterium einbezogen werden. Ein solches Herangehen ist nur möglich, wenn sich der soziale Nutzeffekt wertmäßig ausdrücken läßt:

$$\max\,(kz^0 - z^1) + s^1, \tag{9}$$

$$k = q^1 : q^0. \tag{10}$$

Mit s^1 wird hier der wertmäßige Ausdruck für den sozialen Nutzeffekt der Vergleichstechnik bezeichnet. Beim vorstehend betrachteten Beispiel der aktiven und passiven Lärmbekämpfung kann die jeweils erreichte Lärmstufe anhand der Auswirkungen auf den Krankenstand und den damit verbundenen Arbeitszeitausfall wertmäßig ausgedrückt werden. Die Schwierigkeit besteht im Auffinden geeigneter Wertausdrücke für die sozialen Ergebnisparameter. Außerdem muß ein exakt nachweisbarer und proportionaler Zusammenhang zwischen Aufwand und Nutzeffekt gegeben sein.

Hier wurden nur Fälle untersucht, in denen ökonomische und soziale Ergebnisse gleichzeitig auftraten. Eine komplexe Bewertung der sozialen und der ökonomischen Effektivität neuer Konsumgüter oder wissenschaftlich-technischer Ergebnisse, deren Wirksamkeit außerhalb der materiellen Produktion liegt, ist anhand der Methoden und Kennziffern der relativen Effektivität nicht möglich.

Mehrdimensionale Bewertung der sozialen und ökonomischen Effektivität des wissenschaftlich-technischen Fortschritts

Die Bestimmung der Effektivität des wissenschaftlich-technischen Fortschritts im Einklang mit seinem komplexen Charakter ist eine Mehrkriterienaufgabe. Der wissenschaftlich-technische Fortschritt verursacht auf der einen Seite einen bestimmten gesellschaftlichen Aufwand, auf der anderen Seite führt er zu einer Reihe verschiedenartiger Ergebnisse, die untereinander und mit den Aufwendungen verglichen werden müssen. Die dafür erforderliche Kommensurabilität zwischen den Ergebnissen und dem Aufwand an lebendiger und vergegenständlichter Arbeit scheint jedoch auf den ersten Blick nicht gegeben zu sein. Den Kriterien für die komplexe Bewertung der Effektivität des wissenschaftlich-technischen Fortschritts kann man folgende Kennzifferngruppen zugrunde legen:

Gruppe 1: Produktionskennziffern

Selbstkosten, Preis, Gewinn, Rückflußdauer der einmaligen Aufwendungen. Arbeitsproduktivität, Aufwand an Arbeitszeit, Zahl der Arbeitskräfte und Arbeitsplätze, Grundfondsquote, Material- und Energieintensität,
Zeitpunkt der Verfügbarkeit des Erzeugnisses beziehungsweise Verfahrens, ihre Nutzungsdauer,
Anwendungsbreite des Erzeugnisses beziehungsweise Verfahrens.

Gruppe 2: Qualitäts- und Leistungsparameter

Spezifische Leistung (Drehzahl, Arbeitsgeschwindigkeit, Materialausnutzung und andere),
Zuverlässigkeit und Langlebigkeit (Fehlerfreiheit, Reparaturfähigkeit, Lager- und Transportfähigkeit, Gebrauchsdauer).

Gruppe 3: Landeskultur und Umweltschutz

Wasser- und Luftverschmutzungsgrad, Niveau der Lärmbelästigung, Anfall von Abprodukten, Landschaftsbild und Erholungsmöglichkeiten.

Gruppe 4: Arbeitsbedingungen

Anteil von körperlich schwerer Arbeit und von Monotonie, Mechanisierungs- und Automatisierungsgrad, Schichtkoeffizient, Arbeitshygiene (Lärmpegel, Staubgehalt der Luft, Strahlungsintensität), Arbeitsschutz.

Gruppe 5: Lebensbedingungen

Bedarfsgerechte Bereitstellung materieller Güter und Dienstleistungen, gesundheitliche Betreuung, Berufsverkehr, Wohnverhältnisse, Kindergarten- und Krippenplätze, Kultur-, Bildungs- und Qualifikationsniveau.

Gruppe 6: Politische Erfordernisse

Verteidigungsbereitschaft, sozialistische wissenschaftlich-technische und ökonomische Integration, Außenpolitik, Außenwirtschaftsbeziehungen, Wissenschaftspolitik.

Obwohl natürlich in jedem konkreten Fall, entsprechend der Spezifik des wissenschaftlich-technischen Fortschritts, nur ein Teil dieser Kennziffern gleichzeitig zu bewerten ist, muß bei der Bewertung der Effektivität des wissenschaftlich-technischen Fortschritts eine Reihe von Problemen gelöst werden.

Erstens sind die genannten Kennziffern nicht unmittelbar vergleichbar, da sie verschiedene Seiten der Produktion und Anwendung von Errungenschaften des wissenschaftlich-technischen Fortschritts charakterisieren und in unterschiedlichen Naturaleinheiten gemessen werden. In einigen Fällen, zum Beispiel bei der Gruppe 6 und zum Teil bei den Gruppen 3, 4 und 5 kann gar nicht von einer Messung gesprochen werden. Hier herrschen verbale Beschreibungen vor.

Zweitens existieren gegenläufige Abhängigkeiten zwischen einigen Kennziffern. So läßt sich bei gegebenem Aufwand der Zeitpunkt der Verfügbarkeit über eine wissenschaftlich-technische Neuheit vorverlegen, wenn dafür Qualitätsminderungen in Kauf genommen werden.

Drittens kann im allgemeinen Fall nicht davon ausgegangen werden, daß der Zusammenhang zwischen Aufwand und Ergebnis einseitig gerichtet ist. Kann mit gegebenem Aufwand ein allseitig besseres Ergebnis oder ein gefordertes Ergebnis mit weniger Aufwand erreicht werden, entstehen der Effektivitätsbestimmung kaum Probleme. Die Lösung wäre trivial. Nicht mehr trivial ist das Problem bereits, wenn eine Aufwandserhöhung oder -senkung eine gleichmäßige Verbesserung beziehungsweise Verschlechterung der Ergebniskennziffern bedeutet. Zu einem Problem wird die Effektivitätsbestimmung, wenn sich Aufwandsänderungen bei einigen Ergebniskennziffern verbessernd, bei anderen verschlechternd auswirken. Das ist zum Beispiel der Fall bei der Verbesserung der Umweltqualität, die auf Grund der erforderlichen zusätzlichen Aufwendungen das unmittelbare ökonomische Ergebnis der Arbeit verschlechtert.

An solche Situationen, wo die Effektivitätsbestimmung eine Vielzahl von unmittelbar nicht vergleichbaren Komponenten in Rechnung stellen muß und sich die einzelnen Komponenten widersprüchlich zueinander verhalten, knüpft die mehrdimensionale Bewertung der Effektivität des wissenschaftlich-technischen Fortschritts an. Das Herangehen wird als mehrdimensionale Bewertung bezeichnet, weil die Effektivität des wissenschaftlich-technischen Fortschritts anhand einer Vielzahl relevanter Kennziffern beziehungsweise Kriterien beurteilt wird. Gleichzeitig ist die mehrdimensionale Bewertung ein mehrstufiger Prozeß. Er beginnt mit der Herstellung der wertmäßigen Kommensurabilität von Aufwand und Ergebnis und schließt mit der Einschätzung der gesellschaftlichen Bedeutung von Aufwands- und Ergebniskennziffern.

Vor mehr als 100 Jahren schrieb Karl Marx: „Time of labour, auch wenn der Tauschwert aufgehoben,bleibt immer die schaffende Substanz des Reichtums und das Maß der Kost, die seine Produktion erheischt.“[1] Angesichts des erreichten Vergesellschaftungsgrades von Arbeit und Produktion kann sich die Berechnung der Produktionskosten nicht nur auf die Zweige beschränken, in denen die Aufwendungen unmittelbar erfolgen. Durch das Wachstum der Produktion in einem Zweig kann die Produktion in einem anderen Zweig zurückgehen. In einem solchen Fall müssen genauere Messungen über das tatsächliche Wachstum stattfinden. Außerdem wirkt das Wachstum der Bereiche außerhalb der materiellen Produktion indirekt auf das Wachstum der materiellen Produktion. Das Bildungswesen erhöht die wert- und gebrauchswertschaffende Potenz der Produzenten. Ein gut funktionierendes Gesundheitswesen und eine saubere Umwelt mindern die Zahl der Produktionsausfälle durch Krankheit, steigern Lebensfreude und Leistungswillen der Werktätigen. Eine zügige Bedienung durch den Handel, ein schneller Fluß des Personenverkehrs erhöhen die Freizeit und verbessern so die Reproduktionsbedingungen der Arbeitskraft.

Bei der Bewertung der Effektivität des wissenschaftlich-technischen Fortschritts genügt es deshalb nicht, nur die unmittelbaren Aufwendungen und Ergebnisse miteinander zu vergleichen. In diesen Vergleich sind die Auswirkungen auf den Aufwand und die Ergebnisse anderer Bereiche einzubeziehen. Die entsprechende Bewertung nennen wir Geldbewertung, wenn die Kommensurabilität von Aufwand und Ergebnis auf wertmäßiger Grundlage hergestellt ist. Ansatzpunkte für die Geldbewertung von ökonomischen und sozialen Ergebnissen des wissenschaftlich-technischen Fortschritts sind:

Produktionsmittelherstellung: Bestimmung der relativen volkswirtschaftlichen Effektivität der neuen Technik.

Materielle Dienste: Zeit- und laufende Kostenersparnisse bei Auswirkungen auf Kommunikationswege, Handel und Versorgung. Ersparnisse an produktiver Zeit werden als Gewinn zusätzlicher Arbeitszeit betrachtet und anhand der erreichten Produktivität in der Arbeitszeit bewertet.

Transportleistungen: Einsparung an Treibstoffen, Vermeidung von Unfallkosten, Gewinn zusätzlicher Arbeitszeit durch zügigere Verkehrsgestaltung. Die Bewertung des Arbeitszeitgewinns erfolgt wie bei den materiellen Diensten.

Gesundheitswesen: Berechnung des ökonomischen Schadens, der der Volkswirtschaft bei mangelnder gesundheitlicher Betreuung durch Zunahme der Krankheitsfälle entsteht. Wertmäßige Ausdrücke sind Heil- und Sozialkosten

[1] Karl Marx, Theorien über den Mehrwert, in: MEW, Bd. 26.3, Berlin 1968, S. 253.

sowie Produktivitätskennziffern, wenn die Zahl der Erkrankungen, deren Dauer und deren Ausgang beeinflußt werden.

Arbeitsbedingungen: Hier sind Art und Richtung der Veränderung zugrunde zu legen. Setzt zum Beispiel die Reduzierung schwerer körperlicher Arbeit schöpferische Potenzen der Werktätigen frei, so ist eine näherungsweise Bewertung anhand des ökonomischen Nutzens aus Neuerervorschlägen möglich.

Umwelt: Wird der Zustand der Umwelt verbessert, erfolgt die Bewertung über die erwarteten positiven ökonomischen Auswirkungen (Preis regenerierter Rohstoffe, Verlängerung der Funktionsdauer von materiellen Fonds, Verringerung des Krankheitstandes, Ertragssteigerungen in der Land-, Forst- und Fischwirtschaft). Ergebnisse, von denen auf irgendeine Art schädliche Auswirkungen auf die Umwelt ausgehen, sind mit einem negativen Geldbetrag zu bewerten.

Freizeit: Es kann bestimmt werden, welchen „Preis" die Gesellschaft unter gegebenen Umständen bereit ist, für die Verlängerung der Freizeit zu zahlen.

Die Umrechnung der unterschiedlichen Ergebnisse in wertmäßige Ausdrücke gestattet, Aufwand und Ergebnis nach einem einheitlichen Kriterium zu vergleichen. In Abhängigkeit von der angewandten Formel zur Bestimmung der Effektivität unterscheidet man dabei die sogenannte Differenzen- und die Verhältnismethode.

Es seien:

A_i – einmaliger Aufwand bei der Realisierung der i-ten Entwicklungsrichtung des wissenschaftlich-technischen Fortschritts,

E_i – Effektivitätskoeffizient bei der Durchführung der Entwicklungsrichtung i,

e_i – interne Effektivitätsrate der Entwicklungsrichtung i,

r – Rate des Zeitdiskonts,

S_i – ökonomischer Gesamtnutzen der Entwicklungsrichtung i,

s_i – in Geldeinheiten ausgedrückter laufender ökonomischer Nutzen der Entwicklungsrichtung i (Differenz zwischen laufendem Erlös und laufendem Aufwand),

T_i – Laufzeit der Entwicklungsrichtung i,

t – Index der laufenden Jahre.

Sollen die Varianten gemäß der *Differenzenmethode* bewertet werden, gilt:

$$\max S_i,$$

$$S_i = \sum_{t=1}^{T_i} s_{it}\,(1+r)^{1-t} - A_i, \tag{11}$$

$$S_i > 0.$$

Geht man nach der *Verhältnismethode* vor, lautet die Regel:

$$\max E_i,$$

$$E_i = \frac{\sum_{t=1}^{T_i} s_{it} (1+r)^{1-t}}{A_i}, \qquad (12)$$

$E_i > 1$.

Neben dieser Form bietet sich für die formelmäßige Realisierung der Verhältnismethode die Bestimmung der internen Effektivitätsrate an. Letztere ist jener Ertragsrate gleich, bei der sich Aufwand und ökonomischer Nutzen, ausgedrückt in Wertgrößen, ausgleichen.
Folgende Gleichung ist nach e zu lösen:

$$\sum_{t=1}^{T_i} s_{it} (1+e)^{1-t} - A_i = 0. \qquad (13)$$

Dieser Ausdruck ist eine algebraische Gleichung vom Grade T_i, die bekanntlich T_i Wurzeln und damit auch T_i interne Effektivitätsraten hat. Damit im Zusammenhang taucht die Frage auf, durch welchen Wert e die tatsächliche Effektivität einer Variante angezeigt wird. Es läßt sich nachweisen, daß es, wenn alle s_{it} positiv sind, unter allen Wurzeln der Gleichung nur einen einzigen reellen Wert gibt, der dann für das gesuchte e_i in Frage kommt.

Die Unterscheidung der Formeln nach der Differenzenmethode und der Verhältnismethode ist insofern von Belang, als die Anwendung unterschiedlicher Formeln auf den gleichen Sachverhalt nicht notwendigerweise zu denselben Effektivitätsaussagen führen muß. Die Methode der Effektivitätsbestimmung muß in jedem Falle vorgegeben werden. Diese Vorgabe richtet sich jeweils danach, ob der absolute Betrag der Effektivitätssteigerung oder seine Relation zum Aufwand wichtiger ist.

Nutzensbewertungen

Die methodologische Grundlage für das gesuchte Kommensurabilitätsmaß liefern Gedanken von Karl Marx und Friedrich Engels bezüglich der Planung in der kommunistischen Gesellschaftsformation. Die sozialistischen Produktionsverhältnisse stellen gegenüber den kapitalistischen eine neue Qualität dar. Diese neue Qualität erscheint auch in den Beziehungen der sozialistischen Gesellschaft zu Produktion und Konsumtion. Karl Marx schrieb: „Nur wo die Produktion unter wirklicher vorherbestimmender Kontrolle der Gesellschaft steht, schafft die Gesellschaft den Zusammenhang zwischen dem Umfang der gesellschaftlichen Arbeitszeit, verwandt auf die Produktion bestimmter Artikel, und dem Umfang des durch diese Artikel zu befriedigenden gesellschaftlichen Bedürfnisses."[2] Friedrich Engels führt

[2] Karl Marx, Das Kapital, Bd. 3, in: MEW, Bd. 25, Berlin 1964, S. 197.

diesen Gedanken weiter, wenn er schlußfolgert: „Die Nutzeffekte der verschiednen Gebrauchsgegenstände, abgewogen untereinander und gegenüber den zu ihrer Herstellung nötigen Arbeitsmengen, werden den Plan schließlich bestimmen.“ [3] Und in einer Anmerkung hierzu fährt Friedrich Engels fort, daß „obige Abwägung von Nutzeffekt und Arbeitsaufwand bei der Entscheidung über die Produktion alles ist, was in einer kommunistischen Gesellschaft vom Wertbegriff der politischen Ökonomie übrigbleibt . . . Die wissenschaftliche Begründung dieses Satzes ist . . . erst durch Marx' ‚Kapital‘ möglich geworden“[4].

Dieses Abwägen von Nutzeffekten und Arbeitsmengen wird auf gesellschaftlicher Ebene vollzogen. Es ist ein sozialer Vorgang, in dem eine von Ausbeutung freie Gesellschaft den Zusammenhang zwischen der Art und dem Umfang der Produktion und der Art und dem Umfang der durch sie zu befriedigenden Bedürfnisse unmittelbar herstellt und durch den sie letztlich zur größtmöglichen Annäherung an die Bestimmung des gesellschaftlich notwendigen Arbeitsaufwandes gelangt.

Bezogen auf die Produktion materieller Güter beinhaltet dieser Prozeß die Bestimmung des Gebrauchswertes auf gesellschaftlicher Potenz, das heißt die Bestimmung von Qualität und Quantität eines Erzeugnisses in Übereinstimmung mit dem Umfang des Bedürfnisses und der verwendbaren Ressourcen. Maß des Vergleichs von Nutzeffekten untereinander und gegenüber dem Arbeitsaufwand ist aber, wenn diesem Vergleich der Beitrag zur Befriedigung gesellschaftlicher Bedürfnisse zugrunde liegt, ihr gesellschaftlicher Nutzen. Der gesellschaftliche Nutzen ist ein mögliches einheitliches Maß, anhand dessen die Kommensurabilität qualitativ unterschiedlicher Ergebnisse des wissenschaftlich-technischen Fortschritts hergestellt werden kann.

Präferenzenaggregation

Hier werden Grundzüge eines Verfahrens zur komplexen Bewertung der Effektivität des wissenschaftlich-technischen Fortschritts dargestellt, bei dem keine exakten Messungen durchführbar sind. Es wird lediglich vorausgesetzt, daß die Effektivität der Richtungen des wissenschaftlich-technischen Fortschritts komparativ bestimmt werden kann. Darüber hinaus läßt sich die Effektivität solcher Entwicklungsrichtungen, wenn die Ergebnisse verbal beschrieben sind, eher als Rangfolge denn als Meßgröße bestimmen. Der gesellschaftliche Nutzen nimmt somit die Form einer komparativen Bewertung an.

Jedes soziale Ergebnis des wissenschaftlich-technischen Fortschritts trägt auf seine Art zur Realisierung des Ziels der sozialistischen Gesellschaft bei, zur Befriedigung der materiellen und geistig-kulturellen Bedürfnisse der Werk-

[3] Friedrich Engels, Herrn Eugen Dührings Umwälzung der Wissenschaft (Anti-Dühring), in: MEW, Bd. 20, Berlin 1962, S. 288—289.

[4] Ebenda.

tätigen, der allseitigen Entwicklung ihrer sozialen, geistigen und künstlerischen Anlagen und Fähigkeiten. Dieses Gesamtziel besteht aus einer Reihe von sich gegenseitig bedingenden Teilzielen. Versuche, diese Teilziele zu benennen, sind aus Arbeiten auf dem Gebiet der Ziel-Programm-Planung bekannt geworden. Die oben dargestellten Kennzifferngruppen 1 und 2 lassen sich zum Beispiel unter dem Ziel Maximierung des ökonomischen Nutzens zusammenfassen. Demgegenüber besteht das Ziel der Gruppen 3 bis 5 in der Verbesserung der Arbeits- und Lebensbedingungen. Sicherung günstiger äußerer Bedingungen für den gemeinsamen Aufbau des Sozialismus und Kommunismus in den sozialistischen Ländern könnte das Ziel von Gruppe 6 lauten.

Jedes dieser Ziele hat ein bestimmtes Meßsystem. Vorausgesetzt, für die gegebenen Richtungen des wissenschaftlich-technischen Fortschritts v_i sind die entsprechenden Ziele in Form von Zielkriterien z_j bekannt. Gleichfalls werden die erwarteten Ergebnisse der Entwicklungsrichtungen als bekannt angenommen. Dann kann eine Zielertragsmatrix (vgl. Tabelle 1) zusammengestellt werden, deren Zeilen die Richtungen der Entwicklung und deren Spalten die Zielkriterien enthalten.

Tabelle 1
Zielertragsmatrix

Entwicklungs-richtungen	Kriterien z_1	z_2		z_j		z_n
v_1	z_{11}	z_{12}	...	z_{1j}	...	z_{1n}
v_2	z_{21}	z_{22}	...	z_{2j}	...	z_{2n}
..	.....	.....	.....	.....	.....	.....
v_i	z_{i1}	z_{i2}	...	z_{ij}	....	z_{in}
..	.....	.....	.....	.....	.....	.....
v_m	z_{m1}	z_{m2}	...	z_{mj}	...	z_{mn}

Die Elemente dieser Matrix z_{ij} geben in Form von Zahlen, Relationen und Beschreibungen die Ergebnisse der wissenschaftlich-technischen Entwicklungsrichtungen in bezug auf das entsprechende Kriterium an. Die m Entwicklungsrichtungen v_i müssen hinsichtlich der n Zielkriterien z_j bewertet werden. Das erfordert die gleichzeitige Beurteilung von mn Daten. Da eine solche Aufgabe die Urteilskraft eines Menschen in der Regel übersteigt, wird die Bewertung sämtlicher mn Zielerträge aufgespaltet. Man geht die Zielkriterien nacheinander durch und bewertet zunächst alle Entwicklungsrichtungen für jedes Kriterium getrennt. Angenommen, durch paarweise Vergleiche lassen sich die Entwicklungsrichtungen in bezug auf jedes Kriterium ordinal (komparativ) bewerten, dann entstehen n partielle Rangordnungen der m Entwicklungsrichtungen. Jede dieser Rangordnungen gibt die Effektivität der Entwicklungsrichtungen in bezug auf ein Zielkriterium an. Aus der

Zielertragsmatrix (vgl. Tabelle 1) ist so eine Präferenzmatrix (vgl. Tabelle 2) geworden. Werden die Rangplätze durch die natürliche Zahlenfolge ausgedrückt, dann hat die Präferenzmatrix bei drei Entwicklungsrichtungen und drei Zielkriterien zum Beispiel folgendes Aussehen:

Tabelle 2

Präferenzmatrix

Entwicklungs-richtungen	Kriterien	z_1	z_2	z_3
v_1		3	1	2
v_2		2	2	3
v_3		1	3	1

Die Zerlegung der komplexen Bewertungsaufgabe in mehrere Teilbewertungen macht es erforderlich, die Ergebnisse der Teilbewertungen zu einer alle Zielkriterien gleichzeitig berücksichtigenden Rangordnung der Entwicklungsrichtungen zusammenzuführen. Die einfachste Regel dafür ist die sogenannte Mehrheitsregel. Für jedes mögliche Paar von Entwicklungsrichtungen (v_i, v_k) werden alle partiellen Rangordnungen durchgegangen und dabei wird geprüft, wie oft v_i einen besseren und wie oft v_i einen schlechteren Rangplatz als v_k eingenommen hat. Überwiegt die Zahl der besseren (schlechteren) Rangplätze, dann ist $v_i(v_k)$ in bezug auf alle Zielkriterien effektiver und rangiert in der endgültigen zusammenfassenden Rangordnung vor $v_k(v_i)$. Beim Ausgleich der besseren und schlechteren Rangplätze sind v_i und v_k gleich effektiv. Diese Operationen anhand von Tabelle 2 durchgeführt, ergeben, daß v_3 effektiver als v_1 und v_1 effektiver als v_2 ist.

Der Vorzug der mehrdimensionalen Bewertung der Effektivität des wissenschaftlich-technischen Fortschritts besteht darin, daß im Gegensatz zu den eindimensionalen Bewertungsverfahren alle sozialen Ergebnisse des wissenschaftlich-technischen Fortschritts in die Bestimmung seiner Effektivität eingehen können. Dabei wurde davon ausgegangen, daß die gesellschaftlichen Ziele, denen die Ergebnisse entsprechen, alle von gleichgroßer Bedeutung sind. In Wirklichkeit muß das nicht so sein. Sind aber die Gewichte der Ziele bekannt, so genügt eine geringfügige Veränderung am Algorithmus des Verfahrens, um dem Rechnung zu tragen.

2.4. Volkswirtschaftlicher Effekt der neuen Technik

Damit die Kategorie der sozialökonomischen Effektivität als Leitungsinstrument des wissenschaftlich-technischen Fortschritts genutzt werden kann, muß sie nicht nur qualitativ bestimmt, sondern auch quantitativ bewertet werden, muß sie gemessen werden. Dabei handelt es sich um eine ökonomische Bewertung, die mit Hilfe der Wertkennziffern vorzunehmen ist, die im sozialistischen Wirtschaftssystem und in der Etappe des entwickelten Sozialismus allgemein gültig sind. Hieraus ergibt sich die Berechtigung, die Bewertung des ökonomischen und des sozialen Effekts des wissenschaftlich-technischen Fortschritts gesondert zu untersuchen. Der Kern des Bewertungsproblems der ökonomischen Effektivität der neuen Technik liegt darin, ein objektives Bewertungskriterium zu finden und Methoden zu entwickeln, um dieses Kriterium mit den Aufwendungen zu vergleichen, die die Schaffung, Herstellung und den Einsatz neuer Technik erfordern. Aus dem Wesen der Kategorie sozialökonomische Effektivität des wissenschaftlich-technischen Fortschritts geht hervor, daß das Problem der quantitativen Bewertung der ökonomischen Effektivität der neuen Technik im Grunde genommen mit dem Problem identisch ist, partielle ökonomische Restriktionen für die Anwendung der neuen Technik unter den Bedingungen des entwickelten Sozialismus aufzudecken.

Es gab in der Geschichte der sowjetischen Wirtschaftswissenschaften eine Zeit, die zwanziger und dreißiger Jahre, als verschiedene Ökonomen die Berechtigung dieser Problemstellung generell verneinten. Sie waren der Meinung, daß die Einführung neuer Technik im Sozialismus auf keinerlei Einschränkungen stoßen könne, da die neue Technik die menschliche Arbeit erleichtert. Einem derartigen Standpunkt lag die irrtümliche Meinung zugrunde, der technische Fortschritt habe im Sozialismus im Gegensatz zum Kapitalismus lediglich die Aufgabe, die Arbeit des Menschen zu erleichtern, ungeachtet dessen, welche Mittel zur Nutzung seiner Errungenschaften erforderlich sind und über welche Möglichkeiten die Gesellschaft zur Bereitstellung dieser Mittel verfügt. In jener Zeit war die Volkswirtschaft der UdSSR noch wenig mechanisiert, die Industrialisierung des Landes hatte gerade erst begonnen und selbst die Einführung der einfachsten Maschinen führte zu spürbaren und schnellen ökonomischen Ergebnissen. Andererseits waren die Aufwendungen zur Schaffung und Einführung von Technik auf einem solchen Niveau relativ unbedeutend. Die Situation änderte sich grundlegend in der Nachkriegszeit und besonders in den sechziger und siebziger Jahren. Gegenwärtig kann bei dem hohen Ausstattungsgrad der Produktion mit Mechanisierungs- und Automatisierungsmitteln nicht jede technische Neuheit einen ökonomischen Effekt bringen. Dazu ist die Einführung technischer Systeme erforderlich, die ein höheres Niveau aufweisen als die bisher vorhandenen. Gleichzeitig sind mit zunehmender Kompliziertheit der Technik die Aufwendungen der Gesellschaft zur Schaffung einer immer produktiveren Technik außerordentlich stark gestiegen. Deshalb wurde das Problem des Verhältnisses zwischen Aufwand und Ergebnis bei der Verwirklichung der technischen Politik so aktuell. Daher ist die Auffassung nicht mehr haltbar, daß es keine partiellen Restriktionen für die Anwendung der neuen Technik im Sozialismus gäbe. Der Sozialismus verkörpert von seinem Wesen her die höchste Stufe der Rationalität in der Geschichte der Menschheit. Dieses Charakteristikum zeigt sich am stärksten in der Etappe des entwickelten Sozialismus. Dafür gibt es verschiedene Ursachen: *Erstens* wurde die Gesellschaft bedeutend reicher; *zweitens* bildeten sich das sozialistische Bewußtsein und eine sozialistische Lebensweise heraus, die hohe Anforderungen an die volkswirtschaftliche Effektivität stellen; *drittens* wurden die Formen und Methoden der Leitung der gesellschaftlichen Produktion flexibler, und sie ändern sich entsprechend den auftretenden neuen Bedürfnissen und Aufgaben; die Gesellschaft bringt planmäßig die Zielstellungen der sozialökonomischen Entwicklung mit den vorhandenen materiellen Ressourcen in Übereinstimmung. Gerade deshalb hat die neue Technik gleichzeitig zwei Aufgaben zu lösen – die Arbeit des Menschen zu erleichtern (soziale Aufgabe) und Arbeit einzusparen (ökonomische Aufgabe).

Zwischen den zwei Seiten dieser Aufgabe bestehen unvermeidlich Widersprüche. Sie sind dadurch bedingt, daß in jedem konkreten Entwicklungszeitraum die akkumulierten Mittel, die zur Einführung neuer Technik bereitgestellt werden können, insgesamt stets durch die Höhe des erzeugten Nationaleinkommens und speziell durch seine Verteilung auf Akkumulation und Konsumtion begrenzt sind. Die Zahl der vorhandenen Varianten der neuen Technik, die angewendet werden können, aber an eine entsprechende Mittelbereitstellung gebunden sind, übersteigt die Akkumulationskraft der Gesellschaft. Diese Situation ist der sozialistischen Gesellschaft in allen ihren Entwicklungsetappen eigen, unabhängig vom erreichten Niveau der Produktivkräfte und dem Umfang des gesellschaftlichen Reichtums. Das ist darauf zurückzuführen, daß die langfristigen Ziele und Aufgaben, die sich die Gesellschaft stellt, stets größer sind als die dafür erforderlichen materiellen Ressourcen, über die sie zum jeweiligen Zeitpunkt verfügt. Daher ist die Gesellschaft gezwungen, vorrangige Aufgaben und Zielstellungen auszuwählen und die Produktivkräfte kontinuierlich weiterzuentwickeln sowie den sozialökonomischen Fortschritt zu fördern. Aus dieser Problemstellung ergibt sich auch die Notwendigkeit, die ökonomischen Grenzen für die Einführung der neuen Technik zu bestimmen und auf dieser Grundlage den wissenschaftlich-technischen Fortschritt zu leiten.

Die Bestimmung der ökonomischen Restriktion für die Einführung der Errungenschaften des wissenschaftlich-technischen Fortschritts besteht im Umfang der zulässigen Aufwendungen der Gesellschaft für die neue Technik unter Berücksichtigung einer Reihe einschränkender Faktoren. Dazu gehören das vorgegebene sozialökonomische Ziel der Gesellschaft im jeweiligen Entwicklungsstadium, die materiellen und Arbeitskräfteressourcen, über die die Gesellschaft zur Erreichung dieses Zieles verfügt, der Bedarf der Gesellschaft an neuen Erzeugnissen sowie das erforderliche Wachstumstempo der Arbeitsproduktivität, das sich aus dem Verhältnis zwischen materiellen Bedürfnissen der Gesellschaft und den vorhandenen Produktionsressourcen ergibt. Daraus folgt, daß Wachstumstempo und absolute Höhe des Nationaleinkommens sowie der Anteil der Akkumulation die ökonomische Restriktion für die Einführung der neuen Technik in der entwickelten sozialistischen Gesellschaft bilden. Zur Realisierung des vorgegebenen sozialökonomischen Ziels kann die sozialistische Gesellschaft nur eine solche Technik einführen oder die technische Entwicklung der Produktion nur auf ein solches Niveau heben, das den im Akkumulationsfonds verfügbaren Mitteln entspricht.

Allerdings ist die genannte partielle Restriktion nur eine allgemeine Orientierung zur Bestimmung des Niveaus der technischen Entwicklung der Volkswirtschaft. Für die Leitung des wissenschaftlich-technischen Fortschritts besteht die Aufgabe jedoch darin, im Rahmen des der Gesellschaft zur Verfügung gestellten Akkumulationsfonds eine solche technische Politik zu erarbeiten und solche Richtungen des wissenschaftlich-technischen Fortschritts sowie eine bestimmte Technik innerhalb dieser Richtungen auszuwählen, die der Gesellschaft den größten Effekt bringen.

Diese Aufgabe ergibt sich aus der Vielfalt der Richtungen des wissenschaftlich-technischen Fortschritts und der in diesen Richtungen enthaltenen Varianten an neuer Technik, sowie aus dem unterschiedlichen Grad der Wirtschaftlichkeit sowohl hinsichtlich der Kosten, als auch der erzielten ökonomischen Ergebnisse. Zur Lösung dieser Aufgabe muß ein Kriterium gefunden werden, damit die Frage beantwortet werden kann: Welche Varianten der neuen Technik sollten bei den vorhandenen Akkumulationsressourcen eingeführt und welche zurückgestellt oder nicht realisiert werden?

Methodologische Grundlage zur Erarbeitung eines solchen Kriteriums ist die bekannte These von Karl Marx, die er im ersten Band des „Kapitals" im Hinblick auf die ökonomischen Restriktionen für den Einsatz von Maschinen geäußert hat. „Ausschließlich als Mittel zur Verwohlfeilerung des Produkts betrachtet, ist die Grenze für den Gebrauch der Maschinerie darin gegeben, daß ihre eigne Produktion weniger Arbeit kostet, als ihre Anwendung Arbeit ersetzt."[1] Folglich beruht die ökonomische Einschätzung einer neuen Maschine auf der Einsparung an Arbeitsaufwand oder der Steigerung der Arbeitsproduktivität, die durch sie bei der Herstellung von Waren erreicht werden. Im dritten Band des „Kapitals" präzisiert Karl Marx diese These, indem er sagt: „Damit nun eine neue Produktionsmethode sich als wirkliche Steigerung der Produktivität bewähre, muß sie . . . den Wert der Ware vermindern."[2]

Somit ist eine Einsparung an Arbeitsaufwand, die auf Grund der Einführung neuer Technik im Vergleich zu anderen Varianten erzielt wurde, das Kriterium der ökonomischen Effektivität, und das Maß dieser Einsparung stellt die ökonomische Restriktion der neuen Technik dar.

In der sozialistischen Gesellschaft nimmt dieses Kriterium eine bestimmte

[1] Karl Marx, Das Kapital, Bd. 1, in: MEW, Bd. 23, Berlin 1962, S. 414.
[2] Karl Marx, Das Kapital, Bd. 3, in: MEW, Bd. 25, Berlin 1964, S. 271.

Form an, die sich aus den Besonderheiten der jeweiligen Etappe ergibt. Die Entwicklung der Produktivkräfte vollzieht sich gegenwärtig auf der Grundlage der wissenschaftlich-technischen Revolution, die die Proportionen der verschiedenen Elemente des Produktionsprozesses verändert hat. Wissenschaftlich-technische Erkenntnisse bringen eine neue Technik hervor und führen zur Entwicklung neuer Fertigungsprozesse. Dadurch wird nicht nur lebendige Arbeit, sondern außerdem in einer Reihe von Fällen sogar vorwiegend vergegenständlichte Arbeit eingespart, die im Produktionsprozeß in den Produktionsmitteln verkörpert ist. Die Bedeutung einer Aufwandseinsparung an vergegenständlichter Arbeit für die Effektivität der gesellschaftlichen Produktion erhöht sich mit der Vertiefung der wissenschaftlich-technischen Revolution auf Grund der Tatsache, daß der Anteil der vergegenständlichten Arbeit am Gesamtarbeitsaufwand für die Herstellung von Erzeugnissen ansteigt, und der Anteil der lebendigen Arbeit zurückgeht. Das ist bekanntlich eine Ausdrucksform des Gesetzes der steigenden Arbeitsproduktivität.

Unter den Bedingungen des entwickelten Sozialismus erhält die Aufwandseinsparung an vergegenständlichter Arbeit noch stärkeres Gewicht, da die Wirtschaftspolitik auf eine verstärkte Nutzung der intensiven Faktoren für die wirtschaftliche Entwicklung orientiert ist und die Intensivierung zum Hauptweg für die weitere Entwicklung geworden ist.[3] In der Aufwandseinsparung an gesellschaftlicher (lebendiger und vergegenständlichter) Arbeit besteht das Kriterium der volkswirtschaftlichen Effektivität der neuen Technik. Es verallgemeinert eine Reihe partieller oder lokaler Kriterien, die den durch die Einführung neuer Technik veränderten Ansnutzungsgrad einzelner Ressourcenarten kennzeichnen, wie lebendige Arbeit, Roh- und Werkstoffe, Brennstoffe oder Produktionsgrundfonds.

Die Einführung eines allgemeinen Effektivitätskriteriums der neuen Technik schmälert keineswegs die Rolle solcher Kriterien, wie Steigerung der

[3] Das Gesagte bedeutet keineswegs, daß die Hauptbestimmung der Technik unter den Bedingungen des entwickelten Sozialismus, die darin besteht, die Arbeit des Arbeiters zu erleichtern und sie produktiver zu machen, allmählich ihren Sinn verliert. Im Gegenteil, diese Aufgabe der Technik gewinnt noch an Bedeutung, weil eine Effektivitätssteigerung der Produktion unter den heutigen Bedingungen oft nur auf der Grundlage einer erhöhten Produktivität der lebendigen Arbeit möglich ist. In einer Reihe von Zweigen und Produktionen ist der Aufwand an lebendiger Arbeit infolge technologischer Besonderheiten und anderer Ursachen noch hoch (das betrifft beispielsweise Kohlenindustrie, Forstwirtschaft, Maschinenbau, Verkehrs- und Bauwesen, Landwirtschaft). Schließlich darf nicht vergessen werden, daß mit wachsender Produktion die Zahl der Beschäftigten einerseits steigt und andererseits der Mangel an Arbeitskräften zunimmt. Deshalb bleibt das Ersetzen der lebendigen Arbeit durch die produktivere und effektivere Maschinenarbeit nach wie vor die wichtigste Aufgabe der sozialistischen Ökonomie.

Arbeitsproduktivität, Senkung des Materialaufwands und Erhöhung der Fondsquote. In der Regel wirken alle diese Kriterien jedoch in verschiedene Richtungen. Die Einführung einer Technik, die die Arbeitsproduktivität steigert, kann beispielsweise zu einer Verringerung der Fondsquote führen und die Einführung einer Technik, die Roh-, Werk- und Brennstoffe einspart, die Arbeitsintensität erhöhen oder die Fondsquote verringern. Deshalb kann keines der genannten Kriterien allein für sich als Bewertungsgrundlage für die neue Technik und zur Auswahl ihrer Varianten dienen. Jedes Kriterium läßt sich nur als Ergänzung des allgemeinen Kriteriums verstehen.

Wenn das allgemeine volkswirtschaftliche Kriterium der ökonomischen Effektivität der neuen Technik in der Aufwandseinsparung an Gesamtarbeit besteht, so ist zu berücksichtigen, daß die einzelnen Aufwandskomponenten sich in ihrem Wesen unterscheiden. Im Gegensatz zu den laufenden Kosten sind die einmaligen und Investitionsaufwendungen über mehrere Zirkulationsperioden im Produktionsprozeß gebunden. Es ist offensichtlich, daß eine Summierung dieser inhomogenen Kostenelemente mit unterschiedlichem Zeithorizont theoretisch nicht berechtigt ist.

Andererseits ist es jedoch für Effektivitätsberechnungen notwendig, die Gesamthöhe der Kosten zu ermitteln. Die Lösung dieses Widerspruchs erfolgt dadurch, daß die Investitionshöhe mit Hilfe eines normativen Effektivitätskoeffizienten auf ein Jahr zurückgeführt wird. Diese Summe aus laufenden und Investitionsaufwendungen, bezogen auf ein Jahr, wird als reduzierte Aufwendungen bezeichnet:

$$S = C + E_n K. \qquad (1)$$

Dabei bedeuten:
S – Gesamtaufwendungen,
C – laufende Aufwendungen,
E_n – normativer Effektivitätskoeffizient der Investitionen,
K – Investitionsaufwand.

In der Literatur wird schon seit mehreren Jahrzehnten eine Diskussion geführt zum ökonomischen Inhalt dieser Formel der reduzierten Aufwendungen, zum Wesen und den Berechnungsmethoden der darin enthaltenen Kennziffern, speziell des Koeffizienten E_n. Eine Reihe von Wirtschaftswissenschaftlern, darunter auch Verfechter der Methode der reduzierten Aufwendungen, ist der Meinung, daß letztere lediglich eine Berechnungsgröße sind, die keinen realen ökonomischen Inhalt haben. Eine solche Deutung der reduzierten Aufwendungen führte dazu, daß sie bei der Einschätzung von Varianten der neuen Technik bis jetzt nicht als eine vollwertige Kennziffer für die Einschätzung des wissenschaftlich-technischen Fortschritts auf volkswirtschaftlicher Ebene genutzt wird.

In Wirklichkeit sind die reduzierten Aufwendungen, die die vollständigen

Aufwendungen der Gesellschaft für Schaffung, Produktionsaufnahme und -ausstoß neuer Technik widerspiegeln und die sowohl Investitionen als auch laufende Aufwendungen beinhalten, eine reale ökonomische Kategorie.

Nunmehr soll von der volkswirtschaftlichen auf eine andere Ebene übergegangen werden, auf ein Subsystem, in dem die wissenschaftlich-technischen Erkenntnisse entwickelt und angewendet werden (materielle Produktion, Industriezweig, Vereinigung, Forschungs-, Projektierungs- und Konstruktionseinrichtungen sowie Anwenderbetriebe). Eine der Beziehungen zwischen Gesellschaft und einem solchen Subsystem besteht darin, daß die Gesellschaft diesem volkswirtschaftliche Ressourcen bereitstellt und dafür fordert, daß die Produktionstätigkeit zu gesellschaftlich durchschnittlichen Ergebnissen führt. Die Formel (1) drückt die Bewertung der ökonomischen Ergebnisse in Wertkennziffern aus.

Die Größe C in dieser Formel ist der Wertausdruck für das gesellschaftlich normale Niveau von zweckmäßig eingesetzten und dem Subsystem zur Verfügung gestellten Ressourcen (wie Arbeitskräfte, Rohstoffe, Materialien und Energie) für die Produktion der von der Gesellschaft benötigten Gebrauchswerte. Die Größe $E_n K$ entspricht dem gesellschaftlich normalen Gewinn aus der Gesamtheit der von der Gesellschaft bereitgestellten und vom Subsystem genutzten Ressourcen (wie Produktionsfonds, Grund und Boden). Das Effektivitätsnormativ E_n drückt die *untere* Grenze aus für den jährlichen Nutzeffekt pro Rubel der dem Subsystem der Volkswirtschaft von der Gesellschaft bereitgestellten Ressourcen. Somit unterscheiden sich sowohl das Wesen, als auch die Formel der reduzierten Aufwendungen von der ihr äußerlich ähnlichen Kategorie des Kapitalismus – dem Produktionspreis. Offensichtlich läßt sich die monetäre Bewertung der Ergebnisse des jeweiligen Subsystems der Volkswirtschaft im Stadium von Prognosen und Projekten anwenden, wo es um die Ausarbeitung von Planvarianten geht. Denn dafür sind nur Angaben zum konkreten technologischen Herstellungsverfahren der entsprechenden Gebrauchswerte erforderlich, auf deren Basis die laufenden Aufwendungen und die Investitionen für Formel (1) bestimmt werden.

Da die Größe $C + E_n K$ die Ergebnisse der Produktionstätigkeit wertmäßig ausdrückt, ist ihre Berechnung vom Zeitpunkt der vorgesehenen Produktionsaufnahme an vorzunehmen. Dabei gilt es zu berücksichtigen, daß ein Teil der Aufwendungen bereits vor dem Produktionsbeginn getätigt wurde und daß der andere Teil zwar in bestimmten Zeitabschnitten realisiert, aber nicht sogleich wieder verwendet wird.

Die Formel (1) drückt bestimmte Beziehungen zwischen der Gesellschaft und dem jeweiligen Subsystem der Volkswirtschaft aus, das wissenschaftlich-technische Errungenschaften entwickelt und anwendet. Speziell im Projektierungsstadium gibt es noch keine Festlegungen darüber, von welchem Zeitpunkt an die von der Gesellschaft bereitgestellten Ressourcen für die wissenschaftlich-technische Entwicklung einen Effekt bringen. Je später der Effekt eintritt und der Rückfluß erfolgt, desto höher muß er selbstverständlich sein. Wenn das Subsystem im Jahr t entsprechend den aufgewendeten und eingesetzten Ressourcen ein gesellschaftlich normales Ergebnis in Höhe von $C^{t}1 + E_nK^{t}1$ zu erwirtschaften hat, es jedoch auf Grund von Forschungs-, Entwicklungs- und Projektierungsarbeiten noch nicht erzielen konnte, dann bedeutet das vom Standpunkt der Gesellschaft, daß dieses Subsystem im nächsten Jahr höhere Ergebnisse erzielen muß. Im folgenden soll die notwendige Höhe des Ergebnisses ermittelt werden:

Die Größe $K_1 = C^{t}1 + E_nK^{t}1$ spiegelt die Investitionen für die wissenschaftlich-technische Entwicklung wider. Da die Gesellschaft im Jahr t keinen normalen gesellschaftlichen Gewinn aus diesen Investitionen in Höhe E_nK_1 erhielt, sind die von der Gesellschaft diesem Subsystem der Volkswirtschaft bereitgestellten Ressourcen im Folgejahr gewissermaßen um die Größe E_nK_1 gestiegen. Demzufolge muß der gesellschaftlich normale Gewinn um die Größe $E_n(E_nK_1)$ anwachsen und gleich $E_nK_1 + E_n(E_nK_1) = E_nK_1(1 + E_n)$ sein. Falls der Rückfluß der Investitionen K_1 nach ihrer Fertigstellung nicht ein Jahr später beginnt, sondern $t - t_1$ Jahre, entsteht folgende analoge Situation, daß der gesellschaftlich normale Gewinn aus den Investitionen K_1 im Jahr t $E_nK_1(1 + E_n)^{t-t}1$ betragen muß. Somit sind, wenn man die gesellschaftlich normalen Ergebnisse im Jahr t nach der Formel

$$S^t = C^t + E_nK_t \qquad (2)$$

berechnet, in die Größe K die Investitionen K_1 unter Berücksichtigung der Zeitverzögerung, das heißt in Höhe von $K_1(1 + E_n)^{t-t}1$ einzubeziehen. Hieraus ergibt sich, daß die Größe K^t in der Formel (2) nicht die Höhe der im Jahr t verausgabten oder verwendeten Investitionen angibt. K^t hat nur innerhalb des Summanden E_nK^t einen ökonomischen Sinn, und zwar bedeutet E_nK^t die Größe, die den gesellschaftlich normalen Gewinn im Jahr t bei dem Ressourcenaufwand ausdrückt, der bei einer bestimmten Variante der wissenschaftlich-technischen Entwicklung dem Subsystem der Volkswirtschaft für den gesamten Zeitraum bis zu dem betrachteten Jahr zur Verfügung gestellt wurde.

Die Größe K^t umfaßt unter Berücksichtigung der Zeitverzögerung die Aufwendungen für Grundlagen- und angewandte Forschung, Konstruktions- und Projektierungsarbeiten sowie für die Schaffung, Prüfung und Überarbeitung von Versuchsmustern, für die technische Vorbereitung und Aufnahme der Produktion, für Kaderausbildung sowie die zum Berechnungszeitpunkt vorhandenen Produktionsfonds der Betriebe, die zur Herstellung neuer Erzeugnisse eingesetzt werden.

Nach Zurückführung auf den Zeitpunkt der Inbetriebnahme werden die Investitionen in gleicher Höhe für alle Folgejahre in die Größe K^t einbezogen. Dabei ist der Verschleiß der Fonds bedeutungslos, da die entsprechenden Mittel über die Abschreibung in die Selbstkosten der neuen Produktion eingehen und dem jeweiligen Subsystem zurückfließen.

Unter der Voraussetzung, daß die von der Gesellschaft bereitgestellten Ressourcen gesellschaftlich normale Ergebnisse ohne Zeitverzögerung bringen und unter anderem konkret in Roh- und Werkstoffen sowie Maschinen und Anlagen verkörpert sind, ergibt sich am Ende eines jeden beliebigen Zeitraums im Ergebnis der Produktionstätigkeit des untersuchten Subsystems der Volkswirtschaft folgende Situation. *Erstens* wird in jedem Jahr ein gesellschaftlich normaler Gewinn erwirtschaftet, und *zweitens* hat das Subsystem in jedem Jahr dieses Zeitraums die Möglichkeit, die in der Produktion eingesetzten Ressourcen durch Einnahmen aus der realisierten Produktion zu erneuern, da sie in die Selbstkosten eingehen. Dabei kann der Ersatz der verbrauchten Ressourcen auch in einer anderen, progressiveren natural-stofflichen Form erfolgen, wie zum Beispiel beim Esatz von Maschinen und Anlagen durch verbesserte Grundmittel.

Diese Methoden zur Gewinnberechnung gewährleisten nur ein normales gesellschaftliches Rentabilitätsniveau in den Jahren, in denen das Subsystem für die in Anspruch genommenen Ressourcen Abführungen leistet. Somit kann es die in den der Produktion vorgelagerten Stadien eingesetzten Ressourcen nur durch Einbeziehung in die gesellschaftlich normale Höhe der laufenden Kosten C erstatten. Es fragt sich jedoch, ob das wirklich erforderlich ist. Es ist in die Größe C der Formel (1) lediglich ein Teil der vor dem Produktionsstadium anfallenden Kosten aufzunehmen. Und zwar nur die Kosten, die direkt den Produkten zurechenbar sind, die die betreffende Wirtschaftseinheit herstellt, zum Beispiel Kosten für die Fertigung von Versuchsmustern und die technologische Produktionsvorbereitung. In dem Maße, wie wissenschaftlich-technische Errungenschaften eine Information über neue Produktionsmethoden darstellen, sollten ihre Entwicklungskosten nicht in die Größe C eingehen.

Aus einer Information über neue Produktionsmethoden resultieren praktisch keine Reproduktionsaufwendungen, sondern sie führt im Gegenteil zur Einsparung gesellschaftlicher Arbeit für eine unbegrenzte Zeit. In dem Fall, wenn anstelle der laufenden Produktion eine neue, verbesserte aufgenommen wird, geht in der Regel die erwähnte Information in die Entwicklung dieser verbesserten Erzeugnisse ein und, indem sie sich in einem anderen Erzeugnis materialisiert, führt sie weiterhin zu einer bestimmten Arbeitseinsparung. Somit verwandeln sich die Aufwendungen für die Gewinnung dieser Information, die von uns als Investitionen betrachtet werden, gewissermaßen in Produktionsfonds mit endloser Lebensdauer, und die Abschreibungskosten für derartige Fonds sind gleich Null.

Demgegenüber sind Aufwendungen für Versuchsmuster und technologische Produktionsvorbereitung zurückzuerstatten, da zu dem Zeitpunkt, zu dem die gegebenen Erzeugnisse moralisch veralten, notwendigerweise analoge Kosten zur Vorbereitung einer neuer Produktion entstehen. Eine sowohl bei der Fertigung anderer Erzeugnisse als auch zeitlich unbegrenzt nutzbare Information führt andererseits dazu, daß die Kosten nur teilweise zurückzuerstatten sind. Daher sollten die Aufwendungen für das Produktionsstadium, die sich in den laufenden Kosten C niederschlagen, auf die gesamte Produktionsmenge und über den gesamten voraussichtlichen Fertigungszeitraum aufgeteilt werden, wobei der Zeitfaktor zu berücksichtigen ist. Das heißt, die entsprechenden Abführungskoeffizienten müssen dem – ausgehend von der Zinseszinsformel berechneten – Abschreibungssatz entsprechen.

Nun zu einigen Besonderheiten der vorgeschlagenen Berechnungsmethoden für die in der Formel enthaltenen reduzierten Aufwendungen.

Viele Autoren beziehen bei der Berechnung der Größe K in der Formel (1) alle Produktionsfonds (Grund- und Umlaufmittel) mit ein, die zur Realisierung der zu untersuchenden Maßnahme eingesetzt werden. In einer Reihe von Arbeiten wird die Größe $E_n K$ bei der optimalen Planung als Abgabe für bereitgestellte Ressourcen gedeutet, was ebenfalls die Einbeziehung sämtlicher in dem jeweiligen Jahr verwendeten Fonds in K unterstellt.[4] Dabei werden die Kosten nicht berücksichtigt, die in den der Produktion vorgelagerten Stadien anfallen.

Die Erfassung dieser Kosten wird – unter Berücksichtigung des Zeitfaktors – von den offiziell gültigen „Methodischen Grundbestimmungen zur Ermittlung der ökonomischen Effektivität von Forschungsarbeiten"[5] empfohlen. In den genannten Bestimmungen wird darauf hingewiesen, daß die Zinseszinsformel für die Aufwandserfassung nur dann anzuwenden ist, wenn die Zeitspanne zwischen Durchführung und Rückfluß der Mittel mehr als fünf Jahre beträgt. Dabei wird *erstens* nicht gesagt, wie die Aufwendungen in den der Produktion vorgelagerten Stadien in dem entsprechenden Jahr, in dem sie anfallen, zu berechnen sind (nach Formel (1), wie es für richtig gehalten wird, oder nur als laufende Kosten für die Durchführung bestimmter Arbeiten), und *zweitens* werden diese Kosten nicht in die Größen K oder C der Formel (1) einbezogen, sondern nur dem jährlichen ökonomischen Effekt gegenübergestellt.

Wie aus dem oben Gesagten hervorgeht, wird die Anwendung der Formel (1) zur Berechnung der Aufwendungen für ein Jahr oder für einen längeren Zeitraum, bei Berücksichtigung des Zeitfaktors, in der Literatur allgemein anerkannt. Die Diskussionen beziehen sich im allgemeinen auf den ökonomischen Inhalt der Formel und auf die Berechnungsmethoden der entsprechenden Größen. Ein ganz anderes Bild zeigt sich bei der Aufwandserfassung für einen Zeitraum, in dessen Verlauf sich die Größe der laufenden Kosten und Investitionen ändert. Hierfür existiert eine Reihe einander ausschließender Vorschläge. Dabei sind solche Formeln für die Erfassung der Gesamtkosten eines

[4] Vgl. V. F. Pugačev, Optimizacija planirovanija, Moskva 1968.

[5] Vgl. Methodische Grundbestimmungen zur Ermittlung der ökonomischen Effektivität von Forschungsarbeiten, Moskau 1964 (russ.).

Zeitraums am verbreitesten, in denen diese Gesamtkosten nicht im mindesten mit der Summe der nach Formel (1) berechneten Jahresaufwendungen übereinstimmen.

So wird zum Beispiel in den Arbeiten von L. V. Kantorovič, V. V. Novožilov, A. L. Lur'e, A. B. Zalesskij und vieler anderer Verfasser sowie in methodischen Unterlagen des ZEMI der Akademie der Wissenschaften der UdSSR als geläufigste Formel zur Aufwandsermittlung bei der Bestimmung der Effektivität der neuen Technik vorgeschlagen:

$$S_{\Sigma} = \sum_{t=0}^{T} \alpha^t (I^t + K^t) . \tag{3}$$

Dabei bedeuten:

S – Gesamtkosten, reduziert auf den Ausgangszeitpunkt,

I^t – laufende Kosten für die Herstellung der Erzeugnisse im Jahr t (ohne Berücksichtigung der Abschreibungen der eingesetzten Grundfonds),

K^t – Investitionen im Jahr t,

α^t – Reduktionskoeffizient der zu unterschiedlichen Zeitpunkten anfallenden Kosten auf den Ausgangszeitpunkt,

T – Berechnungszeitraum.

Bei dieser Formel fehlt es an überzeugenden Beweisen für die Berechtigung der Anwendung. Ihre Begründung läuft gewöhnlich auf den Hinweis hinaus, daß in dem Fall, wo Investitionen für bestimmte Objekte zu einem Zeitpunkt getätigt werden und die laufenden Kosten jährlich konstant sind, sich diese Formel in eine Formel der jährlich reduzierten Aufwendungen verwandelt. Die Formel (4) besitzt jedoch auch diese Eigenschaft, und folglich reicht die angeführte Begründung als Argumentationsgrundlage zugunsten der Richtigkeit von Formel (3) nicht aus. Darüber hinaus ist ein Einwand vorzubringen gegen die Summierung von laufenden Aufwendungen pro Jahr, die die Dimension Rubel pro Jahr haben und Investitionen mit der Dimension Rubel.

Zur Summierung von sich zeitlich unterschiedlich verhaltenden Kosten wird daher vorgeschlagen, die nachstehende Formel zu verwenden:

$$S = \sum_{t=0}^{T} \alpha^t (C^t + E_n^t K^t) . \tag{4}$$

Der ökonomische Inhalt der Formel (4) besteht in folgendem. Zum Berechnungszeitpunkt (Zeitpunkt Null) wird eine bestimmte Variante der neuen Technik betrachtet, wofür die Gesellschaft einer Wirtschaftseinheit, die neue Erzeugnisse herstellt, Ressourcen zur Verfügung stellt, deren Umfang sich in den Selbstkosten und Investitionen niederschlägt. Es wird angenommen, daß dieses Subsystem bei der Nutzung der bereitgestellten Ressourcen jährlich gesellschaftlich normale Ergebnisse erzielt, die in der Größe $C^t + E_n K$ ausgedrückt sind. Das Normativ E_n ist dabei selbstverständlich zeitabhängig, weil es die untere Grenze des gesellschaftlich normalen Gewinns pro Ressourceneinheit ausdrückt. Auf Grund dieser Tatsache muß unbedingt berücksichtigt werden, daß gleiche Ergebnisse, zu unterschiedlichen Zeitpunkten erzielt, für die Gesellschaft nicht gleichwertig sind. Daher wird der entsprechende Koeffizient α^t eingeführt.

Methoden zur Messung der ökonomischen Ergebnisse auf Grund der Nutzung wissenschaftlich-technischer Erkenntnisse

Die Gesellschaft, die einer Wirtschaftseinheit Ressourcen zur Verfügung stellt, erwartet von ihr gesellschaftlich normale ökonomische Ergebnisse, deren Höhe für ein Jahr entsprechend Formel (2) und für einen längeren Zeitraum entsprechend Formel (4) ermittelt werden können. Der Unterschied zwischen den individuellen und gesellschaftlich normalen Ergebnissen der Produktionstätigkeit der jeweiligen Wirtschaftseinheit oder, mit anderen Worten, die Differenz zwischen gesellschaftlich notwendigem und individuellem Aufwand zur Herstellung bestimmter Gebrauchswerte stellt den Effekt aus der Entwicklung und Anwendung von wissenschaftlich-technischen Errungenschaften dar. Im folgenden soll die Berechnungsmethode für diesen Effekt am Beispiel eines Subsystems der Volkswirtschaft aufgezeigt werden, das aus einem Hersteller- und einem Anwenderbetrieb neuer Technik besteht.

Für den Fall, daß die vom Anwenderbetrieb unter neuen Bedingungen hergestellten Erzeugnisse auch mit den bereits vorhandenen Methoden produziert werden könnten, kann man annehmen, daß die Menge der abgesetzten Produktion des Anwenderbetriebes (im Preisausdruck), die die veränderten Aufwendungen an gesellschaftlicher Arbeit auf Grund der Lieferung neuer Technik durch den Herstellerbetrieb nicht berücksichtigt, die individuellen Ergebnisse dieses Subsystems der Volkswirtschaft widerspiegelt. Wenn jedoch der Herstellerbetrieb die neue Technik einführt, kann die wertmäßige Einschätzung der individuellen Ergebnisse dieses Betriebes nicht analog erfolgen, da die neue Technik auf der Anwendung wissenschaftlich-technischer Erkenntnisse beruht, wofür jedoch keine Preisvergleichsbasis existiert.

Die Berechnungen der gesellschaftlich durchschnittlichen Ergebnisse eines Subsystems aus zwei Betrieben kann für den Herstellerbetrieb, den ersten Betrieb, nach folgender Formel erfolgen:

$$R_1^0 = C_1 + E_n K_1 . \qquad (5)$$

Dabei bedeuten:

C_1 und K_1 – Selbstkosten und Investitionen, die zur Herstellung der neuen Technik erforderlich sind.

Es läßt sich leicht nachweisen, daß gesellschaftlich normale Ergebnisse für ein System aus zwei Betrieben quantitativ den gesellschaftlich normalen Ergebnissen des Anwenderbetriebes, des zweiten Betriebes, unter der Voraussetzung gleich sind, daß dieser die Technik anwendet, die vom Herstellerbetrieb zu den nach Formel (5) festgesetzten Preisen abgesetzt wird. Folglich lassen sich diese Ergebnisse nach der Formel berechnen:

$$R_2^0 = C_2 + E_n K_2 . \tag{6}$$

Dabei bedeuten:

C_2 und K_2 – Selbstkosten und Investitionen im Anwenderbetrieb unter der Voraussetzung berechnet, daß die Produktionskosten des Herstellerbetriebes nach der Formel (5) ermittelt wurden.

Somit ergibt sich die jährliche Einsparung aus der Anwendung von Errungenschaften des wissenschaftlich-technischen Fortschritts bei der Herstellung von Erzeugnissen in dem untersuchten Subsystem aus der Differenz zwischen den individuellen Kosten dieses Systems, der Menge der abgesetzten Produktion (Z_2), und seinen gesellschaftlich normalen Ergebnissen:

$$N = Z_2 - (C_2 + E_n K_2) . \tag{7}$$

Das untersuchte System besteht aus zwei Wirtschaftseinheiten, die zueinander und zur Gesellschaft in bestimmter Beziehung stehen. Deshalb ist es notwendig, den Inhalt dieser ökonomischen Bewertung zu präzisieren und detaillieren.

Mit der Formel (7) wird die jährliche Einsparung ausgedrückt, die durch die Fertigung neuer Technik erzielt wurde. Es ist jedoch erforderlich, nicht nur die Einsparung für ein Jahr, sondern für den gesamten Untersuchungszeitraum zu erfassen. Das ist in entscheidendem Maße darauf zurückzuführen, daß die Herstellung neuer Technik in der Regel Mehraufwendungen verursacht, die nur dann gerechtfertigt sind, wenn die erreichte Einsparung über mehrere Jahre erzielt wird.

Weit verbreitet ist die Meinung, daß die Lebensdauer der geeignete Berechnungszeitraum ist für die Bestimmung des ökonomischen Effekts durch Schaffung und Anwendung neuer Technik. Die Wahl eines solchen Berechnungszeitraumes führt jedoch zu falschen Schlußfolgerungen hinsichtlich der realen Effektivität der neuen Technik, weil der Effekt desto größer sein wird, je länger der Berechnungszeitraum ist, und folglich werden Erzeugnisvarianten mit längerer Lebensdauer begünstigt. Der Koeffizient für die Lebensdauer wird unter der Voraussetzung berechnet, daß die abzulösende Technik die gleiche Funktion erfüllt wie die neue. Da es jedoch oft viele Varianten der neuen Technik gibt, wird der Variante der neuen Technik mit längerer Lebensdauer eine ungerechtfertigte Vorrangstellung eingeräumt.

Eine Reihe von Autoren ist der Meinung, daß die Ungleichheit der Ergebnisse aus dem Einsatz neuer Technik mit unterschiedlicher Lebensdauer vermieden werden kann, wenn man die Varianten nach dem Kriterium der durchschnittlichen Jahreshöhe des Effekts auswählt. Dann erhebt sich jedoch die Frage, für welchen Zeitraum dieser Durchschnitt zugrunde gelegt werden soll. Denn wenn sich der jährliche Effekt durch den Einsatz neuer Technik im Zeitverlauf wandelt, ändert sich auch die durchschnittliche Höhe dieses Effekts in Abhängigkeit vom Zeitraum, für den der Durchschnittswert errechnet wurde. Daher sollte als Zeitraum, für den die Einsparung zu ermitteln ist, besser der Zeitabschnitt gewählt werden, dessen Grenze durch den Zeitpunkt bestimmt wird, zu dem es auf Grund der vorhandenen Ausgangsinformationen und ihrer möglichen Aufbereitung unmöglich wird, ökonomisch bedeutsame Unterschiede für die Verwirklichung der betrachteten Alternativen des wissenschaftlich-technischen Fortschritts festzustellen.

Für die Bestimmung dieses „ökonomischen Horizonts" eignet sich folgendes Verfahren. Es wird bei der Auswahl effektiver Leitungsstrategien durch Variieren der Prognosebedingungen ein Bereich möglicher Veränderungen des gleitenden ökonomischen Effekts geschaffen. Gesucht wird der Zeitraum, bei dem die Veränderungen des ökonomischen Effekts als Folge unterschiedlicher Auswahl von Leitungsstrategien dieses Niveau nicht überschreiten. Das Ende dieses Zeitraums wird als ökonomischer Horizont zugrunde gelegt. Somit drückt folgende Formel die Einsparung im Anwenderbetrieb für eine Reihe von Jahren aus.

$$N_{\Sigma}^{P} = \sum_{t=0}^{T} \alpha^{t} \left(Z_2^t - (C_2^t + E_n K_2^t) \right). \tag{8}$$

Dabei bedeuten:
N^P – ökonomischer Effekt des Anwenders neuer Technik,
T – ökonomischer Horizont.

Der Anwenderbetrieb kann seine Erzeugnisse auch mit den bereits vorhandenen Fertigungsverfahren herstellen. Dabei ist nicht ausgeschlossen, daß er eine bestimmte Einsparung an gesellschaftlicher Arbeit erreicht, die nicht auf die neue Technik zurückzuführen ist. Deshalb wäre die Annahme falsch, daß sich die nach Formel (8) erzielte Einsparung nur auf Erfindungen bezieht, die in der vom Herstellerbetrieb produzierten neuen Technik verkörpert sind.

Welcher Teil der in Formel (8) dargestellten Einsparung auf diejenigen wissenschaftlich-technischen Errungenschaften entfällt, die im Herstellerbetrieb eingeführt wurden, läßt sich folgendermaßen ermitteln. Zur Vereinfachung soll ein Fall betrachtet werden, wo die neue Technik in Form von Maschinen vorliegt, deren Betriebskosten konstant sind und die beim Anwender Maschinen mit ebenfalls konstanten Betriebskosten ersetzen. Außerdem wird angenommen, daß der Koeffizient E_n zeitlich konstant und der ökonomische Horizont so groß ist, daß er in den folgenden Formeln den Wert unendlich annimmt. Dann kann der ökonomische Effekt des Anwenders durch den Einsatz neuer Technik im Vergleich zur ersetzten (der relative ökonomische Effekt) nach folgender Formel berechnet werden:

$$N_\delta^n = \sum_{t=1}^{\infty} \frac{1}{(1+E_n)^t} [(C'' + E_n K'') - (C' + E_n K')] \ . \tag{9}$$

Dabei bedeuten:

N_δ^n – relativer ökonomischer Effekt des Anwenders der neuen Erzeugnisse,

C'', K'' – Produktionsselbstkosten und Investitionen des Anwenders bei Einsatz der abzulösenden Technik,

C', K' – Produktionsselbstkosten und Investitionen des Anwenders beim Einsatz der neuen Technik.

In der Formel sind nur die veränderlichen Kostenpositionen enthalten. Alle verbrauchten Fonds mit Ausnahme der erworbenen Maschinen werden für die neue und bisherige Produktion gleichgesetzt und heben sich daher beim Subtrahieren auf. Somit wird über K' und K'' im Grunde genommen die Beziehung der Preise für eine neue oder bereits vorhandene Maschine auf die Menge hergestellt. Dabei geht man bei dieser Formel von der Voraussetzung aus, daß eine neue oder bereits vorhandene Maschine, wenn sie vollständig abgeschrieben ist, durch ein Exemplar gleichen Niveaus ersetzt wird.

In der Formel (9) ist der Ausdruck in der eckigen Klammer nicht zeitabhängig, deshalb kann er außerhalb des Summenzeichens stehen. Der verbleibende Ausdruck besteht aus einer geometrischen Reihe mit den Gliedern $1/(1+E_n)^t$ und ist gleich der Größe $1/E_n$. Somit erhalten wir:

$$N_\delta^n = \frac{C'' - C'}{E_n} - (K' - K'') \ . \tag{10}$$

Da $C' = I' + NK'$ ist, wobei N den Abschreibungssatz bei der Nutzung neuer oder abzulösender Erzeugnisse und I' die laufenden Kosten des Anwenderbetriebes beim Einsatz neuer Erzeugnisse ohne Berücksichtigung von Neuinvestitionen bedeuten, ergibt sich analog $C'' = I'' + NK''$.
Daher erhalten wir:

$$N_\delta^n = \frac{I'' - I'}{E_n} - \frac{N + E_n}{E_n} (K' - K'') \ . \tag{11}$$

Haben die Erzeugnisse eine längere Lebensdauer, so daß die Abschreibungen gleich Null sind, ergibt sich die allgemein bekannte Formel:

$$N_\delta^n = \frac{I'' - I'}{E_n} - (K' - K'') \ . \tag{12}$$

Je höher der Preis für neue Erzeugnisse ist, desto größer ist der Wert $C' + E_n K'$ in der Formel (9) und desto kleiner ist der relative ökonomische Effekt des Anwenders der neuen Erzeugnisse. Zu dem Zeitpunkt, zu dem dieser den Wert Null annimmt, realisiert der Anwender die gleiche Rentabilität für neue und bereits vorhandene Erzeugnisse. Die entsprechende Bedingung, gestützt auf Formel (11), kommt zum Ausdruck in:

$$\frac{I''-I'}{E_n} - \frac{N+E_n}{E_n} (Z'-K'')=0. \tag{13}$$

Dabei bedeutet:

Z' – Höchstmenge an Mitteln, die vom Anwenderbetrieb zum Erwerb von Erzeugnissen des Herstellerbetriebs im ersten Jahr des Untersuchungszeitraumes sowie in den Folgejahren bereitgestellt werden können, wenn die betreffenden Maschinen vollständig abgeschrieben sind und durch neue, mit dem gleichen technischen Niveau ersetzt werden.

Aus der Formel (13) ergibt sich folgender Wert für die Größe Z':

$$Z'=K''+\frac{I''-I'}{N+E_n}. \tag{14}$$

Der ökonomische Inhalt der Größe Z' besteht darin, daß sie die obere Grenze der gesellschaftlich notwendigen Aufwendungen für die Produktion neuer Erzeugnisse zum Ausdruck bringt, ohne dabei neue wissenschaftlich-technische Erkenntnisse zu berücksichtigen. Wenn die Produktionskosten für neue Erzeugnisse den Wert Z' überschreiten, wird die durch diese Produkte erzielte Einsparung geringer als die bei der Anwendung der bereits vorhandenen Erzeugnisse erzielte Einsparung. Deshalb können solche Aufwendungen gesellschaftlich nicht anerkannt werden.

Von der Formel (14) läßt sich zu den spezifischen Größen (auf eine Maschine bezogen) übergehen, indem durch die Zahl der vom Anwenderbetrieb erworbenen Maschinen dividiert wird.[6]
Man erhält:

$$Z_v=Z_b+\frac{I''-I'}{N+E_n}. \tag{15}$$

Dabei bedeuten:

Z_v und Z_b – obere Preisgrenze für neue Erzeugnisse und Preis für vorhandene Erzeugnisse.

Diese Formel ist als obere Preisgrenze für neue Erzeugnisse bekannt, die wiederum in der Produktion eingesetzt werden sollen. Die Herleitung der Formel für die obere Preisgrenze unterscheidet sich in ihren Prämissen von den in der ökonomischen Literatur vorhandenen Formeln. Diese Formel ergibt sich aus der allgemeinen Formel des ökonomischen Effekts auf Grund der Anwendung neuer Technik. Dadurch ist es möglich, die Wechselbeziehung zwischen ökonomischem Effekt und der Differenz von oberer und unterer Preisgrenze zu untersuchen.

[6] Vgl. Ėkonomičeskie problemy povyšenija kačestva promyšlennoj produkcii, Moskva 1969.

Manche Wirtschaftswissenschaftler sind der Meinung, daß die obere Preisgrenze für neue Erzeugnisse als Summe der unteren Grenze und des ökonomischen Effekts ermittelt werden könnte (oder umgekehrt, der ökonomische Effekt als Differenz zwischen oberer und unterer Preisgrenze zu ermitteln sei). Diese Behauptung stützt sich auf folgende Darstellung der oberen Preisgrenze:

$$Z_v = Z_n + \left(Z_b - Z_n + \frac{I'' - I'}{N + E_n} \right). \tag{16}$$

Dabei bedeutet:

Z_n – untere Preisgrenze der neuen Erzeugnisse, die den gesellschaftlich notwendigen Aufwendungen für ihre Herstellung unter Berücksichtigung wissenschaftlich-technischer Errungenschaften entspricht.

Diese Formel deckt sich offenbar mit Formel (15). Der Ausdruck in der runden Klammer ist jedoch nur dann dem ökonomischen Effekt gleich, wenn $N = 0$ oder $Z_v = Z_n$ ist. In den übrigen Fällen nimmt er, was sich leicht überprüfen läßt, einen kleineren Wert als der ökonomische Effekt an.

Zudem läßt sich zeigen, daß der gesamte Nutzen, den der Herstellerbetrieb realisiert, dem ökonomischen Effekt gleich ist, wenn der Herstellerbetrieb für einen unendlichen Zeitraum dem Anwenderbetrieb Maschinen zu einem Preis verkauft, der an der oberen Preisgrenze liegt.

Die Formel (15) drückt aus, daß individuelle Ergebnisse (oder auch gesellschaftlich notwendige Aufwendungen) für die Herstellung neuer Erzeugnisse, ausgedrückt durch die obere Preisgrenze, zwar unter Berücksichtigung der Gebrauchseigenschaften, aber ohne Berücksichtigung der Produktionskosten berechnet werden. Deshalb können obere Preisgrenzen selbst für solche neuen Erzeugnisse festgelegt werden, für die die Fertigungstechnologie noch nicht bekannt ist. Im letzten Fall drücken diese Grenzen von ihrem ökonomischen Inhalt her die gesellschaftlich notwendigen Aufwendungen zur Befriedigung der Bedürfnisse aus, die von der Gesamtheit der Gebrauchseigenschaften der vorgesehenen neuen Erzeugnisse befriedigt werden können.

Außer diesen oberen Preisgrenzen gibt es auch andere Formen, in denen sich die gesellschaftlich notwendigen Aufwendungen zur Befriedigung konkreter Bedürfnisse niederschlagen, zum Beispiel zahlungsfähige Nachfrage nach bestimmten Konsumgütern oder Subventionen zur Verwirklichung sozialer Zielstellungen. Indem die Berechnungsmethoden für diese Aufwendungen vervollkommnet werden, wird gleichzeitig ein Beitrag geleistet zur Vervollkommnung der Berechnungsmethoden des ökonomischen Effekts auf Grund der Entwicklung und Anwendung wissenschaftlich-technischer Errungenschaften.

Darüber hinaus ist darauf hinzuweisen, daß der Effekt durch den Einsatz der neuen Technik sowohl im Rahmen eines einzelnen Betriebes als auch eines

Industriezweiges sowie der Volkswirtschaft insgesamt nur einen Teil des gesamten ökonomischen in der Produktion erzielten Effekts bildet. Denn eine Aufwandseinsparung kann auch aus Gründen eintreten, die nicht mit der technischen Seite der Produktion zusammenhängen, beispielsweise im Ergebnis von Strukturveränderungen, Weiterqualifizierung der Kader, Einbeziehung ergiebigerer natürlicher Ressourcen in den Wirtschaftskreislauf, bessere Produktionsorganisation, Hebung der Arbeitsdisziplin und rationellerer Arbeitskräfteeinsatz.

Ökonomische Analysen zur Effektivität der neuen Technik haben die Aufgabe, den Teil der gesamten volkswirtschaftlichen Effektivität zu ermitteln, der aus der technischen Weiterentwicklung der Produktion entspringt. Die günstigsten Bedingungen dafür bieten Betriebe, die nach dem Prinzip der wirtschaftlichen Rechnungsführung arbeiten.

2.5. Geplanter und tatsächlicher Effekt der neuen Technik

Um die Errungenschaften der wissenschaftlich-technischen Revolution organisch mit den Vorzügen des Sozialismus zu verbinden, ist es notwendig, den wissenschaftlich-technischen Fortschritt planmäßig zu leiten. Grundlage dafür sind die Pläne zur Entwicklung von Wissenschaft und Technik.

Für diese Pläne ist charakteristisch, daß mit ihrer Hilfe versucht wird, den Prozeß der wissenschaftlich-technischen Entwicklung, nicht jedoch seine endgültigen Ergebnisse zu planen. Wenn auch in letzter Zeit Tendenzen zu beobachten sind, Ergebnisse dieser oder jener Sphäre der materiellen Produktion oder Tätigkeiten zu planen (zum Beispiel Kennziffern zur Reduzierung der Erzeugnisse in der Industrie, Inbetriebnahme von Grundfonds im Bauwesen), so wird das endgültige Ergebnis des wissenschaftlich-technischen Fortschritts – Erhöhung der Effektivität der gesellschaftlichen Produktion, das heißt der ökonomische Effekt – nach wie vor nicht geplant.

Im Referat von L. I. Breshnew auf dem XXV. Parteitag wurde festgestellt: „Die Leitungs- und vor allem die Planungstätigkeit müssen auf die volkswirtschaftlichen Endergebnisse orientiert sein.“[1]

Damit die Leitung und Planung des wissenschaftlich-technischen Fortschritts entsprechend den sozialistischen Wirtschaftsbedingungen wirksam wird, ist es notwendig, die Planung der Produktion mit der Berechnung des ökonomischen Effektes der neuen Technik auf allen Wirtschaftsebenen zu verbinden. Im folgenden werden einige Vorschläge zur Verbesserung der Planung des wissenschaftlich-technischen Fortschritts auf der Basis von Kenn-

[1] XXV. Parteitag der KPdSU. Rechenschaftsbericht des Zentralkomitees der Kommunistischen Partei der Sowjetunion und die nächsten Aufgaben der Partei in der Innen- und Außenpolitik, Berichterstatter: L. I. Breshnew, Berlin 1976, S. 72.

ziffern, die sich auf den Effekt der neuen Technik beziehen und in der Wirtschaft der UdSSR angewendet werden, unterbreitet. Es erfolgt eine detaillierte Analyse des ökonomischen Wesens der Kennziffern des volkswirtschaftlichen Effekts und der auf den Prinzipien der wirtschaftlichen Rechnungsführung basierenden Effekte sowie deren Verbindung mit anderen Plankennziffern der Betriebe, Vereinigungen und Zweige. Auf die Notwendigkeit der Planung des ökonomischen Effektes der neuen Technik wurde bereits in einer Reihe von Arbeiten sowjetischer Ökonomen eingegangen. Bisher konnten die damit verbundenen Probleme infolge methodologischer und praktischer Schwierigkeiten noch nicht zufriedenstellend gelöst werden. Zu den noch ungelösten Fragen gehören zum Beispiel:

1. Wahl der konkreten Kennziffern zur Messung des geplanten und des tatsächlichen Effekts der neuen Technik und das Problem der Verbindung des projektierten, das heißt erwarteten Effektes mit dem geplanten und tatsächlich erzielten Effekt,
2. Planung des Effekts der neuen Technik auf den verschiedenen Ebenen des hierarchisch gegliederten Systems der Leitung und Planung der Volkswirtschaft,
3. Detaillierte Berechnung der mit der Einführung der neuen Technik in die Betriebe verbundenen Ergebnisse.

Unter den gegenwärtigen Bedingungen, die durch vorrangige Ausnutzung der intensiven Faktoren des ökonomischen Wachstums gekennzeichnet sind, sind die Ergebnisse der Produktionstätigkeit in immer größerem Maße vom Niveau der angewendeten Technik und Technologie abhängig. Das erfordert in der Planungspraxis und zur Einschätzung der ökonomischen Tätigkeit der Betriebe, Vereinigungen und Zweige eine umfassende Berücksichtigung des Einflusses der neuen Technik und Technologie in den ökonomischen Kennziffern. Das bestehende System der Planung und Berichterstattung trägt dem jedoch noch nicht Rechnung, da für die Planausarbeitung und Berichterstattung über die geleistete Arbeit der Betriebe Kennziffern fehlen, die diesen Einfluß ohne eine Überlagerung durch Faktoren, sowohl der intensiven als auch der extensiven, widerspiegeln würden. Als Folge davon verschwindet das wichtigste Element der materiellen Produktion – die neue Technik – aus der planmäßigen Leitung.

Wie bekannt, gehören zu den grundlegenden Plankennziffern seit der Wirtschaftsreform in der Industrie der UdSSR der Umfang der realisierten Produktion, der Gewinn und die Rentabilität (Verhältnis von erzieltem Gewinn zur Summe der Grund- und Umlauffonds). Da die Aufwendungen für neue Technik und Technologie unmittelbar den Wert der Grundfonds und teilweise den Wert der Umlauffonds erhöhen, aber eine Berücksichtigung der ökonomischen Folgen der durchgeführten technischen Maßnahmen in der Produktion nur zum Teil erfolgt, entsteht sehr häufig die Illusion, daß die entsprechenden Maßnahmen nicht effektiv sind. Das hängt auch damit zusammen, daß die negative Wirkung der Verteuerung der Fonds sofort sichtbar ist, während der positive Einfluß der neuen Technik auf den Gewinn nicht direkt zum Ausdruck kommt, da der Gewinn durch die Wirkung einer Vielzahl von Faktoren der Produktion gebildet wird. Diese Situation führt objektiv zur Herausbildung des Widerspruchs zwischen volkswirtschaftlichen Interessen und den Interessen der Betriebe bei der Verwirklichung des technischen Fortschritts.

Bei der Anwendung von Kennziffern des geplanten und tatsächlichen Effektes der neuen Technik in der Wirtschaftspraxis ergeben sich die folgenden Vorzüge: *Erstens* wird dadurch eine Verbesserung der Leitung des wissenschaftlich-technischen Fortschritts und folglich eine Erhöhung seiner Effektivität ermöglicht. Der wissenschaftlich-technische Fortschritt ist nicht Selbstzweck, sondern dient als Mittel zur Steigerung der Effektivität der gesellschaftlichen Produktion und einer noch besseren Befriedigung der materiellen und kulturellen Bedürfnisse. Das Problem der Leitung des wissenschaftlich-technischen Fortschritts wird so in zunehmendem Maße zu einem Problem der komplexen Leitung der Effektivität der neuen Technik. *Zweitens* kann dadurch die Planung der neuen Technik besser mit den anderen Planteilen auf allen Leitungsebenen der Volkswirtschaft verbunden werden. Wenn zum Beispiel Maßnahmen des Plans der neuen Technik mit den Materialbilanzen der Ausrüstungen, mit dem Produktionsplan und dem Plan der Verteilung der Erzeugnisse koordiniert werden, dann ist es möglich, Planung und Kennziffern des Effektes der neuen Technik auf der Ebene der Volkswirtschaft mit dem Plan der Produktion und Verteilung des Nationaleinkommens abzustimmen. *Drittens* darf die materielle Stimulierung der Einführung der neuen Technik nicht auf der Basis des berechneten projektierten Effektes verwirklicht werden, sondern muß auf der Grundlage des geplanten und tatsächlichen Effektes vorgenommen werden. Die Einführung solcher Effekte in die Leitung der Volkswirtschaft schafft eine zuverlässigere Basis zur Stimulierung des technischen Fortschritts.

Viertens muß die Berechnung der sogenannten oberen Preisgrenze für die neue Technik, die eine entscheidende Rolle bei der Preisbildung in der gegenwärtigen Etappe der Wirtschaftsentwicklung der UdSSR spielt, unter Anwendung des geplanten und nicht des projektierten Effektes erfolgen. Gegenwärtig wird die obere Preisgrenze für neue Erzeugnisse, die eine produktionstechnische Bedeutung in der Volkswirtschaft der UdSSR besitzen, auf der Grundlage des projektierten volkswirtschaftlichen Effektes festgelegt. Dieser Effekt, der im Projektierungsstadium der neuen Technik bestimmt wird, wird häufig zu hoch angesetzt. Dadurch sinkt das Niveau der laufenden Preise im Hinblick auf ihre Kompensation mit dem künftigen Anwendereffekt.

Fünftens besitzt der ökonomische Effekt der neuen Technik wie jede Wertkennziffer die Eigenschaft, daß er die Betriebe der verschiedenen Industriezweige vergleichbar macht. Dadurch wird es möglich, die Effekte der Einführung von Techniken der verschiedensten Art zu summieren und die Ergebnisse, die mit der neuen technischen Entwicklung in den verschiedenen Industriezweigen erreicht wurden, untereinander zu vergleichen.

Sechstens kann durch die Einführung der Kennziffern des geplanten und tatsächlichen Effektes der neuen Technik das aktuelle und methodisch komplizierte Problem leichter gelöst werden, bei dem es darum geht, den Beitrag, den der wissenschaftlich-technische Fortschritt bei der Effektivitätserhöhung der gesellschaftlichen Produktion leistet, zu messen. Bisher wurden die Produktionsfunktionen zur Lösung eines solchen Problems herangezogen. Bei den Produktionsfunktionen wird davon ausgegangen, daß das Wachstum des Nationaleinkommens das Ergebnis des Wirkens von drei Faktoren ist: der Erhöhung der Beschäftigtenzahl in der materiellen Produktion, der Erweiterung der Produktionsfonds und des parallel dazu wirkenden technischen Fortschritts. Jedoch bildet der wissenschaftlich-technische Fortschritt in den Produktionsfunktionen keinen selbständigen, unabhängigen Faktor. Er zeigt sich in der Erhöhung des technischen Niveaus der Fonds und des Qualifikationsniveaus der Beschäftigten in der materiellen Produktion. Bekannt sind auch die dabei auftretenden Schwierigkeiten einer Faktorenanalyse in bezug auf die Ergebnisse der gesellschaftlichen Produktion. Wenn den Plänen und der Berichterstattung Kennziffern des ökonomischen Effektes der Einführung der neuen Technik zugrunde gelegt werden, so kann man, wenn diese Kennziffern über die Betriebe aller Zweige der Volkswirtschaft summiert werden, den geplanten und tatsächlichen Zuwachs des Nationaleinkommens, der der neuen Technik geschuldet ist, ermitteln. *Siebentens* ermöglicht der Vergleich zwischen dem projektierten (erwarteten) volkswirtschaftlichen Effekt und seiner tatsächlichen Realisierung, der nach den Elementen des Effektes (Selbstkosten, spezifische Investitionen, Umfang der Einführung) und nach seiner Realisierungsdauer vorgenommen werden kann, die Mängel, die der ökonomischen Begründung von Forschung und Entwicklung zugrunde liegen, sowie die tatsächlichen Schwierigkeiten, die bei der Einführung der neuen Technik auftreten, aufzuzeigen. Zugleich kann auch das Instrumentarium zur Berücksichtigung der Unbestimmtheit des erwarteten Effektes als einer objektiven Eigenschaft technischer Entwicklungen vervollkommnet werden.

Kennziffern zur Messung des geplanten und des tatsächlichen Effekts

Der ökonomische Effekt der neuen Technik kann, abgesehen von seiner Einteilung in projektierten, geplanten und tatsächlichen Effekt, der sich in Abhängigkeit vom Stadium der Leitung des wissenschaftlich-technischen Fortschritts ergibt, einer weiteren Klassifikation unterzogen werden. Diese Klassifikation kann nach den von ihm widergespiegelten ökonomischen Interessen (volkswirtschaftlichen und betrieblichen) sowie auch nach der Methodologie seiner Bestimmung (vergleichend und absolut) erfolgen. Der volkswirtschaftliche Effekt wird im Stadium der Forschungs- und Entwicklungstätigkeit sowie der Projektierungs- und Konstruktionsarbeiten bestimmt. Das ist der berechnete voraussichtliche Effekt, den der Staat erhalten soll, wenn die neue Technik unter solchen Bedingungen angewendet wird, von denen bei ihrer Konstruktion ausgegangen wurde. Von der Größe dieses berechneten Effektes hängt einerseits die Höhe der Prämie für die Schöpfer der neuen Technik ab, und andererseits dient sie als Basis für die Preisfestlegung der neuen Technik. In den meisten Fällen wird der berechnete volkswirtschaftliche Effekt später nicht kontrolliert und nicht überprüft. Er bleibt damit der berechnete Effekt, der für die genannten Ziele bestimmt wurde. Da in den Betrieben keine systematische Erfassung der Aufwendungen und Einsparungen für die verschiedenen Ausrüstungsarten durchgeführt wird, tritt der berechnete volkswirtschaftliche Effekt nicht in den Produktionsplänen auf und kann mit dem tatsächlichen Effekt nicht verglichen werden. Er ist in den für die neue Technik erarbeiteten technischen Dokumentationen der Entwicklungsinstitute verankert. Damit die Kennziffern des geplanten und tatsächlichen Effektes die materielle Produktion beeinflussen, muß es sich um Kennziffern der wirtschaftlichen Rechnungsführung handeln. Wenn nur der volkswirtschaftliche Effekt der neuen Technik geplant und berechnet wird, ist es nicht möglich, den Planteil „Entwicklung von Wissenschaft und Technik“ mit allen übrigen Planteilen zu verbinden. Somit ist der volkswirtschaftliche ökonomische Effekt seiner Natur nach ein potentieller Effekt. Jedoch trifft diese für das Stadium der Forschungsarbeiten und der Versuchs- und Konstruktionsarbeiten notwendige Bedingung für die Planungsorgane und Betriebe nicht zu. Letztere haben es mit der konkret zu ersetzenden und neu einzuführenden Technik zu tun, wobei die zu ersetzende Technik in den verschiedenen Betrieben ein recht unterschiedliches technisches Niveau haben kann. Die Effektivitätskennziffern müssen zeigen, welchen realen Nutzen der Betrieb entsprechend dem Plan oder tatsächlich, das heißt im Ergebnis der Verwirklichung der technischen Maßnahmen, erzielt.

Nach der gebräuchlichen Methode der statistischen Abrechnung ist bei der Berechnung des volkswirtschaftlichen Effektes ein überhöhter Ausweis durch Summierung über die Betriebe unvermeidlich, und zwar infolge doppelter Erfassungen der Effekte beim Hersteller und Anwender der neuen Technik. Der Herstellerbetrieb weist bei der Abrechnung den jährlichen volkswirtschaftlichen Effekt unter der Rubrik „Aufnahme neuer Arten der industriellen Fertigung“ aus, während der Anwenderbetrieb, der die neue Technik für die Mechanisierung und Automatisierung ausnutzt, den jährlichen volkswirtschaftlichen Effekt unter „Einführung der neuen Technik zur Mechanisierung und Automatisierung der Produktion“ ausweist. Bei der Summierung des jährlichen Effektes nach den Maßnahmen, Industriezweigen oder Unionsrepubliken kommt es zu einer Doppelzählung, die die Effektivität der neuen Technik stark überhöht. Bei der Summierung der auf der wirtschaftlichen Rechnungsführung basierenden Effekte der neuen Technik beim Hersteller und beim Anwender – Ausdruck der zwei Teile des volkswirtschaftlichen Effektes – kann eine Doppelzählung nicht auftreten.

Der *betriebliche Effekt* (geplanter und tatsächlicher) *der neuen Technik* stellt den Zuwachs des Reingewinns der Betriebe im Ergebnis der Einführung der neuen Technik dar. Die Ausnutzung der Kategorie Gewinn als Kennziffer des Effektes der neuen Technik ermöglicht es, die Berechnung der Effektivität mit den Kennziffern der Wirtschaftstätigkeit zu verbinden.

Es ist zu beachten, daß auf Grund seiner Entstehung der Effekt beim Hersteller und beim Anwender der neuen Technik vom Wesen her verschieden ist. Beim Hersteller ist die neue Technik das Endprodukt, aus diesem Grunde erhöht sich sein Reingewinn durch das Wirken von zwei Faktoren, durch die Verminderung der Aufwendungen des Betriebes beim Übergang von der Herstellung der alten Technik zur neuen Technik und durch die Erhöhung der Gebrauchseigenschaften der neuen Technik, soweit dies im Preis für die neue Technik seine Widerspiegelung findet. Aber auch der Teil des Gewinnzuwachses, der im Vergleich zur alten Technik durch einen Aufschlag auf den Preis für die neue Technik erreicht wird, ist seinem Wesen nach Einsparung an Aufwand, und zwar ein Teil der Einsparung an Aufwand beim Anwender, der zwischen Hersteller und Anwender der neuen Technik mit Hilfe des Preismechanismus neu verteilt wird. Die Kennziffer des Herstellereffektes der neuen Technik kann folgendermaßen dargestellt werden:

$$E_{\text{Herst.}} = (P_n - S_n - r_F F_n - R_n) - (P_h - S_h - r_F F_h - R_h) - r_K \cdot K. \qquad (1)$$

Dabei bedeuten:

P_h und P_n – Umfang der Produktion der herkömmlichen und der neuen Technik im gegebenen Jahr zu gegebenen Großhandelspreisen,

S_h und S_n – Selbstkosten der Gesamtproduktion an herkömmlicher und neuer Technik,

F_h und F_n – Produktionsfonds des Betriebes, mit deren Hilfe die Herstellung der herkömmlichen und der neuen Technik gewährleistet wird,

r_F – durchschnittliche Rate der Fondsabgabe,

R_h und R_n – feste Abführungen an den Staatshaushalt,

r_K – Rate für die Kredittilgung,

K – Umfang des ungetilgten Teils des Kredits, den der Betrieb für die Einführung der neuen Produktion (der neuen Technik) erhält.

In Formel (1) finden sich zwei Aufwandsarten:

Aufwendungen der Betriebe für die Herstellung der herkömmlichen und der neuen Technik (Selbstkosten, zusätzliche Investitionen) und verschiedene

Abführungen an den Staatshaushalt (Fondsabgabe, Abführung für die Kredittilgung, Sozialleistungen). Ungeachtet dessen, daß das Wesen beider Aufwandsarten unterschiedlich ist (erstere stellen tatsächliche Aufwendungen dar, während letztere nur eine Form der Umverteilung des Mehrprodukts sind), sind für die Betriebe – als kleinste nach den Prinzipien der wirtschaftlichen Rechnungsführung arbeitenden Wirtschaftseinheit – beide Arten Aufwendungen. Für den Anwender der neuen Technik resultiert der Gewinnzuwachs aus der Einsparung an Aufwand, die bei der Produktion der Erzeugnisse mit Hilfe der neuen Technik im Vergleich zur Produktion analoger Erzeugnisse mittels der herkömmlichen Technik möglich wird.

Der prinzipielle Unterschied der Bildung des ökonomischen Effektes beim Anwender ist der, daß die neue Technik hier nicht das Ergebnis der Produktion ist, sondern ein Mittel zur Herstellung anderer Erzeugnisse dient. Die Grundgleichung zur Berechnung des geplanten und tatsächlichen Effektes, der durch Anwendung der neuen Technik beim Anwender entsteht, ist aus Formel (2) ersichtlich.

$$E_{\text{Anw.}} = Q(H_h - H_n) - r_K \cdot K_F - r_F\,(F_n - F_h). \tag{2}$$

Dabei bedeuten:

Q – Umfang der Produktion von Erzeugnissen oder der ausgeführten Arbeiten mit Hilfe der neuen Tehnik,

H_h und H_n – Selbstkosten zur Herstellung einer Erzeugniseinheit oder der ausgeführten Arbeiten mit Hilfe der entsprechenden herkömmlichen und neuen Technik, die durch die sich verändernden Aufwendungen bei der Anwendung der neuen Technik bestimmt werden,

F_h und F_n – Produktionsfonds des Anwenders in Varianten der herkömmlichen und der neuen Technik,

r_F – Rate der Produktionsfondsabgabe,

r_K – Tilgungsrate für den Bankkredit,

K_F – Umfang des ungetilgten Kreditteils.

Der Vorschlag, den betrieblichen Effekt der neuen Technik in eine Plankennziffer mit Direktivcharakter umzuwandeln, bedeutet jedoch nicht, daß die *Kennziffer des volkswirtschaftlichen Effektes* aufgehoben werden soll. Diese Kennziffer muß wegen ihrer Bedeutung als analytische Berechnungskennziffer beibehalten werden. Die Bestimmung der tatsächlichen Effektivität der neuen Technik kann bei der Leitung des wissenschaftlich-technischen Fortschritts dazu dienen, eine Rückkopplungsfunktion von der praktischen Anwendung der neuen Technik zur Forschung und Entwicklung (im Zyklus Wissenschaft–Produktion–Konsumtion) zu erfüllen. Es entsteht damit die Möglichkeit zu überprüfen, ob die Bestimmung des projektierten (erwarteten) Effektes richtig war, auf dessen Basis die Entscheidung über die Herstellung der neuen Technik getroffen wurde, und die ökonomische Begründung der technischen Politik im jeweiligen Industriezweig erfolgte. Da der projektierte (erwartete) Effekt auf Grund der Interessen, die er zum Ausdruck bringt, ein volkswirtschaftlicher Effekt ist, muß er durch den tatsächlichen Effekt der neuen Technik kontrolliert werden.

Erste Versuche zur Bestimmung des tatsächlichen Effektes der neuen Technik zeigen, daß Effektivitätsberechnungen, die der technischen Politik einzelner Zweige zugrunde lagen, in einer Reihe von Fällen zu falschen Entscheidungen führten. So begann zum Beispiel das Bergwerk „Zentralnij" des Kombinates „Appatit" im Gebiet Murmansk 1968 Bagger mit einem Fassungsvermögen von 4,6 m³ (EKG 4,6 B) durch Bagger mit einem Fassungsvermögen von 8 m³ (EKG 8 I) zu ersetzen. Die tatsächliche Produktivität der neuen Bagger lag – ungeachtet des größeren Fassungsvermögens der neuen Schaufeln und des geringeren Verschleißes – insgesamt nur um 2 Prozent höher als bei den alten. Die spezifischen Investitionen je neues Baggermodell und die laufenden Aufwendungen für seine Anwendung erwiesen sich als bedeutend höher (vgl. Tabelle 1).

Tabelle 1
Kennziffern der tatsächlichen Effektivität von zwei im Kombinat „Appatit" angewendeten Baggermodellen

Baggermodell	Herstellungsjahr	Jahresproduktion einer Maschine in 1000 m³ 1973	Laufende Aufwendungen je 1000 m³ Erdmasse in Rubel	Spezifische Investitionen je 1000 m³ Erdmasse in Rubel	Reduktionsaufwand je 1000 m³ Erdmasse in Rubel
EKG 4,6 B	1967–1968	891	730	166	750
EKG 8 I	1968–1972	907	795	416	846
Kennziffern EKG 8 zu den Kennziffern EKG 4,6 in Prozent		101,8	108,9	250,6	112,8

Entsprechende Berechnungen weisen darauf hin, daß auch bei grundlegenden Verbesserungen der Produktionsorganisation künftig in dem entsprechenden Tagebau die Anwendung des Baggers EKG 4,6 B vorteilhafter ist als die

Anwendung des Baggers EKG 8 I, sowohl unter volkswirtschaftlichem als auch unter betrieblichem Aspekt gesehen. Es wurde errechnet, daß die „Wiedereinführung“ der alten Bagger dem Betrieb bis 1985 einen betrieblichen Effekt von 10,3 Millionen Rubel erbringen würde.

Im Planteil „Wissenschaft und Technik“ der Jahres- und Fünfjahrpläne ist die Bestimmung des ökonomischen Effektes technischer Maßnahmen auf der Basis entsprechender Kennziffern vorgesehen. Diese Kennziffern haben jedoch mehr statistischen Charakter, sie dienen nicht der Einschätzung der Planerfüllung, sondern nur zur Fixierung von Maßnahmen der Einführung der neuen Technik. Die Aufgabe besteht deshalb darin, die Kennziffer des ökonomischen Effektes der neuen Technik in eine grundlegende Plankennziffer auf allen Ebenen der Planung zu verwandeln. Um die Kontrolle ihrer Erfüllung zu gewährleisten, ist eine sorgfältige Berechnung des Effektes erforderlich. Eine wichtige Voraussetzung für die Planung der mit der Einführung der neuen Technik verbundenen ökonomischen Ergebnisse ist die klare Bestimmung der Maßnahmen in Abhängigkeit von der Ebene, auf der die Entscheidungen getroffen werden:

1. Maßnahmen der Volkswirtschaftspläne sowie der Pläne der Ministerien und Verwaltungen für die gesamte UdSSR und im Rahmen der Unionsrepubliken,
2. Maßnahmen in den Plänen der Betriebe und Vereinigungen.

Als Kriterium für die Einbeziehung der Maßnahmen in den Plan dieser oder jener Ebene kann die vollständige Realisierung dieser Maßnahmen durch das entsprechende Leitungsorgan (Betrieb, Ministerium) dienen, einschließlich der Möglichkeiten zur Herstellung von direkten wirtschaftlichen Beziehungen zwischen den Herstellern und Anwendern der neuen Technik. Maßnahmen, die durch jeden Betrieb, zweckmäßigerweise jedoch in vielen Betrieben gleichzeitig zu verwirklichen sind, sind in die Pläne einer höheren Ebene aufzunehmen. Schließlich kann als drittes Kriterium die Größe des projektierten Effektes, auf dessen Grundlage eine Entscheidung über die Realisierung einer bestimmten Maßnahme getroffen wurde, angesehen werden. Um die Kontrolle für besonders effektive Maßnahmen zu verstärken, sollten Grenzen des Effektes festgelegt werden, die die Zurechnung einer Maßnahme zu einer bestimmten Ebene ermöglichen: So sollten zum Beispiel alle Maßnahmen, die einen langfristigen ökonomischen Effekt von mehr als 5 Millionen Rubel gewährleisten, in den Volkswirtschaftsplan der UdSSR aufgenommen werden und Maßnahmen von 1 bis 5 Millionen Rubel in den Plan der Ministerien oder Behörden. Im Plan jeder Ebene ist zweckmäßigerweise eine Maßnahmenliste zu bestätigen, die über den Umfang der Einführung, die Investitionen für die Realisierung, unter Angabe der Finanzierungsquellen (Staatshaushalt, Bankkredite, zentralisierte Fonds) und den ökonomischen Effekt – Zuwachs des Gewinns der Betriebe durch Einführung der neuen Technik – Auskunft gibt. Dabei sollte jeder Plan aus zwei Abschnitten bestehen, aus dem eigentlichen

Volkswirtschaftsplan zur Einführung der wichtigsten Errungenschaften des wissenschaftlich-technischen Fortschritts mit Angabe von Terminen, ausführenden Organen, notwendigen Aufwendungen und dem geplanten Effekt, und den Aufgaben der Ministerien und Behörden entsprechend der Größe des geplanten Effektes der technischen Maßnahmen, die auf der Basis dieser Pläne oder der Betriebspläne verwirklicht werden.

Im Stadium der Entwicklung der neuen Technik, der Erprobung von Versuchsmustern, erfolgt die letzte präzisierte Berechnung des projektierten Effektes, auf dessen Grundlage die Entscheidung über die Einbeziehung der gegebenen Maßnahme in den Plan getroffen wird. Gleichzeitig wird nach den entsprechenden Regelungen der Preis für die neue Technik festgelegt. Die Bestimmung des planmäßigen Effektes (Gewinnzuwachs) erfolgt im Stadium der Einbeziehung einer bestimmten Maßnahme in den Plan. Hierbei wird von einer veränderten Basis ausgegangen. Die Berechnung des geplanten Effekts erfolgt auf der Grundlage folgender Information:

1. Bei der Produktion der neuen Technik nach

- dem festgelegten Abgabepreis und nach dem im Plan vorgesehenen Produktionsumfang der neuen Technik,
- dem Abgabepreis der vorhandenen Basistechnik,
- dem Aufwand der Betriebe für die Entwicklung und Beherrschung der Produktion der neuen Technik.

2. Bei der Anwendung der neuen Technik nach

- den Selbstkosten der Erzeugnisse oder der Erfüllung einer bestimmten Arbeit des Anwenders mit Hilfe der neuen Technik, die aus der Berechnung des projektierten Effektes im letzten Stadium seiner Berechnung übernommen werden,
- den Planangaben über die Selbstkosten der Erzeugnisse oder der Erfüllung einer Arbeit bei der weiteren Anwendung der vorhandenen Technik,
- dem im Plan zur Einführung vorgesehenen Objekt der neuen Technik. Selbstverständlich kann die Planung des ökonomischen Effektes nur unter der Bedingung realisiert werden, daß die Berechnung des tatsächlich erreichten Effektes vorgenommen wird.

Ausgehend von dem Beschluß des ZK der KPdSU und des Ministerrates der UdSSR vom 24. September 1968 „Über die Maßnahmen zur Erhöhung der Effektivität der Arbeit der wissenschaftlichen Einrichtungen und zur schnelleren Ausnutzung der Errungenschaften von Wissenschaft und Technik in der Volkswirtschaft“, wurden in den Jahren 1969 und 1974 neue Richtlinien für die Berichterstattung in der Industrie, insbesondere hinsichtlich der Berechnung des tatsächlichen Effektes der neuen Technik eingeführt. In den Richtlinien von 1974 wurde die Einführung von Kontenkarten vorgesehen, auf denen für jede Maßnahme die Produktionsaufwendungen zu fixieren sind, die durch das betriebliche Rechnungswesen zu erfassen sind. Wie die Praxis zeigt, wird in den Betrieben in der Mehrzahl der Fälle nicht danach verfahren. In einigen Betrieben wird anstelle des tatsächlichen Effektes der neuen Technik der projektierte ökonomische Effekt ausgewiesen. Offensichtlich können auf der Grundlage solcher Daten keine Schlußfolgerungen über die Effektivität der neuen Technik gezogen werden. Um die Berechnung der tatsächlichen Effektivität der neuen Technik auf eine gesicherte Grundlage zu stellen, ist es notwendig, im Rahmen des betrieblichen Rechnungswesens ein besonderes Kennziffernsystem zu schaffen, in dem die Berechnung von Aufwand und Ergebnis der Einführung der neuen Technik erfolgt. Entsprechende Erfahrungen von Experten bestätigen die Notwendigkeit der Schaffung eines solchen Untersystems sowie die praktische Durchführbarkeit der Berechnungen. Bei der Ausarbeitung von automatisierten Leitungssystemen der Betriebe sollte daher ein solches Untersystem zur Leitung des wissenschaftlich-technischen Fortschritts von vornherein berücksichtigt werden.

Beim Hersteller der neuen Technik entsteht praktisch kein Problem bei der tatsächlichen Berechnung des Aufwandes, da für jedes Erzeugnis, darunter auch für Erzeugnisse in kleinen und kleinsten Serien, Vor- und Nachkalkulationen aufgestellt werden. Ebenso existieren Angaben über Investitionen, die zur Überführung neuer Erzeugnisse in der Produktion erforderlich sind. Probleme der Aufwandsermittlung treten vor allem beim Anwender der neuen Technik auf. Die größten Schwierigkeiten entstehen bei der Bestimmung der laufenden Aufwendungen bei der Ausnutzung der alten und der neuen Technik. Denn auf das Gesamtergebnis der Arbeit, zum Beispiel in einer Werkabteilung, hat eine Vielzahl von Faktoren einen Einfluß, die nicht mit der neuen Technik in Verbindung stehen.

2.6. Methodologie der direkten Bewertung des Einflusses des wissenschaftlich-technischen Fortschritts auf die Effektivität der gesellschaftlichen Produktion

Mit dem Problem der Bestimmung des Einflusses von Wissenschaft und Technik auf die Effektivität der gesellschaftlichen Produktion beschäftigt sich die Wissenschaft bereits seit etwa einem Vierteljahrhundert. In der UdSSR und anderen Ländern wurde eine Reihe von Methoden dafür vorgeschlagen. Als Grundlage dieser Methoden dienen verschiedene Modifikationen der Produktionsfunktionen. Diese Funktionen weisen einige ernsthafte Mängel auf, die ihre Anwendungsmöglichkeiten bei der Bewertung des Einflusses des wissenschaftlich-technischen Fortschritts einschränken.

Die Bewertung des Nutzeffekts erfordert die Berücksichtigung einer großen Anzahl von Faktoren, die auf die Hauptkennziffer des Nutzeffekts der gesellschaftlichen Produktion – Erhöhung des Nationaleinkommens – einwirken. In erster Linie handelt es sich um Faktoren, wie Menge und Qualifikation der

Arbeit in der materiellen Produktion, der Quantität und Qualität der Technik, Verbesserung der Technologie und der Produktionsorganisation sowie des Ausnutzungsgrades der Naturressourcen. Produktionsfunktionen können wegen des Widerspruchs zwischen dem Umfang des statistischen Materials, das zur Berechnung erforderlich ist, und der Veränderlichkeit der Wirkung der verschiedenen Faktoren auf das Nationaleinkommen unter den Bedingungen der ständigen Entwicklung und Vervollkommnung der Volkswirtschaft, keine stabilen Resultate gewährleisten. Die Produktionsfunktionen gestatten, Durchschnittswerte für den Nutzeffekt der zu untersuchenden Faktoren für einen bestimmten Zeitraum zu ermitteln. Dabei muß dieser Zeitraum um so größer sein, je größer die Anzahl der zu berücksichtigenden Faktoren ist. Die Dauer des Zeitraumes in Jahren muß mindestens sechs- bis achtmal größer sein als die Anzahl der zu berücksichtigenden Faktoren. Gleichzeitig besteht bei der Berechnung der Produktionsfunktionen die Forderung nach Unveränderlichkeit des Mechanismus der zu bewertenden Beziehungen und des Charakters der Produktion im Verlauf der zu untersuchenden Periode. Die Erfüllung dieser widersprüchlichen Forderungen ist bei mehr als fünf bis sechs zu berücksichtigenden Faktoren unter den Bedingungen der dynamischen sozialistischen Wirtschaft nicht möglich.

Auf Grund dessen basiert die hier vorgeschlagene Methodik zur Bewertung des Einflusses von Wissenschaft und Technik auf die Erhöhung des Nationaleinkommens auf einer direkten Messung des Nutzeffekts der Wirkung eines jeden der zu berücksichtigenden Faktoren. Bei einem solchen Vorgehen kann die Zahl der Faktoren ziemlich groß sein, und die Berechnungsergebnisse sind äußerst stabil gegenüber kleinen Veränderungen der Ausgangsdaten.

Das *Wesen dieser Methode* besteht in folgendem: Auf der Grundlage bestimmter Auswahlkriterien (globale Wirksamkeit, Beständigkeit der Wirkung, Meßbarkeit, Wahrnehmbarkeit der Größe) erfolgt die Auswahl und die nachfolgende Gruppierung der Faktoren, die die Steigerung der gesellschaftlichen Arbeitsproduktivität und des Nationaleinkommens beeinflussen. Die Faktoren des wissenschaftlich-technischen Fortschritts wurden ausgehend vom Inhalt dieses Prozesses ausgewählt. Unter wissenschaftlich-technischem Fortschritt ist im Sozialismus die planmäßige Schaffung und Anwendung neuer wissenschaftlicher Kenntnisse, neuer Technik, Technologien, Materialien, neuer Formen und Methoden der Organisation und Leitung der gesellschaftlichen Prozesse in allen Bereichen der Gesellschaft zu verstehen, die Verbreitung der traditionellen Technik und Technologie zur Erleichterung und Verbesserung der Arbeitsbedingungen sowie zur Beseitigung der schweren körperlichen Arbeit, die Erhöhung des Bildungsniveaus der Bevölkerung und der Qualifikation der Beschäftigten zur Befriedigung der wachsenden materiellen und geistigen Bedürfnisse der Mitglieder der Gesellschaft.

Die Veränderung der Menge der in der Sphäre der materiellen Produktion aufgewendeten lebendigen Arbeit, die durch den Anstieg der Beschäftigten-

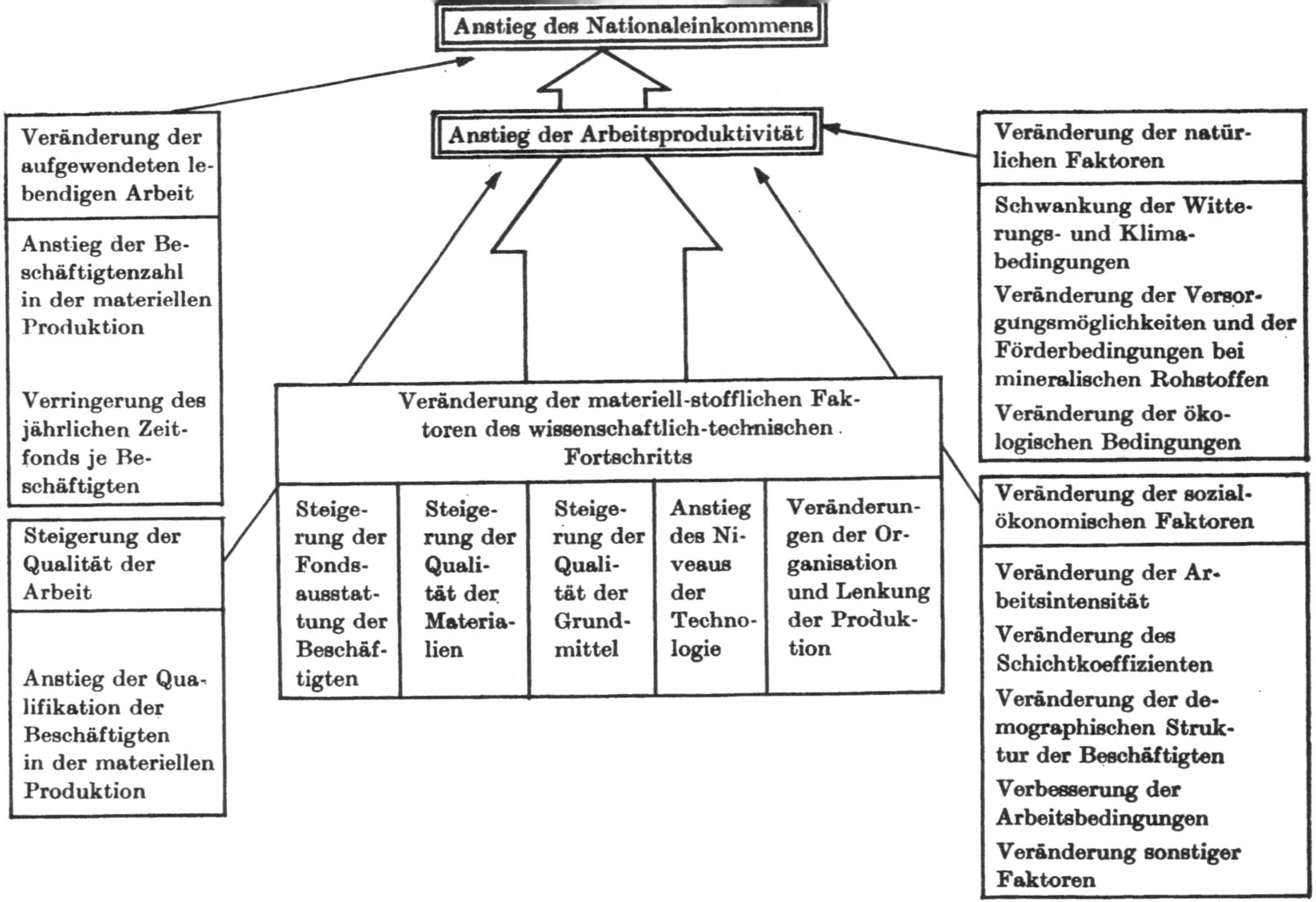

Abb. 1: Schema des Einflusses des wissenschaftlich-technischen Fortschritts und anderer Faktoren auf den Anstieg des produzierten Nationaleinkommens

zahl in der materiellen Produktion und durch den jährlichen Arbeitszeitfonds gemessen wird, wirkt sich direkt auf das Nationaleinkommen aus. Die übrigen Faktoren beeinflussen das Nationaleinkommen über die gesellschaftliche Arbeitsproduktivität. Zu den wichtigsten Faktoren, die die Arbeitsproduktivität beeinflussen, gehören Qualifikation der Arbeitskräfte, Entwicklungsniveau der Wissenschaft und Technik sowie die gesellschaftlichen und natürlichen Bedingungen, unter denen die Arbeitskräfte und Produktionsmittel wirken. Unter Berücksichtigung dieser Faktoren wird folgendes Schema der Einflußfaktoren vorgeschlagen (vgl. Abbildung 1).

Bei Berechnungen nach der direkten Methode ist es notwendig, alle Komponenten des wissenschaftlich-technischen Fortschritts auf volkswirtschaftlicher Ebene zu erfassen. Deshalb wird die neue Technik im Maßstab der gesellschaftlichen Produktion untersucht. Folglich versteht man unter der Steigerung der Qualität der neuen Technik die Verbesserung ihrer Parameter gegenüber denen der gesamten in dem jeweiligen Jahr eingesetzten Technik. Für die Makroebene wird der Begriff „volkswirtschaftliche Technologie" verwendet, worunter die Gesamtheit aller technologischen Prozesse der gesellschaftlichen Produktion, die im jeweiligen Zeitabschnitt wirksam sind, zu verstehen ist. Der Stand der volkswirtschaftlichen Technologie wird durch ihr Niveau charakterisiert, unter dem die Energie-, Material- und Arbeitsaufwendungen sowie die Aufwendungen an Produktionsanlagefonds für die Produktion des gesellschaftlichen Gesamtprodukts und des Nationaleinkommens zu verstehen sind. Eine Veränderung dieser Aufwendungen führt zur Veränderung des Nationaleinkommens.

Faktoren, die den Anstieg der gesellschaftlichen Arbeitsproduktivität beeinflussen, befinden sich untereinander in einer gewissen wechselseitigen Abhängigkeit. Daher ist es äußerst kompliziert, die Wirkung eines Faktors in reiner Form zahlenmäßig gesondert zu bewerten. Ausführlicher kann diese Frage am Beispiel der materiell-stofflichen Faktoren des wissenschaftlich-technischen Fortschritts behandelt werden, deren Wechselbeziehungen in Abbildung 2 dargestellt sind.

Das Niveau der volkswirtschaftlichen Technologie übt entscheidenden Einfluß auf die Qualität der Materialien, die Wirtschaftlichkeit ihrer Bearbeitung und ihrer Verwendung aus. Niveauveränderungen der Technologie führen zu Veränderungen der Qualität und des Wertes der Technik und dementsprechend der Ausstattung der Arbeitskräfte mit Grundfonds sowie des Niveaus der Organisation und Leitung der Produktion. Die Qualität der Technik hängt in gewissem Grade von der Verwendung neuer progressiver Materialien ab. Schematisch sind diese Wechselbeziehungen in Abbildung 2 durch die gegenseitige Überschneidung der Kreise dargestellt, von denen jeder die Wirkung eines Faktors ausdrückt.

Die Niveauänderung der volkswirtschaftlichen Technologie (U_t) kann teilweise direkt gemessen werden. Das betrifft den Teil U_t in Abbildung 2, der

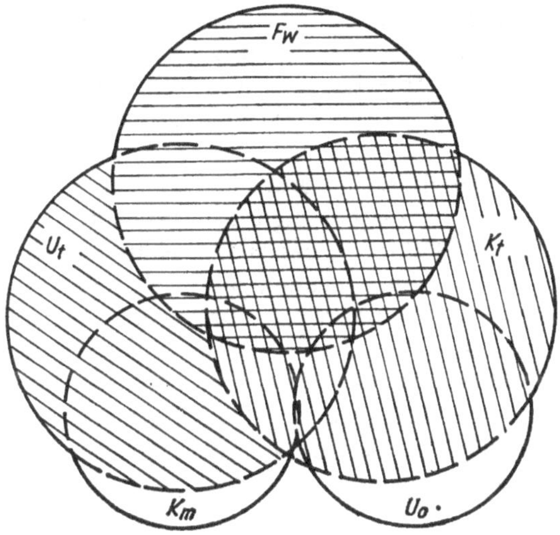

Abb. 2: **Schema der Wechselbeziehungen zwischen den materiell-stofflichen Faktoren des wissenschaftlich-technischen Fortschritts, deren Einfluß auf die Steigerung der gesellschaftlichen Arbeitsproduktivität und des Nationaleinkommens berücksichtigt wird**

Dabei bedeuten:

F_w – Anstieg der Fondsausstattung der Beschäftigten,
K_t – Steigerung der Qualität der Technik,
U_t – Anstieg des Niveaus der Technologie,
K_m – Steigerung der Qualität der Materialien,
U_0 – Veränderung des Niveaus von Organisation und Leitung der Produktion.

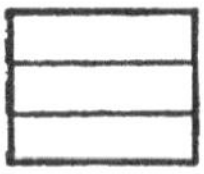
– Berücksichtigung des Einflusses des wissenschaftlich-technischen Fortschritts auf die Steigerung des Nationaleinkommens durch die Fondsausstatung der Beschäftigten in der materiellen Produktion (vgl. Formel 5),

– Berücksichtigung des Einflusses des wissenschaftlich-technischen Fortschritts auf die Steigerung des Nationaleinkommens durch die Qualitätserhöhung der Technik (vgl. Formel 6),

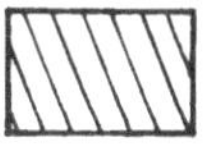
– Berücksichtigung des Einflusses des wissenschaftlich-technischen Fortschritts auf die Steigerung des Nationaleinkommens durch einen Teil des Faktors Niveauerhöhung der Technologie (vgl. Formel 7, 7a, 7b).

nicht von den anderen Faktoren beeinflußt wird. Direkt meßbar sind beispielsweise Energieaufwendungen und Aufwendungen an Grundmaterial, die für die Herstellung des gesellschaftlichen Gesamtprodukts verausgabt werden. Die Analyse zeigt, je höher das Niveau der volkswirtschaftlichen Technologie ist, desto niedriger sind die Energie- und Materialaufwendungen für die Herstellung des gesellschaftlichen Gesamtprodukts und desto größer ist die Steigerung des Nationaleinkommens.

Die Veränderung des Niveaus von Organisation und Leitung der Produktion wird beim derzeitigen Stadium der Untersuchung im Ergebnis der Wirkung der anderen materiell-stofflichen Faktoren des wissenschaftlich-technischen Fortschritts berücksichtigt. Auf der Grundlage der behandelten methodologischen Grundsätze ist das Gleichungssystem für die Messung des Einflusses des wissenschaftlich-technischen Fortschritts und anderer Faktoren auf das Nationaleinkommen aufgebaut, verbunden mit der Darstellung seiner Verwendung und bezogen auf die Volkswirtschaft der UdSSR in den Jahren 1966 bis 1975. Das Gleichungssystem, das die behandelte Methode der Berechnung des wissenschaftlich-technischen Fortschritts beschreibt, sieht folgendermaßen aus:

$$F_1^* = B_L - B_L^*, \quad (1)$$

$$F_2^* = \frac{H_{(t-1)}}{P_{(t-1)} \cdot T_{(t-1)}} \cdot \Delta P \left(T_{(t-1)} + \frac{1}{2} \Delta T \right), \quad (2)$$

$$F_3^* = \frac{H_{(t-1)}}{P_{(t-1)} \cdot T_{(t-1)}} \cdot \Delta T \left(P_{(t-1)} + \frac{1}{2} \Delta P \right), \quad (3)$$

$$F_4^* = \frac{1}{k} \left[(Z_i - Z_p) P \cdot \Delta\gamma + \frac{Z_p - Z_p'}{\varrho - 1} \Delta\varrho P_P \right], \quad (4)$$

$$F_5^* = \Delta\varphi_\varphi \left(E_\varphi - \frac{H_{(t-1)} \cdot \alpha \cdot T_b}{100 \cdot \varphi_{a(t-1)} \cdot T_0} \right), \quad (5)$$

$$F_6^* = \frac{N_{(t-1)} \cdot \frac{\alpha}{T_0} (\Delta\varphi_0 T_0 + \Delta\varphi_p T_b + \Delta\varphi_\varphi \cdot T_b)}{100\, \varphi_{a(t-1)}}, \quad (6)$$

$$F_7^* = B \left(\lambda_1 \cdot \frac{\Delta U_i}{U_i} + \lambda_2 \frac{\Delta U_2}{U_2} \right), \quad (7)$$

$$U_1 = \frac{B}{E_1 + E_2 + E_3}, \quad (7a)$$

$$U_2 = \frac{B}{\sum C_M}, \quad (7b)$$

$$F_8^* = \sum_{i=1}^{m} \Delta H_i \cdot E_i, \quad (8)$$

$$R = \Delta N - \sum_{i=1}^{i=8} F_i^*, \quad (9)$$

$$F_i = F_i^* + \frac{R \cdot F_i^*}{\sum_{i=1}^{i=8} F_i^*}, \quad (10)$$

$$F_{WTF} = F_4 + F_5 + F_6 + F_7. \quad (11)$$

Dabei bedeuten:

F_1^* – Einfluß der Witterungsfaktoren auf den Zuwachs (die Verringerung) des Nationaleinkommens (in Milliarden Rubel),

F_2^* – Einfluß der Beschäftigtenzahl auf den Zuwachs an Nationaleinkommen (in Milliarden Rubel),

F_3^* – Einfluß der Veränderung des jährlichen Arbeitszeitfonds eines Beschäftigten in der materiellen Produktion auf die Veränderung des Nationaleinkommens (in Milliarden Rubel),

F_4^* – Einfluß des Qualifikationsanstiegs der Beschäftigten auf den Zuwachs an Nationaleinkommen (in Milliarden Rubel),

F_5^* – Einfluß der erhöhten Fondsausstattung der Beschäftigten auf den Zuwachs an Nationaleinkommen (in Milliarden Rubel),

F_6^* – Einfluß der Qualitätserhöhung der Technik auf den Zuwachs an Nationaleinkommen (in Milliarden Rubel),

F_7^* – Einfluß des Niveauanstiegs der Technologie und der Materialqualität auf den Zuwachs an Nationaleinkommen (in Milliarden Rubel),

F_8^* – Einfluß einer verbesserten Ausnutzung der natürlichen Ressourcen auf den Zuwachs an Nationaleinkommen (in Milliarden Rubel),

B_L – Bruttoproduktion der Landwirtschaft in dem gegebenen Jahr (in Milliarden Rubel),

B_L^* – berechnete Bruttoproduktion der Landwirtschaft, die nach der tendenziellen Steigerung der landwirtschaftlichen Produktion in den letzten sechs bis acht Jahren bestimmt wurde,

N – erzeugtes Nationaleinkommen im Berechnungsjahr in vergleichbaren Preisen (in Milliarden Rubel),

$N_{(t-1)}$ – Nationaleinkommen im vorangegangenen Jahr,

$P_{(t-1)}$ – Beschäftigtenzahl (in Millionen Arbeitskräfte),

ΔP – Zuwachs der Beschäftigtenzahl der materiellen Produktion im Berechnungsjahr (in Millionen Arbeitskräfte),

$T_{(t-1)}$ – faktischer Arbeitszeitfonds eines Beschäftigten der materiellen Produktion in dem Jahr, das dem Berechnungsjahr vorangeht (in Stunden),

ΔT – Veränderung des Jahresfonds der Arbeitszeit eines Beschäftigten im Berechnungsjahr (in Stunden),

$Z_i Z_p Z_p'$ – durchschnittlicher Jahreslohn des ingenieur-technischen Personals aller Arbeiter und der Arbeiter der untersten Gehaltsstufe (in Rubel),

P_P – jahresdurchschnittliche Anzahl der Arbeiter in der materiellen Produktion (in Millionen Personen),

ϱ, $\Delta\varrho$ – durchschnittliche Tarifstufe der Arbeiter und ihre Veränderung im Berechnungsjahr,

$\Delta\gamma$ – Anstieg des Anteils des ingenieur-technischen Personals an der Gesamtzahl der in der materiellen Produktion Beschäftigten,

k – Koeffizient, der den Anteil des Lohnfonds der Arbeiter und Angestellten in der materiellen Produktion und der die Zahlungen an die Kolchosbauern an der Gesamtsumme des Nationaleinkommens charakterisiert,

α – durchschnittlicher Produktivitätsanstieg der neu eingesetzten Technik im Verhältnis zur abgelösten (in Prozent),

T_0 – durchschnittlicher Produktionszeitraum der Technik in den Herstellerbetrieben (in Jahren),

T_e – durchschnittliche Nutzungsdauer der Technik in den Herstellerbetrieben (in Jahren),

T_b – durchschnittlicher gewichteter Zuwachs der aktiven Grundfonds für die Volkswirtschaft,

$\Delta\varphi_0$ – Wert des aktiven Teils der Produktionsfonds, die zur Ablösung der physisch und moralisch verschlissenen Technik im Untersuchungszeitraum eingesetzt werden (in Milliarden Rubel),

$\Delta\varphi_p$ – Wert des aktiven Teils der Produktionsanlagefonds, die zur Ausrüstung neuer Arbeitsplätze im Untersuchungszeitraum eingesetzt werden (in Milliarden Rubel),

$\Delta\varphi_\varphi$ – Wert des aktiven Teils der Produktionsanlagefonds, die für die zusätzliche Ausrüstung von Arbeitsplätzen eingesetzt werden (Anstieg des Fondsausstattungsgrades),

E_φ – faktischer Koeffizient des Nutzeffekts der zusätzlichen Aufwendungen für die Einführung der neuen Technik,

$\varphi_{a(t-1)}$ – Wert des aktiven Teils der Produktionsanlagefonds in der Volkswirtschaft in dem Jahr, das dem Berechnungsjahr vorangegangen ist (in Milliarden Rubel),

B – gesellschaftliches Gesamtprodukt der Volkswirtschaft (in Milliarden Rubel),

λ_1, λ_2 – Anteil der Beschäftigtenzahl der energie- und materialproduzierenden Zweige an der Gesamtbeschäftigtenzahl der materiellen Produktion,

U_1, U_2 – Kennziffer des Niveaus der volkswirtschaftlichen Technologie, dem spezifischen Energie- und Materialverbrauch entsprechend,

ΔU_1, ΔU_2 – Erhöhung des Niveaus der volkswirtschaftlichen Technologie im Berechnungsjahr,

E_1 – innerhalb des Landes verbrauchte Energie aus Brennstoffen für Zwecke der materiellen Produktion (in Tonnen Einheitsbrennstoff),

E_2 – Brennstoffäquivalent der Energie, die von Wasserkraftwerken erzeugt wird unter Berücksichtigung des faktischen Brennstoffverbrauchs für die Erzeugung einer Kilowattstunde Elektroenergie (in Tonnen Einheitsbrennstoff),

E_3 – Brennstoffäquivalent der Energie der Atomkraftwerke unter Berücksichtigung des faktischen Verbrauchs an Einheitsbrennstoff für die Erzeugung einer Kilowattstunde Elektroenergie (in Tonnen Einheitsbrennstoff),

ΣC_M – Gesamtwert der Grundmaterialien, die für die Sphäre der materiellen Produktion erzeugt werden (in Milliarden Rubel),

ΔH_i – Steigerung der Ausnutzung der i-ten Art von Bodenschätzen in der Volkswirtschaft (in Tonnen),

m – Menge der Arten an Bodenschätzen, die einen zusätzlichen Nutzen und Anstieg der Arbeitsproduktivität in der Volkswirtschaft gewährleisten,

E_i – zusätzlicher volkswirtschaftlicher Nutzen (Gewinn) durch die Verwendung der i-ten Art von Bodenschätzen (pro Tonne),

R – Gesamtfehler der vorläufigen Bewertungen des Einflusses der Faktoren auf den Anstieg des Nationaleinkommens (in Milliarden Rubel),

F_i – Bewertung des Einflusses des i-ten Faktors unter Berücksichtigung der Korrektur ($i = 1,2,3 \ldots 8$) (in Milliarden Rubel),

F_{WTF} – verallgemeinerte Bewertung des Einflusses der Faktoren des wissenschaftlich-technischen Fortschritts auf den Anstieg des Nationaleinkommens (in Milliarden Rubel).

Im folgenden sollen kurz Kriterien und Methodologie für die Berechnung des Einflusses der Faktoren erklärt werden, die in den Formeln (1) bis (11) dargestellt wurden.

Der erste Faktor, der nach der Formel (1) berechnet wird, beinhaltet die jährlichen Schwankungen der Witterungsbedingungen, die noch immer einen bedeutenden Einfluß auf das Volumen der landwirtschaftlichen Produktion und somit auf die Rohstoffbasis der Lebensmittel- und Leichtindustrie ausüben. Als Kriterium für die Berücksichtigung dieses Faktors kann die Differenz zwischen dem faktischen Volumen der Bruttoproduktion in der Landwirtschaft und dem berechneten Wert für ein konkretes Jahr genommen werden. Um die Berechnungsgröße der landwirtschaftlichen Bruttoproduktion anhand faktischer Angaben für einen Zeitraum von fünf bis acht Jahren zu erhalten, wird die langfristige Tendenz ihres Anstiegs geschätzt. Die

Differenz zwischen dem faktischen und dem berechneten Volumen der Bruttoproduktion drückt die Abweichung der Witterungsbedingungen in dem jeweiligen Zeitraum von den Durchschnittswerten aus. Als Argument zugunsten dieses Kriteriums dient die relative zeitliche Stabilität der anderen Faktoren infolge der Planmäßigkeit der volkswirtschaftlichen Entwicklung und der langsamen Veränderungen der sozialökonomischen Bedingungen. Der vorhandene Unterschied in der Frequenz der Nationaleinkommensschwingung vom Witterungsfaktor im Vergleich zu anderen Faktoren gestattet es, diese harmonische Komponente eindeutig herauszustellen.

Nach den Formeln (2) und (3) werden der Einfluß des Anstiegs der Beschäftigtenzahl in der materiellen Produktion und die Veränderungen des jährlichen Arbeitszeitfonds auf das Nationaleinkommen errechnet. Der letzte Faktor übte im Zeitraum der verkürzten Arbeitswoche einen wesentlichen Einfluß auf die Menge an aufgewandter Arbeit und somit auch auf die Veränderung des Nationaleinkommens aus. Bei der Berechnung des Einflusses der Beschäftigtenzahl auf die Steigerung des Nationaleinkommens wird angenommen, daß die gesellschaftliche Arbeitsproduktivität pro Stunde (bezogen auf das Nationaleinkommen) der zusätzlichen Beschäftigten in der materiellen Produktion im gegebenen Jahr gleich der durchschnittlichen Produktivität aller Beschäftigten im vorangegangenen Jahr ist, und der faktische Arbeitszeitfonds der Kolchosbauern in den Genossenschaften in einem beliebigen Jahr t der entsprechenden Arbeitszeit der Arbeiter und Angestellten in den staatlichen Betrieben und Sowchosen gleich ist (vgl. Formel 2).

Als Bewertungskriterium für den Einfluß, den die Qualifikationserhöhung der Beschäftigten in der materiellen Produktion auf die Steigerung des Nationaleinkommens ausübt (vgl. Formel 4), diente die Veränderung ihrer Entlohnung (unter Berücksichtigung des Lohnteils aus den gesellschaftlichen Konsumtionsfonds) durch Erhöhung der durchschnittlichen Tarifgruppe der Beschäftigten und den vergrößerten Anteil des ingenieur-technischen Personals in der Sphäre der materiellen Produktion.

Der Einfluß von Menge und Niveau der Technik, der Qualität der Materialien und des Standes der Technologie sowie der Organisation der Produktion wird nach den Formeln (5), (6), (7) berechnet. Dabei wird die gegenseitige Überdeckung dieser Faktoren (vgl. Abbildung 2) berücksichtigt. Bei der Berechnung des Einflusses, den die Steigerung von Menge und Qualität der Technik ausübt, bildeten die neu eingeführten aktiven Produktionsfonds, mit deren Hilfe im wesentlichen die neuen wissenschaftlichen Kenntnisse in der Produktion realisiert werden, die stoffliche Basis. Alle neu eingeführten Produktionsfonds können vom Standpunkt der erweiterten Reproduktion in drei Teile aufgeteilt werden: Produktionsfonds für den Ersatz der ausgesonderten Technik, für die Ausrüstung neuer Arbeitsplätze und für die zusätzliche Fondsausstattung der Beschäftigten in der materiellen Produktion. Um den Einfluß des erhöhten Fondsausstattungsgrades zu berechnen (vgl. Formel 5), werden Daten über das Volumen und die Effektivität zusätzlicher Investitionen für die Technik verwendet ($\Delta\varphi_{\varphi}$ und E_{φ}).

Das Normativ für den Nutzeffekt der Aufwendungen E_{φ} läßt sich mittels Verallgemeinerung der Daten aus den statistischen Formblättern für den Jahresbericht über die Einführung der neuen Technik durch die Industriebetriebe erstellen, die für die Volkswirtschaft im statistischen Jahrbuch des Zentralamts für Statistik veröffentlicht werden. Um eine Doppelzählung auszuschließen, wird der Teil des Nutzeffekts der neuen Technik, der durch Erneuerung der Modelle und durch ihre höheren Parameter im Vergleich zur traditionellen Technik erzielt wurde, abgezogen. Er wird bei der Berechnung des Einflusses des Qualitätsanstiegs der Technik berücksichtigt(vgl. Formel 6).

Für die Untersuchungen nach den Formeln (5) und (6) sind Informationen über die Veränderung der Größe α, T_0, T_c, T_b erforderlich, die differenziert für die einzelnen Fünfjahrplanzeiträume durch Analyse der wichtigsten Arten der hergestellten neuen Technik und ihres Anteils an den Produktionsfonds berechnet werden.

Die Formeln (7), (7a), (7b) beinhalten die oben behandelte Methodologie zur Berücksichtigung des Teils des Effekts, der vom Anstieg des technologischen Niveaus und der Materialqualität herrührt. Dementsprechend werden die zwei Summanden Energie- und Materialökonomie in die Berechnung aufgenommen.

Die Veränderung des Nationaleinkommens infolge verstärkter Ausnutzung der natürlichen Ressourcen durch die entsprechende Veränderung der Arbeitsproduktivität (vgl. Formel 8) erfolgt unter dem Einfluß veränderter Förder- und Transportkosten für die Bodenschätze und des zusätzlichen Gewinns beim Verbraucher durch die Ausnutzung effektiverer Bodenschätze. Es ist gegenwärtig ziemlich schwer, den Einfluß der Schwankungen der Selbstkosten für die Förderung der Bodenschätze auf das Nationaleinkommen zu berücksichtigen. Gleichzeitig erfolgen zwei in einem gewissen Maße sich kompensierende Prozesse: Verteurung der Förderung infolge der Fundortverarmung und der Förderung der Bodenschätze aus tiefergelegenen Schichten (zum Beispiel Donez-Kohle) sowie Erschließung neuer, sehr reicher Vorkommen (Kursker Magnetanomalien, Westsibirisches Erdöl). Deshalb wurde als Kriterium für die Berechnung des Faktors der natürlichen Reichtümer der zusätzliche Gewinn angenommen, der durch die Verwendung effektiverer Arten von Bodenschätzen gewonnen wurde (vgl. Formel 8).

Die Bewertungen der Wirkung der Faktoren auf der Grundlage der Formeln (1) und (8) erfolgen ohne Berücksichtigung der faktischen Größe des Zuwachses an Nationaleinkommen. Daher handelt es sich um vorläufige Bewertungen, deren Summe sich als größer oder kleiner erweisen kann als der tatsächliche Jahreszuwachs an Nationaleinkommen.

Die Differenz zwischen diesen Größen gestattet es, die Größe des Gesamtfehlers bei den Berechnungen zur Wirkung der Faktoren (vgl. Formel 9) einzuschätzen. Die relative Größe dieses Fehlers charakterisiert die Genauigkeit der verwendeten Ausgangsdaten sowie des Modells. Zur Erhöhung der Schätzgenauigkeit der Faktoren sieht die Gleichung (10) eine Korrektur der vorgenommenen vorläufigen Berechnungen vor, indem die Fehlersumme auf alle zu berücksichtigenden Faktoren aufgeteilt wird. Die korrigierten Ergebnisse der Berechnungen nach Faktoren gestatten es, eine Bewertung des Einflusses des verallgemeinerten Faktors des wissenschaftlich-technischen Fortschritts vorzunehmen. Entsprechend der oben gegebenen Definition, beinhaltet der wissenschaftlich-technische Fortschritt die Wirkung der Qualifikationserhöhung der Beschäftigten (F_4), des quantitativen Wachstums der Technik (F_5) und der Verwendung neuer wissenschaftlicher Kenntnisse in der Produktion (F_6, F_7; vgl. dazu Formel 11).

Somit erhält man im Ergebnis der Berechnungen nach dem angeführten Gleichungssystem eine direkte Bewertung der Wirkung des wissenschaftlich-technischen Fortschritts auf die wichtigste Effektivitätskennziffer der Produktion, den Zuwachs an Nationaleinkommen. Die Berechnungen nach dieser Methodologie können sowohl für ein Jahr als auch für einen längeren Zeitraum – zum Beispiel für einen Fünfjahrzeitraum – erfolgen. Nachfolgend werden die Ergebnisse entsprechender Berechnungen für den Zeitraum 1966 bis 1975 angeführt, das heißt für die beiden letzten Fünfjahrpläne.

Tabelle 1 zeigt die korrigierten Bewertungen des Einflusses der verschiedenen Faktoren auf das Nationaleinkommen für den Untersuchungszeitraum, von den Fehlern der vorläufigen Berechnungen bereinigt. Demnach entfielen auf die Qualitätserhöhung der Technik 50,9 Milliarden Rubel Nationaleinkommenszuwachs, auf den Anstieg des Fondsausstattungsgrades der Beschäftigten 56,8 Milliarden Rubel, auf die Niveauerhöhung der Technologie 11,3, auf die verstärkte Verwendung der natürlichen Ressourcen 11,2, auf den Anstieg der Beschäftigtenzahl und die Veränderung der Arbeitszeit 34,4 Milliarden Rubel.

Die relativen Werte der verschiedenen Faktoren für den Zuwachs an Nationaleinkommen für den Zeitraum 1966 bis 1975 sind in Tabelle 2 angeführt.

In diesem Zeitraum betrug der durchschnittliche Zuwachs an Nationaleinkommen durch Anstieg der Arbeitsproduktivität 80,8 Prozent und durch Vergrößerung der Arbeitsmenge in der materiellen Produktion 19,2 Prozent. Durch den wissenschaftlich-technischen Fortschritt wurde in den Jahren 1966 bis 1975 ein Zuwachs an Nationaleinkommen von 132,7 Milliarden Rubel (73,9 Prozent) bei insgesamt 179,5 Milliarden Rubel Nationaleinkommen gesichert (vgl. Tabelle 1). Die Steigerung der gesellschaftlichen Arbeitsproduktivität erfolgte in diesem Zeitraum zu 91,5 Prozent durch den wissenschaftlich-technischen Fortschritt. Die materiell-stofflichen Faktoren des wissenschaftlich-technischen Fortschritts (F_5, F_6, F_7) sicherten in diesem Zeitraum 82 Prozent des Anstiegs der gesellschaftlichen Arbeitsproduktivität

Tabelle 1

Korrigierte Bewertung des Einflusses der verschiedenen Faktoren auf die Steigerung des Nationaleinkommens in der UdSSR im Zeitraum 1966 bis 1975 (in Milliarden Rubel)

Jahre und Perioden	Anstieg der Beschäftigtenzahl	Veränderung der Arbeitszeit	Anstieg der Qualifikation	Anstieg der Qualität der Technik	Anstieg der Fondsausstattung der Beschäftigten	Anstieg des Niveaus der Technologie	Verstärkung der Ausnutzung der natürlichen Ressourcen	Witterungsbedingungen
1966	2,0	0,8	1,1	3,9	3,8	0,2	0,9	3,4
1967	2,6	0,9	1,3	4,6	4,2	2,2	1,1	1,8
1968	3,7	1,0	1,2	4,4	3,6	2,0	1,0	2,5
1969	2,4	0	1,3	4,4	4,4	1,2	1,1	−2,8
1970	3,0	0	1,5	5,8	6,8	2,2	1,3	3,5
1971	3,3	0	1,2	4,5	5,2	0,5	1,0	0,7
1972	3,7	0	1,3	5,0	6,2	−0,4	1,1	−4,9
1973	3,7	0	1,6	6,6	7,4	1,2	1,3	6,6
1974	3,2	0	1,4	5,0	6,8	1,1	1,1	−0,2
1975	4,1	0	1,8	6,7	8,4	1,1	1,3	−9,4
1966 bis 1970	13,7	2,7	6,4	23,1	22,8	7,8	5,4	8,4
1971 bis 1975	18,0	0	7,3	27,8	34,0	3,5	5,8	−7,2
1966 bis 1975	31,7	2,7	13,7	50,9	56,8	11,3	11,2	1,2

Tabelle 2

Anteil der verschiedenen Faktoren am Nationaleinkommenszuwachs der UdSSR im Zeitraum 1966 bis 1975
(in Prozent zur Größe des jährlichen Zuwachses)

Faktoren	Jahre und Perioden												
	1966	1967	1968	1969	1970	1971	1972	1973	1974	1975	achter Fünf-jahrplan	neunter Fünf-jahrplan	in zehn Jahren 1966 bis 1975
Vergrößerung der Arbeitsmenge in der materiellen Produktion darunter durch:	17,5	18,8	24,2	20,0	12,5	20,1	30,8	13,0	17,4	29,2	18,2	20,2	19,2
– Anstieg der Beschäftigtenzahl F_2	12,5	14,0	19,1	20,0	12,5	20,1	30,8	13,0	17,4	29,2	15,2	20,2	17,7
– Veränderung des Jahresarbeitsfonds F_3	5,0	4,8	5,1	0	0	0	0	0	0	0	3,0	0	1,5
Anstieg der Arbeitsproduktivität darunter durch:	82,5	81,2	75,8	80,0	87,5	79,8	69,2	87,0	82,6	70,8	81,8	79,8	80,8
– Anstieg der Qualifikation der Beschäftigten F_4	6,9	7,0	6,2	10,0	6,2	7,3	10,8	5,6	7,6	12,9	7,1	8,2	7,6
– Anstieg des Fondsausstattungsgrades der Beschäftigten F_5	23,9	22,6	18,6	36,6	28,2	31,7	51,7	26,1	36,9	60,0	25,2	38,1	31,6
– Steigerung der Qualität der Technik F_6	24,5	24,2	22,6	36,6	24,1	27,4	41,7	23,2	27,2	47,9	25,6	31,2	28,4
– Anstieg des Niveaus der Technologie F_7	1,2	11,8	10,3	10,0	9,1	3,1	−3,3	4,2	6,0	7,9	8,6	3,9	6,3

– Verstärkung der Ausnutzung der natürlichen Ressourcen F_8	5,7	5,9	5,2	9,2	5,4	6,1	9,2	4,6	6,0	9,3	6,0	6,5	6,2
– Witterungsbedingungen F_1	20,3	9,7	12,9	22,4	14,5	4,3	−40,9	23,3	−1,1	−67,2	9,3	−8,1	0,7
insgesamt für alle zu berücksichtigenden Faktoren	100	100	100	100	100	100	100	100	100	100	100	100	100
darunter durch Faktoren des wissenschaftlich-technischen Fortschritts $F_4+F_5+F_6+F_7$	56,5	65,6	57,7	93,2	67,6	69,5	100,9	59,1	77,7	128,7	66,5	81,4	73,9

und 66,2 Prozent des Nationaleinkommenszuwachses. Im neunten Fünfjahrplan war der Beitrag des wissenschaftlich-technischen Fortschritts zur Erhöhung der Produktivität der gesellschaftlichen Arbeit und des Nationaleinkommens um 14,7 Prozent beziehungsweise 1,22mal größer als im achten.

Die Entwicklung von Wissenschaft und Technik wird in dem von uns angenommenen Modell durch die Gesamtwirkung von zwei Faktoren beschrieben – Anstieg der Qualität der Technik und des Niveaus der Technologie. Die absoluten Werte für die Wirkung dieser Faktoren auf das Nationaleinkommen (vgl. Tabelle 1) zeigen, daß der jährliche Beitrag von Wissenschaft und Technik zum Nationaleinkommen von 4,1 Milliarden Rubel im Jahre 1966 auf 7,8 Milliarden Rubel im Jahre 1975 beziehungsweise um das 1,9fache gestiegen ist. Innerhalb von zehn Jahren sicherte die Entwicklung von Wissenschaft und Technik (ohne Anstieg des Fondsausstattungsgrades) einen Nationaleinkommenszuwachs von 62,2 Milliarden Rubel. Wenn man diese Zahl mit der Gesamtsumme der Aufwendungen für Forschung und Entwicklung sowie Überführung ihrer Ergebnisse in die Produktion für den Zeitraum 1961 bis 1970 vergleicht (unter Berücksichtigung der Aufwendungen der Industriebetriebe), das heißt mit einer Zeitverzögerung von fünf Jahren, dann beträgt die Rückflußdauer der Aufwendungen für die Entwicklung von Wissenschaft und Technik in diesem Zeitraum 1,85 Jahre und der jährliche faktische Nutzen pro Rubel Aufwendung etwa 54 Kopeken.[1] Dabei ist zu beach-

[1] Im Zeitraum 1961 bis 1970 betrugen die Aufwendungen für Forschung und Entwicklung und die Nutzbarmachung ihrer Resultate (unter Berücksichtigung der Aufwendungen der Industriebetriebe) 115 Mlliarden Rubel (vgl. B. M. Grinčel', Izmerenie

ten, daß diese Bewertung unvollständig ist, da alle Aufwendungen für die Entwicklung von Wissenschaft und Technik nur vom ökonomischen Standpunkt bewertet werden und die (positiven) sozialen Resultate nicht eingehen.

Die Berechnungen erlauben folgende Schlußfolgerungen:

1. Die Berechnungsergebnisse für den Einfluß des wissenschaftlich-technischen Fortschritts und anderer Faktoren auf die Produktivität der gesellschaftlichen Arbeit und den Anstieg des Nationaleinkommens bestätigten die Funktionsfähigkeit der vorgeschlagenen Methode der direkten Bewertung mit nachfolgender Korrektur.

2. Der hohe Anteil der Faktoren des wissenschaftlich-technischen Fortschritts am Produktivitätswachstum der gesellschaftlichen Arbeit und am Nationaleinkommenszuwachs wurde quantitativ belegt wie auch der Nutzeffekt der Aufwendungen für die Entwicklung von Wissenschaft und Technik, der für die letzten zehn Jahre 54 Kopeken Nutzen pro Rubel der gesamten Aufwendungen (unter Berücksichtigung der Aufwendungen der Industriebetriebe) beziehungsweise 86 Kopeken pro Rubel der statistischen Aufwendungen für die Wissenschaft beträgt.

3. Die Kennziffern, die die Berechnungsgrundlage für die Faktoren der Entwicklung von Wissenschaft und Technik bilden – Anstieg der Qualität der Technik (α), Erneuerungsperiode der Modelle in den Herstellerbetrieben (T_0), Koeffizient des faktischen Nutzeffekts der zusätzlichen Investitionen (E_φ) – lassen sich steuern und können bei der Planung und Stimulierung des wissenschaftlich-technischen Fortschritts für seine Beschleunigung genutzt werden.

4. Die Vervollkommnung der Berechnungsmethoden für den Einfluß des wissenschaftlich-technischen Fortschritts auf das Nationaleinkommen erfordern eine Verbesserung der Statistik, in erster Linie bezüglich des Erneuerungstempos der Technik in den Herstellerbetrieben und der vergrößerten Leistungsfähigkeit der neuen Modelle im Vergleich zu den ersetzten.

effektivnosti naučno-techničeskogo progressa, Moskva 1974, S. 52). Die in der Statistik berücksichtigten Aufwendungen betrugen in der gleichen Periode 72,7 Milliarden Rubel. Wenn man diese Ziffern mit dem errechneten Zuwachs an Nationaleinkommen durch die Verbesserung der Qualität der Technik und der Technologie ($F_5 + F_7$) – 62,2 Milliarden Rubel – vergleicht, so erweist sich, daß der Nutzeffekt aus der Entwicklung der Wissenschaft in den letzten zehn Jahren bei Berücksichtigung allet Aufwendungen $\frac{62,2}{115} = 0,54$ Rubel und ohne Berücksichtigung der Aufwendungen in den Industriebetrieben für Forschung, Entwicklung und Einführung $\frac{62,2}{72,7} = 0,86$ Rubel beträgt.

2.7. Methodologie der Effektivitätsmessung von Strukturveränderungen in der Volkswirtschaft auf Grund des wissenschaftlich-technischen Fortschritts

In der ganzen Welt sind Theoretiker und Praktiker bemüht, den Beitrag des wissenschaftlich-technischen Fortschritts zur Entwicklung der Volkswirtschaft einzuschätzen, bisher jedoch ohne größere Erfolge. Das bedeutet jedoch nicht, daß es sich nicht lohnte, einzelne Seiten des Problems näher zu analysieren. Daher sollen im folgenden einige Ergebnisse der Effektivitätsmessung von Strukturveränderungen am Beispiel der Industrie der ČSSR dargelegt sowie das methodische Herangehen zur Gewinnung der Ergebnisse erläutert werden.

Fragen der Strukturveränderung in der Volkswirtschaft sind für die ČSSR besonders wichtig, da sie ein kleines Land mit einem großen Außenhandelsanteil ist. Sie verfügt nur über begrenzte Produktionsressourcen, und das große Industriepotential entstand zu einer Zeit, als die Kriterien der Intensivierung noch nicht im Zentrum der wirtschaftspolitischen Aufmerksamkeit standen. All das führte dazu, daß in der Wirtschaft der ČSSR wesentlich früher als in anderen Ländern Strukturveränderungen vorgenommen werden mußten.

Effektivitätskriterien von Strukturveränderungen auf Grund des wissenschaftlich-technischen Fortschritts

Die Effektivitätserhöhung der Volkswirtschaft setzt die Einführung der Errungenschaften der wissenschaftlich-technischen Revolution voraus. Im Ergebnis dieses Prozesses wandelt sich die Zweig- und Reproduktionsstruktur der Produktion, und es bildeten sich ein entsprechendes Wirtschaftspotential und veränderte Strukturen der Produktivkräfte heraus. Dieser Prozeß vollzieht sich jedoch nicht nur in einer Richtung, sondern er besitzt Rückwirkungen. Eine neue, moderne Produktionsstruktur und das entsprechende Wirtschaftspotential sind Voraussetzung und Ausgangsbasis für die weitere Realisierung von Errungenschaften des wissenschaftlich-technischen Fortschritts in der Praxis. Eine moderne Wirtschaft stimuliert und beschleunigt den ökonomischen und den wissenschaftlich-technischen Fortschritt und schafft günstige Bedingungen für dessen Entwicklung, während eine veraltete Struktur Wachstum und Effektivität hemmt. Die Struktur der gesellschaftlichen Produktion – als ein Ausgangselement des Reproduktionsprozesses – ist eine potentielle Quelle für Wirtschaftswachstum und Effektivitätserhöhung. Sie darf jedoch nicht nur unter statischem Aspekt, sondern muß auch unter dynamischen Gesichtspunkten betrachtet werden. Die gegenwärtige Struktur ist das Ergebnis der Entwicklung der einzelnen Elemente in der Vergangenheit, und die künftige Struktur wird wiederum durch die derzeitige Struktur und die künftige Entwicklung der einzelnen Elemente bestimmt. Der Strukturwandel in der Wirtschaft erfolgt – und das wird auch in Zukunft so sein – auf Grund der unterschiedlichen Intensität, mit der sich die einzelnen Elemente der Wirtschaft entwickeln.

Konkret formuliert bedeutet das, daß die Proportionen der einzelnen strukturbestimmenden Elemente, beispielsweise die Produktion verschiedener Erzeugnisse, der Umfang der Grundfonds oder die Zahl der Arbeitskräfte, gegliedert nach Zweigen oder Industriegruppen[1], in hohem Maße vom Wachstumstempo dieser Elemente abhängen. Somit sind die Wechselbeziehungen zwischen dem Wirtschaftswachstum und der Wirtschaftsstruktur sehr eng.

Die Errungenschaften von Wissenschaft und Technik finden in der Regel in einem neuen Erzeugnis oder einer neuen Industriegruppe ihren Niederschlag. Das Wachstumstempo für die Herstellung eines solchen Erzeugnisses oder die Entwicklung einer solchen Industriegruppe ist zunächst gering. Das neue Erzeugnis wird von den Verbrauchern erprobt, getestet und in die Praxis eingeführt. Dann folgt ein rasches Wachstum, das die schnelle Verbreitung des Erzeugnisses oder der Produktion der Industriegruppe unter den Verbrauchern widerspiegelt. Nach dieser Phase geht die Entwicklung in ein gleichmäßiges Wachstum über, und mit der allmählichen Sättigung der Nachfrage nach diesem Erzeugnis verringert sich das Wachstumstempo, bis eine völlige Stagnation eintritt. Gleichzeitig entwickelt sich, mit einer gewissen zeitlichen Verzögerung, die Produktion eines anderen, neueren Erzeugnisses, das nunmehr die entsprechenden Bedürfnisse befriedigt. Dieser Prozeß kann mit Hilfe einer logistischen Kurve charakterisiert werden.

Die Analyse der Wirtschaftsstruktur unter dem Einfluß des wissenschaftlich-technischen Fortschritts auf der Ebene der Zweige und Bereiche der Volkswirtschaft erscheint als zu global. Deshalb war es notwendig, bei den Untersuchungen von Industriegruppen als Grundelementen auszugehen, da diese hinreichend homogene Komplexe sind, die als Träger des wissenschaftlich-technischen Fortschritts angesehen werden können, obwohl Klarheit darüber besteht, daß es in einzelnen Fällen zweckmäßiger wäre, die Untersuchungen anhand von Erzeugnisgruppen oder sogar einzelnen Erzeugnissen vorzunehmen.

Der wissenschaftlich-technische Fortschritt tritt im Produktionsprozeß in zwei Hauptrichtungen in Erscheinung:

1. bei den *Elementen des Produktionsprozesses*, insbesondere durch
– Senkung der Rohstoff- und Materialintensität der Produktion und die Substitution der traditionellen Roh- und Werkstoffe sowie Materialien durch modernere mit verbesserten technischen und sozialökonomischen Parametern,

[1] Eine Industriegruppe entspricht in etwa mehreren Erzeugnisgruppen mit ähnlichen Herstellungsverfahren oder ähnlichem Endverwendungszweck.

- Senkung der Energieintensität der Produktion und die Substitution der herkömmlichen durch neue, modernere Energiequellen,
- Senkung der Arbeitsintensität der Produktion und den Übergang von unqualifizierter zu qualifizierter Arbeit,
- Erhöhung der Wissenschaftsintensität der Produktion,
- Verringerung der Fondsintensität der Produktion und den Ersatz der veralteten Grundfonds durch neue, wobei sich die neuen Produktionsinstrumente von den bisherigen durch eine längere Gebrauchsdauer unterscheiden, was die Möglichkeit eines operativen Eingriffs in die Struktur des Grundfonds erschwert,[2]

2. bei den *Ergebnissen des Produktionsprozesses.* Insbesondere erfolgt eine Vervollkommnung der Gebrauchseigenschaften der herkömmlichen Erzeugnisse und die Substitution von alten Erzeugnissen durch neue, deren Selbstkosten durch den wissenschaftlich-technischen Fortschritt bei den Elementen des Produktionsprozesses gesenkt werden.

Darin bestehen die allgemeinen Tendenzen, die in der Wirtschaft als Ganzes in einem längeren Zeitraum wirken. Gleichzeitig gibt es Industriezweige und Industriegruppen, in denen vorübergehend entgegengesetzte Entwicklungstendenzen zu beobachten sind. Das sind jedoch nur Einzelerscheinungen.

In allgemeiner Form wurde somit der Einfluß des wissenschaftlich-technischen Fortschritts auf die Effektivität des Reproduktionsprozesses als Ganzes sichtbar gemacht. Interessant ist dabei, auf welche Weise der wissenschaftlich-technische Fortschritt den Strukturwandel in der Wirtschaft beeinflußt, sowohl in stofflicher Hinsicht als auch hinsichtlich des Nutzeffekts. Unter dem materiell-stofflichen Aspekt sind insbesondere folgende Einflüsse zu nennen:

1. Mit dem Einfluß auf die Senkung des spezifischen Verbrauchs an Roh- und Werkstoffen sowie auf deren Substitution verändert sich zugleich die Struktur der produktionstechnischen Basis zur Herstellung jener Industriegruppen, die Roh- und Werkstoffe produzieren. Außerdem tritt in der produktionstechnischen Basis der Verbraucher ein Strukturwandel auf Grund der neuen Rohstoffe und Materialien ein, denn die neuen Roh- und Werkstoffe begünstigen Veränderungen in der Herstellungstechnologie der Erzeugnisse, die aus diesen neuen Rohstoffen erzeugt werden. Infolge der Verwendung neuer Werkstoffe geht man häufig zu prinzipiell neuen Funktionsprinzipien und neuen Konstruktionen der Erzeugnisse über. So bewirkt der Einsatz neuer synthetischer Faserstoffe in der Textilindustrie die Entwicklung einer neuen Produktionstechnologie für Textilien sowie ein im Prinzip neues Textilerzeugnis, das nicht mehr gewebt, sondern gegossen wird. Im nichtproduktiven

[2] Zwischen den einzelnen angeführten Tendenzen besteht ebenfalls ein wechselseitiger Zusammenhang, insbesondere eine wechselseitige Austauschbarkeit der Ressourcen.

Bereich treten analoge Tendenzen auf, wenn auch wesentlich schwächer und weniger deutlich, da hier den Werk- und Rohstoffen ein geringeres Gewicht zukommt.

2. Aus dem Einfluß auf den spezifischen Verbrauch von Energie- und Brennstoffen sowie auf deren Substitution resultiert ein entsprechender Strukturwandel innerhalb der Energie- und Brennstoffindustrie. Gleichzeitig zeigen sich Strukturveränderungen bei den Verbrauchern, insbesondere durch die Verwendung neuer Energie- und Brennstoffarten. So erfordert der Einsatz von Erdöl eine neue Technologie und den Ersatz der maschinellen Ausrüstungen, wenn bis dahin feste Brennstoffe verwendet wurden.

3. Durch die Senkung des Bedarfs an spezifischen Bauinvestitionen bewirkt der wissenschaftlich-technische Fortschritt Veränderungen in der Struktur des Bauwesens zugunsten von moderneren Industriegruppen, insbesondere Montageteilen und -blöcken. Was Gebäude und Ausrüstungen im produktiven und nichtproduktiven Bereich anbelangt, ist die Tendenz zur Vereinheitlichung und Typisierung der Bauwerke und baulichen Anlagen und damit zur Einsparung von spezifischen Bauinvestitionen zu beobachten.

4. Der Einfluß auf die Senkung der spezifischen Ausgaben für den Maschinenpark und für dessen Erneuerung verändert im Maschinenbau die Erzeugnisstruktur der Arbeitsmittel. Das fördert insbesondere die Entwicklung jener Industriegruppen, die Maschinen nach neuen Verfahren herstellen. So erfordern Werkzeugmaschinen mit Digitalsteuerung die Weiterentwicklung elektronischer Steuerungssysteme. Gleichzeitig findet ein Strukturwandel bei Maschinen und Ausrüstungen für die Produktion statt. Im Ergebnis des Einsatzes von Arbeitsmitteln, die nach einem neuen Prinzip konstruiert sind, verändert sich die Technologie und häufig auch das Funktionsprinzip der Erzeugnisse, die mit den neu entwickelten Ausrüstungen hergestellt werden. Einen anderen Charakter haben die Strukturveränderungen bei den Verbrauchern von Maschinenbauerzeugnissen im nichtproduktiven Bereich. Für die Bevölkerung verändert sich in der Regel, vor allem bei Massenbedarfsartikeln aus dem Maschinenbau, durch die Anwendung neuer Prinzipien die Anwendungstechnologie, wodurch meistens eine höhere Effektivität erzielt wird. In den übrigen Bereichen der Nichtproduktionssphäre (Gesundheitswesen, Volksbildung, Handel und andere) verändert sich vor allem die Anwendungstechnologie.

5. Durch den Einfluß auf die Senkung des Arbeitskräftebedarfs sowie auf die Veränderung der Arbeitskräftestruktur wird es erforderlich, Veränderungen in der „Basis" des Arbeitskräftepotentials durchzuführen, das heißt im Bildungswesen, und zwar Veränderungen der Berufs- und der Qualifikationsstruktur der Schulabsolventen aller Stufen. Auch bei der Nutzung des Arbeitskräftepotentials ist ein Strukturwandel zu verzeichnen entsprechend den Veränderungen im Aufkommen sowie den technologischen Veränderungen im produktiven und nichtproduktiven Bereich.

Als Gesamtkriterium der ökonomischen Effektivität kann im allgemeinen die Menge an gesellschaftlicher Arbeit dienen, die für die Befriedigung eines bestimmten volkswirtschaftlichen Bedürfnisses aufgewandt wurde, und konkret bedeutet das die Aufwendungen für eine Einheit realisierte Produktion im Wertausdruck. Die ökonomische Effektivität, die durch den wissenschaftlich-technischen Fortschritt in der Wirtschaft eines Landes oder einer Ländergruppe erreicht wurde, wird unter dem Aspekt der Wirtschaftsstruktur um so höher sein,

– je stärker das Wachstum der für die technische Entwicklung entscheidenden Elemente beschleunigt wird, jener Industriegruppen der Wirtschaft also, die einen maximalen ökonomischen Nutzeffekt bringen,

– je größer der Nutzeffekt von den Ausgangsgrößen und Endresultaten jeder Industriegruppe ist, das heißt je niedriger die Aufwendungen je Produktionseinheit in den einzelnen Industriegruppen sowie die einzelnen Kostenbestandteile sind, je niedriger die Rohstoff-, Material-, Arbeits-, Energie- und Fondsintensität sind (wobei die Wissenschaftsintensität zunimmt) und je höher das wissenschaftlich-technische Niveau der Produktion und je günstiger das Verhältnis des Preises zum wissenschaftlich-technischen Niveau der Industriegruppe ist.

Bedingung einer hohen Effektivität ist, daß die Wechselbeziehungen zwischen den Industriegruppen gewahrt sind, das heißt die erforderlichen Proportionen eingehalten werden, vor allem hinsichtlich Produktionsverbrauch, Investitionen und Außenhandel.

Wenn sich bei gleichbleibenden Kosten und Preisen für die Produktion der Industriegruppen die den technischen Fortschritt verkörpernden Industriegruppen schneller entwickeln, dann vollzieht sich in der Wirtschaft ein Strukturwandel, der zu einer Erhöhung der Effektivität der Wirtschaft als Ganzes führt und umgekehrt. Daraus ergibt sich, daß sich nur die vorrangige Entwicklung der technisch führenden Industriegruppen günstig auf die Effektivität der Wirtschaft auswirkt. Somit stellt sich die Frage, ob eine vorrangige Entwicklung von Industriegruppen mit hohem technischem Niveau auch dann möglich und für die Wirtschaft günstig ist, wenn die daraus resultierenden Anforderungen an Ressourcen und die potentiellen Möglichkeiten zur Erhöhung des wissenschaftlich-technischen Niveaus dieser Produktion nicht bekannt sind.

Darstellung von Strukturveränderungen und ihrer ökonomischen Effektivität

Unter dem materiell-stofflichen Aspekt wurde die Struktur der Wirtschaft bisher in der Regel statisch, für einen bestimmten Zeitpunkt, mittels des jeweiligen Anteils der einzelnen Elemente des Systems zum Ausdruck gebracht. Der Strukturwandel wurde durch Veränderungen dieses Anteils im betreffenden Jahr im Vergleich zum Ausgangsjahr ausgedrückt. Eine solche Quantifizierung der Struktur ist zwar einfach durchzuführen, aber sie widerspiegelt nicht das Wesen und die Ursachen des Strukturwandels sowie das Wachstumstempo des einzelnen Elements im Rahmen des Gesamtsystems. Ausgehend von der Entwicklungsdynamik jedes Elements, zeigt sich, daß die Entwicklung einer Industriegruppe immer entlang der logistischen Kurve bis zum Niveau der Asymptote verläuft.[3] Die Funktion der logistischen Kurve drückt dabei sowohl die absolute Größe des Wirtschaftspotentials (oder des Erzeugnisses und das entsprechend den Erfordernissen der Volkswirtschaft modellierte Wachstumstempo) als auch den Sättigungspunkt des betreffenden Erzeugnisses oder der Industriegruppe aus. Folglich bringt die Asymptote zugleich die Begrenzung im Absatzbereich zum Ausdruck.

Zunächst ist die Dynamik des Erzeugnisses oder der Industriegruppe zu bestimmen, und zwar je Kopf der Bevölkerung, je Grundfondseinheit oder anderer Bezugsgrößen sowie in einer internationalen Gegenüberstellung. Darauf aufbauend, wird eine Einschätzung für die Höhe der Asymptote unter den Bedingungen der ČSSR vorgenommen, um die Entwicklungsmöglichkeiten der Wirtschaft im Rahmen der komplexen sozialistischen Integration sowie auf den Märkten der kapitalistischen Länder einzuschätzen (in der Regel mit Hilfe einer Analyse, die sich aus internationalen Vergleichen ergibt sowie durch Expertenbewertungen über den Industriezweig und die Industriegruppe). Danach wird die Dynamik des Erzeugnisses oder der Industriegruppe absolut und relativ abgeleitet (Anteil).[4] Somit kann die Entwicklungsdynamik der Industriegruppe durch folgende Funktion μ dargestellt werden:

$$\mu = Q \cdot \left(\frac{d}{1+e^{rt}} \right) . \qquad (1)$$

Dabei bedeuten:

Q – Produktionskosten,

d – Asymptote, die durch die Expertenbewertung bestimmt wird oder sich aus einem internationalen Vergleich ergibt,

e – Basis des natürlichen Logarithmus,

[3] Für eine kürzere Periode (fünf bis zehn Jahre) genügt es mitunter, zur formelmäßigen Darstellung des Entwicklungsprozesses die Exponentialkurve oder die Gerade anzuwenden. Für einen längeren Zeitraum eignet sich die Exponentialkurve jedoch nicht, da die Größen wesentlich schneller wachsen als das der ökonomischen Wirklichkeit entspräche, und die Sättigungsgrenze für Erzeugnisse der Industrie- oder Erzeugnisgruppe nicht ausgedrückt wird.

[4] Es ist notwendig, die im Fünfjahresdurchschnitt angenommenen absoluten Größen des Potentials (der Produktion) mit Hilfe einer Strukturanalyse zu überprüfen, das heißt, es ist zu überprüfen, ob die einzelnen Industriegruppen gegenseitig ihren Bedarf decken.

r – Wachstumsparameter (der in der Regel einer linearen Gleichung mit absolutem Glied entspricht),
t – Zeitraum.

Das Trajektoriensystem der Entwicklung aller Industriegruppen kann als Menge A aufgefaßt werden, die durch ihre Elemente, das heißt die Industriegruppen, bestimmt wird. In diesem Fall ist

$$A=\left\{Q_1\cdot\left(\frac{d_1}{1+e^{r_1^t}}\right), Q_2\cdot\left(\frac{d_2}{1+e^{r_2^t}}\right), \ldots\ldots Q_s\cdot\left(\frac{d_s}{1+e^{r_s^t}}\right)\right\}. \tag{2}$$

Dabei bedeutet:
$i=(1, 2, \ldots s)$ – die Industriegruppen.[5]

Das gesamte gesellschaftliche Produkt Q (oder der zusätzliche Wert der Produktion) stellt sich als Summe der Produktion der Industriegruppen dar:

$$Q=\sum_{i=1}^{s} Q_i\cdot\left(\frac{d_i}{1+e^{r_i^t}}\right). \tag{3}$$

Damit wird gleichzeitig die Struktur und ihre Entwicklungsdynamik unter dem materiell-stofflichen Gesichtspunkt bestimmt. Mit Hilfe der angeführten Gleichungen könnte man die Strukturveränderungen in Fünfjahres-Zeitabschnitten absolut und relativ berechnen, indem man die Differenz zwischen den

$$Q_i\cdot\left(\frac{d_i}{1+e^{r_i^t}}\right) \text{ für } t=0, 5, 10, 15$$

bildet.

Davon ausgehend ergibt sich nunmehr die Frage nach der Meßbarkeit der Effektivität von Strukturveränderungen, die durch den wissenschaftlich-technischen Fortschritt hervorgerufen werden, sowie ihre formale Darstellung. Unter den partiellen Kriterien der Effektivität des wissenschaftlich-technischen Fortschritts versteht man jene Teileffektivitäten, die sich aus den in den Reproduktionsprozeß eingehenden Ressourcen ergeben, sowie die Teileffektivität, die aus der Erhöhung des wissenschaftlich-technischen Niveaus der Produktion (Ausgangsgröße beziehungsweise Ausgangselemente des Reproduktionsprozesses) resultiert. Das Gesamtkriterium der Effektivität des wissenschaftlich-technischen Fortschritts ist die Einsparung an gesellschaft-

[5] Um eine größere Anschaulichkeit zu erreichen, wird auf eine Differenzierung des Zeitraums t verzichtet; man könnte eine solche Differenzierung durch die Einführung einer neuen Größe der zeitlichen Verschiebung, beispielsweise u, vornehmen, wobei diese Größe entweder eine positive Bedeutung (dann ist die Kurve nach rechts verschoben) oder eine negative Bedeutung haben kann (dann ist sie nach links verschoben).

licher Arbeit, das heißt der tatsächlich erzielte reine Nutzeffekt. Diese Prozesse lassen sich wie folgt formelmäßig darstellen:

1. *Fondsintensität:*

$$f = \frac{\sum_{i=1}^{s} F_i}{\sum_{i=1}^{s} Q_i}. \tag{4}$$

Dabei bedeuten:

f – Fondsintensität der gesamten Wirtschaft,

F_i – Wert der Grundfonds der Industriegruppe im Basisjahr.

2. *Arbeitsaufwand:*

$$p = \frac{\sum_{i=1}^{s} P_i}{\sum_{i=1}^{s} Q_i}. \tag{5}$$

Dabei bedeuten:

p – Arbeitsaufwand der gesamten Wirtschaft,

P_i – Umfang des Arbeitskräftepotentials der Industriegruppe im Basisjahr.

3. *Energieintensität:*

$$v = \frac{\sum_{i=1}^{s} C_i}{\sum_{i=1}^{s} Q_i}. \tag{6}$$

Dabei bedeuten:

$\bar{\bar{V}}$ – Energieintensität der gesamten Wirtschaft,

C_i – erforderliche Energiemenge für die Herstellung der jeweiligen Industriegruppe (im Wert- oder Naturalausdruck) im Basisjahr.

4. *Rohstoffintensität und Materialintensität:*

$$m = \frac{\sum_{i=1}^{s} M_i}{\sum_{i=1}^{s} Q_i}. \tag{7}$$

Dabei bedeuten:

m – Materialintensität der gesamten Wirtschaft,

M_i – Menge an Roh- und Werkstoffen, die in der Industriegruppe eingesetzt wurden im (Wert- oder Naturalausdruck), im Basisjahr.

Wenn alle partiellen Effektivitätskennziffern $\frac{M_i}{Q_i}$, $\frac{P_i}{Q_i}$, $\frac{C_i}{Q_i}$ und $\frac{F_i}{Q_i}$ während eines langen Zeitraums (von 10, 15, 20 Jahren) gleichbleiben, dann ist die partielle Effektivität des Strukturwandels gleich 0; wenn sie sich verringern, dann wird ein positiver Effekt erzielt, und wenn sie steigen, dann erfordert der Strukturwandel einen größeren Aufwand an den eingesetzten Ressourcen.

Demnach ist folgende Beziehung in der Zeit zu untersuchen:

$$\frac{\sum_{i=1}^{s} Z_i \cdot \left(\frac{d_i}{1+e^{r_i^t}}\right)}{\sum_{i=1}^{s} Q_i \cdot \left(\frac{d_i}{1+e^{r_i^t}}\right)} : \frac{\sum_{i=1}^{s} Z_i}{\sum_{i=1}^{s} Q_i} . \tag{8}$$

Dabei bedeuten:

t – 5, 10, 15, 20 Jahre,

Z_i – Menge der Ressourcen, die die Industriegruppe i in der Ausgangsperiode benötigt,

Q_i – Produktionswert der Industriegruppe i in der Ausgangsperiode.

Als Gradmesser der Effektivität kann in einem solchen Fall die Abweichung jeder Kennziffer in der Untersuchungsperiode gegenüber den Kennziffern der Ausgangsperiode angenommen werden.

Einige der Ausgangselemente des Reproduktionsprozesses müssen auch im Naturalausdruck eingeschätzt werden. Durch die Bestimmung ihres Wertausdrucks wird eine Summierung der Effekte möglich, die durch den wissenschaftlich-technischen Fortschritt bedingt sind, da dieser in den Eingangsgrößen des Reproduktionsprozesses materialisiert ist (durch die Veränderung der einzelnen Aufwandselemente und der Gesamtaufwendungen für die Produktion der Erzeugnisse, der Industriegruppe und der gesamten Volkswirtschaft). Folglich kann man den Umfang der Ressourcen der Industriegruppe Z_i durch die Aufwendungen N_i ersetzen, wobei man folgendes Verhältnis erhält:

$$\frac{\sum_{i=1}^{s} N_i \cdot \left(\frac{d_i}{1+e^{r_i^t}}\right)}{\sum_{i=1}^{s} Q_i \cdot \left(\frac{d_i}{1+e^{r_i^t}}\right)} : \frac{\sum_{i=1}^{s} N_i}{\sum_{i=1}^{s} Q_i} . \tag{9}$$

Dabei bedeuten:

N_i – Produktionskosten der Industriegruppe in der Ausgangsperiode,

Q_i – Produktionswert der Industriegruppe in der Ausgangsperiode,

t – 5, 10, 15, 20 Jahre.

Die Tendenzen der Dynamik dieser Kennziffer werden analog zu den obenangeführten partiellen Kennziffern eingeschätzt.

Im Rahmen der Teileffektivitäten kann die Effektivität der Ergebnisse des Reproduktionsprozesses durch Aufwandssenkung dargestellt werden. Ein höheres wissenschaftlich-technisches Niveau der Produktion der Industriegruppe und ihr höherer Nutzeffekt gestatten auch, den Preis auf einem höheren Niveau festzusetzen. Daher ergeben sich Effekte auf Grund von Einsparung an Aufwand sowie Effekte aus der Erhöhung des wissenschaftlich-technischen Niveaus der Produktion, die sich in einem höheren Preis und folglich als Wertzuwachs des gesamten Produktionsvolumens der Industriegruppe niederschlagen, die mit Q_{c_i} bezeichnet werden sollen. Das bezieht sich auf eine Industriegruppe. Zur Messung der ökonomischen Effektivität von Strukturveränderungen der gesamten Wirtschaft im Ergebnis der Erhöhung des wissenschaftlich-technischen Niveaus der Produktion kann die folgende Beziehung als Basis dienen (Annahme eines zeitlich konstanten Verhältnisses des Produktionszuwachses, im Ergebnis einer Preiserhöhung, zum Produktionswert der Industriegruppe i in der Zeit):

$$\frac{\sum_{i=1}^{s} Q_{c_i} \cdot \left(\frac{d_i}{1+e^{r_i^t}}\right)}{\sum_{i=1}^{s} Q_i \cdot \left(\frac{d_i}{1+e^{r_i^t}}\right)} : \frac{\sum_{i=1}^{s} Q_{c_i}}{\sum_{i=1}^{s} Q_i} . \tag{10}$$

Je höher diese Kennziffer ist, desto höher ist der Nutzeffekt des Strukturwandels, der durch die Erhöhung des wissenschaftlich-technischen Niveaus der Produktion hervorgerufen wurde, und desto höher sind folglich auch die Herstellerpreise.

Zur Messung der Gesamteffektivität des durch den wissenschaftlich-technischen Fortschritt hervorgerufenen Strukturwandels müssen beide Aspekte des Nutzeffekts berücksichtigt werden, das heißt der Nutzeffekt zu Beginn und im Ergebnis des Produktionsprozesses. Wenn man von den Formeln (9) und (10) ausgeht, dann kann man folgende Beziehung aufstellen:

$$\frac{\sum_{i=1}^{s} N_i \cdot \left(\frac{d_i}{1+e^{r_i^t}}\right)}{\sum_{i=1}^{s} (Q_i+Q_{c_i}) \cdot \left(\frac{d_i}{1+e^{r_i^t}}\right)} : \frac{\sum_{i=1}^{s} N_i}{\sum_{i=1}^{s} (Q_i+Q_{c_i})} . \tag{11}$$

Ist diese Relation rückläufig, dann steigt die Effektivität des Strukturwandels – und umgekehrt (vgl. Tabelle 1).

Diese Berechnungen gelten nur unter der Bedingung eines konstanten Anteils der Kosten am Produktionspreis der Industriegruppe i sowie eines konstanten Verhältnisses des Produktionszuwachses im Ergebnis einer Preiserhöhung zum Produktionswert der Industriegruppe i, und die Berechnungen betreffen nur die Effektivität, die durch einen Strukturwandel hervorgerufen wurde.

Tabelle 1
Berechnung des Effektivitätskoeffizienten von Strukturveränderungen in der Volkswirtschaft

Kennziffern	Daten des Basiszeitraums „Q"	Datenvarianten des Berichtszeitraums „1" a^1	b^2	c^3	d^4
N	10	10	8	6	11
Q	12	12	16	18	12
$\frac{N}{Q}$	0,83	0,83	0,5	0,33	0,92
Effektivitätskoeffizient $\frac{N_1}{Q_1}:\frac{N_0}{Q_0}$	x	1	$\frac{0,5}{0,83}=0,6$	$\frac{0,33}{0,83}=0,4$	$\frac{0,92}{0,83}=1,11$

[1] die Daten bleiben unverändert, der Effektivitätskoeffizient ist gleich 1,
[2] durchschnittliche Effektivität, der Effektivitätskoeffizient beträgt 0,6,
[3] hohe Effektivität, der Effektivitätskoeffizient beträgt 0,4,
[4] verringerte Effektivität, Anstieg der Selbstkosten und Unveränderlichkeit des Produktionswertes, der Effektivitätskoeffizient beträgt 1,11.

Darüber hinaus gibt es eine positive oder negative „innere" Entwicklung der Effektivität in jeder Industriegruppe, wodurch die Dynamik der Gesamteffektivität des Strukturwandels beschleunigt oder verlangsamt wird. Ersetzt man die oben angeführten Formeln durch die Begriffe der Nutzeffekte, dann ergibt sich folgende formelmäßige Darstellung:

1. Nutzeffekt im Ergebnis einer Senkung des Umfangs der Eingangselemente E_n, in der Industriegruppe i:

$$E_{n_i}=Q_i-N_i\,. \tag{12}$$

Dabei bedeutet:
E_{n_i} – Nutzeffekt, der durch eine Senkung der Aufwendungen der Eingangselemente in der Industriegruppe i hervorgerufen wurde,
und für die Gesamtheit der Industriegruppen, das heißt in der gesamten Wirtschaft, ergibt sich:

$$\sum_{i=1}^{s} E_{n_i}=\sum_{i=1}^{s}(Q_i-N_i)\,. \tag{13}$$

2. Nutzeffekt im Ergebnis einer Erhöhung des wissenschaftlich-technischen Niveaus der Produktion, das heißt der Ausgangselemente E_c, in der Industriegruppe i:

$$E_{c_i}=Q_{c_i} \tag{14}$$

und in der gesamten Wirtschaft:

$$\sum_{i=1}^{s} E_{c_i} = \sum_{i=1}^{s} Q_{c_i} \,. \tag{15}$$

Dabei bedeutet:

E_{c_i} – Nutzeffekt, der sich aus der Erhöhung des wissenschaftlich-technischen Niveaus der Produktion der Industriegruppe i ergibt.

Der Gesamteffekt E im Ergebnis der Wirkung beider Faktoren in der Industriegruppe i:

$$E_i = E_{n_i} + E_{c_i} = (Q_i - N_i) + Q_{c_i} \tag{16}$$

und in der gesamten Wirtschaft:

$$\sum_{i=1}^{s} E_i = \sum_{i=1}^{s} (E_{n_i} + E_{c_i}) \,. \tag{17}$$

Das Normativ der Gesamteffektivität für den Zweig i wird bestimmt als

$$a_i = \frac{E_i}{Q_i} \tag{18}$$

und für die gesamte Wirtschaft als

$$a = \frac{\sum_{i=1}^{s} E_i}{\sum_{i=1}^{s} Q_i} \,. \tag{19}$$

Hierbei wird von der Unveränderlichkeit oder Senkung des Nutzeffekts der Industriegruppe infolge ungenügender Koordinierung ihrer Entwicklung sowie von den Problemen der Aggregierbarkeit des Nutzeffekts bis zur volkswirtschaftlichen Ebene abstrahiert.

Die angeführten Modelle sind, wie Modelle überhaupt, vereinfacht. Eine Annäherung an die wirtschaftliche Realität ist möglich, wenn zusätzlich ein Parameter für den Zeitfaktor eingeführt wird, der die Nutzungsdauer der Erzeugnisse der Industriegruppe in der Produktion sowie die Diskontierung der finanziellen Mittel berücksichtigt, sowie ein Parameter für die Investitionen und einmaligen Aufwendungen. Das führt zu dem Kriterium des sogenannten reinen Nutzeffekts (der mitunter auch als diskontierter Nutzeffekt bezeichnet wird), wobei es möglich wird, die Punkte des maximalen Nutzeffekts aufzusuchen. Aus der Effektivitätstheorie kann man in diesem Fall eine stetige Funktion anwenden:

$$E_i = \int_0^T \{[Q_i^c(q', p', t) - N_i(q, p, t)]\, e^{-ut} + F_{z_i}(t) e^{-ut}\}\, dt - I_i \,. \tag{20}$$

Dabei bedeuten:

Q_i^c – Produktionswert der Industriegruppe i, einschließlich des Produktionszuwachses im Ergebnis einer Erhöhung des wissenschaftlich-technischen Niveaus der Produktion der Industriegruppe, ausgedrückt als Funktion der Menge von Erzeugnissen, der Preise und der Zeit (q', p', t),

N_i – jährliche Aufwendungen für die Produktion der Industriegruppe, ausgedrückt als Funktion der Menge der aufgewendeten Produktionsressourcen und der Zeit $[N_i = f(q, p, t)]$,

$F_{zi}(t)$ – Nettowert des Grundfonds,

I_i – Investitionen und einmalige Aufwendungen in der Industriegruppe,

T – gesuchte optimale Herstellungsdauer der Erzeugnisse der Industriegruppe (Zeitspanne, in der die Erzeugnisse der Industriegruppe im Produktionsprogramm enthalten sind),

u – Zinssatz.

Auf analoge Weise könnte man mit Hilfe der logistischen Funktion die Formel (20) dynamisieren und sie für alle Industriegruppen, das heißt für die gesamte Wirtschaft, bestimmen.

Die kurze Charakteristik des Modells läßt die hohen Anforderungen an die Eingangsinformation erkennen. Es muß erwähnt werden, daß das Ermitteln aller Eingangsdaten für das Modell die Möglichkeiten eines einzelnen Mitarbeiters und selbst eines Forschungsinstituts übersteigt. Hierfür ist die Zusammenarbeit mehrerer Institute auf volkswirtschaftlicher Ebene erforderlich.

Ergebnisse aus der Analyse und Prognose der Strukturveränderungen

Analysen und Diskussionen in Theorie und Praxis führten zu keiner einheitlichen Auffassung darüber, in welcher Richtung die langfristigen Strukturveränderungen durchzuführen seien Einige Autoren behaupten, daß es erforderlich sei, jene Industriegruppen zu entwickeln, die hinsichtlich ihrer Rentabilität am effektivsten sind. Diese Auffassung beruht auf der statischen Betrachtungsweise, denn das bestehende Effektivitätsniveau kann sich im Laufe von einigen Jahren stark verändern, und das um so mehr, als viele Erzeugnispreise stark vom Wert abweichen und eine Preisreform erwartet wird. Andere Autoren stellen fest, daß es notwendig sei, jene Industriegruppen zu entwickeln, die Erzeugnisse herstellen, deren Absatz im Inland rasch ausgedehnt werden kann. Daneben gibt es Autoren, die die Entwicklung jener Industriegruppen fordern, deren Absatz auf ausländischen Märkten, insbesondere der kapitalistischen Länder, erfolgversprechend ist. Autoren, die auf die Entwicklung von Wissenschaft und Technik orientieren, betonen die Notwendigkeit, jene Industriegruppen zu fördern, die die moderne Technik sowie neue Werkstoffe hervorbringen und durch ihre Erzeugnisse die Hauptrichtungen von Wissenschaft und Technik sichern, die in den Programmen zur

Entwicklung von Wissenschaft und Technik enthalten sind. Alle diese Diskussionen gehen von einer solchen Struktur der Volkswirtschaft aus, die ein großes Maschinenbaupotential aufweist, dem nur ein schwach entwickeltes Potential der Energiewirtschaft und der chemischen Industrie gegenübersteht.

Zweifellos hat jede Gruppe von Autoren in bestimmter Hinsicht recht, aber es gibt keine Synthese der einzelnen Auffassungen. Sehr verlockend erscheint jene Richtung von Strukturveränderungen in der Wirtschaft, die sowohl den Aspekt der Einführung des wissenschaftlich-technischen Fortschritts als auch den Aspekt der Sicherung des Absatzes von Erzeugnissen im In- und Ausland berücksichtigt. Denn neue Erzeugnisse und Technologien sowie die bereits produzierten Erzeugnisse, die ein höheres technisches Niveau aufweisen, lassen sich wesentlich leichter und mit höherer Rentabilität sowie an einen größeren Kundenkreis absetzen. Die Berechnung des erzielten Gewinns erfolgt auf der Basis von Weltmarktpreisen für die Erzeugnisse der einzelnen Industriegruppen als auch unter Zugrundelegung der vorrangigen Entwicklung der Produktion jener Industriegruppen, die die neue Technik verkörpern, wobei anschließend der spezifische Verbrauch an Roh- und Werkstoffen, Energie, lebendiger Arbeit und materiellen Fonds für die gesamte Industrie und die Volkswirtschaft als Ganzes gemessen wird. Die Ergebnisse der Analysen und Prognosen haben gezeigt, daß in den meisten Fällen alle modernen Industriegruppen hinsichtlich der Anforderungen an die Produktionsressourcen rentabel sind, denn bei ihrer vorrangigen Entwicklung bis 1990 verringern sich allmählich (wie auch im methodischen Teil dieses Beitrages nachgewiesen werden konnte) die Kennziffern des Arbeitsaufwandes, der Material-, Energie- und Investitionsintensität. Wenn man berücksichtigt, daß diese Teilkennziffern für die einzelnen Industriegruppen unveränderlich sind, das heißt, daß die synthetischen Kennziffern ausschließlich den Einfluß der Strukturveränderungen in der Produktion kennzeichnen, dann zeigt dies den bedeutenden Nutzeffekt der Einführung des wissenschaftlich-technischen Fortschritts. Denn innerhalb jeder Industriegruppe werden die Teilkennziffern für die verschiedenen Aufwendungen – entsprechend der Wirkung des wissenschaftlich-technischen Fortschritts –zurückgehen und zur Senkung der Gesamtaufwendungen beitragen. Das Produktionsmodell der Industrie der ČSSR in den Jahren 1980 und 1990 wurde für 420 Industriegruppen konstruiert, und zwar unter der Bedingung einer vorausschaubaren Beschleunigung des wissenschaftlich-technischen Fortschritts, also unter der Bedingung des beschleunigten Wachstums der modernen Industriegruppen. Das Wachstumstempo und die Asymptoten wurden mit Hilfe eines internationalen Vergleichs mit 19 Ländern sowie einer Einschätzung von Experten bestimmt. Wegen Datenmangels mußten bestimmte Vereinfachungen und Kürzungen vorgenommen werden, beispielsweise die Zusammenfassung einzelner Industriegruppen oder die Aufteilung der Menge an Primärenergie auf die Industriegruppen.

Die hier angeführten Untersuchungsergebnisse sind ein erster Schritt bei der Ausarbeitung einer langfristigen Konzeption der Volkswirtschaft der ČSSR, an der sich zahlreiche Wirtschaftsfachleute aus Theorie und Praxis beteiligen.

2.8. Messung der Intensivierung und des wissenschaftlichen, technischen, ökonomischen und sozialen Niveaus der Reproduktion

Die Messung der Intensivierung ist eine wesentliche Seite bei der Ermittlung der sozialökonomischen Effektivität und ihrer Einflußfaktoren. Mit steigendem Ressourceneinsatz wächst das Ergebnis in einer bestimmten Proportion, die die erweiterte Reproduktion der Ressourcen sichert. Der Ergebniszuwachs entsteht in der Realität ebenso aus der Ressourcenerweiterung wie aus dem höheren Nutzeffekt ihres Einsatzes. Dieser höhere Nutzeffekt ist vorwiegend das Ergebnis der Intensivierung, also der Gesamtheit der Maßnahmen und Strukturveränderungen, die zur Senkung des spezifischen Aufwands je Erzeugniseinheit führen.

In der ökonomischen Statistik wird daher der Anteil der extensiven und intensiven Faktoren am Ergebniszuwachs $\Delta E = E_1 - E_0$ in einfacher Weise dargestellt:

	absolut	relativ	
extensiv	$R_1 \cdot e_{R_0} - E_0$	$f_E = \dfrac{R_1 \cdot e_{R_0} - E_0}{\Delta E}$	(1)
intensiv	$E_1 - R_1 e_{R_0}$	$f_I = \dfrac{E_1 - R_1 \cdot e_{R_0}}{\Delta E}$	(2)

Dabei bedeuten:

$E_{0,1}$ – Ergebnis in der Basis- beziehungsweise Berichtsperiode,
$R_{0,1}$ – Ressourcenaufwand in der Basis- beziehungsweise Berichtsperiode,
ΔE – Ergebniszuwachs $E_1 - E_0$,
$e_{R_{0,1}}$ – Ergebnisquote in der Basis- beziehungsweise Berichtsperiode ($e_R = E/R$),
e'_R – Index der Ergebnisquote (e_{R_1}/e_{R_0}),
f_I – Anteil des intensiven Ergebniszuwachses,
f_E – Anteil des extensiven Ergebniszuwachses,
$f_E + f_I = 1$.

Daraus ergibt sich als Anteil der Intensivierung jener Teil des Ertragszuwachses, der aus der höheren Ertragsquote in der Berichtsperiode resultiert (vgl. Tabelle 1).

Dabei bedeuten:

$$f_E = \frac{6 \cdot 1{,}5 - 3}{15} = 40 \text{ Prozent},$$

$$f_I = \frac{18 - 6 \cdot 1{,}5}{15} = 60 \text{ Prozent}.$$

Tabelle 1
Zahlenbeispiel zur Messung des intensiven Faktors

	Basisperiode 0	Berichtsperiode 1	Zuwachs Δ	Index
E	3	18	15	6,0
R	2	6	4	3,0
e_R	1,5	3	–	2,0

Das Beispiel zeigt, daß der Anteil der intensiven Faktoren am Ergebniszuwachs von 15 Einheiten 60 Prozent oder 9 Einheiten betrug. Wäre die Ergebnisquote allein gestiegen, so wäre der Ergebniszuwachs 3 Einheiten ($R_0 \cdot e_{R_1} - E_0 = 2 \cdot 3 - 3 = 3$). Innerhalb des Anteils der intensiven Faktoren (9 Einheiten) stellen also diese 3 Einheiten gewissermaßen Intensivierung im *engsten* Sinne des Wortes (als bessere Ausnutzung gegebener Ressourcen) dar. Bereits diese einfachen Berechnungen zeigen, in welchem Maße extensive und intensive Faktoren eng miteinander verflochten sind und daß sie nur durch bestimmte Annahmen methodisch exakt getrennt werden können.

In dem angegebenen Beispiel unterstellen wir in der Berichtsperiode, daß jede Ressourceneinheit die Ergebnisquote 3 aufweist. Aber das braucht nicht der Fall zu sein. Es ist möglich, daß die alten Ressourceneinheiten einen höheren und die neuen zunächst einen geringeren als den durchschnittlichen Effekt bringen. Noch schwieriger wird die Berechnung, wenn man sich der Realität annähernd, mehrere Ressourcenarten in ihrem Ergebnis über der Zeit betrachtet:

$$R(t) = R[R_i(t)]. \quad (3)$$

Für den Zuwachs der Gesamtheit von Ressourcen gilt:

$$\frac{dR}{dt} = \frac{\delta R}{\delta R_1}\frac{dR_1}{dt} + \frac{\delta R}{\delta R_2}\frac{dR_2}{dt} + \ldots + \frac{\delta R}{\delta R_n}\frac{dR_n}{dt}. \quad (4)$$

Im einfachsten Fall unterstellen wir eine lineare Abhängigkeit:

$$R = a_0 + a_1 R_1 + a_2 R_2 + \ldots a_n R_n. \quad (5)$$

Dies führt zu der Wachstumsbeziehung:

$$\lambda_R = m_1 \lambda_{R_1} + m_2 \lambda_{R_2} + \ldots m_n \lambda_{R_n}. \quad (6)$$

Dabei bedeuten:

λ_R – relative Zuwachsrate $\frac{dR}{Rdt}$,

m_i – Koeffizienten $\frac{a_i R_i}{R}$.

Die Koeffizienten a_i können festgelegt, regressionsanalytisch ermittelt, aus bestimmten ökonomischen Annahmen abgeleitet (zum Beispiel Umrechnung von Fonds in Arbeitszeit oder von Lohnaufwand in Fonds) oder als normative Ressourcenbewertung bestimmt werden. Danach unterscheidet sich die Vielzahl von Vorschlägen zur Effektivitätsberechnung in der Literatur, die von der Grundannahme einer linearen Beziehung der Ressourcen ausgeht.
Da ferner $E = e_R \cdot R$ ist, gilt

$$\lambda_E = \lambda_{eR} + \lambda_R \,, \tag{7}$$

$$\lambda_E + \lambda_{eR} + m_1\lambda_{R_1} + m_2\lambda_{R_2} + \ldots m_n\lambda_{R_n} \,. \tag{8}$$

Weil die Koeffizienten m_i festgelegt sind, haben wir in Gleichung (7) und (8) eine eindeutige Trennung des extensiven und des intensiven Faktors. Aber die Annahme einer linearen Beziehung der Ressourcen erscheint als wenig realistisch, da sie nicht geeignet ist, ihre Wechselwirkung zu berücksichtigen. Ein besserer Ansatz ist daher die Funktion, die das Ergebnis als nichtlineare Abhängigkeit vom Einsatz der Ressourcen darstellt.

$$E(t) = R_1^{a_1} \cdot R_2^{a_2} \ldots \cdot R_n^{a_n} \,, \tag{9}$$

$$\lambda_E = a_1\lambda_{R_1} + a_2\lambda_{R_2} + \ldots + a_n\lambda_{R_n} \,. \tag{10}$$

Setzt man nun:

$$\alpha_1 = \frac{a_1}{\sum a_i}, \qquad \alpha_2 = \frac{a_2}{\sum a_i} \text{ usw.,}$$

das heißt

$$\Sigma\alpha_i = 1 \,,$$

so gilt

$$\lambda_E = \alpha_1\lambda_{R_1} + \alpha_2\lambda_{R_2} + \ldots \alpha_n\lambda_{R_n} + k \,. \tag{11}$$

Aber auch dieses Verfahren, das in Produktionsfunktionen benutzt wird, ist keineswegs mit einer perfekten Isolierung des intensiven Faktors verbunden. Das drückt sich im Koeffizienten k aus, der bei der praktischen regressionsanalytischen Ermittlung immer kleiner wird, je mehr schnell wachsende Ressourcen höherer Qualität (Bildungsfonds, Forschungsfonds) einbezogen werden. Darin zeigt sich die Relativität des extensiven und intensiven Faktors, die bei der Messung der Ressourcen und ihres Effekts unvermeidlich auftritt. Die Methode der schrittweisen Isolierung, des Konstanthaltens bestimmter Faktoren bei der Beobachtung eines sich bewegenden Faktors, die zu Beginn des Abschnitts beschrieben wurde, findet auch hier Anwendung. Sie wird aber nicht auf Niveaugrößen, sondern auf ihre Zuwächse bezogen.

Tabelle 2 zeigt eine Übersicht bekannter Meßmethoden der Intensivierung. Bisher noch wenig entwickelt ist die Faktorenanalyse der Intensivierung. Bei

Tabelle 2
Meßmethoden der Intensivierung

Arten	Bezeichnung der Methode	Spezifische Form	Beispiel
1. einfache ökonomisch-statistische und ökonomisch-mathematische Methoden	1. 1. Basis gewichteter Index	1. 11. linear	Kostenkennziffer Maier
		1.12. logarithmisch	Čistov
	1. 2. Potenzfunktionen	1. 21. stabile Elastizitäten	Ančiškin
		1. 22. variable Elastizitäten	
2. ökonomisch-analytische Methoden	2. 1. normativgewichteter Index	2. 11. linear	Reduktionskosten
		2. 12. geometrisch	Aufwandskennziffer
	2. 2. Faktorenanalyse	2. 21. für ein Aufwandselement	Faktorenanalyse Arbeitsproduktivität
		2. 22. für mehrere Aufwandselemente	

allen angeführten Methoden ist zu beachten, daß der intensive Faktor auch in *qualitativen* Seiten des Ergebnisses und der Ressourcen zum Ausdruck kommt. Ferner stehen extensive und intensive Entwicklung in einer engen Wechselbeziehung unter verschiedenen Aspekten:

Erstens fördert höhere Effektivität das quantitative Wachstum, das selbst wieder den Nutzeffekt erhöht.[1]

Zweitens sind Bedürfnisse, Produktionsresultat und Ressourcen selbst in ununterbrochener Bewegung und Höherentwicklung.

Drittens kann die intensive Entwicklung eines Komplexes Ergebnis geeigneter Strukturveränderungen sein, während sich ein Teil oder sogar alle Elemente des Komplexes intensiv entwickeln.

Viertens signalisiert jeder extensive Prozeß, zeitlich betrachtet, seinen eigenen Gegensatz, die nachfolgende intensive Wachstumsphase. Die Ausnutzung der begrenzten Einzelressourcen bildet eine Folge von S-förmigen Wachstumsprozessen.

Fünftens beobachtet man in der Wirtschaft, daß ein extensiver Prozeß an einem Ort intensive Wirkungen an ganz anderen Stellen auslösen kann und umgekehrt.

[1] Vgl. Karl Marx, Theorien über den Mehrwert, in: MEW, Bd. 26. 2, Berlin 1967, Seite 522.

Das historische Moment im gesellschaftlichen Maßstab der Intensivierung zeigt sich in drei Richtungen:

1. Man kann extensive und intensive Bedürfnisentwicklung unterscheiden, je nachdem, ob das Konsumtionsfeld quantitativ ausgedehnt oder neue, höherentwickelte Bedürfnisarten entdeckt und befriedigt werden.
2. Die Gebrauchswertentwicklung hat ebenfalls eine extensive und intensive Seite, die nach dem Neuheitsgrad der Ergebnisse[2] unterschieden werden können.
3. Die Ressourcen bleiben nicht unveränderlich, sie besitzen zu jedem Zeitpunkt eine Struktur unterschiedlicher Progressivität (zum Beispiel Qualifikationsstruktur der Arbeitskräfte).

Jeder Fortschritt in der Ausnutzung von Ressourcen erfordert ein *Potential* von Natur- und Geisteskraft. Nicht selten wird in der Literatur unter einem Potential lediglich eine Gesamtheit von Ressourcen verstanden. Unter einem *ökonomischen Potential* im eigentlichen Sinne des Wortes muß man jedoch das in einem bestimmten Zeitraum realisierbare Leistungsvermögen einer gegebenen Gesamtheit von Ressourcen verstehen. Damit wird das Potential zu einer wesentlichen komplexen Bezugsgröße der Intensivierung. Im Stoffwechsel von Mensch und Natur sind drei Potentiale zu unterscheiden: das Ausnutzungspotential der materiellen Fonds des Nationalreichtums, das schöpferische Potential des gesellschaftlichen Menschen, der general intellect (Marx), und das Potential der Naturprozesse, ihrer Selbsterneuerung und des ökologischen Gleichgewichts.

Die relative Unterscheidung des extensiven und des intensiven Faktors (strukturell, zeitlich und räumlich) zeigt sich deutlich in der Aussage bestimmter Kennziffern. So wird die energetische Ausstattung pro Beschäftigten meist als extensive Kennziffer betrachtet. Dies gilt jedoch nur unter einem bestimmten Blickwinkel, beispielsweise bei der Betrachtung des Verhältnisses von Produktivitätsentwicklung und Steigerung der energetischen Ausstattung. Aus anderer Sicht ist wachsende energetische Ausstattung ein intensiver Faktor. Es ist daher erforderlich, die Intensivierung im Zusammenhang mit der Entwicklung des wissenschaftlichen, technischen, ökonomischen und sozialen Niveaus der Reproduktion zu messen. Die Parameter des wissenschaftlichen Niveaus wachsen schneller als die des technischen Niveaus, diese wiederum schneller als die Kennziffern des ökonomischen Niveaus.[3] Aber die Analyse zeigt, daß sich diese Wachstumsgrößen immer mehr annähern. Gerade darin kommt die volkswirtschaftliche Intensivierung, die neue Qualität im

[2] Vgl. L. M. Gatovskij, Neue und alte Technik, in: Wissenschaft – Ökonomie – Fortschritt, hg. von Lev M. Gatovskij/František Kutta/Harry Maier, Berlin 1974, S. 35–53 (Akademie der Wissenschaften der DDR, Schriften des Zentralinstituts für Wirtschaftswissenschaften, Nr. 6).

[3] Vgl. A. N. Kossygin, Rede auf der Allunionskonferenz der Wissenschaftler im Kreml, 12. bis 14. Juni 1961, Moskau, Konferenzmaterialien, S. 33.

Zusammenwirken der wissenschaftlichen, technischen, ökonomischen und sozialen Seite der Reproduktion zum Ausdruck.

Einen wesentlichen theoretischen Ausgangspunkt für die Analyse der Intensivierung findet man in dem von Marx aufgedeckten Bewegungsgesetz der Aufwandsstruktur. Es besteht darin, daß die Summe der angewandten Arbeit je Einheit des Gesamtprodukts sinkt, wobei der Anteil der vergegenständlichten Arbeit ständig zunimmt. Durch progressiven Wechsel in der Technologie (change) tritt eine Veränderung der technischen Zusammensetzung der Produktion ein. „Alle changes, infolge der Entwicklung (nicht der Abnahme) der Produktivkraft der Arbeit, vermindern den Teil des Produkts, der lebendige Arbeit darstellt . . .“[4]

Zur Charakterisierung der ökonomischen Rolle des technischen Fortschritts im Kapitalismus und zur Analyse des Profitmechanismus verwendet Marx die Kategorien der technischen, wertmäßigen und organischen Zusammensetzung des Kapitals. Die Analyse der Zusammensetzung der Produktion und ihrer Wechselbeziehungen zur sozialökonomischen Effektivität ist auch ein wesentlicher methodologischer Ausgangspunkt in der sozialistischen Ökonomik. Dabei muß man jedoch zwei Umstände beachten. *Erstens* ist die organische Zusammensetzung der Produktion ebenso wie die wertmäßige eine grundlegend andere Kategorie als im Kapitalismus. Sie kann hier strenggenommen nicht als Relation von c : v bestimmt werden. Vielmehr ist sie identisch mit der *Aufwandszusammensetzung*, das heißt dem Verhältnis von vergegenständlichter und lebendiger Arbeit, soweit es die Entwicklung der technischen Zusammensetzung zum Ausdruck bringt. Der letzte Zusatz ist sehr wesentlich, da nicht jede Aufwandsbewegung die wachsende technische Zusammensetzung widerspiegelt. Zeitweilig bedingter Mehraufwand an lebendiger Arbeit oder zeitweilig bedingte enorme Einsparung an vergegenständlichter Arbeit können das grundlegende Aufwandsgesetz scheinbar aufheben. *Zweitens* muß in der Periode der wissenschaftlich-technischen Revolution als weitere Erkenntnisstufe die *wissenschaftliche Zusammensetzung* der Produktion analysiert werden. Darunter ist die Relation der Masse der für die Herstellung und Nutzung der Fonds erforderlichen wissenschaftlichen Erkenntnisse zur Masse der angewandten lebendigen Arbeit zu verstehen. Das schnelle Wachsen der wissenschaftlichen Zusammensetzung erklärt das hohe Tempo der Zunahme der technischen Zusammensetzung der Produktion, aber auch die schnelle absolute Verringerung der vergegenständlichten Arbeit je Einheit des Produkts.

Die Identifikation der Kategorien der Zusammensetzung der Produktion und des Aufwandsgesetzes ist schwierig, da Übergänge zwischen Bestands- und Flußgrößen sowie Natural-, Preis- und Zeitgrößen beachtet werden müssen. In Tabelle 3 sind die entsprechenden Meßgrößen zusammengestellt.

[4] Karl Marx, Theorien über den Mehrwert, in: MEW, Bd. 26.3, Berlin 1968, S. 374; vgl. auch: Das Kapital, Bd. 1, in: MEW, Bd. 23, Berlin 1962, S. 466.

Im folgenden soll das bereits erwähnte Aufwandsgesetz näher betrachtet werden. Seine Gültigkeit ist allgemein anerkannt.[5] Der Anteil der vergegenständlichten Arbeit an der Gesamtarbeit steigt etwa in Form einer logistischen Funktion, das heißt langsam in der Phase der handwerklichen Produktion, beschleunigt beim Übergang zur Maschinenarbeit und schließlich asymptotisch in der Periode der wissenschaftlich-technischen Revolution. Diese Entwicklung ergibt sich aus der wachsenden Produktivkraft der lebendigen Arbeit und der notwendigen Abnahme der Arbeitszeit im materiellen Bereich beim Übergang zum Kommunismus. Der asymptotische Verlauf signalisiert den Übergang zu einer Entwicklungsstufe der Gesellschaft, in der die Arbeitszeit nicht mehr als indirekte Meßgröße des gesellschaftlichen Reichtums verwendet werden kann. Erst dann wird die Kategorie der organischen Zusammensetzung der Produktion keine Rolle mehr spielen. Zur Analyse des Aufwandsgesetzes genügt es jedoch nicht, nur die Haupttendenz des Anteils der vergegenständlichten Arbeit zu betrachten. Von Interesse sind die zeitweiligen Gegentendenzen sowie die absolute Veränderung der vergegenständlichten Arbeit je Einheit des Produkts. Betrachtet man dazu die Entwicklung der Aufwandszusammensetzung in der Volkswirtschaft der DDR (vgl. Tabelle 4), so wurde das Ersatzprodukt nach folgendem Ansatz[6] in Stunden einfacher Arbeit umgerechnet:

$$c : N = T_c : T_l,$$

$$T_c = \frac{c \cdot T_l}{N}, \tag{12}$$

$$T_c = \frac{c}{n_{T_l}}.$$

Dabei bedeuten:
N – Nettoprodukt,
c – Ersatzprodukt,
T_c – Ersatzprodukt in Stunden einfacher Arbeit,
T_l – lebendige Arbeit (Stunden einfacher Arbeit),
n_{T_l} – Nettoprodukt je Stunde einfacher (lebendiger) Arbeit.

Die organische Zusammensetzung des Aufwands erhöhte sich 1950 bis 1971 von 1,31 auf 1,56. Die analoge Kennziffer des Anteils der vergegenständlich-

[5] Vgl. Političeskaja ėkonomija, Bd. 3 (Redaktion von G. A. Kozlov), Moskva 1970, S. 289; vgl. Kurs političeskoj ėkonomii, Bd. 2 (Redaktion von N. A. Zagolov), Moskva 1974, S. 209.
[6] Nach einem Vorschlag von S. G. Strumilin, in: Social'no-ėkonomičeskie problemy techničeskogo progressa, Moskva 1961, S. 50.

Tabelle 3
Meßgrößen der Zusammensetzung der Produktion oder des Aufwands und der Fonds*

		Wissenschaftliche	Technische	Organische	Wertmäßige
Natural-einheiten	Bestands-größe	Zahl der Patente je Beschäftigten in Forschung und Entwicklung	Energetische Leistung je Berufstätigen. Produktionsfläche je Berufstätigen	–	–
	Flußgröße	Zuwachs an wissenschaftlichen Informationen in der Zeiteinheit	Energieverbrauch je Arbeitsstunde. Materialverbrauch je Arbeitsstunde	–	–
Effektive Preise	Bestands-größe	–	–	–	Fondsausstattung je Arbeitskraft. Investitionen je freigesetzte Arbeitskraft
	Flußgröße	–	–	–	Ersatzprodukt je Einheit des Nettoprodukts. Ersatzprodukt je Einheit des Lohnfonds
Konstante Preise	Bestands-größe	Forschungsfonds je Berufstätigen	–	Fondsausstattung oder Grundfondsausstattung je Arbeitskraft	–
	Flußgröße	Anteil der Forschungsausgaben an den Kosten. Relation der Forschungsausgaben zu den Bildungsfonds	–	Ersatzprodukt je Einheit des Nettoprodukts.** Ersatzprodukt je Einheit des Lohnfonds	–

Zeitaufwand	Bestandsgröße	Anzahl der Wissenschaftler je 1000 Berufstätige	Maschinenstunden auf 1000 Arbeitsstunden	Fonds in normativen Arbeitseinheiten je Normzeitstunde einfacher Arbeit	Fonds in Arbeitseinheiten je Stunde einfacher Arbeit
	Flußgröße	Anteil des Zeitaufwands für Forschung am Gesamtzeitaufwand	Zuwachs an Maschinenstunden je Arbeitskraft	Organische Aufwandszusammensetzung	Wertmäßige Aufwandszusammensetzung

* In der Regel entsprechen die Bestandsgrößen der Zusammensetzung der Fonds, die Flußgrößen dagegen der Zusammensetzung der Produktion.

** Das Verhältnis des konstanten Kapitals, stofflich betrachtet, zur Masse der angewandten (bezahlten und unbezahlten) lebendigen Arbeit wurde von Marx auch als technologische Zusammensetzung bezeichnet und als Erscheinungsform der organischen Zusammensetzung betrachtet. Vgl. Karl Marx, Theorien über den Mehrwert, in: MEW, Bd. 26.3, Berlin 1968, S. 374.

ten Arbeit (Spalte 9) zeigt jedoch in ihrer Entwicklung in einzelnen Teilperioden keine Gleichmäßigkeit, und in der Zeit von 1950 bis 1957 war sogar eine Verringerung dieses Anteils festzustellen. Die Ursachen für diese starke Gegentendenz lagen in den spezifischen Bedingungen des Zeitabschnitts, die eine sehr schnelle Steigerung der Arbeitsproduktivität ermöglichten (niedriges Ausgangsniveau, Nutzung und Ergänzung vorhandener Kapazitäten ohne grundlegende technische Neuausrüstung).

Ein detaillierteres Bild des Aufwandsgesetzes erhält man, wenn die Bewegung der absoluten Größen des Aufwands an vergegenständlichter und lebendiger Arbeit je Einheit des Produkts betrachet werden. Es kann angenommen werden, daß der Anteil der vergegenständlichten Arbeit zunächst absolut und relativ schnell ansteigt (in der Periode der Industrialisierung und Primärmechanisierung), während der Gesamtaufwand je Erzeugniseinheit durch die erhebliche Einsparung an lebendiger Arbeit sinkt. In der Periode der entwickelten Mechanisierung, der Ablösung von Maschinen durch vollkommenere und des Niveauausgleichs erfolgt ein erster grundsätzlicher Wandel dieser Entwicklungslinie. Es beginnt die Periode, in der die absoluten Beträge der vergegenständlichten Arbeit je Erzeugniseinheit sinken, wobei ihr Anteil am Gesamtaufwand weiterhin steigt. In einzelnen Fällen und Zeitabschnitten kann sogar der Anteil sinken, ohne daß dadurch die langfristige Grundtendenz aufgehoben wird. Die nächste Periode beginnt mit der Vorbereitung der wissenschaftlich-technischen Revolution und den Anfängen der Automatisierung. Hier kann zeitweilig wieder ein relatives und ein absolutes An-

Tabelle 4

Die Aufwandszusammensetzung in der Volkswirtschaft der DDR

Jahre	Berufstätige im produzierenden Bereich 1000 Personen (1)	Arbeitsstunden je Jahr und je Person Stunden (2)	Allgemeiner Reduktionskoeffizient (3)	Stunden einfacher Arbeit Spalte (1) · (2) · (3) Millionen Stunden (4)	Nettoprodukt in 67er Preisen je Stunde einfacher Arbeit Mark/Stunden (5)	Ersatzprodukt in Preisen von 1967 Milliarden Mark (6)	Ersatzprodukt in Stunden einfacher Arbeit Spalte (6): (5) Millionen Stunden (7)	Gesamtaufwand in Stunden einfacher Arbeit Spalte (4)+(7) Millionen Stunden (8)	Anteil der vergegenständlichten Arbeit Spalte (7): (8) Prozent (9)
1950	6297	2090	1,209	16100	1,69	35,6	21100	37200	56,8
51	6261	2100	1,225	16100	2,15	43,8	20400	36500	55,9
52	6228	2260	1,241	17450	2,25	47,0	20900	38350	54,5
53	6346	2090	1,252	16600	2,54	51,2	20200	36800	54,9
54	6468	2085	1,255	16900	2,75	55,3	20100	37000	54,3
1955	6550	2050	1,266	17000	2,96	58,4	19750	36750	53,6
56	6495	2065	1,303	17450	3,04	61,7	20300	37750	53,8
57	6565	2005	1,318	17350	3,33	65,9	19800	37150	53,3
58	6550	1920	1,329	16700	3,80	74,3	19600	36300	54,0
59	6525	1910	1,336	16750	4,04	81,6	20200	36950	54,7
1960	6495	1915	1,348	16750	4,24	88,8	20950	37700	55,6
61	6481	1900	1,376	16950	4,26	92,6	21800	38750	56,3
62	6451	1910	1,391	17130	4,33	98,3	22700	39830	57,0
63	6395	1930	1,403	17300	4,43	103,2	23300	40600	57,4
64	6413	1980	1,417	17970	4,48	112,4	25100	43070	58,3
1965	6411	1970	1,440	18200	4,63	120,0	25950	44150	58,8
66	6399	1970	1,456	18350	4,82	127,9	26550	44900	59,1
67	6426	1945	1,469	18360	5,06	136,6	27000	45360	59,5
68	6408	1975	1,475	19650	5,25	146,9	28000	46650	60,0
69	6415	1875	1,509	18150	5,67	157,7	17800	45950	60,5
1970	6414	1880	1,515	18250	5,96	167,9	28200	46450	60,7
71	6407	1905	1,516	18500	6,14	176,9	28800	47300	61,0
72	6401								

steigen oder langsameres Sinken der vergegenständlichten Arbeit je Erzeugniseinheit beobachtet werden. Das hängt mit den technisch noch unvollkommenen Lösungen, vor allem aber mit dem zu geringen Grad der Automatisierung zusammen. Mit der Reife der wissenschaftlich-technischen Revolution tritt ein neuer Wendepunkt ein: Die absoluten Beträge der Einsparung an vergegenständlichter Arbeit je Erzeugniseinheit übersteigen wesentlich die Einsparungen an lebendiger Arbeit, ohne jedoch die Grundtendenz des Aufwandsgesetzes aufzuheben.

In Tabelle 5 ist die Aufwandseinsparung in Stunden je 1000 Mark Gesamtprodukt in der DDR seit 1951 dargestellt. Die Entwicklung in Teilperioden wurde bereits charakterisiert. Seit 1969 übersteigen die absoluten Einsparungen an vergegenständlichter Arbeit die entsprechenden Beträge der lebendigen Arbeit. Das Verhältnis der absoluten Einsparung an vergegenständlichter Arbeit zur absoluten Einsparung an lebendiger Arbeit kann mit steigendem Anteil der vergegenständlichten Arbeit immer höher werden, ohne daß das Aufwandsgesetz aufgehoben wird.

Die Bedingung für $\tau_c' > 1$ ist:

$$\frac{\Delta t_c}{\Delta t_l} < \frac{\tau_{c_0}}{1 - \tau_{c_0}} . \qquad (13)$$

Dabei bedeuten:

τ_c' – Index des Wachstums des Anteils der vergegenständlichten Arbeit,

τ_{c_0} – Anteil der vergegenständlichten Arbeit am Gesamtaufwand im Ausgangszeitpunkt,

Δ_{t_c} – Einsparung an vergegenständlichter Arbeit je Einheit des Produkts $(t_{c_0} - t_{c_1})$,

Δt_l – Einsparung an lebendiger Arbeit je Einheit des Produkts $(t_{l_0} - t_{l_1})$.

So gilt für die DDR 1950 bis 1971:

$$\frac{237}{193} < \frac{0{,}568}{0{,}432}, \qquad 1{,}23 < 1{,}32,$$

das heißt, trotz erheblicher absoluter Einsparung an vergegenständlichter Arbeit wurde das Aufwandsgesetz erfüllt.

Der Wendepunkt im Wirken des Aufwandsgesetzes ist ein wesentliches Kennzeichen der Intensivierung. Aber er genügt nicht, um diesen Prozeß umfassend zu charakterisieren. Dazu ist es erforderlich, alle Wachstumsfaktoren des gesellschaftlichen Gesamtprodukts in seiner gebrauchswertmäßig-stofflichen Form zu erfassen. Die Quellen dieses Wachstums sind die Natur und die menschliche Arbeit. Karl Marx zeigte in seinen „Randglossen zum Programm der deutschen Arbeiterpartei", daß die lebendige Arbeit, die bekanntlich in ihrer konkret-historischen Form der abstrakten Arbeit die einzige wertschöpfende Kraft ist, keineswegs die einzige Quelle des sachlichen Reichtumes.[7]

[7] Vgl. Karl Marx, Kritik des Gothaer Programms, in: MEW, Bd. 19, Berlin 1962, S. 15.

Tabelle 5
Die Aufwandseinsparung in der Volkswirtschaft der DDR

Jahre	Aufwand an lebendiger Arbeit je Einheit des Gesamtprodukts Stunden/ 1000 Mark (1)	Aufwand an vergegenständlichter Arbeit je Einheit des Gesamtprodukts Stunden/ 1000 Mark (2)	Gesamtaufwand je Einheit des Gesamtprodukts Stunden/ 1000 Mark (3)	Einsparung an lebendiger Arbeit Stunden/ 1000 Mark (4)	Einsparung an vergegenständlichter Arbeit Stunden/ 1000 Mark (5)
1950	257	336	593	–	–
51	209	264	473	48	72
52	203	243	446	6	21
53	179	217	396	24	26
54	166	198	364	13	19
1955	156	182	338	10	16
56	153	178	331	3	4
57	143	163	306	10	15
58	123	145	268	20	18
59	112	136	248	11	9
1960	105	131	236	7	5
61	103	132	235	2	1
62	99,5	132	232	3,5	0
63	96,2	130	226	2,3	2
64	93,3	130	223	2,9	0
1965	89,0	127	216	4,3	3
66	84,8	123	208	4,2	4
67	80,0	118	198	4,8	5
68	76,2	115	191	3,8	3
69	69,6	107	177	6,6	8
1970	66,0	102	168	3,6	5
71	63,7	99,1	163	2,3	2,9

30 Jahre zuvor hatte Friedrich Engels in seiner Schrift „Umrisse zu einer Kritik der Nationalökonomie" neben dem Boden, der Arbeit und den durch sie geschaffenen Produktionsbedingungen die Wissenschaft als selbständiges Element bei der Schaffung des sachlichen Reichtums genannt.[8]

Eine geeignete Form, die Wechselwirkungen dieser Ressourcen zu untersuchen, ist die Potenzfunktion, bei der die Abhängigkeit des gesellschaftlichen Gesamtprodukts in konstanten Preisen vom Einsatz an Produktionsfonds,

[8] Vgl. Friedrich Engels, Umrisse zu einer Kritik der Nationalökonomie, in: MEW, Bd. 1, Berlin 1956, S. 508.

Bildungsfonds und Forschungsfonds als Regression analysiert wird (1950 bis 1973):

$$\lg P = 3{,}0486 + 0{,}6333 \lg F_p + 0{,}1718 \lg F_B + 0{,}1414 \lg F_w\,, \qquad (14)$$

$$\lg P^x = 0{,}2555 + 0{,}7243 \lg F_p + 0{,}2021 \lg F_B - 0{,}0194 \lg F_w + 0{,}1920\, t\,. \qquad (15)$$

Dabei bedeuten:
P – gesellschaftliches Gesamtprodukt,
F_p – Produktionsfonds,
F_B – Bildungsfonds im materiellen Bereich,
F_w – Forschungsfonds im materiellen Bereich,
t – Jahr, 1950 = 1.

Aus beiden Funktionen ergibt sich mit Hilfe einer speziellen Berechnung, daß die Produktionsfonds in der betrachteten Periode zu 53 Prozent, die Bildungsfonds zu 21 Prozent und die Forschungsfonds zu 26 Prozent am Wachstum des Gesamtprodukts beteiligt waren.[9] Dabei wird allerdings von einer wesentlichen Quelle des Wachstums abstrahiert, die unter dem Begriff Umweltfonds des Nationalreichtums zusammengefaßt werden müßte. Wir erfassen also in der Funktion nur die technologischen Fonds, wie wir die Summe der Produktionsfonds, Bildungsfonds und Forschungsfonds bezeichnen.

Für die gesellschaftliche Akkumulation ist es vor allem wesentlich, die intensivere Nutzung der Ressourcen zu erhöhen. Der *Intensivierungsgrad des Wachstums der technologischen Fonds* kann durch einfache Methoden der statistischen Indexzerlegung berechnet werden. Danach ist das Gesamtprodukt des Jahres 1972 zu 65,8 Prozent Ergebnis des extensiven Wachstums der technologischen Fonds seit 1950, zu 23,7 Prozent Ergebnis der Wechselwirkung extensiver und intensiver Faktoren und zu 10,5 Prozent Resultat der intensiven Prozesse. In der gleichen Größenordnung (11,2 Prozent) liegt der Anteil der relativen Senkung des einmaligen und laufenden Aufwands am Zuwachs des gesellschaftlichen Gesamtprodukts (Rentabilitätsnormativ der Produktionsfonds gleich 15 Prozent gesetzt).

Die Ergebnisse zeigen, welch enormes Gewicht das extensive und intensive Wachstum der Produktionsfonds besitzt. Allerdings wird in dieser Funktion nicht deutlich, daß der Anteil der Lohneinsparungen am intensiven Wachstum in der betrachteten Periode wesentlich höher als die relative Einsparung an Produktionsfonds war. Bei der Vertiefung der Intensivierung erlangt die komplexe Ausnutzung der Produktionsfonds erstrangig Bedeutung.

Eine in der Zukunft stärker zu entwickelnde Meßmethode der Intensivierung ist die *Faktorenanalyse der Effektivität*. Dazu ist es notwendig, die Inten-

[9] Vgl. Heinz-Dieter Haustein, Messung der volkswirtschaftlichen Intensivierung Zur Methodologie, Berlin 1976, S. 54,60 (Forschungsbericht des Zentralinstituts für Wirtschaftswissenschaften der Akademie der Wissenschaften der DDR, Nr. 17).

sivierungsfaktoren exakt zu bestimmen. Sie werden wie folgt systematisiert:

1. Intensivierungsmaßnahmen in den Betrieben, Zweigen und in der Volkswirtschaft
   - Erhöhung des wissenschaftlich-technischen Niveaus und Gebrauchswerte der Erzeugnisse, Materialien und Verfahren,
   - Vervollkommnung der gesellschaftlichen und betrieblichen Organisation und Leitung der Produktion,
   - Erhöhung der Qualifikation der Arbeitskräfte,
   - sonstige Maßnahmen zur besseren Nutzung der Grundfonds, des Materials und des gesellschaftlichen Arbeitsvermögens,
   - natürliche Bedingungen und territoriale sowie zweigspezifische Faktoren.
2. Strukturveränderungen in den Betrieben, Zweigen und in der Volkswirtschaft
   - Produktionsstruktur (Erzeugnisse),
   - vertikale Verflechtungen der Produktion,
   - Arbeitskräftestruktur,
   - Grundfondsstruktur,
   - Kostenstruktur,
   - sonstige Strukturen.

Die genannten Gruppen stehen in enger Wechselwirkung miteinander und können stets nur mit einer gewissen Näherung isoliert werden. Das bedeutet keineswegs, daß man auf ihre möglichst exakte Darstellung verzichten kann.

Die Intensivierungsfaktoren sind jeweils auf bestimmte Elemente des Aufwands und Nutzens beziehungsweise der Effektivität gerichtet:

1. Arbeitszeit und -lohn,
2. Materialaufwand,
3. sonstige Kosten,
4. Selbstkosten gesamt,
5. Fondsrentabilität,
6. einmaliger und laufender Aufwand gesamt,
7. Bedarfsdeckung,
8. Effektivität gesamt.

Aus beiden Vektoren (Elemente und Faktoren) entsteht eine *Verflechtungstabelle der Faktorenanalyse*, die den Einfluß jedes Faktors auf jedes Element der Effektivität zeigt. Diese Tabelle dient der schrittweisen Durchrechnung der allgemeinen Effektivitätsziele bis zu den einzelnen Positionen (Maßnahmen, Struktur), Faktorengruppen (technisches Niveau, organisatorisches Niveau, sonstige), Teilgruppen und Feldern. Aus der Kopplung der Faktoren und Aufwandselemente entstehen Felder, die jeder Maßnahme des wissenschaftlich-technischen Fortschritts und jeder Strukturveränderung ihren genauen Platz anweisen. Wenn die allgemeinen Effektivitätsziele und der Anteil der Faktoren als Richtwert bekannt sind, kann im Betrieb bei der Planvorbereitung überprüft werden, welche Felder ausreichend mit Ideen, Vorschlägen und Aufgaben belegt sind und wo es erforderlich ist, den Maßnahmevorlauf zu erhöhen.

2.9. Arbeitsproduktivität und technischer Fortschritt

In der gegenwärtigen Etappe des Aufbaus des entwickelten Sozialismus ist der wissenschaftlich-technische Fortschritt die wichtigste Quelle zur Steigerung der Arbeitsproduktivität und der Effektivität der Volkswirtschaft. Damit im Zusammenhang steht, daß die intensive Nutzung aller Wachstumsfaktoren der gesellschaftlichen Produktion entscheidende Bedeutung erhält. Der vom XV. Parteitag der KPČ verabschiedete Beschluß über die Entwicklungsstrategie der Volkswirtschaft der ČSSR orientiert daher auf die Nutzung aller Möglichkeiten des wissenschaftlich-technischen Fortschritts, auf die vollständige Ausnutzung der Intensivierungsfaktoren für eine allseitige Effektivitätssteigerung bei der Entwicklung der Volkswirtschaft.[1] Die wissenschaftlich-technische Revolution ruft Veränderungen innerhalb der Produktivkräfte hervor, erschließt damit neue Reserven für die weitere Steigerung der Arbeitsproduktivität und schafft günstige Voraussetzungen für eine schnellere Realisierung der gesellschaftlichen Ziele des Sozialismus. Die sozialistischen Produktionsverhältnisse schaffen günstige Bedingungen für ein breites, intensives Wirksamwerden des wissenschaftlich-technischen Fortschritts und damit auch für eine schnelle Steigerung der Arbeitsproduktivität.

Deshalb ist eine Analyse der Faktoren und des Wachstumsprozesses der Arbeitsproduktivität sowohl vom theoretischen als auch vom praktischen Standpunkt von großer Bedeutung. Theoretische Untersuchungen des Wachstumsprozesses der Arbeitsproduktivität und der Wirkung des technischen Fortschritts ermöglichen es, die Wechselbeziehungen zwischen den einzelnen Faktoren aufzudecken und statistische Daten und empirische Ergebnisse richtig zu interpretieren.

Um den Wachstumsprozeß der Arbeitsproduktivität und den Einfluß des technischen Fortschritts richtig verstehen und dabei Veränderungen bestimmter ökonomischer Größen entsprechend interpretieren zu können, müssen bestimmte theoretische Voraussetzungen gegeben sein. Es muß zum Beispiel die Frage beantwortet werden, was den Beziehungen zwischen der Arbeitsproduktivität und den übrigen ökonomischen Kategorien zugrunde liegt. Es ist notwendig, die Wechselbeziehung des einen empirischen Faktors mit dem anderen richtig zu bestimmen, Ursache und Folge zu trennen und die wesentlichen

[1] Vgl. G. Husak, Rechenschaftsbericht über die Tätigkeit der Partei und die gesellschaftliche Entwicklung seit dem XIV. Parteitag der KPČ und die weiteren Aufgaben der Partei, in: Nová Mysl, (Praha), 5/1976, S. 5–70.

Wechselbeziehungen zu ermitteln. Von besonderem Interesse ist die Steigerung der Arbeitsproduktivität in der Zeit. Wenn man diese Entwicklung analysiert, darf man sich nicht nur auf Veränderungen beschränken, die parallel zur Zeit verlaufen, sondern es ist auch erforderlich, zu untersuchen, wie die gegenwärtige Entwicklung in der Vergangenheit vorbereitet wurde. Dieser Umstand ist besonders für die Analyse der Dynamik der Arbeitsproduktivität wichtig. Das Verbindungsglied zwischen vergangener und gegenwärtiger Entwicklung ist der Bestand an Arbeitsmitteln, der aus Maschinen und Anlagen besteht, die zu verschiedenen Zeiten hergestellt wurden. Ist ein Betrieb errichtet, sind die Möglichkeiten für Änderungen an der Produktionstechnik relativ begrenzt. In der Nutzungsperiode dieser Generation von Maschinen und Anlagen sind die Möglichkeiten, das Produktionsvolumen zu verändern, ebenfalls relativ gering.[2] Sobald aber die Rekonstruktion eines bestehenden Betriebes erfolgt, sind radikale Umstellungen möglich. Hieraus ergibt sich, daß grundsätzliche Veränderungen an den Arbeitsmitteln viel Zeit erfordern.[3]

Angenommen, die Technik A kann in einer bestimmten Zeit realisiert werden und stellt in diesem Zeitabschnitt die modernste Technik dar. Neue und rekonstruierte Betriebe werden mit dieser Technik ausgestattet. In diesen Betrieben wird der Produktionsumfang Q_1 und die Arbeitsproduktivität q_1 erreicht. Sobald aber nur ein geringer Teil des Zweiges oder der Volkswirtschaft mit der Technik A ausgerüstet ist, entsteht Technik B, die besser ist als Technik A. Folglich wird in der zweiten Periode eine bestimmte Anzahl von Betrieben über diese Technik verfügen, der Gesamtumfang der Produktion in diesen Betrieben wird gleich Q_2 und die Arbeitsproduktivität q_2 sein. In der Folgezeit entsteht eine noch bessere Technik C usw. Die Arbeitsproduktivitäten $q_1 < q_2 < q_3 \ldots$ usw. spiegeln die neuesten Techniken der jeweiligen Perioden wider. Charakteristisch ist, daß, bevor sich eine verbesserte Technik in der gesamten Volkswirtschaft ausbreiten kann, bereits eine neue, noch bessere Technik entsteht. Die jeweils neueste Technik kann sich nicht sofort ausbreiten, da die Höhe der Fonds (der Arbeitsmittel), die reproduziert werden können, durch die Höhe der Bruttoinvestitionen begrenzt wird. Die einander folgenden Techniken $A, B, C \ldots$ führen in den neuen Betrieben zu einer Gesamtproduktion $Q_1, Q_2, Q_3 \ldots$ und einer Arbeitsproduktivität $q_1, q_2, q_3 \ldots$ Jedoch erreicht die durchschnittliche Arbeitsproduktivität in der Volkswirtschaft (oder im Zweig) in dieser Zeitspanne praktisch niemals diese Höhe.

Dieser Aspekt der Produktionsfonds wird in einigen Aggregationsmodellen des technischen Fortschritts ignoriert. Man nimmt einfach an, daß der Be-

[2] Die Produktion kann in diesen Betrieben infolge der Einwirkung von Faktoren steigen, die nicht mit Investitionen verbunden sind. Vgl. Michał Kalecki, Zarysteorii wzrostu gospodarki socjalistycznej, Warszawa 1963.

[3] Zur Beziehung zwischen Altersstruktur der Produktionsfonds und der Arbeitsproduktivität, vgl. W. E. Salter, Productivity and Technical Change, Cambridge 1966; vgl. Ferenc Jánossy, Na konci hospodářských zázraků, Praha 1969.

stand an Produktionsfonds in seiner physischen Form sofort in neue Technik transformiert werden kann. Diese Annahme ist nur dann berechtigt, wenn die neue Technik in vollem Umfang sofort alle vorangegangenen Techniken ersetzt, und auch nur, wenn man einen relativ langen Zeitraum betrachtet. Wenn der tatsächliche Verlauf der wirtschaftlichen Entwicklung untersucht wird, sind diese Voraussetzungen nicht gegeben. In Wirklichkeit besteht also der Fondsbestand aus Fonds verschiedener Generationen, die die Technik unterschiedlicher Zeiträume verkörpern. Diese Arten der Technik stellen in bezug auf die Arbeitskraft jeweils bestimmte Anforderungen. Die mit Fonds unterschiedlicher Generationen erzielte Arbeitsproduktivität ist ebenfalls unterschiedlich.

Auswahl der effektivsten Technik

Mit dem Wachstum der Wirtschaft wächst und vervollkommnet sich das technische Wissen. Von der Grundlagenforschung über die angewandte Forschung bis zur praktischen Nutzung und Verbreitung technischer Neuerungen in der Produktion ist es häufig ein schwieriger und komplizierter Weg. Es geht hier nicht darum, den Zyklus von der Grundlagenforschung bis zur praktischen Nutzung der Ergebnisse zu untersuchen. Wichtig ist, daß die sich weiterentwickelnden technischen Kenntnisse zur Erweiterung der technischen Möglichkeiten führen und sich in neue Produktionstechniken verwandeln. Letzten Endes ist es das Ziel von Wissenschaft und Produktion, das technische Wissen in praktisch anwendbare Produktionstechniken umzusetzen.

Angenommen, in einer bestimmten Periode ist eine bestimmte Menge von Produktionstechniken vorhanden, wobei mit jeder von ihnen die gleiche Erzeugnismenge hergestellt werden kann. Die Produktionstechnik wird durch ein Koeffizientenpaar (z, m) gekennzeichnet: z stellt die Zahl der Arbeitskräfte dar, die zur Herstellung einer Erzeugniseinheit benötigt wird (Koeffizient des spezifischen Arbeitsaufwandes). Der Koeffizient m verkörpert die Investitionen, die zur Herstellung einer Erzeugniseinheit erforderlich sind (Koeffizient der Fondsintensität). In einer zweidimensionalen graphischen Darstellung können diese verschiedenen Techniken in Form einzelner Punkte abgebildet werden, wobei deren Koordinaten die Koeffizienten des spezifischen Arbeitsaufwands und der Fondsintensität darstellen.

Diese vorhandenen Techniken können auch eindeutig uneffektive Techniken in dem Sinne einschließen, daß ihr Einsatz höhere Koeffizienten des spezifischen Arbeitsaufwands und der Fondsintensität für die Herstellung von Erzeugnissen einer bestimmten Menge erfordert als andere Techniken. In der Abbildung 1a sind das die Techniken, die sich im II. Quadranten befinden würden. Die Auswahl wurde so vorgenommen, daß durch den Punkt, der dem Koordinatenursprung am nächsten liegt, ein Achsenkreuz gezogen wurde, das den Raum zwischen Abszissen- und Ordinatenachse in vier Quadranten teilt.

Im I. Quadranten (einschließlich seiner Grenzen) befinden sich die nichteffektiven Techniken. Im III. Quadranten, einschließlich seiner Grenzen, liegen die Techniken, die eindeutig effektiver sind. Im II. und IV. Quadranten befinden sich die miteinander konkurrierenden, ebenfalls effektiven Techniken.[4] So führt der Einsatz der Technik A_1, anstelle der Technik A_2, zu einer Erhöhung des spezifischen Arbeitsaufwands, gleichzeitig sinkt die Fondsintensität.

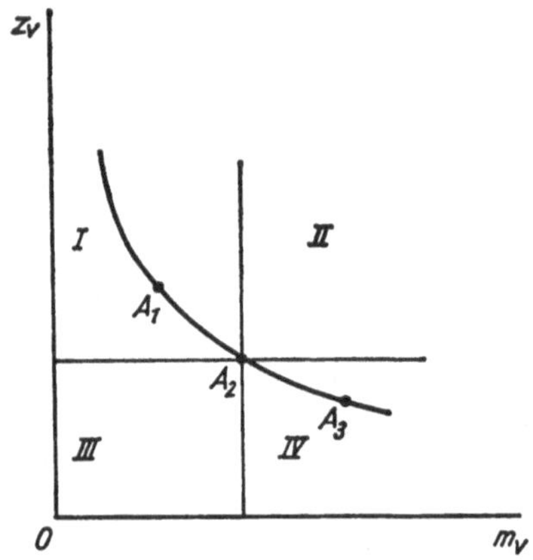

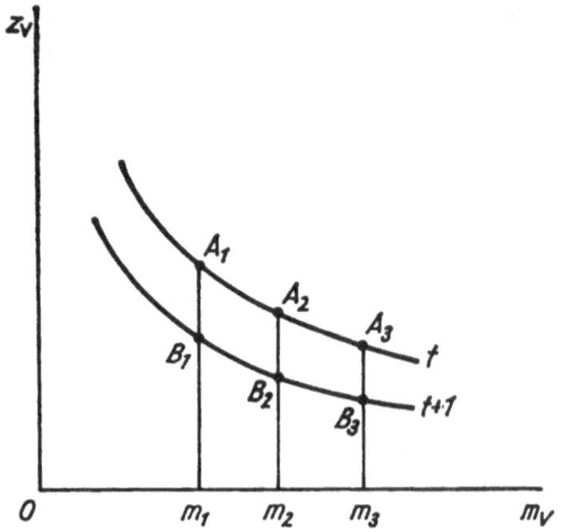

Abb. 1a: Ex ante-Isoquante Effektivität der Produktion
Abb. 1b: Ex ante-Isoquanten in zwei aufeinanderfolgenden Perioden

Der Einsatz der Technik A_3 führt zur Steigerung der Fondsintensität, dafür sinkt der spezifische Arbeitsaufwand. Nach einer solchen Auswahl verbleiben von den verschiedenen Techniken lediglich effektive. In Abbildung 1a wurden drei effektive Produktionstechniken A_1, A_2 und A_3 dargestellt. Es kann auch weniger solcher Möglichkeiten geben, im Extremfall nur eine effektive Technik, oder aber es existiert eine so große Zahl, daß diese effektiven Techniken eine Kurve wie in Abbildung 1a bilden. Diese Kurve wird als ex ante-Isoquante Effektivität der Produktion bezeichnet.

Unterstrichen sei nochmals, daß in der Abbildung 1a nur effektive Techniken dargestellt sind, die das Ergebnis einer sinnvollen Auswahl sind, wobei Produktionsmöglichkeiten ex ante, das heißt vor Errichtung neuer Betriebe, gemeint sind. In einem solchen Fall ist es sicher real, Substitutionsmöglichkeiten zwischen Arbeitskraft und Investitionen anzunehmen. Die Kurve in Abbildung 1a stellt die Substitutionsmöglichkeiten dar. Sowie aber die Betriebe errichtet sind, sind die Substitutionsmöglichkeiten ex post sehr begrenzt oder gleich Null.

[4] Die Technik A_2 muß jedoch unter der gedachten Geraden liegen, die die Punkte A_1 und A_3 verbindet, andernfalls wäre das in bezug auf A_1 und A_3eindeutig uneffektive Technik.

Die kontinuierliche Entwicklung technischen Wissens in der Zeit führt dazu, daß in den folgenden Zeiträumen neue Produktionstechniken entstehen, die effektiver als die vorangegangenen sind. In Abbildung 1a liegen diese neuen Techniken unter der ex ante-Isoquante durch die Punkte A_1, A_2 und A_3. Folglich verschiebt der technische Fortschritt die ex ante-Isoquante in Richtung des Koordinatenursprungs (vgl. Abbildung 1b). Im Zeitpunkt t gab es ex ante Substitutionsmöglichkeiten zwischen Arbeitskräften und Investitionen, wie das die ex ante-Isoquante durch die Punkte A_1, A_2, A_3 zeigt. Infolge der Erweiterung und Vervollkommnung des technischen Wissens werden im Zeitpunkt $t+1$ die Produktionstechniken durch eine ex ante-Isoquante dargestellt, die durch die Punkte B_1, B_2, B_3 verläuft (dies ist wieder eine Linie, die die effektiven Techniken in diesem Zeitpunkt verbindet). Somit führt der technische Fortschritt dazu, daß sich die ex ante-Isoquanten ständig in Richtung Koordinatenursprung bewegen, und zwar in dem Maße, wie in jeder folgenden Zeitperiode neue Produktionstechniken mit höherer Arbeitsproduktivität entstehen.[5]

Wenn in einer bestimmten Periode wenigstens zwei Produktionstechniken vorhanden sind, mit denen Erzeugnisse in gleicher Menge herzustellen sind, dann entsteht ein Auswahlproblem. Welche Technik soll in den neuen Betrieben installiert werden? Soll eine Technik eingesetzt werden, die hinsichtlich des Arbeitskräfteeinsatzes sparsamer, dafür aber fondsintensiver ist, oder umgekehrt? Es ist nicht leicht, eine eindeutige Antwort auf diese Frage vor Verwirklichung der Projekte zu geben. Aus der Wirtschaftspraxis ist bekannt, daß die Planungsorgane eine größtmögliche Steigerung der Arbeitsproduktivität anstreben. Bedeutet das aber, daß in neuen Betrieben stets eine Technik mit geringstmöglichem Koeffizienten des spezifischen Arbeitsaufwandes und folglich mit einem höheren Koeffizienten der Fondsintensität eingesetzt werden soll? Es darf nicht vergessen werden, daß auch die Kosten pro Erzeugniseinheit minimiert werden sollen. Bedeutet dies, daß die neuen Arten der Technik diejenigen mit den in dieser Zeit niedrigsten Kosten sein sollen? Als effektivste Technik wird die Produktionstechnik bezeichnet, die in der jeweiligen Zeitperiode auf Grund eines bestimmten Kriteriums aus allen effektiven Produktionstechniken ausgewählt wurde. Das heißt, daß diese effektiven Techniken und folglich die ex ante-Isoquante lediglich die technischen Produktionsbedingungen beinhalten. Die effektivste Technik ist jedoch jeweils das Ergebnis sowohl technischer als auch ökonomischer Bedingungen. Das Problem besteht in der Bestimmung der ökonomischen Kriterien für die Auswahl der effektivsten Technik.

[5] Der Einfachheit halber wird angenommen, daß sich die ex ante-Isoquante infolge der Einwirkung *exogener* Faktoren verschiebt. In Wirklichkeit hängt ihre Verschiebung jedoch von einer ganzen Reihe *endogener* Faktoren ab, wie Aufwand für Bildung, Wissenschaft und andere.

Es wird von der Hypothese ausgegangen, daß folgende zwei Prinzipien ökonomische Kriterien für die Auswahl der besten Technik sind:

1. Maximierung des Wachstumstempos der Arbeitsproduktivität,
2. Minimierung des Aufwands.

Im ersten Fall werden die Alternativen gewählt, die zum höchsten Wachstumstempo der *Produktivität der lebendigen Arbeit* in neuen Betrieben führen. Die Auswahl einer solchen Variante hängt selbstverständlich mit der Wahl des Koeffizienten der Fondsintensität zusammen. In Abbildung 1b wird dieses Problem anschaulich dargestellt.

Das Wachstumstempo der Arbeitsproduktivität in neuen Betrieben wird mit α bezeichnet. Für drei verschiedene Werte des Koeffizienten der Fondsintensität m_1, m_2, m_3 erhält man drei Größen des Wachstumstempos der Arbeitsproduktivität:

$$\alpha_1=\frac{A_1B_1}{B_1m_1}, \qquad \alpha_2=\frac{A_2B_2}{B_2m_2}, \qquad \alpha_3=\frac{A_3B_3}{B_3m_3}\,.$$

Das Wachstumstempo kann, muß aber nicht unbedingt für verschiedene Werte des Koeffizienten der Fondsintensität unterschiedlich sein. Es werden folgende drei Situationen unterschieden:

$$1)\ \alpha_1=\alpha_2=\alpha_3, \quad 2)\ \alpha_1<\alpha_2<\alpha_3, \quad 3)\ \alpha_1>\alpha_2>\alpha_3\,.$$

Im ersten Fall führt eine Veränderung des Koeffizienten der Fondsintensität zu keiner Veränderung im Wachstumstempo der Arbeitsproduktivität. Es handelt sich um die Tendenz zu einem *fondsneutralen technischen Fortschritt.* Im zweiten Fall würde eine Erhöhung des Koeffizienten der Fondsintensität zu einer ständigen Steigerung des Wachstumstempos der Arbeitsproduktivität führen. Hier liegt die Tendenz zum *fondsintensiven technischen Fortschritt* vor. Im dritten Fall dagegen würde eine Senkung des Koeffizienten der Fondsintensität zu einer ständigen Steigerung des Wachstumstempos der Arbeitsproduktivität führen. In diesem Fall handelt es sich um eine Tendenz zum *fondssparenden technischen Fortschritt.*

Kurzfristig betrachtet, scheint es günstig zu sein, den Koeffizienten der Fondsintensität bei neuen Projekten zu erhöhen, da dies ein höheres Arbeitsproduktivitätsniveau ermöglicht als zum Beispiel die Beibehaltung eines konstanten Koeffizienten der Fondsintensität. Das führt zwar zu einer einmaligen Steigerung der Arbeitsproduktivität bei neuen Projekten, bringt aber nicht unbedingt in jedem Fall – wie bereits oben gesagt wurde – ein ständig höheres Wachstumstempo der Arbeitsproduktivität mit sich. Außerdem hat die Erhöhung der Fondsintensität neuer Projekte bestimmte Grenzen.

Die beste Technik kann vor Realisierung eines neuen Projekts auf der Grundlage einer *Kostenminimierung* aus den möglichen Varianten ausgewählt werden. Dann wird das Planungsorgan Alternativen wählen, die minimale Kosten pro Erzeugniseinheit mit sich bringen. Die Betriebe, die in der gegebenen Zeitperiode errichtet werden, verkörpern in diesem Fall eine Technik mit den in dieser Periode geringsten Kosten. Dabei erhebt sich die Frage, welche Kosten eigentlich Gegenstand einer solchen Minimierung sind. In der wissenschaftlichen Literatur wird darauf verwiesen, daß neben den Aufwendungen für die Produktion unbedingt die Aufwendungen für die Rückkopplung (reduzierter Aufwand) zu berücksichtigen sind.[6] Der Reduktionsaufwand ist in diesem Fall die Summe der Selbstkosten und der Rückkopplungskosten. Auf der Grundlage einer solchen Argumentation wurde ein Normativ der Investitionseffektivität eingeführt, was eine rationelle Verteilung der Investitionen begünstigt und der Vergeudung von Investitionsmitteln entgegenwirkt. Der Reduktionsaufwand eines geplanten Projekts ist $N = S + E \cdot I$, wobei S die Selbstkosten des Projekts, E das Effektivitätsnormativ der Investitionen und I die Investitionen darstellen. Den Reduktionsaufwand pro Erzeugniseinheit erhält man mittels Division durch die Produktion Q. Folglich ist der Reproduktionsaufwand $n = \frac{S}{Q + E_m}$, wobei m der Koeffizient der Fondsintensität ist. In Abbildung 2a ist die Kurve des Reduktionsaufwands pro Erzeugniseinheit in Abhängigkeit vom Koeffizienten des Investitionsaufwands für das geplante Projekt dargestellt.[7]

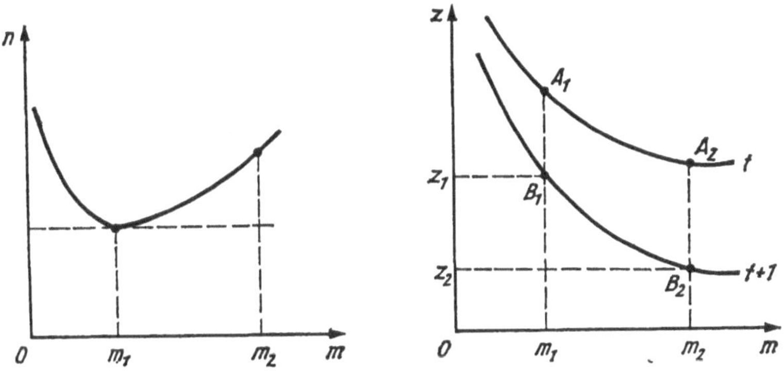

Abb. 2a: Reduktionsaufwand pro Erzeugniseinheit in Abhängigkeit vom Koeffizienten des Investitionsaufwands

Abb. 2b: Exante-Isoquanten in zwei aufeinanderfolgenden Perioden

[6] Vgl. W. W. Nowoshilow, Die Messung von Aufwand und Ergebnis, Berlin 1970, S. 121–123.

[7] Der Einfachheit halber wird angenommen, daß Material- und Abschreibungskosten ein konstanter Teil der Produktion Q sind und folglich der Anteil der Selbstkosten an der Produktion gleich $S/Q = k + wz$ ist, wobei k – konstantes Verhältnis von Material sowie Abschreibungskosten und Produktion, w – Durchschnittslohn und z – spezifischer Arbeitsaufwand sind.

Je nach Ansteigen des Koeffizienten der Fondsintensität für das jeweilige Erzeugnisvolumen geht der Koeffizient des spezifischen Arbeitsaufwands so zurück, daß der Reduktionsaufwand pro Erzeugniseinheit des geplanten Objekts zunächst sinkt, sein Minimum erreicht, und dann erneut ansteigt. In Abbildung 2a entspricht der Koeffizient der Fondsintensität m_1 dem geringsten Reduktionsaufwand pro Erzeugniseinheit. In Abbildung 2b sind die ex ante-Isoquanten in zwei aufeinanderfolgenden Zeitpunkten dargestellt. Für den Zeitpunkt $t+1$ gilt die ex ante-Isoquante, die durch die Punkte B_1 und B_2 verläuft, und die die Alternativen bei der Auswahl der Technik in diesem Zeitpunkt zeigt. Der in Abbildung 2a für den geringstmöglichen Reduktionsaufwand pro Erzeugniseinheit ermittelte Koeffizient der Fondsintensität m_1 bestimmt so in Abbildung 2b den Koeffizienten des spezifischen Arbeitsaufwands z_1 im Zeitpunkt $t+1$. Wenn im Zeitpunkt $t+1$ ein Projekt mit Koeffizienten der Fondsintensität m_1 und des spezifischen Arbeitsaufwandes z_1 ausgewählt wird, dann wird der geringstmögliche Reduktionsaufwand pro Erzeugniseinheit erreicht. Das Planungsorgan wird ein solches Projekt auswählen, das zu einem minimalen Reduktionsaufwand pro Erzeugniseinheit führt. Das neue Projekt ist in diesem Fall mit den geringstmöglichen Kosten im jeweiligen Zeitraum verbunden.

Diese beiden Prinzipien – *Kostenminimierung und Maximierung des Wachstumstempos der Arbeitsproduktivität* – können in Widerspruch zueinander geraten. Ein solcher Fall ist in Abbildung 2b dargestellt. Während im Zeitpunkt t die Technik A_1 gewählt wurde, wird unter der Bedingung der Minimierung des Reduktionsaufwands je Erzeugniseinheit im Zeitpunkt $t+1$ die Technik B_1 gewählt. Der Koeffizient der Fondsintensität bleibt gleich m_1, sowohl für das Projekt im Zeitpunkt t als auch im Zeitpunkt $t+1$. Vom Standpunkt der Höhe des Wachstumstempos der Arbeitsproduktivität ist es günstiger, im Zeitpunkt $t+1$ den Koeffizienten der Fondsintensität der neuen Projekte auf m_2 zu erhöhen, da das ein höheres Wachstumstempo der Arbeitsproduktivität bei neuen Projekten ($\alpha_1 < \alpha_2$) ermöglicht. Dabei ist

$$\alpha_1 = \frac{A_1B_1}{B_1m_1}, \qquad \alpha_2 = \frac{A_2B_2}{B_2m_2}.$$

Selbstverständlich wird der höhere Koeffizient der Fondsintensität m_2 zu einem höheren Reduktionsaufwand pro Erzeugniseinheit führen als bei einem Projekt mit einem Koeffizienten der Fondsintensität m_1 (vgl. Abbildung 2a).

Dieser mögliche Widerspruch zwischen den beiden erwähnten Prinzipien ändert offenbar in den meisten Fällen nichts an der Tatsache, daß das Niveau der Arbeitsproduktivität der neuen Projekte höher sein wird als bei Projekten, die in vorangegangenen Zeiträumen realisiert wurden. Trotzdem kann die Arbeitsproduktivität der neuen Projekte stark oder nur wenig steigen, je nachdem, welches Prinzip vorherrscht. Die Anwendung des einen oder anderen Prinzips kann auf die Auswahl des Koeffizienten der Fondsintensität neuer Projekte unterschiedlichen Einfluß haben. In Übereinstimmung mit dem einen Prinzip kann der Koeffizient der Fondsintensität neuer Projekte sinken, beim anderen Prinzip kann er steigen. So ist die Bestimmung der Höhe des Koeffizienten der Fondsintensität der neuen Projekte im Vergleich zu Projekten des vergangenen Zeitraums sehr unsicher.

2.10. Effektivität der Wissenschaft

Vor einem halben Jahrhundert hat der bekannte sowjetische Ökonom Strumilin[1] konstatiert, daß bis jetzt keine allgemein gültige Maßeinheit der Effektivität der wissenschaftlichen Arbeit bekannt ist und daß nur in einzelnen Fällen, wenn die Wissenschaft direkt zur Produktion von materiellen Gütern dient, die Wirtschaftspraxis den Nutzeffekt der entsprechenden Erfindungen und anderer Neuererideen auf der Grundlage einer Wertkennziffer feststellt. Obgleich in den letzten Jahren eine ganze Reihe von Methoden entwickelt und verschiedene Vorgehen geprüft wurden, kann die Feststellung von Strumilin nur unterstrichen werden, daß die Ökonomen bis jetzt noch kein voll befriedigendes Verfahren zur Messung des Nutzeffekts der wissenschaftlichen Arbeit finden konnten. In Untersuchungen der National Science Foundation in den USA wurde dazu festgestellt, daß bisher nicht bekannt ist, wieviel ein Dollar bringt, der in die Forschung investiert wird, wie die Erkenntnisse und Ergebnisse der Forschung zu messen sind, auf welche Weise die Auswahl der wissenschaftlichen Programme zu erfolgen hat und wie die ökonomische und wissenschaftliche Rentabilität des Erkenntnisfortschritts zu ermitteln sind.

Diese Fragen haben nicht nur wissenschaftliche Bedeutung. Wie bereits bemerkt wurde, bewertet die Praxis die wissenschaftliche Tätigkeit (wie auch jede beliebige andere Tätigkeit, die zum Produktionsprozeß gehört) mit Hilfe von Wertkennziffern. Entscheidend ist der ökonomische Effekt dieser oder jener Investition. Daher ist die Praxis daran interessiert, den Beitrag der Forschung für die ökonomische Entwicklung mit Hilfe eines stabilen Kriteriums des ökonomischen Nutzeffektes der wissenschaftlichen Tätigkeit zu begründen. Da sie die Forderung einer kurzen Rückflußdauer der Investitionsmittel automatisch auf den Forschungsbereich überträgt, wird in bedeutendem Maße die Aufteilung der Mittel für die Forschungstätigkeit und andere Zwecke erschwert wie auch innerhalb der Forschung auf die einzelnen Wissenschaftsdisziplinen und die einzelnen Phasen der Forschungstätigkeit (Grundlagenforschung, angewandte Forschung, Entwicklung).

In der Literatur wird im Rahmen der sich herausbildenden Wissenschaftsökonomie eine Menge von Daten veröffentlicht, die den Einfluß der Wissen-

[1] Vgl. S. G. Strumilin, K metodologii učeta naučnogo truda, Leningrad 1932, S. 8.

schaft auf die Entwicklung der Volkswirtschaft charakterisieren, wobei die Einschätzungen in bezug auf die Resultate der Wissenschaft außerordentlich stark voneinander abweichen – von einigen Hellern für eine in der Forschung und Entwicklung investierten Krone bis zu dem Mehrfachen des Aufwandes. Solche Unterschiede in der Bewertung des ökonomischen Beitrags der Wissenschaft können nicht aus kleinen Abweichungen im Vorgehen oder Berechnungsfehlern resultieren. Ganz offensichtlich handelt es sich hierbei um eine unterschiedliche Interpretation der Breite und Tiefe des Einflusses der Wissenschaft auf die wirtschaftliche Entwicklung.

Die Bestimmung der ökonomischen Effektivität der Wissenschaft ist – in großen Zügen – auf *zwei Wegen* möglich. Erstens, die Berechnungen erfolgen für die einzelnen Forschungsaufgaben beziehungsweise für Aufgabenkomplexe, oder zweitens, auf der Ebene der Volkswirtschaft, wo der Versuch unternommen wird, das Verhältnis zwischen einem bestimmten Umfang an Forschungsarbeiten und dem Zuwachs an Nationaleinkommen auszudrücken.

Berechnungen zur ökonomischen Effektivität konkreter Forschungsaufgaben finden ihre praktische Anwendung bei der Einschätzung des Planes der wissenschaftlich-technischen Entwicklung und basieren auf Normativen. Trotz der Unterschiede der verwendeten Gleichungen beinhalten sie den Vergleich der Effekte, die durch die neue Technik erzielt werden, mit den Aufwendungen, die in der dafür erforderlichen Forschung und Entwicklung entstanden.

In der ČSSR wird der ökonomische Nutzeffekt der Forschungsarbeiten im wesentlichen mit Hilfe von zwei Verfahren ermittelt.[2] Im ersten Verfahren wird von folgender Gleichung ausgegangen:

$$E=\frac{\Delta V+k\cdot\Delta I}{N}, \qquad (1)$$

$$\Delta V=V_1-V_2,$$

$$\Delta I=I_1-I_2.$$

Dabei bedeuten:

V_1 und V_2 – Selbstkosten der Produktion und Anwendung der neuen Technik (bei vergleichbarer Produktion),

I_1 und I_2 – einmalige Kosten für die Produktion und Einführung der neuen Technik (bei vergleichbarer Produktion),

k – Normativkoeffizient des Nutzeffektes der Investitionen als der reziproke Wert der Rückflußdauer, der für die gesamte Volkswirtschaft einheitlich oder für die einzelnen Zweige differenziert festgelegt wird,

N – Forschungs- und Entwicklungsaufwand.

[2] Vgl. Ladislav Řiha, Výzkum, technika, ekonomika, Praha 1973; vgl. I. Balzar, Problémy hodnocení efektivnosti činnosti výzkumných a vývojových organizací v CSSR, Praha 1975 (Ceskoslovenská akademie véd ekonomický ustav).

Der ökonomische Nutzen der jeweiligen Forschungsaufgabe wird demnach durch den Gewinn (in Kronen) pro Krone Aufwand in Forschung und Entwicklung ausgedrückt.

Bei der zweiten Methode wird die Rentabilität der neuen Technik auf folgender Basis ermittelt:

- Kosteneinsparung beim Anwender in der Nutzungsperiode der neuen Technik,
- Einsparung an lebendiger und vergegenständlichter Arbeit durch die Anwendung der Neuerung im nichtproduktiven Bereich,
- diskontierter Gewinn aus der Produktion der neuen Technik beim Hersteller für den gesamten Produktionszeitraum.

Obwohl alle drei Formen des ökonomischen Beitrages wertmäßig ausgedrückt werden, ist keine Aggregation möglich. Die ökonomische Effektivität einer bestimmten Forschungsaufgabe wird hiervon ausgehend durch fünf Einzelkennziffern ermittelt. Eine zusammenfassende Kennziffer des ökonomischen Nutzeffektes wurde nicht erarbeitet. Es wird vorgeschlagen, um die gesamte ökonomische Effektivität von Forschungsaufgaben auszudrücken, zusätzliche Kennziffern zu verwenden, wie Steigerung der Arbeitsproduktivität, Veränderungen der Fondsintensität der Produktion, Senkung der Normen für den Verbrauch an Rohstoffen, Material, Brennstoff und Energie, Zunahme des Exportumfanges, Verringerung des Importbedarfs und andere.

Kardinalfrage für die Berechnungen des ökonomischen Nutzens ist die Zugänglichkeit zu einer ausreichenden Informationsbasis, vor allem für die Ermittlung des erreichbaren Nutzens. Mögen einige Berechnungsmethoden des ökonomischen Nutzeffektes noch so genau sein, ihre Anwendung ist nur dann sinnvoll, wenn es möglich ist, zuverlässige Ausgangsdaten für die Berechnung zu erhalten. Wird der ökonomische Nutzeffekt zur Bewertung von solchen technischen Lösungen berechnet, die vorwiegend Investitionen erfordern, die sich jedoch im Rahmen der traditionellen Technik und Technologie bewegen, liegen in der Regel ausreichende Informationen auf Grund von Erkenntnissen der Vergangenheit vor.

Komplizierter wird es, wenn die Berechnungsmethoden des ökonomischen Nutzeffektes, die mehr oder weniger für den Investitionsprozeß gelten, auch auf die Bewertung der Forschungs- und Entwicklungsarbeiten ausgedehnt werden, denn hierbei stößt man an eine Informationsbarriere. Das betrifft nicht nur den Aufwand an Ressourcen, sondern auch die Zeit zur Lösung der wissenschaftlichen oder technischen Aufgabe und besonders die Höhe des ökonomischen Beitrages der Forschung und Entwicklung. Das trifft vor allem auf die Grundlagenforschung zu, bei der es besonders schwer ist, die erforderlichen Informationen zu erhalten. Für die Grundlagenforschung erscheint es prinzipiell unmöglich, solche zuverlässigen Angaben zu erhalten, auf deren Grundlage die ökonomische Effektivität errechnet werden könnte. Obwohl beim Übergang von der theoretischen Forschung zur angewandten Forschung der Grad der Unbestimmtheit sinkt, steigt das ökonomische Risiko in den der Produktion vorgelagerten Stadien, da hier wesentlich größere Aufwendungen erforderlich werden. Wie Pavljučenko[3] feststellt, hängt der Unbestimmtheitsgrad des Nutzeffektes nicht nur vom Stadium der Forschung und vom Reifegrad der Ergebnisse ab, sondern auch vom Charakter der Technik, von den Maschinen, den technologischen Prozessen und Materialien. Je progressiver die neue Technik ist, desto größer ist der Neuheitsgrad und desto revolutionärer sind die theoretischen Grundlagen, von denen ausgegangen wird, desto komplizierter ist es aber auch, ihre Möglichkeiten zur Effektivitätssteigerung festzustellen. Wenn heute die These immer mehr anerkannt wird, daß es unmöglich ist, den Nutzeffekt der Grundlagenforschung numerisch zu bestimmen, kann man mit Recht behaupten, daß das auch für die neuesten technischen Mittel und Prozesse zutrifft, die im Ergebnis der qualitativen Sprünge der Wissenschaft und Technik entstehen.

An einer ganzen Reihe von Beispielen läßt sich zeigen, daß es nicht gelungen ist, das Tempo der Ausbreitung der neuen Technik und ihren ökonomischen Einfluß richtig einzuschätzen. Das betrifft zum Beispiel die Halbleitertechnik, die Rechentechnik sowie die Kernenergie, die Laser- und kosmische Technik, für die es praktisch kaum möglich ist, den tatsächlichen Nutzeffekt und die Breite der Einführung zu ermitteln sowie den Einfluß auf die vorhandene Technik einzuschätzen. Pavljučenko zieht daraus die Schlußfolgerung, daß die Begrenztheit der Informationen für die Quantifizierung der ökonomischen Effektivität der Wissenschaft und eines großen Teils der Technik gnoseologischen Charakter trägt, aus den Gesetzen des Erkenntnisprozesses entspringt und nicht aus der Unvollkommenheit der vorhandenen Methoden zur Bestimmung des Nutzeffektes resultiert.

Wenn schon die Bestimmung der ökonomischen Effektivität für eine einzelne Forschungsaufgabe oder einen Aufgabenkomplex mit den genannten Schwierigkeiten verbunden ist, gilt das für die *Berechnung der ökonomischen Effektivität der Wissenschaft als Ganzes auf der Ebene der Volkswirtschaft* in noch stärkerem Maße. Zu den ersten Versuchen einer solchen Quantifizierung des ökonomischen Effektes der wissenschaftlichen Tätigkeit gehören Wachstumsmodelle, in denen der Beitrag der Wissenschaft im Residualfaktor ausgedrückt wurde. Konnte ein gewisser Teil des wirtschaftlichen Wachstums nicht durch das Anwachsen der traditionellen Produktionsfaktoren Arbeit und Kapital erklärt werden, wurde er dem technischen Fortschritt und implizit der Wissenschaft zugeschrieben.

In den letzten Jahren haben einige sowjetische Theoretiker, wie Trapezni-

[3] Vgl. V. Pavljučenko, Quantitative und qualitative Veränderungen im wissenschaftlich-technischen Fortschritt, in: Voprosy ėkonomiki (Moskva), 7/1970, S. 23–32.

kov[4] und Kurakov versucht, den ökonomischen Nutzeffekt der angewendeten wissenschaftlich-technischen Erkenntnisse zu berechnen, und zwar nach folgender Grundgleichung:

$$V = \sqrt{U \cdot F}\,. \tag{2}$$

Dabei bedeuten:

V – Produktion je Arbeiter, das heißt Arbeitsproduktivität,

U – Niveau der angewandten Erkenntnisse, Umfang der Einführung der wissenschaftlich-technischen Errungenschaften, Größen der Entwicklung der Wissenschaft (nach Kurakov) Niveau der Technologie (nach Trapeznikov),

F – Fondsausstattung der Arbeit.

S. I. Golosovskij[5] schlägt folgende Berechnungsformel vor:

$$K_{\mathrm{Nir}}^{\mathrm{Nch}} = \frac{\Delta N \cdot \alpha \cdot \beta}{K^n\,(n+1)}\,. \tag{3}$$

Dabei bedeuten:

$K_{\mathrm{Nir}}^{\mathrm{Nch}}$ – Koeffizient des absoluten ökonomischen Nutzeffekts der Forschung und der neuen Technik (in Rubel) je Rubel jährlicher Aufwand,

N – jährlicher Zuwachs des physischen Volumens an Nationaleinkommen in Milliarden Rubel,

α – Koeffizient, der den Anteil der Erhöhung der Arbeitsproduktivität für den Zuwachs des physischen Volumens an Nationaleinkommen als Ergebnis der Wirkung aller Faktoren berücksichtigt,

β – Koeffizient, der die Steigerung der Arbeitsproduktivität bei Anwendung der Ergebnisse von Wissenschaft und Technik beinhaltet,

K^n – Aufwendungen für die Wissenschaft in Milliarden Rubel,

n – Koeffizient, der die Kosten für die Beherrschung der neuen Technik ausdrückt.

Zu den komplizierteren Gleichungen gehören die Produktionsfunktionen der bürgerlichen Wachstumstheorie:

$$Y = f(L, K, Gs, Gn, Hs, Hn, M)\,. \tag{4}$$

Dabei bedeuten:

Y – Nationaleinkommen,

L – Arbeitskraft,

K – produktives Kapital, darunter Boden,

[4] Vgl. V. Trapeznikov, Wissenschaftlich-technischer Fortschritt und Effektivität der Wissenschaft, in: Voprosy ėkonomiki (Moskva), 2/1973, S. 84–98; vgl. I. G. Kurakov, Prognostizierung des wissenschaftlich-technischen Fortschritts, in: Voprosy filosofii (Moskva), 10/1966, S. 3–14.

[5] Vgl. S. I. Golosovskij, Ėffektivnost' naučnych issledovanij, Moskva 1969.

Gs – Niveau der wissenschaftlich-technischen Erkenntnisse, auf denen die Produktion aufbaut,
Gn – Niveau der organisatorischen und leitungsmäßigen Erkenntnisse, die in der Produktion genutzt werden,
H – Kenntnisstand und Qualifikationsniveau, diese Kenntnisse können in wissenschaftliche Kenntnisse (*Hs*) und in sonstige (*Hn*) aufgegliedert sein,
M – Importüberschuß.

Die verschiedenen Varianten ähnlicher Gleichungen und Produktionsfunktionen stoßen auf die gleichen Schwierigkeiten, sobald es sich um den Inhalt der Komponenten handelt. Offenbar erfaßt man einen ganzen Komplex untrennbar verbundener und wechselseitig wirkender Prozesse, von denen man mit Recht erwarten kann, daß die Wissenschaft dabei eine große Rolle spielt, aber die schließlich und endlich breiten Raum für subjektive Bewertungen zulassen.

Gljazer[6] weist zum Beispiel auf Unzulänglichkeiten der Produktionsfunktionen hin, die daraus resultieren, daß ihre einzelnen Komponenten mehr oder weniger gegeneinander austauschbar sind. Nach der oben angeführten Gleichung kann der Ertragszuwachs *Y* sowohl durch Erhöhung des Faktors Arbeit (*L*) als auch durch Vergrößerung des Kapitals (*K*) erzielt werden. Jedoch entsprechen solche Formen der Wechselbeziehungen nicht den realen Beziehungen zwischen Wissenschaft und Produktion. Die wissenschaftliche Tätigkeit läßt sich nicht durch andere Faktoren ausdrücken. Daher ergibt sich die Fragestellung, ob es überhaupt möglich ist, die ökonomische Effektivität der Wissenschaft zu berechnen, auch wenn unterstellt wird, daß eine ausreichende Menge an Informationen vorhanden ist. Problematisch ist dabei nicht nur der Inhalt der einzelnen Symbole der entsprechenden Gleichungen, sondern auch, ob die mathematischen Formeln so konstruiert sind, daß sie den realen Vorgängen entsprechen. Es wurde bereits erwähnt, daß die verschiedenen Produktionsfunktionen, die herangezogen werden, um den ökonomischen Beitrag der Wissenschaft zu messen, die für die Wissenschaft unreale Voraussetzung der Faktorsubstitution implizieren.

Darüber hinaus gibt es einen weiteren Grund, der in gewisser Weise die Aussagekraft des Begriffs der ökonomischen Effektivität der Wissenschaft begrenzt. Auf Grund der Erkenntnis, daß die Wissenschaft in immer stärkerem Maße die ökonomischen Ergebnisse beeinflußt, scheint es, als ob die Anstrengungen zu einseitig auf die Berechnung des ökonomischen Nutzeffektes der Wissenschaft ausgerichtet wurden. Obwohl die Wissenschaft eine Tätigkeit ist, für die Mittel aufgewendet werden mit dem Ziel der Produktions-

[6] Vgl. L. Gljazer, Einfluß der Wissenschaft auf die ökonomische Entwicklung, in: Voprosy ėkonomiki (Moskva), 9/1971, S. 61–76.

steigerung, bleibt bei den angeführten Berechnungen die Tatsache unbeachtet, daß sie auch gleichzeitig eine Tätigkeit ist, die für den nichtproduktiven Bereich der Gesellschaft notwendig ist. Einerseits tritt die Wissenschaft als Faktor für die allseitige Entwicklung der Persönlichkeit auf. Da das ein wesentliches Ziel der sozialistischen Gesellschaft ist, ist dieser Faktor zu maximieren. Andererseits ist die Wissenschaft ein Mittel zur Erzielung eines hohen Produktionszuwachses, was sich bei den Produktionsfunktionen in den Mengen der eingesetzten Produktionsfaktoren niederschlägt, die unter dem Aspekt des mengenmäßigen Produktionsertrags minimiert werden müssen. Wie kann unter solchen Bedingungen eine Produktionsfunktion aufgestellt werden? Welche inputs sind gleichzeitig outputs? Wie kann man die Aufwendungen für die Wissenschaft, soweit sie das bestimmende Ziel der gesellschaftlichen Entwicklung betreffen, maximieren und sie gleichzeitig minimieren, wenn es um den Beitrag der Wissenschaft zur Produktionssteigerung, also um die Grundlage des Wachstumsprozesses geht? Fest steht, daß die Wissenschaft wie auch andere gesellschaftliche Bedürfniskomplexe (Bildung, Gesundheitswesen und andere) über die Grenzen des ökonomischen Mechanismus hinausreichen. In diesem Mechanismus sind die Investitionen in der Produktion ein entscheidender Wachstumsfaktor und stehen im Gegensatz zum unproduktiven Verbrauch der Gesellschaft, dessen Erweiterung – bei gleichbleibenden Bedingungen – die Investitionsmöglichkeiten in der Produktion sogar begrenzt. Deshalb können Versuche, den Beitrag der Wissenschaft für die Gesellschaft mit Hilfe von Methoden zu messen, die im Prinzip für die Investitionstätigkeit im produktiven Bereich ausgearbeitet wurden, nicht zu richtigen Ergebnissen führen. Die dadurch erhaltenen Informationen lassen sich nur als Teilinformationen mit einer begrenzten Aussagekraft werten und sind daher nicht ausreichend für endgültige Entscheidungen auf diesem Gebiet. Diese Aussagen über die Wissenschaft, das Gesundheitswesen, die Bildung werden künftig auch für weitere Tätigkeitsbereiche (einschließlich Produktionstätigkeit) der Gesellschaft gültig sein. In Übereinstimmung damit, wie die sich entwickelnde wissenschaftlich-technische Revolution die Bedingungen für die allseitige Entwicklung des Menschen und für die Anwendung seiner schöpferischen Fähigkeiten schafft, sind in immer stärkerem Maße Kriterien des höheren Typs der Effektivität, der gesellschaftlichen Effektivität, einzuführen.

Im Zusammenhang damit verändert sich der Inhalt vieler gegenwärtig maßgebender Kriterien, und es bilden sich neue heraus. Demnach sind die Wissenschaft und ihr verwandte Tätigkeiten bereits heute Gebiete, bei denen es nicht möglich ist, die ökonomische Tätigkeit mit den herkömmlichen Verfahren zu bewerten. Gleichzeitig geht es auch darum, daß man sich bei der Einschätzung der ökonomischen Wirkung der Wissenschaft auf Verfahren und Kennziffern stützen muß, die den in der Wissenschaft vor sich gehenden Prozessen entsprechen. Denn, „. . . sofern Methoden angewendet werden, bei denen die Einordnung der realen Erscheinungen den konstruierten Modellen angepaßt wird, wird man kaum Meßergebnisse erhalten, die der Wirklichkeit entsprechen"[7].

Das setzt zunächst voraus, die wissenschaftliche Tätigkeit und ihren Platz in der gesamtgesellschaftlichen Produktion zu charakterisieren. Offensichtlich wurde durch falsche Interpretationen der These von der „Wissenschaft als unmittelbare Produktivkraft" ungenügend berücksichtigt, daß der Erkenntnisprozeß das Wesen der wissenschaftlichen Tätigkeit ausmacht und daß sie nur ein Bestandteil des gesamten Erkenntnisprozesses ist. Neben wissenschaftlichen existieren empirische Erkenntnisse. Die Produktion war immer vergegenständlichte Erkenntnis, war Prozeß der Anwendung menschlicher Kenntnisse für Produktionszwecke. Im Zusammenhang damit muß hervorgehoben werden, daß bis vor nicht allzu langer Zeit in der Produktion hauptsächlich empirisch gewonnene Erkenntnisse angewendet wurden, und es erscheint ungewöhnlich, von der Empirie als Produktivkraft zu sprechen. Die wachsende Bedeutung der wissenschaftlichen Erkenntnis für die Schaffung der neuen Technik und für die Produktion verändert nicht das Wesen dieses Prozesses, das heißt die Anwendung der Erkenntnisse für eine zunehmende Wirksamkeit der Produktivkräfte, jedoch wird der Grad dieser Wirksamkeit verändert. In der Vergangenheit wurde die Wissenschaft aus dem Produktionsprozeß herausgelöst und machte eine gewisse autonome Entwicklung durch, die längere Zeit relativ unabhängig von der Entwicklung der traditionellen Produktivkräfte erfolgte und diese nur von Fall zu Fall beeinflußte. Dann zeigten sich Tendenzen, nach denen die Wissenschaft plötzlich unmittelbar eine allgemeine Verbindung mit der Produktion einging. Das führte dazu, daß sich einerseits die Bestimmung der wissenschaftlichen Tätigkeit durch die Produktion immer mehr verstärkte und daß sich andererseits die Besonderheit der Forschungslaboratorien zu einem untrennbaren Bestandteil der Produktion entwickelte (Herausbildung von Forschungs- und Entwicklungsabteilungen aber auch „Verwissenschaftlichung" des Produktionsprozesses selbst). Der moderne Produktionsprozeß ist ohne die wissenschaftliche Tätigkeit nicht mehr denkbar; seine weitere Entwicklung erfordert objektiv die Entwicklung dieses Teils des Erkenntnisprozesses. Dabei handelt es sich nicht nur um die Verbindung von Wissenschaft und Produktion für einen bestimmten historisch begrenzten Zeitraum. Die empirische Erkenntnis, die im Produktionsprozeß von materiellen Gütern gewonnen wird, geht in eine höhere Qualität über und erhält wie auch die Produktion wissenschaftlichen Charakter. Das Primat der Wissenschaft als gnoseologische Quelle des technischen Fortschrittes neben der Empirie besteht darin, daß sie erstens unmittelbar auf die Steigerung der Effektivität der Produktion (der subjektiven und objektiven Faktoren Arbeitskräfte und Produktionsmittel) Einfluß nimmt

[7] Ebenda.

und zweitens mittelbar über die Erhöhung des Niveaus der empirischen Erkenntnisse einwirkt. Auf der einen Seite erhöht sich ständig das Niveau der praktischen Erfahrungen des Menschen durch die bessere Bildung und Ausbildung und dadurch, daß die qualifiziertere Arbeitskraft mit Produktionsmitteln umgeht, in denen die neuesten Erkenntnisse realisiert sind (was wiederum eine Zunahme der Kenntnisse der Arbeitskräfte voraussetzt, da sie die entsprechende Technik beherrschen müssen). Im Ergebnis dessen erhöht sich das Niveau der Empirie. Auf der anderen Seite darf die umgekehrte Beziehung, die Einwirkung der Empirie auf die wissenschaftliche Erkenntnis, die sich aus der materiellen Tätigkeit der Menschen ergibt, nicht übersehen werden.

Die Wechselbeziehung zwischen wissenschaftlichen und empirischen Erkenntnissen bei deren Vergegenständlichung im Produktionsprozeß kann schematisch so dargestellt werden:

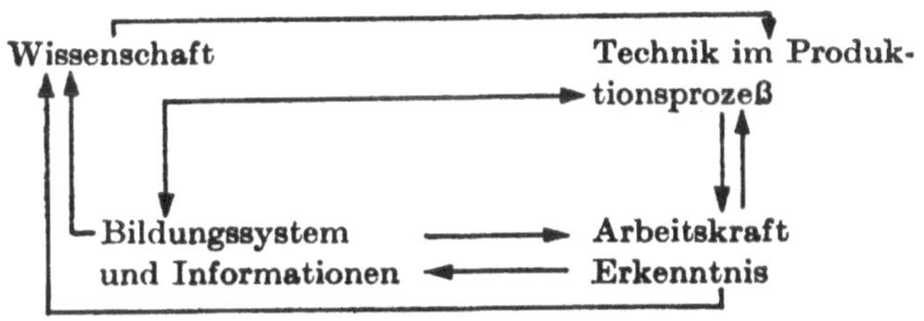

Das Schema bringt die zentrale Stellung der Wissenschaft im Erkenntnisprozeß und den wechselseitigen Einfluß der wissenschaftlichen und empirischen Erkenntnisse zum Ausdruck. Bei einer Dynamisierung dieser Beziehungen erhält man ein Bild, das die Überschneidung der wissenschaftlichen und empirischen Erkenntnisse zeigt und bei Hebung des Niveaus beider auch die Verwissenschaftlichung des Empirischen. Tätigkeiten, die in der Vergangenheit der Wissenschaft zugeordnet wurden, werden untrennbarer Bestandteil des Produktionsprozesses.

Diese Darlegungen, auch wenn sie vom Gegenstand der eigentlichen Untersuchung weit entfernt scheinen, sind von prinzipieller Bedeutung für das richtige Verhältnis gegenüber der Frage, inwieweit die Wissenschaft Produktivkraft ist, und gegenüber den Möglichkeiten zur Berechnung ihrer Effektivität. Es scheint zunächst so, daß die These von der Wissenschaft als unmittelbarer Produktivkraft völlig akzeptiert werden könne. Nur wenn die wissenschaftlichen Erkenntnisse tatsächlich in der Produktion realisiert werden, wird die Wissenschaft zu einem Faktor, der zur Erhöhung der Effektivität des Produktionsprozesses führt. Nach Abschluß der wissenschaftlichen Aktivitäten werden die Forschungsergebnisse zu Informationen mit materiellem und nichtmateriellem Charakter. Ihre ökonomische Effektivität trägt nur potentiellen Charakter. Erst durch die Vergegenständlichung im Produktionsprozeß wird die potentielle zur tatsächlichen Effektivität. Berechnungen der ökonomischen Effektivität der Wissenschaft sind somit gesetzmäßig an Berechnungen des Nutzeffektes des wissenschaftlich-technischen Fortschritts gebunden.

Das immer stärkere Eindringen der Wissenschaft in alle Ebenen der Produktionstätigkeit, die allmähliche „Verwissenschaftlichung" des Produktionsprozesses, die gegenseitige Überschneidung der beiden Hauptelemente des Erkenntnisprozesses – wissenschaftliches Element und empirisches Element – auf immer höherer Ebene, machen aus der Wissenschaft eine Größe, die sich zeitlich und vom Inhalt her verändert. Dadurch wird es fast unmöglich, den Nutzeffekt genau abzugrenzen, der auf die Wissenschaft und auf die übrigen Elemente entfällt, die die Erhöhung der Effektivität der Produktion insgesamt bewirken. Als allgemeine Aussage bleibt nur, daß die erreichte Steigerung der ökonomischen Effektivität gegenüber dem Vergleichszeitraum ein Resultat der akkumulierten und neu erworbenen menschlichen Erkenntnisse ist. Die zentrale Stellung der Wissenschaft in diesem Prozeß trägt dazu bei, daß dieser Effekt häufig nur der wissenschaftlichen Erkenntnis zugeschrieben wird; die Größe dieses Beitrages festzustellen ist jedoch mehr oder weniger eine Sache der subjektiven Bewertung.

Die moderne Wissenschaft ist eine sehr differenzierte Erscheinung, wobei sich die Wissenschaftsdisziplinen und Forschungsphasen durch das Niveau ihrer Wechselbeziehungen mit dem Produktionsprozeß unterscheiden. Tatsächlich steht jede Wissenschaftsdisziplin in irgendeiner Beziehung zur Produktionspraxis. Einige Erkenntnisse können sofort für die Praxis nutzbar gemacht werden, andere erst nach Jahrzehnten. Das alles erschwert die Bewertung des Anteils der Wissenschaft insgesamt am Effektivitätszuwachs der Volkswirtschaft. Somit erhält der zu berechnende ökonomische Effekt der Wissenschaft den Charakter eines Residualfaktors, der alle die Komponenten umfaßt, die jenen Beitrag zum wirtschaftlichen Wachstum leisten, der nicht auf die Wirkung der quantifizierbaren Faktoren (Arbeitskraft und Produktionsfonds) zurückgeführt werden kann. Daraus resultiert auch die Frage, ob es überhaupt notwendig ist, die ökonomische Effektivität der Wissenschaft als solche zu bestimmen, das heißt unter Bedingungen, da der Produktionsprozeß nicht anders als in gegenseitiger Abhängigkeit mit der wissenschaftlichen Tätigkeit entwickelt werden kann.

Obwohl, wie gezeigt, Nutzeffektsberechnungen ein außerordentlich kompliziertes Problem darstellen, können solche Berechnungen, die den Einfluß des „Residualfaktors" bestimmen, durch Quantifizierung des Einflusses der intensiven Faktoren auf die ökonomische Entwicklung im zu untersuchenden Zeitraum präzisiert werden. Dadurch ist es möglich, das Niveau der Intensivierung des Reproduktionsprozesses in dem jeweiligen Land besser zu charakterisieren. Die Berechnungsergebnisse der ökonomischen Effektivität der Wissenschaft, insbesondere der Effektivität einzelner Forschungsaufgaben, sind ein wichtiges, wenn auch nicht das einzige Kriterium bei der Auswahl von Varianten zur Lösung bestimmter Probleme in der materiellen Produktion. Sie dienen gleichzeitig als ein wichtiges Kriterium zur Bewertung der Tätigkeit der Forschungsinstitute auf dem Gebiet der angewandten Forschung.

Es wird bereits allgemein anerkannt, daß für die Forschungstätigkeit die strenge Forderung des Nachweises eines sofortigen ökonomischen Nutzeffektes an sich nicht generell gestellt werden kann, da sonst der Fortschritt der Wissenschaft gehemmt werden könnte. Prinzipiell neue technische Lösungen sind gegenüber der traditionellen Technik nicht immer sofort ökonomisch effektiver.[8] Auch sie unterliegen einer Entwicklung. Die Aufgaben der wissenschaftlich-technischen Politik müssen, ausgehend von den disponiblen Ressourcen, unter Berücksichtigung eines ganzen Komplexes von Zielen der gesellschaftlichen Entwicklung ausgearbeitet werden, das heißt unter Beachtung der sozialen, kulturellen, ökonomischen und anderer Ziele, zum Beispiel der Verteidigungsbereitschaft des Landes sowie der Ziele, die sich aus der Entwicklung von Wissenschaft und Technik selbst ergeben.

Die kritischen Bemerkungen in bezug auf die verwendeten Methoden zur Berechnung der ökonomischen Effektivität der Wissenschaft bedeuten nicht ihre Ablehnung. Aber man muß sich bewußt sein, daß sie nur dann sinnvoll angewendet werden können, wenn eine ausreichende Menge an Informationen über den realisierten oder erwarteten Effekt der Forschungstätigkeit und über die Kosten, die dadurch entstanden, vorhanden ist. Diese Informationen liegen größtenteils auf den unteren Ebenen der wissenschaftlichen Tätigkeit und für die Fälle vor, bei denen es sich nicht um eine prinzipiell neue Technik handelt. Da der berechnete Effekt zumeist ein partieller ist, ist es nicht möglich, die Ergebnisse zu verallgemeinern. Partiell deshalb, weil, erstens, nur die ökonomische Wirkung der in der Praxis realisierten Ergebnisse von Forschung und Entwicklung ausgedrückt wird, und zweitens, weil nicht in ausreichendem Maße jener Effekt gemessen werden kann, der sich nicht in der „unmittelbaren Produktivität" der Wissenschaft niederschlägt. Das betrifft zum Beispiel die Humanwissenschaft oder eine solche Phase der wissenschaftlichen Tätigkeit wie die Grundlagenforschung. Wenn diese begrenzte Aussage der so ermittelten Effektivität der Wissenschaft stets im Auge behalten wird, können die Berechnungen als Orientierung bei der Entscheidungsfindung dienen.

[8] Vgl. V. Pavljučenko, Quantitative und qualitative Veränderungen im wissenschaftlich-technischen Fortschritt, in: Voprosy ėkonomiki (Moskva), 7/1970, S. 23–32.

3. Wissenschaftlich-technischer Fortschritt und gesellschaftliche Arbeit

3.1. Wissenschaftlich-technische Revolution und die Entwicklung der Hauptproduktivkraft der sozialistischen Gesellschaft

In der Fähigkeit des Sozialismus, die allseitige Entwicklung der Mitglieder der sozialistischen Gesellschaft mit der Entwicklung der modernen Produktivkräfte in Übereinstimmung zu bringen, die hierbei auftretenden objektiven Widersprüche im Interesse der Werktätigen zu lösen, zeigt sich in konzentriertester Form die historische Überlegenheit des Sozialismus gegenüber dem Kapitalismus bei der Durchführung der wissenschaftlich-technischen Revolution.

Das dialektische Wechselverhältnis von Produktivkraftentwicklung und Entwicklung der Persönlichkeit der Werktätigen

Bei der Lösung dieser Aufgabe ist die sozialistische Gesellschaft mit folgendem Widerspruch im inneren Gefüge der Produktivkräfte konfrontiert. Der Sieg der sozialistischen Produktionsverhältnisse realisiert die sich aus der Entwicklung der gesellschaftlichen Produktivkräfte selbst ergebende Notwendigkeit, die Unterordnung der lebendigen Arbeit unter die vergegenständlichte Arbeit aufzuheben. Der Sozialismus stellt den Produzenten in den Mittelpunkt des inneren Gefüges der Produktivkräfte, indem er ihn zum gesellschaftlichen Eigentümer der materiellen Elemente des Produktionsprozesses macht und ihre Anwendung auf die Schaffung von Bedingungen für die allseitige Entwicklung der Persönlichkeit ausrichtet. Die materiellen Elemente des Produktionsprozesses sind aber geprägt durch das insgesamt vorhandene wissenschaftlich-technische Niveau, durch den erreichten Vergesellschaftungsgrad der Produktion und Arbeit, ja, sie stammen zum Teil noch aus der kapitalistischen Zeit.

Im Prozeß der Lösung dieses Widerspruchs zwischen der neuen Stellung der Produzenten im inneren Gefüge der Produktivkräfte – wie sie sich aus dem Wesen der sozialistischen Produktionsverhältnisse ergeben – und dem Entwicklungsniveau der materiell-technischen Elemente der Produktivkräfte entfaltet sich der sozialistische Charakter der Arbeit. Die Lösung dieses Widerspruchs beinhaltet sowohl die allseitige Entwicklung der Anlagen und Fähigkeiten der Werktätigen wie auch die schrittweise Schaffung einer für ihre Realisierung notwendigen materiell-technischen Basis. Das Ergebnis dieses langfristigen Prozesses ist ein neuer Typ der Produktivkräfte, wie er für die zweite Phase der kommunistischen Gesellschaftsformation typisch wird und der auf der allseitigen Entwicklung der Produzenten beruht. Hierdurch wird die Arbeit selbst aus einer Existenznotwendigkeit zu einem ersten Lebensbedürfnis. Grundlegende Voraussetzungen werden mit der weiteren Gestaltung der entwickelten sozialistischen Gesellschaft bereits gegenwärtig geschaffen.

Die Durchsetzung der Dialektik von Produktivkraft- und Persönlichkeitsentwicklung ist Gegenstand der Wirtschafts- und Sozialpolitik in den sozialistischen Ländern, die beständige Herstellung ihrer Einheit ist ein Wesenszug der Höherentwicklung der sozialistischen Gesellschaft. Bildung und Qualifikation der Werktätigen spielen bei der Verwirklichung dieser Einheit eine wichtige Rolle. Sie bilden ein wesentliches Element des Ziels der sozialistischen Gesellschaft und stellen gleichzeitig einen entscheidenden Faktor dar für die Erhöhung der Effektivität der gesellschaftlichen Arbeit durch die Beschleunigung des wissenschaftlich-technischen Fortschritts und die immer bessere Beherrschung der gesellschaftlichen und ökonomischen Prozesse der Vorwärtsbewegung der sozialistischen Gesellschaft. Die soziale und ökonomische Wirksamkeit der Bildungsprozesse ist von entscheidender Bedeutung für die weitere Gestaltung der entwickelten sozialistischen Gesellschaft und die Schaffung von grundlegenden Voraussetzungen für den allmählichen Übergang zum Kommunismus.

Auf dem IX. Parteitag hob der Generalsekretär der SED, Erich Honecker, hervor: „Vom höheren Niveau der Bildung, der für menschliches Schöpfertum unentbehrlichen Voraussetzungen an Kenntnis und Erkenntnis sprechen wir als einem Grundelement sozialistischen Lebens. Dabei haben wir im Auge, daß die gesellschaftliche Entwicklung unter den Bedingungen der wissenschaftlich-technischen Revolution die Anforderungen an das Wissen bedeutend erhöht. Die geistig-kulturellen Interessen und Bedürfnisse der Werktätigen nehmen nicht nur zu, sondern gestalten sich auch vielseitiger. Immer deutlicher treten die Züge sozialistischer Persönlichkeiten hervor.“ [1]

In jeder Phase ihrer Entwicklung widmet die sozialistische Gesellschaft der Entwicklung ihres kreativen Potentials durch Erhöhung des Bildungs- und Qualifikationsniveaus der Werktätigen eine große Aufmerksamkeit. Hierbei erzielte Ergebnisse spiegeln sich zu einem wichtigen Teil in der schnellen Veränderung der Qualifikationsstruktur der sozialistischen Gesellschaft wider. So stieg in der DDR der Anteil der Hoch- und Fachschulkader an den Beschäftigten der sozialistischen Wirtschaft von 6,7 Prozent im Jahre 1962

[1] Bericht des Zentralkomitees der Sozialistischen Einheitspartei Deutschlands an den IX. Parteitag der SED, Berichterstatter: Erich Honecker, Berlin 1976, S. 90.

auf 14,1 Prozent im Jahre 1975, der Anteil der Facharbeiter und Meister erhöhte sich in diesem Zeitraum von 33,7 Prozent auf 53 Prozent, während sich der Anteil der angelernten und ungelernten Arbeitskräfte von 59,6 Prozent auf 32,9 Prozent verringerte. Allein in der Zeit zwischen 1971 bis 1975 sind über 220000 Absolventen des Hoch- und Fachschulstudiums in der Volkswirtschaft und anderen Bereichen tätig geworden. Damit erhöhte sich der Bestand der Hoch- und Fachschulkader in der Volkswirtschaft der DDR um über 30 Prozent. In derselben Zeit wurden, aufbauend auf den Ergebnissen der zehnklassigen Oberschulbildung, über 920000 Mädchen und Jungen zu Facharbeitern ausgebildet. Dies entspricht einem Wachstum von 35 Prozent des Bestandes an Facharbeitern im Jahre 1970. Zugleich bilden sich die älteren, bereits im Arbeitsprozeß stehenden Werktätigen weiter. Von 1971 bis 1975 eigneten sich 370000 Werktätige die Facharbeiterqualifikation im Rahmen der Erwachsenenbildung an. Von den heute fünfzig- bis sechzigjährigen Facharbeitern beziehungsweise Meistern haben 65 Prozent ihre Qualifikation bereits unter den Bedingungen der Arbeiter- und Bauernmacht erworben. Die wachsende Bildung und Qualifikation der Werktätigen ist eine entscheidende Grundlage für die Beschleunigung des wissenschaftlich-technischen Fortschritts im Sozialismus und ein wichtiger Faktor der Intensivierung der Volkswirtschaft.

Die Wirksamkeit von Bildung und Qualifikation als Intensivierungsfaktor wird gegenwärtig bei der Gestaltung der entwickelten sozialistischen Gesellschaft durch folgende Komponenten bestimmt:

- Vervollkommnung des qualitativen Niveaus und der Struktur von Bildung und Qualifikation der Werktätigen,
- innere Intensivierung der Bildungsprozesse, vor allem durch Erhöhung ihrer Qualität, um das gesamte schöpferische Potential der Werktätigen für die Lösung der Aufgaben bei der weiteren Gestaltung der entwickelten sozialistischen Gesellschaft und den allmählichen Übergang zum vollentwickelten Kommunismus zu erschließen,
- effektive Nutzung des geschaffenen Bildungspotentials der sozialistischen Gesellschaft für die Erhöhung der Effektivität der gesellschaftlichen Arbeit.

Hohe Allgemeinbildung und fundierte Spezialbildung sind entscheidende Seiten für die Herausbildung der sozialistischen Persönlichkeit und wichtige Voraussetzungen für die Durchführung der wissenschaftlich-technischen Revolution.[2] Deshalb wird in allen Ländern der sozialistischen Staatengemeinschaft an der Verwirklichung der allgemeinbildenden Oberschule für

[2] So begannen zum Beispiel 1973 in der DDR 99 Prozent aller Schulabgänger, die keine weiterführende Bildungseinrichtung besuchten, eine Berufsausbildung. Von ihnen hatten 79 Prozent den Abschluß der 10. Klasse. (Mitteilung der Staatlichen Zentralverwaltung für Statistik über die Durchführung des Volkswirtschaftsplanes 1973, in: Neues Deutschland vom 18. 1. 1974, S. 4.)

alle Kinder und an dem Ausbau der zweiten Bildungsstufe gearbeitet, die berufsvorbereitenden Charakter hat. So wird bis 1990 in der DDR die allgemeinbildende Oberschule für alle Kinder des Volkes verwirklicht und die inhaltliche Ausgestaltung der zehnklassigen allgemeinbildenden polytechnischen Oberschule zur Schule der entwickelten sozialistischen Gesellschaft abgeschlossen sein.

Die Allgemeinbildung hat die Aufgabe, jene Fähigkeiten und Anlagen aller Mitglieder der Gesellschaft herausbilden zu helfen, die ihnen in Verbindung mit einer Spezialausbildung die Möglichkeit geben, einen Beitrag zur Entfaltung der produktiven, sozialen und kulturellen Möglichkeiten und Triebkräfte der sozialistischen Gesellschaft zu leisten. Hierbei muß stärker als bisher beachtet werden, daß gerade unter den Bedingungen der wissenschaftlich-technischen Revolution die Entfaltung der Anlagen und Fähigkeiten der sozialistischen Persönlichkeit durch das Bildungswesen ein widerspruchsvoller Prozeß ist.

Auf Grund der wissenschaftlich-technischen Revolution verstärken sich die Tendenzen sowohl zur Integration der verschiedenen Bildungsinhalte als auch zu ihrer spezielleren Ausprägung. Diese Tendenzen der Spezialisierung und Universalisierung zu einer neuen höheren Synthese im Interesse der Entwicklung aller Anlagen und Fähigkeiten zu führen, ist eine mit der Beschleunigung des wissenschaftlich-technischen Fortschritts an Bedeutung gewinnende Aufgabe des sozialistischen Bildungswesens. Dieser sich verstärkenden Dialektik von Allgemein- und Spezialbildung muß auf allen Stufen des Bildungswesens große Aufmerksamkeit gewidmet werden.

Es gilt, den Lernenden durchgängig sowohl ein gemeinsames Grundlagenwissen zu vermitteln als auch durch zunehmend differenzierte Bildungsveranstaltungen und Bildungsinhalte die Möglichkeit zu geben, ihre unterschiedlichen Anlagen und Fähigkeiten zu realisieren.

Nur so wird jener Typ der Allgemeinbildung verwirklicht, den Marx in der Verbindung von „produktiver Arbeit, geistiger Erziehung, körperlicher Übung und polytechnischer Ausbildung" sah und der „die Arbeiterklasse weit über das Niveau der Aristokratie und Bourgeoisie erheben" wird.[3]

Besonderer Beachtung bedarf auch auf dem Gebiet der Berufsbildung die Dialektik von Allgemein- und Spezialbildung. Auf der einen Seite wächst die Rolle der theoretischen Grundlagenausbildung, die Rolle der Grundlagenfächer; ein wichtiger Teil der Bildungsinhalte in den verschiedenen Berufen gleicht sich an, es kommt zur Herausbildung von Grundberufen. Auf der anderen Seite wachsen die Anforderungen an die Spezialkenntnisse der Arbeiter, an die sensomotorischen Fertigkeiten, an ihre Fähigkeiten, neue Anlagen und Technologien in kürzester Zeit zu beherrschen und die vorgesehenen ökonomisch-technischen Parameter zu erreichen.

[3] Karl Marx, Instruktionen für die Delegierten des provisorischen Zentralrats zu den einzelnen Fragen, in: MEW, Bd. 16, Berlin 1962, S. 195.

Hieraus ergibt sich, daß die wachsende Rolle der wissenschaftlich-technischen Ausbildung und der Grundberufe unter den Bedingungen der wissenschaftlich-technischen Revolution keineswegs zu der Auffassung führen dürfen, daß Spezialausbildung und Ausbildung in speziellen Berufen an Bedeutung verlieren. Zum einen sind alle vorhandenen Berufe für die planmäßig proportionale Entwicklung der Volkswirtschaft von großer Bedeutung, und die Geringschätzung bestimmter, für die gesellschaftliche Arbeitsteilung notwendiger Berufsgruppen muß zwangsläufig zu Effektivitätsverlusten in der Volkswirtschaft führen. Gleichzeitig ist zu beachten, daß breit profilierte Ausbildungsberufe und Grundberufe oftmals erst die Voraussetzungen für die erforderliche Spezialisierung schaffen. Bei allen praktischen Maßnahmen auf dem Gebiet der Berufsausbildung – wie in allen anderen Bereichen des Bildungswesens – muß beachtet werden, daß ohne eine breite Basis der Allgemeinbildung die Spezialausbildung ihre persönlichkeitsformende Funktion einbüßt und zu engem Spezialistentum führt; andererseits verliert die Allgemeinbildung ohne die erforderliche Spezialausbildung an gesellschaftlicher Wirksamkeit bei der Gestaltung der sozialen, ökonomischen und kulturellen Lebensprozesse der Werktätigen.

Mit der wissenschaftlich-technischen Revolution wächst im Hochschulwesen die Rolle der theoretischen und methodologischen Grundlagenbildung, die aber gleichzeitig mit der Entwicklung von Fähigkeiten und Fertigkeiten zur praktischen Anwendung von theoretischen Erkenntnissen verbunden sein muß. Dabei ist die Vermittlung spezieller Kenntnisse für eine spezifische, dem Hochschulstudium folgende berufliche Tätigkeit zum großen Teil in den späteren Tätigkeitsbereich selbst zu verlagern. Dies wird um so notwendiger, da die spezifischen Bedingungen der beruflichen Tätigkeit an den Hochschulen kaum simuliert werden können, während in wachsendem Maße in den Betrieben und anderen Tätigkeitsbereichen sowohl die materiellen als auch personellen Voraussetzungen gegeben sind, um den Erwerb solcher tätigkeitsspezifischen Kenntnisse zu ermöglichen. Deshalb muß bei der Erhöhung der Qualität der Ausbildung die organische Verbindung der Bildungsprozesse mit der modernen Wissenschaft, Technik und Produktion im Vordergrund stehen. Hierbei gilt es, die theoretische und methodologische Grundlagenausbildung immer stärker mit der Spezialausbildung und der experimentellen Arbeit in den Laboratorien, Konstruktionsbüros sowie mit der Aneignung praktischer Erfahrungen zu verbinden. Besondere Bedeutung kommt der Ausarbeitung inhaltlich abgestimmter Studienpläne vom ersten bis zum letzten Studienjahr zu.

Bei der Durchführung der wissenschaftlich-technischen Revolution entsteht ständig aufs neue der Widerspruch zwischen der vorhandenen Arbeitsplatzstruktur und den neu entstehenden Arbeitsplätzen. Die Lösung dieses Widerspruchs im Interesse der Gesellschaft und des einzelnen Werktätigen ist nur möglich auf der Grundlage einer hohen fachlichen Disponibilität und

Mobilität der Werktätigen aller Qualifikationsstufen. Eine solche Disponibilität kann sich nur auf dem Fundament einer soliden Allgemeinbildung und der Entwicklung von speziellen Fähigkeiten herausbilden, um sich ständig neues Wissen anzueignen, es zu verarbeiten, zu mehren und effektiv anzuwenden. Da sich diese Fähigkeiten auf der Grundlage einer soliden Allgemeinbildung unbegrenzt entfalten lassen, während für den Erwerb rein empirischer Kenntnisse objektive Grenzen gesetzt sind, wird die Entwicklung der Fähigkeit zum selbständigen schöpferischen Denken, zum Finden und zur Lösung von Problemen zur grundlegenden Aufgabe der sozialistischen Bildung und Erziehung. Das erfordert, die einzelnen Phasen des schöpferischen Denkens, die jeder Werktätige durchlaufen muß, wissenschaftlich tiefgründig zu erforschen und diese Kenntnisse zur Grundlage der konkreten Gestaltung der Unterrichtsprozesse und der didaktischen Darbietung des Unterrichtsstoffes zu machen. Die durch die wissenschaftlich-technische Revolution geschaffenen Unterrichtsmittel sind dabei wesentliche Instrumente, um die Arbeit des Lehrers von Routine- und Hilfsarbeiten zu entlasten und die unterschiedlichen Begabungen und Möglichkeiten der Schüler besser zu berücksichtigen.

Eines der Kernprobleme des sozialistischen Bildungswesens bei der Gestaltung der entwickelten sozialistischen Gesellschaft wird ohne Zweifel darin bestehen, seinen Beitrag zur Entwicklung des kreativen Potentials der sozialistischen Gesellschaft zu erhöhen. Dies gilt sowohl für die Schaffung von Bedingungen für die stärkere Förderung der spezifischen Anlagen und Fähigkeiten, die stärkere Anpassung der Lernprozesse an die unterschiedlichen Entwicklungsprozesse der Jugendlichen als auch für die stärkere Verbindung der Allgemeinbildung mit der Lösung von praktischen Problemen und die Entwicklung von speziellen Fertigkeiten. Wenn davon gesprochen wird, daß die sich verstärkende Kollektivität eine grundlegende Kategorie bei der weiteren Gestaltung der entwickelten sozialistischen Gesellschaft und der Schaffung von Voraussetzungen für den allmählichen Übergang zum Kommunismus ist – als Ausdruck des grundlegenden Produktionsverhältnisses der kommunistischen Gesellschaftsformation –, dann kann damit nur die Kollektivität der Entwicklung der spezifischen Anlagen und Fähigkeiten der einzelnen Mitglieder der Gesellschaft gemeint sein. Das Wesen eines sozialistischen Kollektivs besteht nicht darin, daß in ihm alle gleich viel und gleich wenig wissen und können, die Lebensfähigkeit und Schöpferkraft eines solchen Kollektivs hängt vielmehr davon ab, inwieweit auf Grundlage eines gemeinsamen Grundwissens sich die spezifischen Fähigkeiten und Anlagen seiner einzelnen Mitglieder herausgebildet haben. Unterschiede im Wissen und Können hemmen durchaus nicht das Kollektiv, sondern stellen einen wichtigen Stimulus für die Entwicklung aller anderen Mitglieder der Gesellschaft dar, machen es anpassungsfähiger gegenüber den sich wandelnden Anforderungen. Die Herausbildung der spezifischen Anlagen und Fähigkeiten, also die Nutzung dessen, was Marx als „natürliche Privilegien“[4] der einzelnen

Individuen bezeichnet, hat nichts mit der Benachteiligung oder gar Herabsetzung anderer Mitglieder der Gesellschaft zu tun. Sie liegt vielmehr im Interesse aller Mitglieder der sozialistischen Gesellschaft, weil sie das schöpferische Potential der sozialistischen Gesellschaft und damit den gesellschaftlichen wie individuellen Reichtum aller Mitglieder der Gesellschaft mehrt. Hierbei gilt es, die Zeit für die reine Wissensvermittlung einzuschränken zugunsten der Zeit, in der der Lernende sich selbst als Subjekt der Wissensaneignung, Verarbeitung und Anwendung bewähren kann. Die Entwicklung bestimmter, überdurchschnittlicher Anlagen und Fertigkeiten wird schon im Rahmen der allgemeinbildenden Schule zu einer wichtigen Aufgabe.

Es gilt immer mehr, kreativitätssteigernde Methoden und Bewertungskriterien für Schülerleistungen und -verhalten durchzusetzen, um zu erreichen, daß im Verlaufe der Bildungsprozesse nicht eine passive Informationsvermittlung erfolgt, sondern Anlagen und Fähigkeiten entwickelt werden und politisch-moralische Grundüberzeugungen entstehen können.

Hierbei ist zu beachten, daß in der entwickelten sozialistischen Gesellschaft das Bildungsbedürfnis und dementsprechend auch das Bildungsniveau sich schneller entwickeln als die ökonomischen Möglichkeiten der sozialistischen Gesellschaft, die einfache, unqualifizierte Arbeit aufzuheben. Deshalb müssen die einfachen und mittleren Arbeiten auf möglichst viele Mitglieder der Gesellschaft verteilt werden. Aufgabe der Schule ist es daher, nicht nur zur Achtung vor allen gesellschaftlich notwendigen Arbeiten zu erziehen, sondern auch alle Mitglieder der Gesellschaft zu befähigen, in gewissem Umfange solche Arbeiten selbst durchzuführen (Gebrauch von technischen Hilfsmitteln und Mechanismen, Durchführung einfacher Reparaturen etc.).

Eine entscheidende Dimension des Schöpfertums ist die ästhetische Bildung und Selbstbetätigung der Schüler. Hier gilt es, die zum Teil noch vorherrschende, rein passive Vermittlung von Kenntnissen über Kunstwerke der Vergangenheit abzulösen durch ein hohes Niveau der ästhetischen Bildung und Aktivität, die dazu beiträgt, solche Seiten der sozialistischen Persönlichkeit herauszubilden, wie Phantasie, Kontaktfreudigkeit, Kommunikationsfähigkeit mit anderen Mitgliedern der Gesellschaft, Selbsterkenntnis, Lebensfreude, Optimismus etc.

Probleme der Entwicklung der Qualifikationsstruktur der Werktätigen

Das wachsende Gewicht der qualifizierten Arbeit im Reproduktionsprozeß – ein Wesenszug des Übergangs zur intensiv erweiterten Reproduktion – spiegelt sich auch in der Entwicklung der Bildungsfonds wider. Unter Bildungsfonds verstehen wir die in den Arbeitskräften mit unterschiedlichen Qualifi-

[4] Karl Marx, Kritik des Gothaer Programms, in: MEW, Bd. 19, Berlin 1962, S. 21.

kationsniveaus im Verlauf ihrer Heranbildung akkumulierten Bildungsaufwendungen. Sie stellen einen gewissen Indikator für das im Ausbildungsprozeß akkumulierte Wissen und Können dar. Bereits Marx wies darauf hin, daß man unter bestimmten Voraussetzungen die Bildung des Individuums mit der „Produktion von capital fixe" vergleichen kann, wobei er aber ausdrücklich hervorhebt, daß dieses „in der lebendigen Arbeit selbst existiert"[5]. In „Theorien über den Mehrwert" schreibt er hierzu: „Was wirklich ‚aufgehäuft' wird, aber nicht als tote Masse, sondern als Lebendiges, ist das *Geschick* des Arbeiters, der Entwicklungsgrad der Arbeit . . . Es ist dies das wahre Prius, das den Ausgangspunkt bildet, und dies Prius ist das Resultat eines Entwicklungsgangs. *Aufhäufung* ist hier *Assimilation*, fortwährende Erhaltung und Umgestaltung zugleich des schon Überlieferten, Realisierten."[6] Weiter schreibt Marx: „. . . der degree of skill der vorgefundenen Bevölkerung ist die jedesmalige Voraussetzung der Gesamtproduktion, also die Hauptakkumulation des Reichtums, das wichtigste erhaltne Resultat der antecedent labour, das aber in der lebendigen Arbeit selbst existiert"[7].

Ähnlich wie in anderen Bestandteilen des Nationalreichtums – wie zum Beispiel Grundfonds, Umlaufmittelfonds, Forschungsfonds, Fonds der materiell-technischen Territorialstruktur und andere – sind auch im Qualifikationsniveau der Arbeitskräfte gesellschaftliche Aufwendungen akkumuliert. Diese sich bei der Heranbildung der qualifizierten Arbeitskräfte in ihrem Qualifikationsniveau niederschlagenden Bildungsfonds enthalten alle Aufwendungen, die für die Erreichung einer bestimmten Qualifikationsstufe notwendig sind. Allein an Staatshaushaltsausgaben kostete zum Beispiel 1975 die Ausbildung eines Hochschulkaders (von der allgemeinen polytechnischen Oberschule bis zur Beendigung der Hochschule) etwa 49000 Mark, für einen Fachschulabsolventen mußten 28000 Mark aufgewendet werden, ein Facharbeiter erforderte 20000 Mark Ausbildungskosten. (Bei den genannten Kosten handelt es sich um Durchschnittswerte, wobei es bei den einzelnen Qualifikationsarten nicht unbeträchtliche Unterschiede gibt. Ebenso sind hier die Kosten der abgebrochenen Ausbildungsgänge, Investitionen und anderes nicht erfaßt.) Insgesamt wuchsen die Staatshaushaltsausgaben für das Bildungswesen (ohne Investitionen) von 2,97 Milliarden Mark im Jahre 1957 auf 8,29 Milliarden Mark im Jahre 1975.

Die Bildungsfonds als Bestandsgröße des Nationalreichtums haben in den letzten Jahren eine schnelle Entwicklung erfahren und stellen jetzt eine wichtige Basis für die intensiv erweiterte Reproduktion dar. Ihre Größe er-

[5] Karl Marx, Grundrisse der Kritik der politischen Ökonomie, Berlin 1953, S. 599.

[6] Karl Marx, Theorien über den Mehrwert, in: MEW, Bd. 26.3, Berlin 1968, S. 289.

[7] Ebenda, S. 290.

reicht gegenwärtig etwa ein Drittel des Grundfondsbestands im materiellen Bereich der Volkswirtschaft. Die schnelle Bildungsfondsentwicklung und die Bildungsfondsausstattung zeigen Tabellen 1 und 2.

Tabelle 1
Entwicklung des Bildungsfonds nach Wirtschaftsbereichen

	Eingesetzter Bildungsfonds 1962 in Millionen Mark	1975	Zunahme 1975 zu 1962 Gesamtzunahme in Prozent	durchschnittliche jährliche Zunahme in Prozent
Volkswirtschaft insgesamt	66465	150881	227,0	6,5
Industrie	24067	58905	244,7	7,1
Bauwirtschaft	3658	10286	281,2	8,3
Land- und Forstwirtschaft	11545	17193	148,9	3,1
Verkehr, Post- und Fernmeldewesen	4814	10958	226,4	6,5
Handel	6682	13622	203,9	5,6
sonstige produzierende Zweige und nichtproduzierende Bereiche	15685	40326	257,1	7,5

Quelle: Berechnungen des Bereiches III im Zentralinstitut für Wirtschaftswissenschaften der AdW der DDR.

Natürlich dürfen Inhalt und Kreislauf der Bildungsfonds nicht mit den materiellen Produktionsfonds identifiziert werden. Die im Qualifikationsniveau der Werktätigen materialisierten Bildungsfonds existieren nur im Zusammenhang mit der lebendigen Arbeit und können nur über sie im Reproduktionsprozeß wirksam werden. Dies bedeutet, daß im Wertbildungsprozeß die Bildungsfonds nicht wie die materiellen Produktionsfonds durch die konkrete Arbeit auf das zu schaffende Produkt übertragen werden können und aus dem Ersatzfonds reproduziert werden. Sie können nur aus dem von der lebendigen, wertschaffenden Arbeit geschaffenen Neuwert reproduziert werden. Die für die einfache Reproduktion der Bildungsaufwendungen in quantitativer und qualitativer Hinsicht notwendigen Aufwendungen (infolge des Ausscheidens von Arbeitskräften, notwendiger Umschulungsmaßnahmen auf einem gegebenen Qualifikationsniveau und der notwendigen Weiterbildungsmaßnahmen zur Sicherung des gesellschaftlich notwendigen Bildungsniveaus im Rahmen einer bestimmten Qualifikation) bilden einen Teil des notwendigen Produkts, weil diese Aufwendungen Bestandteil der Reproduktionskosten der Arbeitskraft sind. Die Aufwendungen für die er-

Tabelle 2
Durchschnittlicher Bildungsfonds je Berufstätigen nach Wirtschaftsbereichen

	1962 in Mark	1975 in Mark	Entwicklung in Prozent
Volkswirtschaft insgesamt	10283	20233	196,8
Industrie	10022	19056	190,1
Bauwirtschaft	10702	19747	184,5
Land- und Forstwirtschaft	8501	19573	230,2
Verkehr, Post- und Fernmeldewesen	9698	18810	194,0
Handel	9570	18353	191,8
sonstige produzierende Zweige und nichtproduzierende Bereiche	13431	24555	182,8

Quelle: Berechnungen des Bereiches III im Zentralinstitut für Wirtschaftswissenschaften der AdW der DDR.

weiterte Reproduktion der Bildungsfonds des produktiven Gesamtarbeiters (die Erhöhung des Qualifikationsniveaus der Werktätigen, Erhöhung der Zahl der ausgebildeten Werktätigen) sind im Sozialismus als Teil des Mehrprodukts Akkumulationsaufwendungen im weiteren Sinne. Berechnungen zeigen, daß von 1965 bis 1969 die Aufwendungen für die einfache und erweiterte Reproduktion der Bildungsfonds sich wie folgt zusammensetzen: notwendiges Produkt (einfache Reproduktion der Bildungsfonds im produktiven Bereich) 46 Prozent, Mehrprodukt 54 Prozent. Die aus dem Mehrprodukt stammenden Teile der Bildungsaufwendungen wurden hierbei folgendermaßen verwendet:

69 Prozent für die Erweiterung der Bildungsfonds im materiellen Bereich (im weiteren Sinne Akkumulationsaufwand) beziehungsweise 38 Prozent der gesamten Bildungsaufwendungen,

17 Prozent für die einfache Reproduktion der Bildungsfonds im nichtmateriellen Bereich beziehungsweise 9 Prozent der gesamten Bildungsaufwendungen,

14 Prozent für die erweiterte Reproduktion der Bildungsfonds im nichtmateriellen Bereich beziehungsweise 7 Prozent der gesamten Bildungsaufwendungen.[8]

Vom Standpunkt der Reproduktion des volkswirtschaftlichen Gesamt-

[8] Vgl. H. Maier, Über die Rolle des Bildungs- und Qualifikationsniveaus der Werktätigen im Prozeß der sozialistischen Akkumulation, in: Das Gesetz der sozialistischen Akkumulation, hrsg. von A. I. Notkin/H. Maier, Berlin 1974, S. 165/166 (Schriften des Zentralinstituts für Wirtschaftswissenschaften der Akademie der Wissenschaften, Nr. 5).

arbeiters waren zirka 55 Prozent der Bildungsaufwendungen notwendig für seine einfache Reproduktion und 45 Prozent für die erweiterte Reproduktion. Ohne Zweifel wird sich diese Proportion mit dem Übergang zur vorwiegend intensiven Entwicklung des Bildungs- und Qualifikationsniveaus der Werktätigen zugunsten der Aufwendungen für die einfache Reproduktion des Bildungsniveaus verändern. Dies ist die Konsequenz der Tatsache, daß bei der Entwicklung des Bildungs- und Qualifikationsniveaus Fragen der Erhöhung der Qualität der Ausbildung, der Sicherung eines ausgewogenen Verhältnisses zwischen den einzelnen Qualifikationsgruppen, der Sicherung einer effektiven Weiterbildung und notwendigen Umschulung zur Sicherung einer hohen Mobilität, Probleme des effektiven Einsatzes der ausgebildeten Kader immer mehr den Vorrang gewinnen gegenüber einer schnellen Ausweitung der Zahl der hochqualifizierten Kader.

Der Erweiterungsbedarf bei hochqualifizierten Kadern wird zwar weiter steigen, aber er wird sich angesichts des bereits erreichten Niveaus nicht so schnell entwickeln wie in den vergangenen Jahren. So würde zum Beispiel eine Beibehaltung der in den letzten Jahren erreichten Wachstumsraten (von 1967 bis 1971 wuchs die Zahl der Zulassungen an Hochschulen gegenüber dem vorangehenden Zeitraum auf nahezu das Doppelte) zu starken Disproportionen zwischen dem Bestand an Hoch- und Fachschulkadern im Verhältnis zu anderen Qualifikationsstufen führen und einen effektiven Einsatz der ausgebildeten Kader erschweren. Der mit einer solchen Ausweitung verbundene Aufwand würde auch die Möglichkeiten der Volkswirtschaft übersteigen.

Eine wesentliche Komponente für die Erhöhung des Qualifikationsniveaus der Werktätigen ist die wachsende Ausbildung von Facharbeitern. Mit wachsendem wissenschaftlich-technischem Niveau der Produktion und auch der Entwicklung der Dienstleistungssphäre wächst kontinuierlich der Bedarf an Facharbeitern. Es ist daher vorauszusehen, daß 1990 etwa 65 bis 70 Prozent aller Werktätigen eine Facharbeiterqualifikation haben werden (gegenwärtig besitzen 12,8 Prozent der Facharbeiter, das sind zirka 526000 Personen, bereits zwei Facharbeiterabschlüsse). Heute spielt die Erwachsenenqualifizierung für die Facharbeiterausbildung eine wichtige Rolle. Etwa 30 bis 40 Prozent der Facharbeiterqualifikation wurde in den letzten Jahren über die Erwachsenenqualifikation vollzogen. Mit der steigenden Zahl der direkt als Facharbeiter ausgebildeten Jugendlichen wird es möglich sein, die Kapazitäten verstärkt für die Weiterbildung der Facharbeiter beziehungsweise zur Umschulung zu nutzen.

Effektiver Einsatz der ausgebildeten Kader

Die Wirksamkeit der sozialökonomischen Potenz der Bildung hängt entscheidend von dem richtigen Einsatz der qualifizierten Kader ab. Hier liegen entscheidende Quellen für die Effektivitätssteigerung und die Persönlichkeitsentwicklung, die im Zuge der intensiv erweiterten Reproduktion erschlossen werden müssen.

Der wissenschaftlich-technische Fortschritt führt ständig aufs neue zum Widerspruch zwischen der vorhandenen und der gesellschaftlich notwendigen Qualifikationsstruktur der Werktätigen. Bereits Marx wies darauf hin, daß „beständig mit der technischen Grundlage der Produktion die Funktionen der Arbeiter und die gesellschaftlichen Kombinationen des Arbeitsprozesses"[9] umgewälzt werden. Er sah hierin ein „allgemeines gesellschaftliches Produktionsgesetz", das „Wechsel der Arbeit, Fluß der Funktion, allseitige Beweglichkeit des Arbeiters" erforderte.[10]

Um dieses „allgemeine Produktionsgesetz" in der sozialistischen Gesellschaft im Interesse der Werktätigen zu beherrschen, ergeben sich hohe Anforderungen sowohl an die langfristige Bildungsplanung, die inhaltliche Gestaltung der Bildungsprozesse zur Sicherung einer hohen Mobilität und Disponibilität der Arbeitskräfte als auch an die Schaffung von Bedingungen für den effektiven Wechsel der Arbeitsplätze entsprechend den gesellschaftlichen Erfordernissen. So gilt es, die gegenwärtig noch vorhandene, nicht qualifikationsgerechte Besetzung von Planstellen schrittweise abzubauen. Untersuchungen des Zentralinstituts für Wirtschaftswissenschaften der Akademie der Wissenschaften der DDR ergaben, daß nur zwei Drittel der Hochschulkaderplanstellen tatsächlich mit Hochschulkadern besetzt sind. Eine ähnliche Situation ist bei den Fachschulkaderplanstellen zu verzeichnen. Andererseits zeigt die Analyse, daß ein nicht geringer Teil der qualifizierten Kader unter ihrem Qualifikationsniveau eingesetzt sind.

Diese Disproportionen zwischen der erforderlichen Qualifikation im Arbeitsprozeß und dem tatsächlichen Einsatz der qualifizierten Kader weist auf Unzulänglichkeiten in der Leitungs- und Planungstätigkeit in den entsprechenden Tätigkeitsbereichen hin, auf nicht bedarfs- und qualitätsgerechte Ausbildung im Bildungswesen, aber auch auf Disproportionen im Lohn- und Gehaltsgefüge und ungenügende materielle und moralische Stimulierung zum bedarfsgerechten Einsatz der Kader. Hiermit sind nicht unbeträchtliche Bildungsverluste verbunden. Wenn zum Beispiel fast 25 Prozent der Facharbeiter unter ihrem Qualifikationsniveau beschäftigt sind, dann handelt es sich immerhin um einen nicht voll genutzten Bildungsfonds von 14,5 Milliarden Mark. Es zeigt sich, daß der Anteil der nicht qualifikationsgerecht besetzten Arbeitsplätze, vor allem bei Hochschulkadern, in den Zweigen der materiellen Produktion besonders hoch ist. Deshalb orientierte der VIII. Parteitag der SED vor allem auf die Stärkung dieses Bereichs mit hochqualifizierten Kadern. Hier wurden daher im Fünfjahrplan 1971 bis 1975 zirka 45 Prozent des Zuwachses an Hochschulkadern vor allem in der Industrie einge-

[9] Karl Marx, Das Kapital, Bd. 1, in: MEW, Bd. 23, Berlin 1962, S. 511.
[10] Ebenda.

setzt. Im Ergebnis dieser Orientierung stieg zum Beispiel der Anteil der Industrie an der Gesamtzahl der Hochschulkader in den Jahren 1962 bis 1975 von 11,3 auf zirka 21,5 Prozent, der der Bauwirtschaft von 0,9 auf zirka 2,5 Prozent, der des Verkehrs, Post- und Fernmeldewesens von 1,2 auf über 2,5 Prozent.

Eine ähnliche Tendenz zeigt sich auch bei den Fachschulkadern. Hier stieg der Anteil der Industrie im selben Zeitraum von 27,8 Prozent auf über 35 Prozent, der Anteil der Bauwirtschaft von 3,9 auf zirka 5,4 Prozent und der des Verkehrs, Post- und Fernmeldewesens von 3,3 auf zirka 5,0 Prozent.[11]

Der verstärkte Einsatz hochqualifizierter Arbeitskräfte in der materiellen Produktion ermöglichte die kadermäßige Stärkung der Technologie, Konstruktion, Projektierung, Forschung, Entwicklung und Überführung, aber auch den Einsatz dieser Kader bei der Steuerung hochproduktiver Anlagen und Maschinen. Vom Gesamtzuwachs qualifizierter Kader (Facharbeiter bis Hochschulkader) wurde von 1968 bis 1971 fast die Hälfte in den unmittelbar produzierenden Abteilungen der Industriebetriebe eingesetzt, so daß 1972 14 Prozent der Hoch- und Fachschulkader der Industrie direkt in der Produktion tätig waren.[12]

Von besonderer Bedeutung ist die Aufdeckung des von Marx entdeckten „allgemeinen Produktionsgesetzes" bei der Mechanisierung, Teilautomatisierung und Automatisierung ausgewählter Vorhaben. Es zeigt sich hierbei, daß sich mit der Erhöhung des Mechanisierungs- und Automatisierungsniveaus der Produktion die Arbeitsanforderungen durchaus nicht für alle Arbeitskräfte gleichzeitig verändern. Es findet vielmehr ein verstärkter Differenzierungsprozeß innerhalb der Produktionsarbeiter statt. Jede neue Stufe der Mechanisierung und Automatisierung verändert eine Reihe von Arbeitsplätzen, erhöht die qualitativen Anforderungen an diese Arbeitsplätze, läßt aber auch gleichzeitig eine Reihe von Arbeitsplätzen in der alten Struktur und Form bestehen.

Bei der Erhöhung des Mechanisierungs- und Automatisierungsgrades werden Teilfunktionen der ursprünglich komplexen Produktionstätigkeiten auf maschinelle Anlagen übertragen, zu neuen anspruchsvolleren Tätigkeiten im Produktionsbereich (Steuer-, Überwachungs- und Kontrolltätigkeit) zusammengefaßt sowie in die produktionsvorbereitenden Abteilungen transferiert. Gleichzeitig werden aber auch einfachere und einseitigere Tätigkeiten reproduziert.

Diese Entwicklung betrifft einen immer größeren Teil der Arbeiter. So waren 1974 zirka 10 Prozent aller Produktionsarbeiter an automatisierten

[11] Vgl. Statistisches Jahrbuch 1974 der DDR, Berlin 1974, S. 66.

[12] Vgl. Autorenkollektiv, Zur Reproduktion des Qualifikationsniveaus der Werktätigen und der Bildungsfonds, Berlin 1973, S. 30 (Forschungsberichte des Zentralinstituts für Wirtschaftswissenschaften der Akademie der Wissenschaften der DDR, Nr. 5).

Maschinen und Anlagen tätig, als Bediener, Einrichter oder dergleichen. Der Automatisierungsgrad der Arbeit überstieg bei den großen Investitionsvorhaben 1972 den durchschnittlichen Automatisierungsgrad der Arbeit in den entsprechenden Industriebereichen um das Drei- bis Vierfache. Von den Ausrüstungsinvestitionen waren im gleichen Jahr zirka 50 Prozent automatisierte Ausrüstungen, darunter 20 Prozent mit flexibler Steuerung.

Die grundlegende Tendenz ist hierbei, daß mit dem wachsenden Mechanisierungs- und Automatisierungsgrad der Produktion das Gewicht der qualifizierten Arbeit im Reproduktionsprozeß insgesamt wächst. Mit der komplexen Automatisierung bedienen die Arbeiter immer mehr Ausrüstungen mit Anlagencharakter. Hierbei wachsen die Anforderungen, um den Gesamtprozeß der Anlage zu analysieren und zu überschauen. Die angewandten automatisierten Anlagen umfassen nicht nur mechanisch bewegte Maschinenteile, sondern auch pneumatisch und hydraulisch bewegte und stabilisierte Teile, elektrische und elektronische Steuerelemente sowie chemische Verfahren. Der wertmäßige Anteil der elektronischen Ausrüstung einer NC-Maschine beträgt zum Beispiel bis zu 30 Prozent ihres Gesamtwerts. In weniger als zehn Jahren erreichten in der DDR die automatisierten Ausrüstungen mit flexibler Programmsteuerung einen Anteil von 10 Prozent an den Ausrüstungen insgesamt. Hierbei muß natürlich beachtet werden, daß sich die Arbeitsanforderungen durchaus nicht für alle Arbeitenden gleichzeitig verändern. Dies zeigt auch die gegenwärtig vorhandene Qualifikation der Produktionsgrundarbeiter in den einzelnen Technisierungsstufen in den Industriebetrieben der DDR (vgl. Tabelle 3).

Tabelle 3
Technisierungsstufen und vorhandene Qualifikation bei den Produktionsarbeitern in Industriebetrieben der DDR (in Prozent)

Arbeitsplätze	Arbeitskräfte			
	ungelernte	angelernte	Teilfacharbeiter	Facharbeiter
Manuell	16	19	9	56
Teilmechanisiert	5	12	5	78
Vollmechanisiert	10	20	8	62
Teilautomatisiert	4	24	14	58
Vollautomatisiert	7	17	7	69

Quelle: W. Fitze/N. Pauligk/H. Schleiff, Wissenschaftlich-technischer Fortschritt – Sozialistische Arbeit – Persönlichkeit, Berlin 1976, S. 104.

Somit ist der relative Anteil der Angelernten und Teilfacharbeiter an manuellen, vollmechanisierten und teilautomatisierten Arbeitsplätzen am größten.[13]

[13] Werner Fitze/Norbert Pauligk/Henning Schleiff, Wissenschaftlich-technischer Fortschritt – Sozialistische Arbeit – Persönlichkeit, Berlin 1976, S. 104.

Dies zeigt, daß eine lineare Abhängigkeit zwischen steigendem technischem Niveau der Produktion und der Erhöhung des Qualifikationsniveaus nicht von vornherein angenommen werden kann. Vielmehr setzt sich die Erhöhung des Gewichts der qualifizierten Arbeit über einen widerspruchsvollen und nichtlinearen Prozeß durch. Hieraus ergeben sich hohe Anforderungen an die bildungsökonomische Analyse dieser Prozesse sowie an die Leitung und Planung der Mobilität der Arbeitskräfte, um eine langfristig stabile Entwicklung ihrer Qualifikation zu sichern.

Die Aufhebung der unqualifizierten, körperlich schweren und geistig monotonen Arbeit spielt eine zentrale Rolle in der wissenschaftlich-technischen Politik der sozialistischen Gesellschaft. Das Tempo dieses Prozesses hängt aber entscheidend vom wissenschaftlich-technischen Fortschritt und der Akkumulationskraft der sozialistischen Gesellschaft ab. Es handelt sich daher immer um einen langfristig angelegten, sich schrittweise vollziehenden Prozeß. Hierbei muß man natürlich beachten, daß auch Arbeiten mit vorwiegend geistigem Anforderungsprofil auch Anforderungen (30 bis 40 Prozent) körperlicher Arbeit an die Arbeitskräfte stellen. Die schöpferische Arbeit ist ja wesentlich dadurch gekennzeichnet, daß geistige und körperliche Arbeit sich gegenseitig durchdringen.

Bei der rationellen Gestaltung der Arbeitsplätze, der Senkung der körperlich schweren und geistig monotonen Arbeit gewinnt die wissenschaftliche Arbeitsorganisation (WAO) – als eine wichtige Methode der sozialistischen Rationalisierung – eine wachsende Bedeutung. Hierbei gilt es nicht nur, die vorhandenen Arbeitsplätze durch die WAO neu zu gestalten, den Arbeitsablauf flüssiger und die Arbeit effektiver zu machen, sondern gleichzeitig größere Anstrengungen zu unternehmen, um bereits bei der Projektierung und Konstruktion die Erkenntnisse und Erfordernisse der WAO – als Einheit von Arbeitsstudium, Arbeitsgestaltung und Arbeitsnormung – zur Geltung zu bringen und den Konstrukteuren und Projektierern konkrete soziale Vorgaben im Hinblick auf die Arbeitsgestaltung zu geben. Möglichkeiten, die bereits am Reißbrett für die Verbesserung der Arbeitsbedingungen vertan werden, können später nur mit großen zusätzlichen Aufwendungen wieder wettgemacht werden. Die WAO bietet nicht nur die Möglichkeit, einen wesentlichen Beitrag zur Steigerung der Arbeitsproduktivität zu leisten – im Industriebereich Elektrotechnik/Elektronik wurden im Jahre 1973 20 bis 31 Prozent der geplanten Arbeitszeiteinsparung durch Maßnahmen der WAO erbracht –, sondern auch aktiv den Inhalt der Arbeit zu gestalten, sie für alle Arbeiter angenehmer und schöpferischer zu machen. Dies entspricht voll und ganz auch den Anforderungen, die die Arbeiter selbst an die sozialistische Rationalisierung mittels der WAO stellen. So ergaben soziologische Befragungen, daß über 70 Prozent der Arbeiter sich von der Rationalisierung vor allem eine Verbesserung ihrer Arbeitsbedingungen erwarten. Deshalb ist von größter Bedeutung, die Maßnahmen der WAO zu einem festen Bestandteil des Betriebsplanes zu machen und die Arbeiter bei der Aufstellung und Realisierung dieses Planes in vollem Umfang einzubeziehen.

Die Entfaltung der ökonomischen Potenz der Bildung ist also untrennbar verbunden mit der Gestaltung der entwickelten sozialistischen Gesellschaft, mit der Ausprägung der Wesenszüge des Sozialismus und dem allmählichen Übergang zum Kommunismus. Im Verlauf dieses Prozesses bildet sich schrittweise ein neuer, kommunistischer Typ der Produktivkräfte heraus, der auf der allseitigen Entwicklung der Produzenten beruht, und wodurch die Arbeit immer mehr zu einer Lebensnotwendigkeit, zum ersten Lebensbedürfnis wird.

Die wachsende Rolle der Weiterbildung im Zuge der wissenschaftlich-technischen Revolution

Die sich unter den Bedingungen der wissenschaftlich-technischen Revolution verstärkende Dynamik von wissenschaftlichen Erkenntnissen und sozialökonomischen Anforderungen führt dazu, daß ein Teil des im allgemeinen Wissensschatz der Gesellschaft gespeicherten und über das Bildungswesen vermittelten Wissens gesellschaftlich entwertet wird. Deshalb ist heute ein sozialistisches Bildungswesen ohne die ständige Weiterbildung der bereits ausgebildeten Kader undenkbar geworden.

Die ständige Einbeziehung der Werktätigen in den Weiterbildungsprozeß während der gesamten Berufstätigkeit wird also zu einer gesellschaftlichen Notwendigkeit nicht nur im Hinblick auf die Erfüllung ihrer unmittelbaren Produktionsaufgaben, sondern auch im Hinblick auf ihre Mitwirkung bei der Leitung und Planung der Gesellschaft.

Die Notwendigkeit permanenter Weiterbildung zeigt sich in folgender Überlegung. Wissenschaftsexperten verschiedener Länder rechnen gewöhnlich mit einer durchschnittlichen jährlichen Fortschrittsrate des Wissens von 4 bis 6 Prozent. Nimmt man an, daß bei Beachtung der entgegenwirkenden Faktoren die Veraltungsrate des berufsspezifischen Wissens 3 Prozent beträgt, so würde dies bedeuten, daß der Werktätige über 50 Prozent der Ausbildung, die er während seiner aktiven Lebensperiode erhält, nach Abschluß der normalen Ausbildung in Form von Weiterbildungsmaßnahmen erhalten muß. Hierdurch beansprucht die berufliche Ausbildungszeit – also die Aus- und Weiterbildung nach Abschluß der 10-klassigen Oberschule – einen immer größeren Teil der arbeitsfähigen Altersperiode des Menschen. Dieser Anteil würde bei einer 3prozentigen Veraltungsrate des Wissens bei den Facharbeitern zirka 10 Prozent, bei Fachschulkadern zirka 24 Prozent und bei Hochschulkadern zirka 28 Prozent der arbeitsfähigen Altersperiode ausmachen.

Die Ausmaße der Weiterbildungsmaßnahmen unter den Bedingungen der wissenschaftlich-technischen Revolution erfordern, ständig zu sichern, daß die

Prozesse der Aus- und Weiterbildung und die Arbeit der Werktätigen sich gegenseitig immer mehr durchdringen und daß ständiges Lernen zu einem wesentlichen Element der Lebensweise der Werktätigen wird. Die sozialistische Gesellschaft entwickelt sich so immer mehr zu einer Gesellschaft gemeinsam arbeitender und lernender Werktätiger, die sich in diesem Prozeß in einer Vielzahl von Anlagen und Fähigkeiten als allseitig entwickelte Persönlichkeiten verwirklichen. Dies erfordert in der gesamten ideologischen Arbeit, der Herausbildung und Festigung einer sozialistischen Einstellung zum Lernen größte Aufmerksamkeit zu widmen und gleichzeitig höhere Anforderungen an die interessante Gestaltung der Bildungsprozesse zu stellen. Gleichzeitig müssen wir Tendenzen einer bloßen „Geschäftigkeit" und des Formalismus auf dem Gebiet der Weiterbildung begegnen. Nur solche Weiterbildungsmaßnahmen, die von Erfordernissen der gesellschaftlichen und wissenschaftlich-technischen Entwicklung ausgehen, die gründlich vorbereitet werden und der Spezifik der Bildungsprozesse von bereits ausgebildeten Kadern Rechnung tragen, rechtfertigen die hohen gesellschaftlichen Aufwendungen, die mit ihnen verbunden sind. Deshalb muß ständig die Effektivität der Weiterbildung differenziert eingeschätzt und müssen Maßnahmen für die Erhöhung ihres qualitativen Niveaus eingeleitet werden. Erfahrungen aus dem Maschinenbau weisen darauf hin, daß etwa 20 Prozent der Ausfallzeiten bei neuen Maschinensystemen durch Fehleingriffe der sie bedienenden Arbeiter entstanden sind. Sie ergaben sich nicht nur auf Grund ungenügender Fertigkeiten, sondern resultierten auch aus unzureichenden Kenntnissen der Funktionsweise der Maschinen.[14] Bildungsökonomische Analysen von Weiterbildungsmaßnahmen müssen daher zu einem unentbehrlichen Instrument ihrer Leitung und Planung werden. Ebenso müssen die Konsequenzen, die sich aus dem wachsenden Gewicht der Weiterbildung für die Verteilung des Bildungsstoffes auf die einzelnen Lebensabschnitte und die Vermittlung eines möglichst veraltungsarmen Wissens in allen Stufen des Bildungswesens ergeben, stärker in der konkreten Gestaltung der Bildungsinhalte im Bildungswesen beachtet werden. Auch dies unterstreicht die Bedeutung der Allgemeinbildung, die die Voraussetzung schafft für die ständige Verschmelzung des vorhandenen Wissens mit dem neuentstehenden Wissen, für die ständige Transformation des vorhandenen Wissens auf das gesellschaftlich notwendige Niveau im Prozeß der Weiterbildung.

Für die Entfaltung der sozialen und ökonomischen Potenzen der Bildung kommt der sozialistischen Bildungsplanung eine wichtige Rolle zu. Ihre Aufgabe besteht – als Teil der gesamtgesellschaftlichen Planung – darin, auf Grundlage des erreichten Entwicklungsniveaus der gesellschaftlichen Arbeitsproduktivität, die Möglichkeiten für die allseitige Entfaltung aller Anlagen

[14] Vgl. Werner Fitze/Norbert Pauligk/Henning Schleiff, Wissenschaftlich technischer Fortschritt – Sozialistische Arbeit – Persönlichkeit, Berlin 1976, S. 80.

und Fähigkeiten voll zu nutzen und gleichzeitig die ökonomische Potenz der Bildung in vollem Umfang zur Wirkung zu bringen. Um dies zu sichern, muß die Bildungsplanung den rationellen Einsatz des wachsenden Teils der gesellschaftlichen Gesamtarbeit gewährleisten, der für die Entwicklung des Bildungswesens aufgewendet wird. Bildungsaufwendungen sind in unserer Zeit durchaus keine Bagatellposten bei der Verwendung des Nationaleinkommens, wie sie es tatsächlich noch zu Beginn des Jahrhunderts in den entwickelten Industriestaaten waren. Sie machten hier 1 bis 2 Prozent des Nationaleinkommens aus, während heute in Ländern, wie der Sowjetunion und der DDR bereits über 7 Prozent des Nationaleinkommens für das Bildungswesen aufgewendet werden.

In der Bildungsplanung hat sich bei der Sicherung effektiver Proportionen zwischen Bildungswesen und volkswirtschaftlichem Reproduktionsprozeß sowie effektiver Proportionen innerhalb des Bildungswesens die Bilanzmethode als wichtiges Planungsinstrument bewährt. Die eine Seite der Bilanz versucht, die langfristige Entwicklung der Bildungsbedürfnisse der Werktätigen sowie des gesellschaftlichen Bedarfs an Arbeitskräften einer spezifischen Qualifikation zu erfassen. Diese Prognose der mit dem natürlichen Bevölkerungswachstum bilanzierten Bildungsbedürfnisse und des Bedarfs an qualifizierten Arbeitskräften muß mit den vorhandenen und den bereits projektierten Kapazitäten unseres Bildungswesens konfrontiert werden. Der Sinn eines solchen Vorgehens besteht darin, künftige Engpaß- und Überschußsituationen zu simulieren, um von vornherein einer Verschwendung von Bildungsfonds begegnen zu können.[15] In Übereinstimmung mit der Vorausschätzung des zukünftigen Bedarfs an qualifizierten Kadern und der sich hieraus ergebenden Konsequenzen für die innere Struktur des Bildungswesens muß die noch kompliziertere Aufgabe gelöst werden, die Entwicklung der Bildungsinhalte, effektive Relationen zwischen den einzelnen Unterrichtsdisziplinen, von Allgemeinbildung und Spezialbildung etc. zu bestimmen.

Die Aufgaben der sozialistischen Bildungsplanung lassen sich in fünf Punkten zusammenfassen:

1. Ermittlung der langfristigen Bildungsbedürfnisse der Mitglieder der Gesellschaft und der auf den Kaderbedarf einwirkenden Komponenten auf Grund der sozialökonomischen und wissenschaftlich-technischen Entwicklung.

2. Hiervon ausgehend, ist das voraussichtliche Absolventenvolumen nach Ausbildungsstufen (Hochschulkader, Fachschulkader, Facharbeiter, Angelernte), Fachrichtungen und nach seinen Einsatzmöglichkeiten zu bestimmen.

3. Auf Grundlage der ermittelten Bildungsbedürfnisse und des notwendigen Absolventenaufkommens kann die effektive innere Struktur des Bildungs-

[15] Näheres über die zur praktischen Lösung dieses Problems ausgearbeiteten Planungsmodelle vgl. Udo Ludwig/Harry Maier/Jürgen Wahse, Bildung als ökonomische Potenz im Sozialismus, Berlin 1972.

wesens, das Niveau, Profil und die Dauer der Ausbildung in den einzelnen Bildungsstufen bestimmt werden. Dabei müssen die effektiven Bildungswege im Direkt- und Fernstudium, in der Aus- und Weiterbildung aufgedeckt und die günstigsten Relationen zwischen ihnen gefunden werden.

4. Ausgehend von den sich aus der gesellschaftlichen und wissenschaftlich-technischen Dynamik ergebenden Prozessen des Veraltens des Wissens und der Qualifikation, sind die Anforderungen an die Weiterbildung der Kader in ihrem Umfang und zeitlichen Rhythmus zu ermitteln.

5. Ein wichtiges Problem der langfristigen Bildungs- und Arbeitskräfteplanung besteht darin, die Bedingungen für das effektive Wirksamwerden der erworbenen Qualifikation im volkswirtschaftlichen Reproduktionsprozeß, für den vollwertigen Einsatz der ausgebildeten Kader und die Förderung eines bildungsintensiven Klimas bereits im Arbeitsprozeß selbst zu untersuchen.

Ein entscheidender Grundzug der Bildungsplanung ist ihr strategischer Charakter. Unmittelbar wirken sich grundlegende bildungspolitische Entscheidungen oftmals erst nach zehn bis zwanzig Jahren voll aus. Mittelbar ist ihre Wirkung noch weitreichender, wenn man bedenkt, daß die im Jahre 1976 schulpflichtig gewordenen Schüler bis zum Jahre 2030 oder 2035 im Berufsleben stehen werden und daß die letzten Schüler jener Lehrer, die jetzt ihre verantwortungsvolle Tätigkeit aufgenommen haben, bis in die Mitte der siebziger Jahre des 21. Jahrhunderts arbeiten werden.

Die Langfristigkeit der Bildungsprozesse hat weitreichende Konsequenzen für die Bildungsplanung. Sie ist erstens eine eindeutige Absage an übertriebene perfektionistische Vorstellungen über den vertretbaren Detailliertheitsgrad der Ermittlung des Bedarfs nach qualifizierten Kadern und des Inhalts der Ausbildung. Zweitens wird durch sie die Notwendigkeit unterstrichen, durch grundlagenorientierte Ausbildung die Disponibilität der Kader zu erhöhen. Drittens wird hierdurch ein solcher Funktionsmechanismus der Bildungsplanung notwendig, der es ermöglicht, sie als Lernprozeß zu organisieren, was nur auf Grundlage der modernen Rechentechnik rationell verwirklicht werden kann. Die Dynamik und Unsicherheit der Ausgangsdaten sowie die spezifisch lange Dauer der Bildungsprozesse müssen von vornherein ins Kalkül der Bildungsplanung einbezogen werden.

Eine so organisierte Bildungsplanung „lernte“ ständig anhand der im Verlauf der Realisierung des Planes neu anfallenden Informationen über die Entwicklung der Bildungsbedürfnisse der sozialistischen Gesellschaft, die Wechselwirkungen zwischen den Wachstumsfaktoren des volkswirtschaftlichen Reproduktionsprozesses, das Gewicht der einzelnen Qualifikationsgruppen zueinander, die effektiven Beziehungen zwischen den einzelnen Stufen des Bildungswesens, das heißt, Bildungsplanung als Lernprozeß schließt den Vergleich von Soll- und Istwerten als entscheidendes Rückkopplungsglied zwischen der Phase der Planaufstellung und seiner Realisierung ein.

Die weitere Verbesserung der sozialistischen Bildungsplanung im Rahmen der langfristigen Planung der sozialistischen Gesellschaft ist eine entscheidende Voraussetzung, um die sozialen und ökonomischen Potenzen der Bildung bei der Durchführung der wissenschaftlich-technischen Revolution voll zur Wirkung zu bringen, denn gerade in der Möglichkeit einer solchen langfristigen, den Interessen der Werktätigen entsprechenden Bildungsplanung besteht ohne Zweifel einer der wesentlichsten Vorzüge des Sozialismus.

3.2. Veränderungen im Charakter und Inhalt der Arbeit in der Periode der wissenschaftlich-technischen Revolution

Voraussetzungen für Veränderungen im Charakter der Arbeit entsprechend den Erfordernissen der Herausbildung der sozialistischen Lebensweise zu schaffen – darin besteht eine der wichtigen Aufgaben beim Aufbau der entwickelten sozialistischen Gesellschaft. Eine entscheidende Bedingung für ihre Lösung ist es, die Produktivkräfte allseitig zu entwickeln und die sozialistischen Produktionsverhältnisse weiter zu festigen. Die Entwicklung der Produktivkräfte erfolgt gegenwärtig im Rahmen der wissenschaftlich-technischen Revolution. Ihre Perspektiven und die damit verbundenen Aufgaben wurden von L. I. Breshnew schon auf dem XXIV. Parteitag der KPdSU charakterisiert. Er stellte fest, daß der Wandel in der Entwicklung der Produktivkräfte, die unter dem Einfluß der Wissenschaft und ihrer Entdeckungen begonnen hat, immer bedeutender und tiefgreifender wird. Vor uns steht eine Aufgabe von historischer Tragweite: die Errungenschaften der wissenschaftlich-technischen Revolution organisch mit den Vorzügen des sozialistischen Wirtschaftssystems zu verbinden und die dem Sozialismus eigenen Formen ihrer Verbindung mit der Produktion weiterzuentwickeln.

Die allmähliche Automatisierung der Produktion und vieler nichtproduzierender Bereiche bringt qualitative Veränderungen im Charakter der Arbeit und in der Arbeitsteilung mit sich. Dadurch werden die Bedingungen für die Reproduktion der Arbeitskraft prinzipiell verändert. Es wandeln sich sowohl Inhalt als auch Struktur der Arbeit wesentlich, neue Anforderungen an die allgemeine und berufliche Bildung der Arbeitskräfte entstehen. Von den Beschäftigten werden in zunehmendem Maße solche Eigenschaften gefordert, wie vielseitige Einsetzbarkeit im Arbeitsprozeß, höhere Anpassungsfähigkeit an funktionelle und berufliche Veränderungen sowie an neue Arbeitsbedingungen. Folglich sind die bestimmenden Momente bei Veränderungen im Charakter der Arbeit vor allem Veränderungen im Inhalt der Arbeit, die durch den wissenschaftlich-technischen Fortschritt und dem von ihm abgeleiteten Fortschritt in Organisation und Leitung hervorgerufen werden, aber auch Veränderungen in den materiellen und nichtmateriellen Arbeitsbedingungen und in den Arbeitsverhältnissen an den Arbeitsplätzen und in den Arbeitskollektiven.

Der *Inhalt der Arbeit* läßt sich definieren als die Gesamtheit der Arbeitstätigkeiten, die durch Anforderungen des jeweiligen Arbeitsplatzes beziehungsweise eines Berufs bestimmt werden. Der Inhalt der Arbeit umfaßt den konkreten Gegenstand, mit dem der Werktätige in seiner Arbeit beschäftigt ist – in Abhängigkeit von den Anforderungen des Arbeitsplatzes beziehungsweise von seinem Beruf. Er sagt aus, welcher Art die formale Struktur dieser Tätigkeit ist und mit welchen Anforderungen sie verbunden ist. Er bestimmt die sozialökonomische Stellung und Rolle des Menschen im gesellschaftlichen Arbeitsprozeß. Das hat seine Ursache darin, daß im Rahmen der gesellschaftlichen Arbeitsteilung Ziel und Inhalt der Arbeit im Arbeitsprozeß den Platz und die Funktion des Menschen und die Bedingungen der jeweiligen Produktionsweise bestimmen. Schließlich ist der Inhalt der Arbeit ein wichtiger Faktor im Prozeß der Selbstbestätigung des Menschen und bei der Herausbildung wichtiger, mit seiner Teilnahme am gesellschaftlichen Arbeitsprozeß verbundenen Motivationen.

Der Inhalt der Arbeit als Gesamtheit der Arbeitstätigkeiten, determiniert durch die Anforderungen des Arbeitsplatzes, hat eine quantitative und eine qualitative Seite.

Die qualitative Seite der Arbeit ist mit der konkreten Arbeit verbunden, mit ihrer produktiven Funktion. Diese Funktion wird im Rahmen der Anforderungen des Arbeitsplatzes durch den konkreten Inhalt der Arbeitstätigkeiten charakterisiert, das heißt durch

- die Arbeit der Arbeitsfunktionen mit überwiegend körperlicher oder überwiegend geistiger Arbeit (Anteil von organisatorischen oder ausführenden Funktionen),
- die Erweiterung der Arbeitsfunktionen über die Grenzen hinaus, die durch den jeweiligen Arbeitsplatz unmittelbar festgelegt ist, beziehungsweise durch die Zusammenfassung von Berufen,
- die Struktur der Berufe der Beschäftigtenkategorien und -gruppen entsprechend der Organisation der Produktion (zum Beispiel Facharbeiter, technisch-ökonomisches Personal, Spezialfacharbeiter, Instandsetzungspersonal, Einrichter, Hilfskräfte und andere),
- die Beschäftigtenstruktur, die den verschiedenen Arten der Produktion, den Wirtschaftseinheiten, den Volkswirtschaftszweigen und -bereichen entspricht,
- die territoriale, ökonomische und demographische Struktur der Beschäftigten.

Die quantitative Seite der Arbeit wird durch die Gesamtanforderungen charakterisiert, die mit der Ausführung konkret festgelegter Arbeitsfunktionen am jeweiligen Arbeitsplatz beziehungsweise im Beruf verbunden sind. Diese Anforderungen entsprechen der Beanspruchung im Arbeitsprozeß und dem Einfluß des Arbeitsmilieus und den Arbeitsbedingungen auf den Menschen. Die Gesamtanforderungen der Arbeit sind in diesem Sinne das Resultat der psychischen und physischen Belastung des Organismus im Arbeitsprozeß. Sie sind proportional zur Kompliziertheit, zum Umfang und zur Häufigkeit der Arbeitsfunktionen während der Arbeitszeit, der Dauer und der Einwirkung anderer, außerhalb der Qualifikation liegender Faktoren.

Die quantitative Seite der Arbeit wird charakterisiert durch

- den Schwierigkeitsgrad der Arbeit, der die geistigen Anforderungen an die Arbeit bestimmt. Einer seiner spezifischen Aspekte sind der Anteil schöpferischer Tätigkeiten am Inhalt der Arbeit und die Formen der schöpferischen Aktivität (Neuerer- und Erfindungswesen, Beteiligung an Forschung, Entwicklung, Rationalisierung und konzeptioneller Arbeit und andere);
- die außerhalb der Qualifikation liegenden Arbeitsanforderungen, die mit dem Inhalt der Arbeit, mit den Arbeitsbedingungen, mit der Organisation der Produktion und der Arbeit, mit dem Charakter der technologischen Prozesse, dem Arbeitsablauf verbunden sind. Diese Einflüsse zeigen sich in bestimmten psychischen, nervlichen und körperlichen Belastungen bei den jeweiligen Arbeitsaufgaben.

Veränderungen im Inhalt der Arbeit sind entscheidende Faktoren bei der Herausbildung der Qualifikationsstruktur der Beschäftigten, ihres Bildungsniveaus und grundlegender Wandlungen in der sozialökonomischen Struktur der Arbeit.

Auf der Grundlage einer solchen Definition des Inhalts der Arbeit und der Bestimmung der inneren Struktur wurde ein *empirisches Modell des Inhalts der Arbeit* entwickelt, das mit Hilfe mathematisch-statistischer Methoden überprüft wurde. Den Berechnungen lag Material aus zwei Maschinenbaubetrieben zugrunde. Das Modell sieht folgendermaßen aus:

1–1	1–2	1–3	1–4	1–5
	2–2	2–3	2–4	2–5
		3–3	3–4	3–5
			4–4	4–5
				5–5

Dabei bedeuten:

– Wechselbeziehung der entsprechenden Merkmalgruppen,

1. Merkmale des technischen Niveaus,
2. Merkmale des Inhalts der Arbeit,
3. Merkmale der Qualifikation (Fachrichtung und Beruf),
4. Merkmale des Lohnniveaus und der Lohnformen,
5. demographische Merkmale.

Aus dem Schema ist ersichtlich, daß das empirische Modell des Inhalts der Arbeit aus 15 Blöcken besteht. Diese Blöcke stellen die Wechselbeziehungen zwischen den Hauptgruppen der Merkmale des Inhalts der Arbeit und der mit ihnen verbundenen Merkmale dar. Das Modell besteht aus zwei Blocktypen. Die Blöcke 1/1; 2/2; 3/3; 4/4 und 5/5 bilden die innere Struktur der jeweiligen Blöcke. Die Blöcke 1/2; 1/3; 1/4; 2/3; 2/4 usw. informieren über die entsprechenden Wechselbeziehungen zwischen den Merkmalgruppen. Die weiter oben gegebene Charakteristik des Inhalts der Arbeit ermöglicht es, eine Qualifikationsskala aufzustellen:

Stufe des Inhalts der Arbeit (Technisierungsstufe)	Kurze Beschreibung der Arbeit
1.	Handarbeit ohne Verwendung von Werkzeugen,
2.	gering qualifizierte Arbeit mit einfachen Werkzeugen zur manuellen Arbeit,
3.	hochqualifizierte Arbeit mit Werkzeugen zur manuellen Arbeit,
4.	gering qualifizierte Arbeit oder durchschnittlich qualifizierte Arbeit mit maschinell betriebenen Werkzeugen,
5.	hochqualifizierte Arbeit mit maschinell betriebenen Werkzeugen,
6.	Bedienung universeller (traditioneller) Maschinen,
7.	Bedienung halbautomatischer Maschinen und Anlagen,
8.	überwiegende Messung, Steuerung und Regelung des Ablaufs und der Ergebnisse des Produktionsprozesses auf automatischen Fließstraßen,
9.	vollautomatisierte Anlagen.

Mit Hilfe dieses Modells wurde eine Untersuchung der Veränderungen im Inhalt der Arbeit durchgeführt, in deren Rahmen die Beziehungen von 63 Merkmalen untersucht wurden. Die Prüfung dieses Modells bestätigte, daß es richtig konstruiert wurde. Die empirische Untersuchung hat gezeigt, daß die höchsten Formen des technischen Fortschritts (die Automatisierung) in den untersuchten Bereichen des Maschinenbaus bis jetzt noch nicht weit verbreitet sind und daß dies in den einzelnen Produktionszweigen unterschiedlich ist. Der Anteil der Beschäftigten, die an Automaten und Halbautomaten arbeiten, erreichte 1,5 bis 4,9 Prozent. Höher ist der Automatisierungsgrad der Ausrüstungen (vgl. Tabelle 1).

Mit Hilfe der Analyse konnte in Verbindung mit den Bedingungen des Charakters der Arbeit und seinen entsprechenden Merkmalen (Qualifikation, Lohn, Inhalt der Arbeit, demographische Merkmale) eine Reihe von Hypothesen über den Einfluß der wissenschaftlich-technischen Revolution auf den Charakter der Arbeit geprüft werden.

Die Untersuchung zeigte, daß eine einheitliche Bewertung des technischen

Tabelle 1
Teil- und Vollautomatisierung der Arbeit und Ausrüstungen ausgewählter Erzeugnisse

Bereich der Produktion	Untersuchungsobjekt	Grad der Teil- und Vollautomatisierung (in Prozent)	
		Arbeit	Ausrüstungen
Produktion von Personenkraftwagen	Werk	14,1	18,0
Produktion von Motorrädern	Abteilung	8,5	12,2
Produktion von Kugellagern	Abteilung	37,2	43,6

Niveaus der Grundfonds in der Industriestatistik durch Experten möglich ist. Das Niveau der technischen Entwicklung beeinflußt wesentlich den Inhalt der Arbeit. Gleichzeitig wird dadurch die Art der Arbeitsorganisation und des Arbeitsplatzes bestimmt. Der Inhalt der Arbeit bestimmt in bedeutendem Maße die Beschäftigtenkategorie und die Qualifikation der Arbeiter (Facharbeiter, Angelernte und Ungelernte). Durch den Inhalt der Arbeit wird über die Beschäftigtenkategorie die Lohnhöhe des Werktätigen entscheidend beeinflußt.

Auf der Grundlage der Materialien der empirischen Untersuchung wurde ein *Modell der qualitativen und quantitativen Seiten des Inhalts der Arbeit* entwickelt, die durch den Arbeitsplatz bestimmt werden. Mit statistischen Verfahren wurden die Wechselbeziehungen zu den Bedingungen des Charakters der Arbeit (technisches Niveau, Produktions- und Arbeitsorganisation und Arbeitsbedingungen) getestet. Die Analyse dieses Modells brachte einige wesentliche Erkenntnisse. Vor allem erwies sich, daß der Inhalt der Arbeit gleichzeitig vom technischen Niveau, jedoch stärker vom Technisierungsniveau der Arbeit als dem der Produktionsausrüstungen und vor allem von der Organisation der Produktion und der Arbeit beeinflußt wird. Dies bestätigte die Beziehung zwischen dem technischen Niveau und der Produktions- und Arbeitsorganisation und den Arbeitsbedingungen. Schwächer war der Zusammenhang zwischen der technischen Entwicklung und den Arbeitsbedingungen.

Die Analyse der Beziehungen des Charakters der Arbeit und der qualitativen Seite des Inhalts der Arbeit – ausgedrückt in den Strukturmerkmalen der Arbeitsfunktionen und der Berufsstruktur – deckte weitere Beziehungen auf, Beziehungen zwischen der Mehrzahl der Merkmale, die den Inhalt der Arbeit beeinflussen, und den Hauptbeschäftigtengruppen (Produktionsgrundarbeiter, Produktionshilfsarbeiter, Arbeiter mit speziellen Funktionen, zum Beispiel Instandsetzungspersonal, Einrichter usw.) sowie die Zusammensetzung der befragten Personen nach Ausbildungsrichtungen (Berufe für

Maschinenarbeiter, handwerkliche Berufe, Montageberufe, Elektriker und Schweißer sowie andere Berufsrichtungen). Diese Tatsache sowie die genannten Zusammenhänge der inneren Struktur der Inhaltsmerkmale der Arbeit bestätigten, daß die technische Entwicklung in Verbindung mit der Arbeitsteilung den Inhalt der Arbeit beeinflußt.

Die Materialien der empirischen Untersuchung haben es ermöglicht, sowohl die objektiven als auch die subjektiven Parameter des Inhalts der Arbeit zu analysieren und die wichtigsten von ihnen zu bestimmen, darunter den Charakter ihrer Abhängigkeiten von ihren Einflußfaktoren. Damit sind Verallgemeinerungen für künftige Untersuchungen möglich.

In der empirischen Untersuchung wurden weiterhin die Beziehungen zwischen Lohn und Qualifikation untersucht, das heißt, die Frage gestellt, wie die wissenschaftlich-technische Entwicklung diese Beziehungen beeinflußt, welche *Beziehung zwischen der technischenBasis und der Berufs- und Qualifikations- sowie der Lohnstruktur* besteht.

Diese Untersuchung hat folgendes über den Einfluß der technischen Faktoren auf die Berufs- und Qualifikationsstruktur und die Lohnstruktur gezeigt:

1. Es wurde bewiesen, daß eine sehr hohe Korrelation zwischen dem Grad der technischen Entwicklung und der Art des Arbeitsplatzes besteht. Anders gesagt – die technische Entwicklung übt einen bedeutend größeren Einfluß auf die Organisation des Produktionsprozesses als auf die Berufs- und Qualifikationsstruktur der Werktätigen aus. Dieses Ergebnis widerspricht den bis heute zu dieser Frage vorherrschenden Meinungen. Auch die Praxis berücksichtigt diese Tatsache bisher noch nicht. Deshalb beeinflußt das niedrige Niveau der Arbeitsorganisation und der Leitung des Produktionsprozesses oftmals negativ die Effektivität der Produktion und der Arbeitsbereiche, die mit moderner Technik ausgerüstet sind oder eine hohe Stufe der technischen Entwicklung aufweisen.

2. Mit den Veränderungen in der technischen Entwicklung entstehen neue Berufe. Diese Tendenz, die scheinbar dem Trend der Zusammenfassung von Berufen entgegenwirkt, ist gleichzeitig die logische Folge der Entwicklung der technischen Basis, die einerseits den Arbeiter von verschiedenen Arten seiner bisherigen Tätigkeit befreit, aber andererseits neue Anforderungen an ihn stellt. Mit dieser Erkenntnis ist die Forderung verbunden, rechtzeitig spezialisierte Kader für neu entstehende Berufe auszubilden.

Die Einführung numerisch gesteuerter Maschinen in den Produktionsprozeß erfordert im Maschinenbau völlig neue und komplizierte Tätigkeiten, die bei der traditionellen Produktionstechnik nicht vorhanden waren, und die hohe Anforderungen an die Qualifikation stellen. Dies bestätigt eindeutig die Auffassungen, nach denen die wissenschaftlich-technische Revolution nicht zu einer Dequalifikation, im Gegenteil, zur Erhöhung der Qualifikation führt.

3. Die Ergebnisse der Untersuchungen wiesen auf den wichtigen Zusam-

menhang zwischen den Stufen der technischen Entwicklung und den Arbeitsfertigkeiten hin. Im konkreten Fall ist dieser Einfluß unterschiedlich:

- In der Einzelfertigung, bei der der Technisierungsgrad niedrig ist, werden an die Beschäftigten hohe Qualifikationsanforderungen gestellt, und das Qualifikationsniveau ist deshalb hier hoch.
- Die zunehmende Mechanisierung wird von niedrigen Qualifikationsforderungen an die Beschäftigten begleitet. Das bedeutet, daß von der Technisierungsstufe 3 an die durchschnittliche Qualifikation der Produktionsarbeiter sinkt.
- Die Automatisierung, also Technisierungsstufe 5 und höher, bedeutet immer ein Sinken der Anzahl der Produktionsarbeiter, infolge der Einsparung von Arbeit vermindert sich die Zahl der Spezialisten je Technisierungsstufe um 30–50 Prozent.
- Von Technisierungsstufe 4 an steigen die Anforderungen an die Qualifikation der nicht unmittelbar in der Produktion Tätigen, zum Beispiel in der Instandsetzung. Von Forschungsstufe 5 an können Einrichter und Reparaturarbeiter als Produktionsarbeiter angesehen werden. Hier kann man deutlich den bestimmenden Einfluß der technischen Basis auf die entsprechende Berufsstruktur erkennen.
- Bei höheren Technisierungsstufen verschwindet der selbständige Beruf des Einrichters und Reparaturarbeiters. Maschinenarbeiter gibt es nicht mehr ab Technisierungsstufe 4, Bedienungspersonal nicht mehr ab Stufe 6.
- Mit steigender Technisierungsstufe sinkt die körperliche Belastung der Produktionsarbeiter, während ihre psychische Belastung steigt.

4. Die Untersuchung zeigte, daß die Wechselbeziehung zwischen dem Inhalt der Arbeit und der beruflichen Ausbildung sehr eng ist. Entsprechend dem Plan der Entwicklung des Maschinenbaus in der ČSSR wird diese Wechselbeziehung künftig vertieft und erweitert. Das hat in der Zukunft große Bedeutung, insbesondere deshalb, weil das bei der Berufsausbildung bis jetzt nicht vollständig berücksichtigt wird. So gibt es zum Beispiel viele für die Bedienung von Universalmaschinen Ausgebildete, aber sehr wenige für manuelle Tätigkeiten mit Werkzeugen.

5. Es wurde eine sehr enge, aber nicht lineare Beziehung zwischen der Technisierung der Arbeit und ihrer Kompliziertheit gefunden. Diese Wechselbeziehung ist besonders stark bei manueller Arbeit mit sehr geringer Kompliziertheit, sie ist weniger eng bei manueller Arbeit, die eine niedrige oder eine höhere Qualifikation erfordert. Bei Maschinenarbeit ist diese Beziehung nicht so eng, deshalb bedeuten höhere Technisierungsgrade nicht immer höhere Kompliziertheit der Arbeit. Andere Merkmale oder Anforderungen sind ihre Folge.

6. Es bestätigte sich, daß mit höherem Technisierungsgrad und höherem Niveau des Inhalts der Arbeit der individuelle Leistungslohn in seiner Bedeutung zurückgeht. Diese Erkenntnis war sehr interessant und wurde deshalb

eingehender untersucht. Dadurch konnte die Erkenntnis in dem Sinne präzisiert werden, daß sich der Anteil des individuellen Leistungslohns an halb- und vollautomatisierten Abteilungen zwar vermindert, diese Lohnform bei Universalmaschinen aber zunimmt.

7. Es wurde bereits darauf hingewiesen, daß von dem bestimmenden Einfluß der technischen und technologischen Basis auf die Berufs- und Qualifikationsstruktur und die Lohnstruktur ausgegangen wurde. Die Untersuchungen haben diesen Einfluß bestätigt. Wenn die Lohnstruktur von der Produktionsbasis abhängt, so auch die Bewertung der Arbeit, die entscheidende Bedeutung für die Bestimmung des Lohns hat. Anders gesagt, zwischen der Produktionsbasis oder den Technisierungsstufen und den Kriterien für die Bewertung der Arbeit besteht eine enge Beziehung. Der Einfluß der Qualifikation auf den Lohn erwies sich ebenfalls als nicht sehr ausschlaggebend. Der Grund dafür liegt offensichtlich darin, daß der Inhalt der Qualifikation oftmals nicht vollständig der technischen Entwicklung und, konkret ausgedrückt, den höheren Stufen der technischen Entwicklung entspricht. In den Betrieben mit flexibler Automatisierung, zum Beispiel mit numerisch gesteuerter Technik, wird die Arbeit mehr und mehr mit neuen Kriterien statt mit traditionellen Maßstäben bewertet. Es zeichnen sich deutlich folgende Tendenzen ab:

- In den Systemen mit numerisch gesteuerter Technik verändert sich das Verhältnis zwischen Mensch und Maschine wesentlich. Bisher steuerte der Mensch die Maschine. Bei numerisch gesteuerter Technik und flexibler Automatisierung verändert sich seine Funktion – von der aktiven Einflußnahme hin zur Maschinenkontrolle und -überwachung.
- Die Forderungen, die an das Bedienungspersonal gestellt werden, sind anders als die, die an einen hochqualifizierten Produktionsarbeiter gestellt werden, der mehr handwerkliche Tätigkeiten ausführt.

Die Veränderungen bei den Kriterien zur Bewertung der Arbeit werden in folgendem Schema deutlich sichtbar:

Anforderungen an	
spezielle Qualifikation	allgemeine Kenntnisse und Bildung
Spezialerfahrungen	Entscheidungsfreudigkeit, besonders bei nichtalgorithmierbaren Tätigkeiten
Geschicklichkeit	analytisches Denken
physische Anspannung	Verantwortung
Arbeitsschutz	psychische Belastbarkeit
sinken	*steigen*

Außerdem entstehen als Begleiterscheinung einige Veränderungen in der Struktur der Beschäftigten beziehungsweise im Inhalt ihrer Arbeit. So werden die mittleren technischen Kader (zum Beispiel Meister), deren Tätigkeit bisher überwiegend technischen Charakter trug, immer mehr zu Organisatoren des Produktionsprozesses. Die Automatisierung senkt die Zahl der hochqualifizierten Spezialisten und erhöht die Zahl der Beschäftigten breit gefächerter Qualifikation.

Diese Entwicklung erfordert bereits heute Veränderungen bei der Ausbildung der Werktätigen sowie neue Entlohnungsformen. Zu beachten ist:

- die theoretische Ausbildung nimmt in Abhängigkeit von der Kompliziertheit der Maschinen und der Qualifikation der Beschäftigten in immer mehr Berufen eine wichtige und vorherrschende Stellung ein,
- die Bedeutung der praktischen Ausbildung sinkt,
- die Verantwortung bei höheren Technisierungsstufen steigt progressiv im Zusammenhang mit dem immer höheren Wert der Maschinen und Ausrüstungen,
- die psychische Belastung nimmt zu. Sie wird durch die Monotonie der Tätigkeiten und durch die Kompliziertheit der zu bedienenden Maschinen und Anlagen hervorgerufen, die auch das Arbeitstempo bestimmen,
- das Unfallrisiko sinkt,
- besonders organisatorische Fähigkeiten und schöpferische Phantasie werden bei höheren Technisierungsstufen in steigendem Maße erforderlich, vor allem deshalb, weil im Produktionsprozeß neue Organisationsprinzipien angewendet werden.

In der Produktion mit traditioneller Technik erfolgt die Differenzierung der Qualifikation durch zwei Merkmale, durch die Bildung und Berufserfahrung. Die Einführung von Elementen der Automatisierung in den Produktionsprozeß und in den Prozeß der Lenkung, Leitung und Verwaltung zeigt, daß diese traditionelle Einschätzung der Qualifikation nicht mehr ausreicht. Sie muß durch eine neue ersetzt werden, die folgende Faktoren enthält:

Bildung: Funktionen und Bedeutung der Bildung verändern sich wesentlich. Die Anforderungen an die Allgemeinbildung steigen. Die Kompliziertheit der zu bedienenden Maschinen und Anlagen erfordert eine breite Orientierung in einer Reihe von Fachrichtungen. Dieser breiten Basis der Allgemeinbildung muß eine enge spezialisierte berufliche Ausbildung des Beschäftigten folgen.

Berufserfahrung: Bei automatisierter Produktion wird ihr Einfluß in einigen Fällen sogar negativ sein. Schon in Anbetracht dessen, daß in einem modernen Betrieb der Maschinenpark alle sieben Jahre erneuert werden muß und innerhalb dieser Zyklen oftmals Veränderungen im Steuerungssystem erfolgen, verliert die Berufserfahrung an Bedeutung, da an die Beschäftigten immer neue Anforderungen gestellt werden. Routinemäßiges Herangehen und damit verbundenes konservatives Denken sind ein Hemmschuh auf dem Wege zur Rationalisierung und Ökonomisierung der Prozesse. Dennoch kann nicht geleugnet werden, daß Erfahrungen eine gewisse Bedeutung behalten werden, aber ihre Rolle ist im Durchschnitt geringer als in der traditionellen Produktion.

Neue Eigenschaften und Fähigkeiten:
- Anpassungsfähigkeit,
- logisches Denken,
- Verantwortungsgefühl,
- schnelle Beobachtungsgabe und Reaktion,
- Widerstandsfähigkeit gegenüber dauernder psychischer Belastung,
- Identifizierung mit dem Betrieb,
- geringeres Durchschnittsalter und damit leichtere Aufnahmefähigkeit für neue Kenntnisse.

Die Priorität dieser Eigenschaften und Fähigkeiten ist unterschiedlich in Abhängigkeit von der Tätigkeit der Beschäftigten im automatisierten Prozeß. Entscheidende Unterschiede bestehen dabei zwischen den folgenden Stufen von Beschäftigten:
- leitende Beschäftigte auf der höchsten Ebene,
- Techniker, Beschäftigte in Organisation und Leitung,
- mittleres technisches Personal und Meister,
- Programmierer,
- Spezialisten auf dem Gebiet der Automatisierung (Einrichter, Reparatur- und Instandhaltungspersonal),
- Bedienungspersonal.

Aus den bisherigen Darlegungen und aus den Ergebnissen der Untersuchungen geht hervor, daß die wissenschaftlich-technische Revolution der entscheidende Weg für Veränderungen auf dem Gebiet der Arbeit ist. Dieser Weg verläuft von der allmählichen Verdrängung der schweren körperlichen Arbeit über die Mechanisierung zur Teilautomatisierung und erst dann zur höchsten Phase – zur komplexen Automatisierung. Diese allmähliche stufenförmige Entwicklung in den Veränderungen des Charakters der Arbeit und damit in den Verschiebungen der Berufsstruktur wurde nicht nur durch die hier beschriebenen Untersuchungen festgestellt, sondern durch Untersuchungen in allen industriell hoch entwickelten Ländern. Die Veränderungen des Charakters der Arbeit haben ihren bestimmten Rhythmus, der schon jetzt in den Prognosen berücksichtigt werden muß.

Entsprechend der auf diesen Untersuchungsergebnissen basierenden Prognose müßten bis 1990 in der ČSSR folgende Veränderungen erfolgen (vgl. Tabelle 2).

Diese Prognosezahlen haben natürlich eine gewisse Toleranz, aber sie zeigen, daß die vollständige Automatisierung der Produktion auch im Jahre 1990 nur einen geringen Anteil besitzen wird. Kern der Entwicklung wird die Veränderung der technologischen Struktur der Arbeitsmaschinen, die Veränderung der Altersstruktur der Maschinen und die Durchsetzung der Vollmechanisierung beziehungsweise Teilautomatisierung in einer Reihe von Produktionsprozessen sein.

Eine Reihe von Gründen spricht dafür, daß den Folgen der technischen

Tabelle 2
Prognostizierte Veränderungen des Charakters der Arbeit bis 1990 in der ČSSR

Technisierungsstufe der Arbeit	Beginn der sechziger Jahre	Anteil in Prozent 1990
1. Arbeitsplätze für vorwiegend Handarbeit	55	42
2. Arbeitsplätze für mechanisierte und halbautomatisierte Arbeit	43–44	51–53
3. Arbeitsplätze für automatisierte Arbeit	1– 3	5– 7

Entwicklung für den Menschen auch zukünftig große Aufmerksamkeit geschenkt werden muß. Wenn auch der Rhythmus technischer Veränderungen relativ langsam ist, so müssen doch bereits jetzt Maßnahmen hauptsächlich auf dem Gebiet der Erziehung und Bildung ergriffen werden. Die Anwendung der Stufen der technischen Entwicklung in der Mikroanalyse gibt zum Beispiel die Möglichkeit, die gegenwärtige und zukünftige Entwicklung zu beurteilen und bereits jetzt die Veränderungen einzuschätzen, die in 20–30 Jahren in der Qualifikation der Beschäftigten vor sich gehen werden. Jedoch sind die Resultate bedeutend komplizierter als sie zunächst erschienen. So geht aus den Untersuchungen hervor, daß die gesamte Phase der Mechanisierung durch relativ geringe Anforderungen an die Qualifikation der Arbeitskräfte charakterisiert wird und daß der Rückgang des Bedarfs an Facharbeitern nicht durch den Bedarf an Kadern mittlerer und höherer Bildung kompensiert wird.

Die Phase der Mechanisierung innerhalb der technischen Entwicklung, die gegenwärtig in der Industrie der ČSSR vorherrscht, ist dem Wesen nach eine Phase der Dequalifizierung, weil hier die hohen Anforderungen der maschinellen und handwerklichen Produktion sinken und noch nicht durch die neuen höheren Anforderungen der Automatisierung abgelöst wurden. Anders gesagt: für Einrichter, Reparatur- und Instandhaltungspersonal ist die Ausbildung mit langjähriger Praxis noch erforderlich, jedoch genügt für die Mehrzahl des Bedienungspersonals eine spezielle Ausbildung. Das bedeutet, daß die ČSSR sich wenigstens noch 20 Jahre in einer Phase befinden wird, in der der Übergang zu einer höheren Stufe der technischen Entwicklung größtenteils sinkende Anforderung an die Spezialausbildung zur Folge hat. Das zeigt die folgende graphische Darstellung deutlich (vgl. Abbildung 1).[1]
Qualifikationsstufen:
1 – Ungelernte Arbeitskräfte,
2 – Angelernte Arbeitskräfte,

[1] O. Schmidt, Jakou kvalifikaci pro technicky, Praha 1975, S. 37.

3 – Facharbeiter,
4 – Fachschulabschluß,
5 – Hochschulabschluß,
6 – Kader mit höheren wissenschaftlichen Graden.

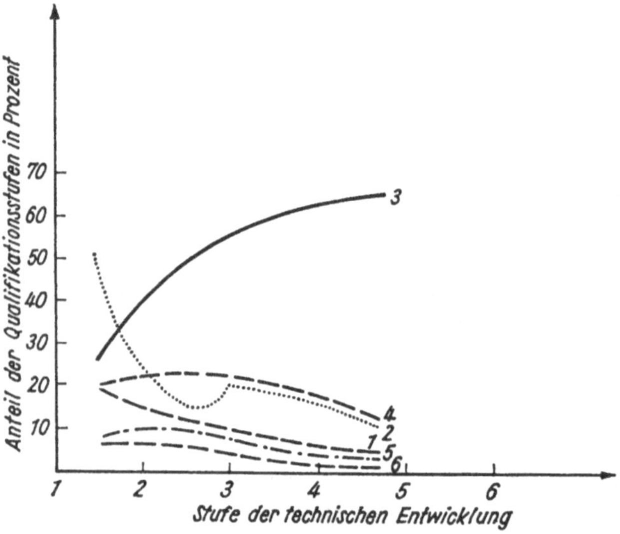

Abb. 1: **Qualifikationsstruktur der Arbeitskräfte in Abhängigkeit von der technischen Entwicklung in den Maschinenbaubetrieben der ČSSR im Jahre 1971**

Diese Prognose weist darauf hin, daß in der ČSSR in den nächsten zwanzig Jahren folgender allgemeiner Trend hinsichtlich der Veränderungen im Charakter der Arbeit erkennbar ist: Der Anteil der schweren körperlichen Arbeit sinkt. Allmählich steigt der Anteil der mechanisierten und teilautomatisierten Arbeit, es steigt der Anteil der automatisierten Arbeit, obwohl – wie aus den Fakten ersichtlich – dieser Anteil sogar am Ende des Jahrtausends noch verhältnismäßig niedrig sein wird.

Es wird notwendig sein, die Entwicklung in der Qualifikationsstruktur zugunsten der höheren Qualifikationsstufen zu beschleunigen. Deshalb muß die Bildungsplanung den tatsächlichen Qualifikationsanforderungen der Volkswirtschaft um fünf bis zehn Jahre voraus sein, sogar ungeachtet dessen, daß der Übergang zur Mechanisierung keinen allgemeinen Anstieg der Qualifikationsanforderungen an die Beschäftigten mit sich bringt. Dadurch wird eine sehr differenzierte Art der Qualifikation erreicht, da bei einer gewissen Zahl von Beschäftigten die unmittelbaren Anforderungen in komplex mechanisierten oder teilweise automatisierten Betriebsabteilungen nicht steigen, sondern stagnieren oder auf das Niveau der Qualifizierung Angelernter sinken.

3.3. Wissenschaftlich-technische Revolution und Entwicklung der beruflichen Qualifikation

Eine wesentliche Voraussetzung zur Beantwortung der Frage nach der Wirkung der wissenschaftlich-technischen Revolution auf die Arbeit besteht in der Definition des Begriffes Qualifikation. Dies ermöglicht es, Probleme zu klären, die den Charakter der Arbeit und die Verteilung der Arbeitskräfte zwischen den Zweigen betreffen. Ein weiteres Problem besteht in der Erforschung der beruflichen Qualifikationsstruktur und ihrer Veränderungen, die die wissenschaftlich-technische Revolution über ihre Wirkung auf den Charakter der Arbeit hervorruft. Diese Veränderungen, die sich im Zusammenhang mit der Entwicklung der Produktivkräfte gesetzmäßig ergeben, nannte Marx „Wechsel der Arbeit".[1]

Für das Verständnis des Begriffes Qualifikation ist es demzufolge erforderlich, die Entwicklung des Charakters der Arbeit und den Zusammenhang zwischen Qualifikation und technischem Niveau zu analysieren. Beim gegenwärtigen Stand der Produktivkräfte ist davon auszugehen, daß der Mensch im Arbeitsprozeß sehr komplizierte stoffliche Elemente zu beherrschen hat, wobei sich der Grad der Kompliziertheit künftig noch erhöhen wird. Bekanntlich entwickelten sich die verschiedenen Arten konkreter Arbeit im Verlauf des komplizierten geschichtlichen Prozesses der gesellschaftlichen Arbeitsteilung. Auf diesen Prozeß wirkte in den letzten Jahren in zunehmendem Maße der technische Fortschritt ein, was sich in steigenden Anforderungen ausdrückt, die im Produktionsprozeß an die Produktivkraft Mensch gestellt werden. Der wissenschaftlich-technische Fortschritt, der sich in den stofflichen Elementen der Arbeit vergegenständlicht, bringt steigende Anforderungen an Wissen und Können der Arbeit mit sich.

Die gesellschaftliche Arbeitsteilung als historisch-ökonomischer Prozeß bewirkt immer die Herausbildung einer bestimmten beruflichen Qualifikationsstruktur der Arbeitskräfte, die jeweils einer bestimmten Epoche der Entwicklung des technischen Niveaus der stofflichen Arbeitselemente entspricht. Dies trifft sowohl für die Epoche der handwerklichen Produktion, die Manufakturperiode der Entwicklung der kapitalistischen Produktion als auch für die Epoche der großen Industrie zu, deren Kennzeichen die Maschinenproduktion ist. Letztere weist in Abhängigkeit vom Mechanisierungs- und Automatisierungsniveau, dessen höchste Entwicklung eine auf den Erkenntnissen der Kybernetik und Rechentechnik basierende vollautomatisierte Produktion ist, bestimmte charakteristische Strukturen auf.

Die nähere Betrachtung dieses historischen Prozesses zeigt, daß sich die

[1] „Die Natur der *großen Industrie bedingt daher Wechsel der Arbeit,* Fluß der Funktion, allseitige Beweglichkeit des Arbeiters." Karl Marx, Das Kapital. Bd. 1, in: MEW, Bd. 23, Berlin 1962, S. 510–511.

Berufsstruktur zunächst sehr langsam veränderte. Zu Beginn dieser Entwicklung wurde die berufliche Qualifikation durch empirische Übermittlung von Fertigkeiten und Produktionserfahrungen von Generation zu Generation weitergegeben und vererbt. Dabei fügte jede Generation etwas Neues hinzu. Der technische und wissenschaftliche Fortschritt beschleunigte diesen anfangs zögernd verlaufenden Prozeß so weit, daß die heutigen Generationen im Verlauf ihres produktiven Alters mehrmals ihre Qualifikation und oft auch den Beruf ändern müssen, obwohl für die Beherrschung ihrer Arbeit relativ lange Zeit der Ausbildung und Erziehung erforderlich war. Der Prozeß des Wechsels der Arbeit wird sich künftig durch die Anwendung immer neuer Ergebnisse von Wissenschaft und Technik in der Produktion noch beschleunigen. Die Geschwindigkeit, mit der das geschieht, wird deutlich an der Verkürzung der Zeit, die für die Anwendung wissenschaftlicher Entdeckungen und Erfindungen in der Produktion benötigt wird.

Die enge Verbindung, die zwischen der Qualität der stofflichen Arbeitselemente und der der Arbeitskräfte besteht, wurde durch eine ganze Reihe von in der ČSSR und in anderen Ländern durchgeführten Mikroanalysen sichtbar. Dieser Zusammenhang wird auch durch globale statistische Größen bestätigt. Eine bestimmte Qualität der Produktionsmittel erfordert eine entsprechende Qualität der Arbeitskräfte.[2] Wenn man die Qualität der stofflichen Arbeitselemente dem technischen Niveau der Produktionsmittel gleichsetzt und mit I bezeichnet, und die Qualität der Arbeitskräfte, unter der ihre Qualifikation zu verstehen ist, als Q, so sind zwischen diesen beiden Größen folgende Beziehungen möglich: $I>Q$, $I=Q$, $I<Q$. Wenn I größer als Q ist, so heißt das, daß die Produktionsmittel nicht effektiv ausgenutzt werden können. In diesem Fall wird vergegenständlichte Arbeit ökonomisch uneffektiv eingesetzt. Die zweite Beziehung, $I=Q$, ist, vom Standpunkt der Effektivität aus betrachtet, die günstigste der drei angeführten, da hierbei alle wirkenden Produktivkräfte gleiche Qualität aufweisen. Die dritte Beziehung, $I<Q$, bedeutet, daß die Qualität der Arbeitskräfte größer ist als die der stofflichen Elemente der Produktivkräfte. Unter diesen Bedingungen werden Arbeitskräfte nicht effektiv angewendet, was ökonomisch ebenfalls nicht vertretbar ist.

Für eine gründliche Analyse dieser Beziehungen muß der Begriff Qualifikation geklärt werden. Es lassen sich folgende vier Elemente der Qualifikation nachweisen: Die Arbeitsfertigkeiten und -fähigkeiten, die Produktionserfahrungen und die technisch-theoretischen Kenntnisse.

Diese *vier Elemente der Qualifikation*, die zu ihr im Verhältnis von Einzelnem zum Allgemeinen stehen, haben bei jeder konkreten Arbeitsart ihre spezifische Form. Letztere steht im Zusammenhang mit den im jeweiligen

[2] Vgl. Friedrich Engels, Grundsätze des Kommunismus, in: MEW, Bd. 4, Berlin 1959, S. 375.

Beruf zu erfüllenden Arbeitsaufgaben und Funktionen im System der gesellschaftlichen Arbeitsteilung. Die konkrete Form der vier Qualifikationselemente ist also mit der gesellschaftlichen Arbeitsteilung in ihrer horizontalen Ebene nach Berufen und in ihrer vertikalen Gliederung nach der Qualifikation verbunden. Es ergibt sich nun die Frage, was unter den einzelnen Qualifikationselementen zu verstehen ist. *Arbeitsfertigkeiten* werden durch ständige Wiederholung bestimmter Handgriffe und Arbeitsoperationen unter konstanten Arbeitsbedingungen herausgebildet. *Arbeitsfähigkeiten* erlangt man durch Anwendung verschiedener Arbeitsfertigkeiten unter veränderten Arbeitsbedingungen. *Produktionserfahrungen* werden durch konkrete Arbeit gesammelt. Sie sind Ergebnis eigener Produktionspraxis und beinhalten die rationellste Form der Verausgabung der Arbeitskraft. *Theoretisch-technisches Wissen* ist ein an Bedeutung gewinnendes Qualifikationselement. Es stellt eine „Akkumulation" jener Errungenschaften von Wissenschaft und Technik im Hirn des Individuums dar, die die Menschheit im Verlauf ihrer geschichtlichen Entwicklung erlangte sowie deren Anwendung im Produktions- oder Arbeitsprozeß.

Diese vier Qualifikationselemente stehen in enger gegenseitiger Wechselbeziehung. Sie entwickeln sich im Laufe der Zeit im Menschen als in seinem Organismus vergegenständlichte Qualifikation, die nur in Form lebendiger Arbeit zu realisieren ist. Dieser Prozeß des Akkumulierens und der Entwicklung der Qualifikationselemente vollzieht sich bei jedem Individuum in dessen praktischer Tätigkeit sowie durch Bildung und Ausbildung. Deshalb kann die Dauer der Berufstätigkeit als ein Faktor der Qualifikation angesehen werden. Da sich Bildung und Ausbildung vor allem in öffentlichen Bildungseinrichtungen, wie zum Beispiel der Schule, vollziehen, ist die Dauer der Schulbildung ein weiterer Qualifikationsfaktor. Zwar kann man von der Schulbildung als von einem Faktor der Qualifikation sprechen, aber da Bildung die Entwicklung und Vertiefung des Elements der theoretischen Kenntnisse bedeutet, kann sie auch neben dem Schulsystem im individuellen Studium erworben werden.

Wie verschiedene Analysen zeigten, ist der eine der angeführten Qualifikationsfaktoren in bestimmten Proportionen durch den anderen ersetzbar. S. G. Strumilin[3] errechnete, daß etwa drei Jahre Praxis einem Jahr Bildung gleichzusetzen sind. Die Quantifizierung der Qualifikation durch die mengenmäßige Erfassung ihrer Faktoren ist beispielsweise durch die Errechnung der Zeitdauer oder über die Höhe der Kosten möglich.

Die Größe dieser Differenzierungen ebenso wie die Größe der Kompliziertheit der Arbeit kann man mit Hilfe des Kompliziertheitskoeffizienten der Arbeit errechnen. Dabei ist von einfacher Arbeit auszugehen, die bekanntlich historisch betrachtet werden muß. Man versteht darunter die Arbeit, die als

[3] Vgl. S. G. Strumilin, Problemy ėkonomiki truda, Moskva 1957, S. 155.

relativ unkomplizierte Arbeit im Produktionsprozeß auftritt. Dabei sind auch der allgemeine technische Stand der Produktionsmittel und vor allem das allgemeine kulturell-technische Niveau der Bevölkerung zu berücksichtigen. So ist unter einfacher Arbeit die Arbeit zu verstehen, die eine Arbeitskraft ohne weitere Ausbildung zu leisten imstande ist. Die entsprechende Arbeitskraft muß jedoch eine allgemeinbildende und spezielle Ausbildung erhalten haben, wie sie gesellschaftlich obligatorisch ist (in der ČSSR die Neun-Klassen-Schule).

Zur Bestimmung der Größe des Koeffizienten des Kompliziertheitsgrades der von den qualifizierten Arbeitskräften verausgabten Arbeit sind die bereits geleistete Arbeit, die Zeit und die Mittel zu berücksichtigen, die entsprechend dem technischen Fortschritt für den Erwerb sowie die einfache und erweiterte Reproduktion der Qualifikation erforderlich sind. Außerdem ist das entgangene Einkommen im Zusammenhang mit Weiterbildungsmaßnahmen in Betracht zu ziehen. Die Bestimmung der genannten Größe hängt also ab von

- der Ausbildungsdauer und von der Größe der durchschnittlichen eigenen Aufwendungen (diese sind im weiteren mit I gekennzeichnet und in Jahren zu errechnen),
- dem durchschnittlichen produktiven Alter der Arbeitskraft, in dessen Verlauf die Aufwendungen realisiert werden (diese sind mit U bezeichnet),
- dem Einkommensverlust während bestimmter Qualifizierungsmaßnahmen (Symbol V, in Jahren berechnet),
- den ständigen individuellen Ausgaben zur Reproduktion des Qualifikationsniveaus im Rahmen des wissenschaftlich-technischen Fortschritts und der Veränderung des kulturell-technischen Niveaus (Symbol P, Dimension: Jahre),
- der Dauer der Berufstätigkeit, die ebenfalls einen wichtigen Qualifikationsfaktor darstellt; drei bis fünf Praxisjahre lassen sich auf ein Ausbildungsjahr reduzieren (Symbol S).

Alle hier angeführten Faktoren wirken auf bestimmte Weise auf die Größe des Kompliziertheitskoeffizienten der Arbeit ein. Für die Berechnung ist der Wert jedes Faktors auf eine Zeiteinheit zu beziehen. Der Koeffizient K wird nach folgender Formel berechnet:

$$K = 1 + \frac{I + V + P + S}{U}.$$

Der Koeffizient $K = 1$ ist dabei der Koeffizient für einfache Arbeit, die von unqualifizierten Arbeitskräften verausgabt wird.

Entwicklungstendenzen der Qualifikation in Abhängigkeit vom wissenschaftlich-technischen Fortschritt

Im weiteren wird untersucht, wie sich in der ČSSR das Verhältnis zwischen der Qualität der gegenständlichen Elemente und dem subjektiven Element der Produktivkräfte gestaltet hat. Das Niveau der Produktionsmittel in der Volkswirtschaft kann vereinfacht durch folgende Gruppen charakterisiert werden: Handarbeit, mechanisierte und automatisierte Arbeit. Es ist klar, daß eine solche Differenzierung nach drei Gruppen nicht geeignet ist, die Kompliziertheit jeder Gruppe vollständig abzubilden, da in jeder ein breites Spektrum des technischen Niveaus der gegenständlichen Bedingungen der Arbeit, vor allem der Produktionsmittel, besteht. Da aber ausführliche Angaben fehlen, muß man sich darauf beschränken.

Zur Aufdeckung der Beziehungen zwischen technischem Niveau der gegenständlichen Arbeitsbedingungen und dem Qualifikationsniveau der Arbeitskräfte auf der Basis der obengenannten drei Gruppen ist die Kenntnis der Ausmaße und des Anteils der einzelnen Qualifikationselemente in jeder der Gruppen erforderlich. Jede einzelne der Gruppen erfordert einen anderen Entwicklungsstand der vier Qualifikationselemente, das heißt, sie erfordert verschiedene Dauer der Schulbildung, vor allem der Spezialausbildung und unterschiedliche Praxisdauer.

Zur Bestimmung des Anteils der einzelnen Qualifikationselemente in den angeführten drei Gruppen für den Maschinenbau und die chemische Industrie der ČSSR wird von entsprechenden Mikroanalysen ausgegangen. Der Maschinenbau ist einer der wichtigsten und größten Industriezweige. In ihm ist die relativ größte Anzahl von Arbeitern beschäftigt. Der Gesamtanteil der vier Elemente an der Qualifikation wurde mit acht Einheiten gesetzt. Handarbeit fordert folgende Größe der einzelnen Qualifikationselemente: Arbeitsfertigkeiten 3, Arbeitsfähigkeiten 3, Produktions- und Arbeitserfahrung 1,5, theoretisch-technisches Wissen 0,5. Mechanisierte Arbeit erfordert analog: 2, 2, 2, 2; automatisierte Arbeit entsprechend: 0,5, 1,5, 1, 5.

Die einzelnen Ziffern bezeichnen den Entwicklungsstand des entsprechenden Qualifikationselements nach seinem Anteil an der Gesamtqualifikation. Dabei stellen mechanisierte Arbeiten mehr Anforderungen an die Dauer der Spezialausbildung als Handarbeit. Automatisierte Arbeit erfordert insgesamt die qualifiziertesten Arbeiter mit mehrjähriger Spezialausbildung. Da sich die ersten drei Elemente vorrangig in der Praxis und theoretisch-technisches Wissen im Bildungssystem entwickeln, so zeigt sein Anteil an den einzelnen Arbeiten den Bedarf an entsprechender Ausbildung der Arbeitskräfte im Bildungssystem.

Eine weitere Präzisierung der Angaben wurde hier wiederum am Beispiel der chemischen Industrie und des Maschinenbaus vorgenommen. In diesen Zweigen werden für Handarbeit etwa 10 Prozent ungelernte Arbeiter, 60 Prozent Angelernte mit Kurzausbildung bis zu einem Jahr und 30 Prozent Facharbeiter benötigt. Der Anteil der Arbeiter an der Gesamtbeschäftigtenzahl beträgt in diesen Zweigen annähernd 80 Prozent. Durchschnittlich ist für Tätigkeitsarten mit überwiegendem Anteil von Handarbeit eine siebenjährige Schulbildung erforderlich. Die Dauer der Berufstätigkeit mußte aus Mangel an Angaben unberücksichtigt bleiben. Für mechanisierte Arbeit ist eine neunjährige und für automatisierte Arbeit eine zwölfjährige Schulbildung nötig. Die erforderlichen Angaben zur Bestimmung des technischen Niveaus nach den angeführten Kriterien wurden für die gesamte Volkswirtschaft der ČSSR für das Jahr 1965 unter Zugrundelegung einer einheitlichen Methode gewonnen. Gleichzeitig wurden Prognosen über die weitere Entwicklung einzelner Bereiche und Zweige bis 1980 aufgestellt. Die Ausgangsdaten für die Volkswirtschaft ergaben folgende Struktur der Arbeiten: Arbeitsplätze mit vorwiegend Handarbeit 65,7 Prozent, Arbeitsplätze mit mechanisierter Arbeit 32,4 Prozent, automatisierte Arbeitsplätze 0,9 Prozent. Insgesamt waren 1965 durchschnittlich 7,7 Jahre Bildung erforderlich. Die durchschnittliche Bildungsdauer der Bevölkerung der ČSSR betrug nach Berechnungen von Kamiač ungefähr 8,9 Jahre. Der Vergleich dieser beiden Angaben zeigt, daß das technische Niveau der gegenständlichen Elemente der Produktivkräfte während dieser Zeit niedriger war als das durchschnittliche Niveau der Arbeitskraft.

Den erwähnten Prognosen für 1980 zufolge wird eine technische Ausrüstung der Volkswirtschaft der ČSSR auf einem Gesamtniveau erwartet, das 1965 die chemische Industrie aufzuweisen hatte. Sie war am besten mit moderner Technik ausgerüstet und wies 49,4 Prozent Arbeitsplätze mit vorwiegend Handarbeit, 48,5 Prozent mechanisierte und 2,1 Prozent automatisierte Arbeitsplätze auf. Wenn sich die gesamte Volkswirtschaft heute auf diesem Niveau befinden würde, wäre das heutige Bildungsniveau angemessen.

Der beschleunigte Wechsel der Arbeit kompliziert die perspektivische Planung der Ausbildung künftiger Arbeitskräfte nach Berufen, das heißt nach Schulstufen und -typen. Durch Wechsel der Arbeit ist die künftige berufliche Qualifikationsstruktur der Arbeitskräfte in bestimmtem Maße nicht voraussehbar. Um sie auch nur ungefähr bestimmen zu können, muß bekannt sein, wie die Zweigstruktur unserer Volkswirtschaft aussehen wird, und wie sie beispielsweise von 1980 bis zum Jahre 2000 mit Technik ausgestattet sein wird. Das würde es ermöglichen vorauszusagen, welche Berufe künftig mit welchem Arbeitsinhalt auftreten.

Die künftige Zweigstruktur, der technische Ausrüstungsgrad und die resultierende berufliche Qualifikationsstruktur sind jedoch unbekannt. Aber bereits jetzt wird die junge Generation für die Zukunft ausgebildet. Da unbekannt ist, welche Berufe welchen Inhalts künftig entstehen, ist die Zweckmäßigkeit der heutigen konkreten Spezialausbildung, die ja langfristig wirken soll, nur schwer zu beurteilen.

Unter den gegenwärtigen Bedingungen des wissenschaftlich-technischen

Fortschritts ist es erforderlich, der Grundlagenausbildung eine große Aufmerksamkeit zu widmen. Auf der Basis einer solchen umfassenden Allgemeinbildung kann man die erforderliche Spezialausbildung zielgerichtet und effektiv vermitteln.

Das allgemeine Gesetz der Ökonomie der Zeit wirkt in der gesamten Volkswirtschaft. Im Bildungssystem machte es sich aber in geringerem Maße geltend. Hier gibt es die Tendenz einer Verlängerung der Ausbildungsdauer, die aber auch eine rationelle obere Grenze haben muß, nach deren Überschreitung die Fortsetzung der Ausbildung nicht mehr effektiv ist. Zum einen behindert eine übermäßig lange Bildungsdauer die Entfaltung der produktiven Fähigkeiten des Menschen und schränkt seinen Freizeitfonds ein. Zum anderen werden dadurch die allgemeine Arbeitskräftezahl und der gesellschaftliche Freizeitfonds eingeschränkt. So entsteht die Aufgabe, in kürzerer Zeit umfangreicheres Wissen zu vermitteln. Um diese Aufgabe zu lösen, gibt es mehrere Wege, zum Beispiel die Vervollkommnung der Lehrtechnik oder die Konzentration auf das Wesentliche bei der Wissensvermittlung. Auf diese Lösungswege kann hier nicht eingegangen werden. Bei dem gegenwärtigen Umfang an spezialisiertem Wissen und der sich ständig vervielfachenden Information verliert es an Bedeutung, viel zu wissen. Weit wichtiger ist die Fähigkeit, analytisch denken zu können und zu wissen, wie, wo und wie rasch man die benötigten Informationen erhalten kann. Es ist also erforderlich, bereits in der Schule zum schöpferischen Denken zu erziehen, damit jeder befähigt wird, in der Praxis alle anfallenden Produktionsaufgaben rationell zu erfüllen.

Die gesamte Schulbildung sollte auf die Herausbildung des Lernwillens und der Lernfertigkeiten ausgerichtet sein. Dies ist ein Erfordernis der sich schnell entwickelnden Wissenschaft und Technik.

3.4. Veränderungen in der Qualifikations- und Berufsstruktur der Arbeitskräfte

Die wissenschaftlich-technische Entwicklung beeinflußt sowohl die materiell-technische Basis als auch die anderen Bereiche unserer Gesellschaft. Progressive Strukturveränderungen in der materiellen Produktion durchzuführen, wissenschaftliche Ergebnisse zu realisieren, die internationale sozialistische Integration zu vertiefen – all das erfordert eine langfristige und zielgerichtete Orientierung der wirtschaftlichen Entwicklung. Der wachsende Einfluß der Wissenschaft als Produktivkraft bewirkt tiefgreifende Veränderungen in Beruf und Funktion der Arbeitskräfte. Es wachsen die Anforderungen an die Qualifikation. Die Bedeutung der theoretischen Kenntnisse und der Spezialausbildung der Werktätigen nimmt zu.

Die Qualifikationsstruktur der Arbeitskräfte ändert sich im Prozeß der wissenschaftlich-technischen Entwicklung zugunsten höherer Qualifikationsstufen. Die Anforderungen sowohl an die Allgemeinbildung als auch an die Spezialausbildung wachsen. Unqualifizierte Arbeit wird allmählich durch qualifizierte Arbeit abgelöst. Rolle und Bedeutung einzelner Berufe ändern sich. Es wandelt sich auch die Berufsstruktur. Im Bereich der Produktion wird schwere körperliche Arbeit von Bedienungs- und Wartungstätigkeiten an modernen Produktionsanlagen abgelöst.

Verfolgt man die Entwicklung der gesellschaftlichen Arbeitskraft in der ČSSR, so kann man feststellen, daß sie sich nicht nur in quantitativer Hinsicht verändert, sondern daß in ihrem Entwicklungsprozeß auch grundlegende qualitative Veränderungen zu beobachten sind (vgl. Tabelle 1).

Tabelle 1
Zunahme der Anzahl der in der Volkswirtschaft beschäftigten qualifizierten Kader (1956 = 100)

	1960	1966	1970	1973
Beschäftigte in der sozialistischen Wirtschaft	110,1	128,7	138,6	146,7
qualifizierte Kader insgesamt	136,9	193,0	227,9	257,7
davon:				
Hochschulkader	134,7	192,6	235,4	281,1
Kader mit abgeschlossener (mittlerer) Bildung (Fachschulkader mit Abitur)	145,9	231,4	299,4	388,9
Kader mit mittlerer Berufsausbildung	128,2	151,4	146,2	156,9

Das hohe Wachstumstempo der Zahl der qualifizierten Kader (157,7 Prozent) gegenüber der Zahl der Beschäftigten (46,7 Prozent) schafft die Voraussetzungen für ein höheres qualitatives Niveau der Gesamtbeschäftigten. Abgesehen von rein ökonomischen Erfordernissen, werden dadurch auch einige spezifische Aufgaben gelöst, wie das Wachstum der Zahl qualifizierter Kader für bestimmte Tätigkeiten und Volkswirtschaftsbereiche. Die zahlenmäßig stärkste Zunahme ist bei Facharbeitern mit abgeschlossener Fachschulbildung zu beobachten, obwohl in der ČSSR traditionsgemäß Kader mit Oberschulbildung den größten Anteil an den qualifizierten Kadern hatten. Der Zuwachs an Hochschulkadern wirkte sich so aus, daß sich das Verhältnis von Hochschulkadern zu Fachschulkadern allmählich verbesserte.

Tendenziell ist eine kontinuierliche Entwicklung zugunsten von Kadern technischer Fachrichtungen zu sichern, obwohl sich in der letzten Zeit der Anteil von technischen und nichttechnischen Fachkräften relativ stabilisiert hat. Diese Entwicklung wird in erster Linie von den Erfordernissen der Volkswirtschaft bestimmt, besonders von den Anforderungen, die die unmittelbare Leitung der Produktion in den Betrieben stellt. Eine ungenügende Qualifikation der technischen Kader ist eine Ursache dafür, daß die Produktion neuer Erzeugnisse nicht aufgenommen, fortschrittliche Produktions- und Arbeitsmethoden, neue Technologien und andere Maßnahmen zur Steigerung der Arbeitsproduktivität nicht eingeführt werden. Es zeigt sich, daß in derartigen Fällen das ingenieurtechnische Personal nicht in der Lage war, rechtzeitig die Voraussetzungen für eine Produktionsumstellung auf neue Arbeitsbedingungen zu schaffen, ohne daß Lohneinbußen eintraten, die Produktionspläne nicht erfüllt wurden oder andere Schwierigkeiten auftraten. Deshalb ist es erforderlich, das gegenwärtige Wachstumstempo der Zahl der Fachkräfte mit technischer Ausbildung beizubehalten oder es in einigen wichtigen Bereichen sogar zu beschleunigen, ihr Ausbildungsniveau zu erhöhen, damit wissenschaftliche und technische Kenntnisse nicht ungenutzt bleiben und das Niveau der Produktion nicht hinter dem Welthöchststand zurückbleibt.

Die künftige Entwicklung der Zahl der Fachkräfte wird von folgenden Faktoren beeinflußt:

- Bevölkerungsentwicklung, besonders ihre Altersstruktur,
- ökonomische Entwicklung der einzelnen Zweige,
- Niveau der wissenschaftlich-technischen Entwicklung und dessen Einfluß auf die Entwicklung der Produktivkräfte.

Der wissenschaftlich-technische Fortschritt und in erster Linie die Anwendung seiner Ergebnisse in der Praxis hängen eng mit der Zahl der qualifizierten Arbeitskräfte zusammen. Diese Entwicklung wirkt sich aber auch entscheidend auf die Qualifikationsstruktur der Arbeitskräfte aus und verändert gleichzeitig die Stellung des Menschen im Arbeitsprozeß. Allmählich wird der Mensch von allen Tätigkeiten befreit, in denen körperliche Arbeit überwiegt, und die Anforderungen an seine Führungsfunktion steigen in starkem Maße. Auch die Zweigstruktur der Arbeitskräfte und ihrer Qualifikation wird sich verändern. Langfristig kann man eine besonders dynamische Entwicklung in der Industrie erwarten, vor allem in der chemischen Industrie und im Maschinenbau, während die übrigen Zweige auf dem bisherigen Stand bleiben werden. Im Bauwesen wird mit einem Zuwachs an Beschäftigten gerechnet, die im wesentlichen in der Produktionsvorbereitung und -leitung und in der technischen Entwicklung eingesetzt werden.

Die Qualifikationsstruktur der Beschäftigten in der Produktion läßt sich in folgende Gruppen aufgliedern:

A – Facharbeiter,
B – Angelernte Arbeitskräfte,
C – Ungelernte Arbeitskräfte.

Seit 1959 hat sich die Qualifikationsstruktur wie folgt verändert (vgl. Tabelle 2).

Der Anteil der Facharbeiter hat im untersuchten Zeitraum zugenommen. Der Anteil der angelernten Arbeitskräfte ist zurückgegangen, während sich der Anteil der ungelernten Arbeitskräfte kaum verändert hat. Das bedeutet, daß

Tabelle 2
Veränderungen der Qualifikationsstruktur der Beschäftigten in der Produktion (Beschäftigte insgesamt = 100)

	1959	1962	1967	1971	1974
A + *B* + *C*	100	100	100	100	100
A	56,8	57,8	58,5	57,9	59,2
B	25,0	23,5	23,2	23,4	22,8
C	18,2	18,7	18,3	18,7	18,0

im Verhältnis von qualifizierter zu unqualifizierter Arbeit bei den Beschäftigten in der Produktion keine wesentlichen Veränderungen eingetreten sind. Die Entwicklung der Zahl qualifizierter Beschäftigter wurde besonders beeinflußt durch:
- das hohe Wachstumstempo zwischen 1959 und 1962,
- die rasche Zunahme der Zahl von Frauen, vor allem mit Facharbeiterberufen, aber auch von Ungelernten.

Die Qualifikationsstruktur ändert sich ständig zugunsten der Facharbeiter. Ihr Anteil an der Gesamtzahl der Beschäftigten betrug 47,5 Prozent im Jahre 1959 und 54,5 Prozent im Jahre 1974. Die höchste Zahl und der größte Anteil wurden in folgenden Berufsgruppen erreicht: Maschinenbau und übrige Berufe der Metallverarbeitung, Bauwesen, Land- und Forstwirtschaft, Elektrotechnik.

Der Anteil der Frauen stieg von 26,2 Prozent im Jahre 1959 auf 38,3 Prozent im Jahre 1974. Die Mehrzahl war in folgenden Berufsgruppen tätig: Handel, Gaststättenwesen und verschiedene nichtproduzierende Bereiche, Textil- und Konfektionsindustrie, Land- und Forstwirtschaft, Maschinenbau und übrige Berufe der Metallverarbeitung.

Verfolgt man die Entwicklung der letzten Jahre, so kann ein zahlenmäßiger Rückgang der reinen Männerberufe festgestellt werden. Zu ihnen zählen gegenwärtig noch Berufe in Zweigen wie Bergbau, Metallurgie, Bauwesen, Elektrotechnik, Maschinenbau und sonstige Berufe der Metallverarbeitung. Hier liegt der Anteil der Männer an der Gesamtbeschäftigtenzahl über 80 Prozent. Zu typischen Frauenberufen sind Berufe der Textil- und Konfektionsindustrie, des Handels, des Gaststättenwesens und verschiedener nichtproduzierender Bereiche geworden.

Zukünftige Veränderungen der Qualifikationsstruktur

Eine Folge des wissenschaftlich-technischen Fortschritts sind auch Veränderungen der Qualifikationsstruktur in zukünftigen Zeiträumen. In automatisierten Betrieben und in modernen Produktionszweigen steigt der Anteil von Funktionen, die durch die neue Technik bedingt sind. Einzelne Berufe übernehmen schrittweise Qualifikationselemente, die bisher für Beschäftigte mit technischer Ausbildung typisch waren. Durch die Einführung der Errungenschaften des technischen Fortschritts in die Produktion entsteht ein zunehmender Bedarf an Ingenieuren. Auf einigen Gebieten wird sogar Hochschulbildung erforderlich.

Die allgemein wachsenden Anforderungen an die Qualifikation sind ein Hauptmerkmal der wissenschaftlich-technischen Entwicklung. Das von Wirtschaftswissenschaftlern der ČSSR in der Vergangenheit entwickelte Kadermodell weist erhöhte Anforderungen an die Qualifikation der Beschäftigten in der Industrie aus. Nach diesem Modell wird 1980 ein Bedarf an Beschäftigten mit höherer Qualifikation in Höhe von 60 bis 70 Prozent aller Beschäftigten vorhanden sein. Dabei sollen alle jungen Arbeiter eine abgeschlossene Berufsausbildung besitzen. Der Anteil der Techniker soll um 25 Prozent steigen. Der Anteil der Ingenieure an den Beschäftigten in der Produktion sollte 6 bis 6,5 Prozent erreichen.

Die Veränderung der Qualifikationsstruktur der Arbeitskräfte im Verlauf der wissenschaftlich-technischen Entwicklung verläuft nicht widerspruchsfrei. In den ersten Etappen, in denen Mechanisierung und Teilautomatiserung eingeführt werden, kann ein zeitweiliger Rückgang durch strukturelle Verschiebungen im nichtproduktiven Bereich eintreten. In diesem Bereich sind die technische Ausstattung und damit auch die Qualifikationsanforderungen niedriger als im Produktionsbereich. Dagegen sind in Bereichen, wie der Volksbildung, der Kultur und des Gesundheitswesens die Anforderungen an das Qualifikations- und Bildungsniveau sehr hoch.

Entsprechend einer Variante der langfristigen Entwicklung der Makrostruktur von Arbeitskräften wird ein Beschäftigtenzuwachs gerade im tertiären Sektor erwartet. Der Anteil der hier Beschäftigten betrug 1970 etwa 36 Prozent. Er wird 1980 zwischen 41 und 43 Prozent und 1990 zwischen 44 und 50 Prozent liegen.

Die wichtigsten Veränderungen in der Struktur und in der Qualifikation der Arbeitskräfte werden sich vor allem in folgendem äußern:

- in einer weiteren Verschiebung der Arbeitskräfte aus der Land- und Forstwirtschaft und in geringerem Maße auch aus der Industrie in die nichtproduzierenden Bereiche bei gleichzeitiger Steigerung der Qualifikationsanforderungen an die Beschäftigten,
- in einer Arbeitskräfteverschiebung innerhalb der Zweige des sekundären Sektors, die gleichzeitig mit Veränderungen in den Qualifikationsanforderungen verbunden ist,
- in steigenden Anforderungen an die Allgemeinbildung, die zu einer höheren Qualität der Arbeit führen,
- in einer umfassenderen Spezialisierung als Ergebnis des technischen Fortschritts, die jedoch nicht in der beruflichen Ausbildung, sondern in der Weiterbildung innerhalb der Erwachsenenqualifizierung vollzogen wird.

In den Prognosen bis zum Jahr 1990 werden verschiedene Veränderungen in den Qualifikationsanforderungen erwartet:

– In der Land- und Forstwirtschaft wird der Anteil der Beschäftigten weiter zurückgehen. Schrittweise wird der Anteil der schweren körperlichen manuellen Arbeit abnehmen, und es steigt der Anteil mechanisierter und teilmechanisierter Arbeit. Das erfordert notwendigerweise eine höhere Qualifikation der Beschäftigten und gleichzeitig eine Veränderung der Berufsstruktur zugunsten von Reparatur- und Instandhaltungsberufen. Auch die Anforderungen an die Qualifikation der Beschäftigten in leitenden Funktionen werden steigen.

– In der Industrie und Bauwirtschaft entwickelt sich die Technik unterschiedlich. In der Produktion von Produktionsmitteln werden Mechanisierung und Automatisierung durch Elemente handwerklicher Produktion ergänzt. In der Konsumgüterindustrie sind die Voraussetzungen für eine weitere Zunahme der Mechanisierung und die Einführung der Automatisierung gegeben. Damit erhöhen sich auch die Qualifikationsanforderungen an die Beschäftigten.

– In den nichtproduzierenden Bereichen ist ebenfalls eine zunehmende Mechanisierung und Automatisierung zu erwarten. Selbst im Bildungswesen und im Gesundheitswesen werden in zunehmendem Maße technische Mittel eingesetzt, vor allem auf dem Gebiet der Rechentechnik.

Auf Grund der Entwicklung der Volkswirtschaftsbereiche und ihrer wissenschaftlich-technischen Entwicklung dürfte bis 1990 folgende Qualifikationsstruktur der Arbeitskräfte erreicht werden:

Promovierte Kader	0,5	bis	0,9	Prozent,
Hochschulkader	10	bis	12	Prozent,
Kader mit abgeschlossener (mittlerer) Fachschulbildung (Fachschulkader mit Abitur)	13	bis	18	Prozent,
Kader mit mittlerer Berufsausbildung	3	bis	5	Prozent,
Teilfacharbeiter	36	bis	42	Prozent,
An- und ungelernte Arbeitskräfte	25	bis	35	Prozent.

Vom Standpunkt der Erfordernisse der wissenschaftlich-technischen Entwicklung sind dies nur Mindestvorstellungen. Die berufliche Ausbildung aller Werktätigen muß eine hohe Disponibilität sichern, das heißt, sie muß bei den Werktätigen die Fähigkeit entwickeln, in verschiedenen verwandten Gebieten einsetzbar zu sein und sich schnell an neue Anforderungen anpassen zu können. Um das Qualifikationsniveau der Arbeitskräfte ständig zu erhöhen, ist auch die kontinuierliche Weiterbildung während der gesamten Dauer der Berufstätigkeit eine wichtige Voraussetzung.

Erhöhung des Qualifikationsniveaus in der Periode der wissenschaftlich-technischen Revolution

Die wissenschaftlich-technische Entwicklung stellt hohe Anforderungen an die Bildung sowohl in Forschung und Entwicklung als auch unmittelbar in der materiellen Produktion und nicht zuletzt bei der Erziehung des sozialistischen Menschen. Die qualitativen Anforderungen werden durch die Hauptrichtungen der wissenschaftlich-technischen Entwicklung bestimmt:

1. Technische Entwicklungen, die in allen Zweigen und Bereichen der Volkswirtschaft vor sich gehen (Mechanisierung, Automatisierung, technische Beherrschung der Transportprobleme, Chemisierung von Produktionsprozessen, komplexe Rationalisierung und Verbesserungen im Lenkungs- und Leitungssystem).
2. Ausbildung von Fachleuten für bestimmte Bereiche der Volkswirtschaft, deren Entwicklung ein entscheidender Faktor für die ökonomische Entwicklung ist (Kernenergie, chemische Industrie, qualitative Entwicklung der Land- und Nahrungsgüterwirtschaft, Beschleunigung technologischer Prozesse im Bauwesen, bestimmte Bereiche der Konsumgüterindustrie).
3. Befähigung der wissenschaftlichen und der Leitungskader zum logischen Denken, zur Beherrschung der Informationssysteme und der Arbeitsmethoden der Rechentechnik, Erkennen von Zusammenhängen usw.
4. Erweiterung des Wissens aller Beschäftigten über allgemeine Prinzipien von Wissenschaft und Technik, über allgemeine Grundlagen der Logik und der praktischen Anwendung der Rechentechnik.

Bekanntlich werden die Anforderungen an Qualifikation und Bildung durch die wissenschaftlich-technische Entwicklung in einem Tempo wachsen, dem die bisherige Struktur, die pädagogische Praxis und die Bildungsinhalte oft nicht mehr entsprechen. Die wissenschaftlich-technische Entwicklung wird in Zukunft eine weiterentwickelte Grundausbildung erfordern, hohe polytechnische Bildung, gute gesellschaftswissenschaftliche Kenntnisse, bessere wissenschaftliche Vorbereitung auf die Beherrschung der modernen Technik.

In den letzten Jahren ist in den entwickelten Ländern die Fachschulbildung rapide gewachsen, und es steigt die Zahl der Hochschulstudenten. Dies gilt auch für die ČSSR. Von 1955 bis 1970 wuchs die Zahl der Beschäftigten in der Volkswirtschaft um 18,1 Prozent, die Zahl der Hochschulabsolventen erhöhte sich im gleichen Zeitraum um 170,2 Prozent, der Fachschulabsolventen um 207,4 Prozent und die Zahl der Facharbeiter um 105,5 Prozent. Hier zeigt sich bereits der Einfluß höherer Anforderungen an die Qualifikation auf Grund der technischen Entwicklung.

Veränderungen in der Berufsstruktur der Arbeitskräfte

Die Entwicklung der wissenschaftlich-technischen Revolution bringt prinzipielle Veränderungen sowohl in der Qualifikationsstruktur der Werktätigen als auch in ihrer Berufsstruktur mit sich. Wandlungen der Qualifikationsstruktur sind mit Änderungen der Berufsstruktur eng verbunden, sie bedingen und ergänzen einander. Das trifft sowohl dann zu, wenn unter Berufsstruktur die Zusammensetzung der Werktätigen nach Berufen und Fachrichtungen verstanden wird als auch dann, wenn die Berufsstruktur im weiteren Sinne als Struktur der Planstellen und Tätigkeiten interpretiert wird (darunter Bereichs- und Zweigstrukturen, Funktional- und Organisationsstrukturen usw.).

Hauptursache der Veränderungen in der Berufsstruktur der Werktätigen der ČSSR in den letzten 30 Jahren war einerseits die Beseitigung des Privateigentums an Produktionsmitteln und der Ausbeutung des Menschen durch den Menschen, andererseits die Entwicklung des sozialistischen Eigentums. Aber auch die wissenschaftlich-technische Entwicklung und das Wachstum der materiell-technischen Basis der Gesellschaft hatten entscheidende Auswirkungen auf die Berufsstruktur.

Verfolgt man die Entwicklung der Berufsstruktur der Bevölkerung der ČSSR im arbeitsfähigen Alter anhand von Angaben der Volkszählungen in den Jahren 1961 und 1970, kann man feststellen, daß die einzelnen Berufe ein unterschiedliches Wachstumstempo haben. In den erwähnten Volkszählungen wurden die wirtschaftlich Tätigen in drei große Kategorien gegliedert: in Arbeiter, Produktionsarbeiter (mit Produktions- und Nichtproduktionstätigkeit) und geistig Tätige. Diese Kategorien wurden weiter in Berufs- beziehungsweise Fachrichtungsgruppen unterteilt.[1]

Ein Vergleich der drei Hauptgruppen ergab, daß die Zahl der Produktionsarbeiter am schnellsten gewachsen ist, darunter vor allem die der Frauen, die im genannten Zeitraum fast auf das Doppelte anstieg. Die Stagnation in den Arbeiterberufen insgesamt hat ihre Ursache darin, daß die Zahl der Beschäftigten in der Land- und Forstwirtschaft und in der Fischerei zurückging und dies stärker bei den weiblichen als bei den männlichen Berufstätigen, deutlicher im slowakischen als im tschechischen Landesteil. Diese Entwicklung war mit der sozialistischen Umgestaltung der Landwirtschaft und der Zunahme der industriemäßigen Produktion verbunden.

Wenn man die Entwicklung der Berufsstruktur genauer untersucht, zeigt sich, daß in erster Linie die Berufe zunehmen, die mit der technischen Entwicklung und mit der wissenschaftlich-technischen Entwicklung und mit der

[1] Die Volkszählung von 1961 erfaßte 295 Untergruppen, die von 1971 dagegen 931 Untergruppen. Um die Angaben beider Volkszählungen vergleichen zu können, war es erforderlich, entsprechende inhaltliche Analysen und Umrechnungen vorzunehmen.

Tabelle 3
Entwicklung der Berufsstruktur der ČSSR von 1961 bis 1970 (1961 = 100)

Berufsstruktur	Männer	Frauen	insgesamt
ČSSR			
Arbeiter	102,6	96,1	100,1
Produktionsarbeiter	116,1	196,7	149,8
Geistig Tätige	102,0	123,5	111,5
Tschechischer Landesteil			
Arbeiter	106,0	94,6	101,4
Produktionsarbeiter	114,5	182,2	145,6
Geistig Tätige	98,0	116,0	106,1
Slovakischer Landesteil			
Arbeiter	95,2	100,3	96,9
Produktionsarbeiter	119,5	257,9	161,3
Geistig Tätige	113,9	149,2	128,7

wissenschaftlich-technischen Revolution verbunden sind. Eine Gegenüberstellung der Angaben der Volkszählung von 1961 und 1970 ergab, daß die Zahl der Beschäftigten der Landwirtschaft zwar zurückgeht, die Zahl der Traktoristen, Kombineführer und anderer Mechanisatoren der landwirtschaftlichen Produktion jedoch deutlich ansteigt (auf 185,6 Prozent). Dieses Wachstum wird noch deutlicher, wenn man es mit dem Rückgang der „traditionellen" landwirtschaftlichen Berufe vergleicht, wie zum Beispiel der Beschäftigten in der pflanzlichen Produktion (Rückgang auf 57,1 Prozent).

Untersucht man die Gruppe der Beschäftigten genauer, die auf dem Gebiet der Be- und Verarbeitung tätig sind, so stellt sich heraus, daß die Zahl der Mechaniker, Schlosser und Reparaturarbeiter am stärksten (790,1 Prozent) und auch die der Beschäftigten auf dem Gebiet der Elektronik und Meßgerätefertigung (251,9 Prozent) sehr schnell wuchs. Im untersuchten Zeitraum hat sich auch gezeigt, daß bei den Beschäftigten auf dem Gebiet der Be- und Verarbeitung der Anteil der Frauen zum Teil sehr deutlich gestiegen ist. So wuchs zum Beispiel der Anteil der weiblichen Beschäftigten in der Textil- und Konfektionsindustrie von 84,9 Prozent im Jahre 1960 auf etwa 90 Prozent im Jahre 1970. Dies löste selbstverständlich eine Reihe von Problemen aus, und zwar besonders solche demographischer Art.

Auch bei der Entwicklung der Zahl der geistig Tätigen ist der Einfluß der wissenschaftlich-technischen Revolution feststellbar. Besonders deutlich ist das Wachstum bei den Beschäftigten in Wissenschaft, Forschung und Entwicklung. Ihre Zahl ist zwischen 1961 und 1970 fast auf das Doppelte gestiegen. Das entspricht der Entwicklung in den wirtschaftlich fortgeschrittensten Ländern und ist daher eine günstige Voraussetzung für die weitere Entfaltung der wissenschaftlich-technischen Revolution in der ČSSR, besonders für die Entwicklung von Wissenschaft, Forschung, Entwicklung und Konstruktion. Daran ändern auch bestimmte in der Untersuchung festgestellte Disproportionen nichts.[2]

Ein Zuwachs war auch bei anderen geistigen Berufen festzustellen. Eine Ausnahme bilden die Beschäftigten in der Leitung der Gesellschaft. Hier ging die Zahl der männlichen Beschäftigten auf 89,8 Prozent, die der Frauen auf 99,8 Prozent zurück.

Die Berufsstruktur verändert sich sowohl durch quantitative Verschiebungen zwischen den einzelnen Berufsgruppen als auch durch das Entstehen neuer und das Absterben alter Berufe (aber auch dadurch, daß sich der Inhalt bereits bestehender Berufe ändert). Die technische Entwicklung beeinflußt den Inhalt der Arbeit und das Arbeitsmilieu und verändert damit die Berufsstruktur „von innen her". Mitarbeiter des Tschechoslowakischen Forschungsinstituts für Arbeit und Sozialwesen haben Untersuchungen auf wichtigen Gebieten der Maschinenbauindustrie und der Konsumgüterindustrie durchgeführt, die gezeigt haben, daß sich mit Einführung neuer technischer und technologischer Verfahren die Anforderungen an die Arbeitskräfte verändert haben, selbst wenn sie in den meisten Fällen keine prinzipielle qualitative Änderung im technischen Niveau mit sich brachten.

Steigende Anforderungen	*Anteil der Veränderungen in Prozent bei den untersuchten Vorhaben*
Psychische Belastung	32
Lärmresistenz	29
Arbeitstempo	32
Kompliziertheit der Arbeit	54
Konzentrationsfähigkeit	50
Aufmerksamkeit	61
Zahl der aufzunehmenden Informationen	35
Sinkende Anforderungen	
Körperliche Belastung	67
Geschick	32
Unfallschutz	63

Bei einer Analyse der Arbeit an numerisch gesteuerten Maschinen stellte sich heraus, daß die Einführung dieser Maschinen fast alle charakteristischen Arbeitsanforderungen senkte außer dem Kompliziertheitsgrad der Arbeit. Folglich stimmen die Ergebnisse der angeführten Untersuchung mit den Prognosen überein, nach denen in Zukunft Aufmerksamkeit, Orientierungsvermögen in komplizierten und neuen Situationen sowie hohe Reaktionsfähig-

[2] Vgl. dazu: František Kutta, Veränderungen in der Arbeitskräfteressourcenstruktur in der ČSSR. Ein bedeutender Wachstumsfaktor der Effektivität der Volkswirtschaft, Vortrag auf einer Internationalen Konferenz in Liblice, Dezember 1974.

keit in ihrer Bedeutung steigen werden. Auch die charakteristischen Eigenschaften und die allseitige Bildung der Werktätigen gewinnen zunehmend an Gewicht. Diese Tatsache stellt bereits heute an das Bildungssystem eine ganze Reihe von Forderungen bei der Heranbildung von Fachleuten für die Automatisierung.

3.5. Einfluß von Wissenschaft und Technik auf die effektive Nutzung des Arbeitsvermögens

Rationelle Gestaltung und Entwicklung des gesellschaftlichen Arbeitsvermögens bedeutet, Voraussetzungen für die Entwicklung der Fähigkeiten der Werktätigen, für ihre Tätigkeit und für ihre Interessiertheit an der Arbeit zu schaffen und die Bedingungen zu sichern, um die Berufstätigen effektiv in die gesellschaftliche Produktion und in den Arbeitsprozeß einbeziehen zu können. Die sozialistische Planwirtschaft hat einen hohen Nutzungsgrad des potentiellen gesellschaftlichen Arbeitsvermögens ermöglicht und erreicht. Damit sichert das sozialistische Gesellschaftssystem die Vollbeschäftigung und Existenzgrundlage für die gesamte Bevölkerung.

Auf dem Gebiet der effektiven Nutzung des Arbeitsvermögens gibt es jedoch noch einige offene und ungelöste Fragen, zum Beispiel, welchen Einfluß die Entwicklung der Bevölkerung insgesamt und ihres arbeitsfähigen Teils unter verschiedenen gesellschaftlich-ökonomischen Bedingungen auf die Dynamik des Wirtschaftswachstums ausübt, das heißt auf die Steigerung des gesellschaftlichen Gesamtprodukts und des verwendeten Nationaleinkommens.

Die wichtigsten Beziehungen zwischen Wissenschaft, Technik und Effektivität des Arbeitskräfteeinsatzes zeigen sich bei der Anwendung von Wissenschaft und Technik in der Volkswirtschaft, und zwar vor allem durch den technischen Fortschritt, die Qualifikation der Arbeitskräfte sowie das System der Leitung und Planung. Der konkrete Einfluß des technischen Fortschritts auf die effektive Nutzung des Arbeitsvermögens zeigt sich in erster Linie in Veränderungen des technischen Niveaus der Produktionsmittel, der Qualifikation der Arbeitskräfte und der Effektivität der Beziehungen zwischen lebendiger und vergegenständlichter Arbeit.

Das Niveau der Beziehung zwischen der in den materiellen Fonds vergegenständlichten und der lebendigen Arbeit hängt vom Niveau der Grundmittel sowie von Qualifikationsniveau und -struktur der Arbeitskräfte ab. Die Qualifikation der Arbeitskräfte ist sowohl Bedingung als auch Ergebnis der Anwendung von Wissenschaft und Technik als einem der Hauptfaktoren, die die Effektivität bei der Nutzung des Arbeitsvermögens beeinflussen. Für die Nutzung von Wissenschaft und Technik zur Erhöhung der Effektivität des Arbeitskräfteeinsatzes spielt das Leitungssystem eine wichtige Rolle. Das betrifft die Methoden der Leitung, die Kaderpolitik und die Organisation der

Produktion. Ihr Niveau beeinflußt auch das Niveau der Nutzung des Arbeitsvermögens.

Von Niveau und Qualität des Leitungssystems hängen auch die anwendbaren Stimulierungsformen ab – sowohl die ökonomischen als auch nichtökonomischen, die durch Motivation zur Arbeit auf die Produktion einwirken. Diese Motivation basiert auf der Vervollkommnung des Reproduktionsprozesses, konkret, auf der steigenden Effektivität bei der Nutzung des Arbeitsvermögens. Natürlich hat die Wirkung ökonomischer Stimuli bestimmte Grenzen. Daher haben auch nichtökonomische Stimuli in der sozialistischen Wirtschaftsführung ein breites Wirkungsfeld. Ihre Spezifik besteht darin, daß sie einerseits Voraussetzung für eine höhere Effektivität bei der Nutzung des Arbeitsvermögens, andererseits Ergebnis eines effektiveren Wirksamwerdens der Arbeitskräfte sind.

Um zu erreichen, daß Wissenschaft und Technik einen positiven Einfluß auf die effektive Nutzung des Arbeitsvermögens ausüben, muß ein ganzer Komplex von Maßnahmen realisiert werden. Der in den Grundmitteln vergegenständlichte technische Fortschritt sollte in vollem Umfang genutzt werden. Das setzt voraus, daß alle Maßnahmen ergriffen werden, um die Entwicklung von Wissenschaft und Technik und die Umsetzung ihrer Ergebnisse in die Produktion zu beschleunigen. Dies findet in der Wirtschaftspraxis in den einzelnen Phasen des Reproduktionszyklus der Grundmittel seinen konkreten Ausdruck.

Die neue Technik kann nur dann zu einer Effektivitätssteigerung der Produktionsfonds führen, wenn ein Instrumentarium vorhanden ist, das folgendes gewährleistet:
- effektive Investitionen,
- grundlegende Entwicklungsprogramme,
- Optimierung der Produktionsstruktur,
- wachsende Förderung vorhandener Rohstoffe und Erschließung neuer Rohstoff- und Energiequellen,
- Intensivierung von internationalen Integrationsprozessen und anderes.

Über dieses Instrumentarium muß erreicht werden, daß der Anteil des vergegenständlichten technischen Fortschritts ständig erhöht wird. Das erfordert über die genannten Kriterien hinaus auch die Höhe und die Verteilung der Investitionsmittel zu optimieren, die qualitativen Parameter zu verbessern, die Einführung neuer Erzeugnisse mit Hilfe der Preispolitik zu stimulieren sowie die Realisierungsfristen von Investitionsvorhaben zu verkürzen. Diese Maßnahmen müssen durch eine schnellere Aussonderung technisch und moralisch verschlissener Grundmittel, durch ständige Modernisierung und Rekonstruktion der vorhandenen Technik zur Erhöhung des technischen Niveaus der Produktionsgrundfonds und durch entsprechende Abführungen an den Fonds zur Entwicklung der neuen Technik und die Rückzahlung von Investitionskrediten ergänzt werden. Selbst dieses noch unvollständige

Instrumentarium genügt, um die Hauptkriterien der Investitionspolitik zu bestimmen, die auf eine Einsparung gesellschaftlicher Arbeit durch jede Investitionsmaßnahme und den Vorrang des fondssparenden Typs des technischen Fortschritts gerichtet ist. Zur Durchsetzung der Investitionspolitik ist die genaue Einhaltung der Effektivitätskriterien in allen Phasen des Investitionszyklus erforderlich.

Modernisierung, Rekonstruktion und Neuausstattung mit Grundmitteln müssen zur effektiven Substitution der lebendigen Arbeit durch Technik führen. Aus einer vom Tschechoslowakischen Forschungsinstitut für Arbeit durchgeführten Analyse geht hervor, daß in den Jahren 1950 bis 1971 lebendige Arbeit nur ungenügend substituiert wurde. Auch in den letzten Jahren hat sich in dieser Richtung wenig geändert. Die Neuinvestitionen tragen in bezug auf die vorhandenen Kapazitäten überwiegend komplementären Charakter. Die Untersuchung ergab, daß vor allem die langsame Substitution der lebendigen Arbeit und die uneffektive Standortverteilung der Arbeitskräfte Ursachen für den Widerspruch zwischen betrieblicher und gesellschaftlicher Effektivität der neuen Technik sind. Nicht immer ist das, was vom Standpunkt der Gesellschaft effektiv ist, auch für den Betrieb effektiv genug.

Auf Grund von Widersprüchen in der wirtschaftlichen Entwicklung in der Vergangenheit hat das bestehende Preissystem noch eine Reihe von Mängeln. Diese Unzulänglichkeiten können sich ungünstig auf die Effektivitätssteigerung der Arbeitskräfte, vor allem unter dem Aspekt der Substitution lebendiger durch vergegenständlichte Arbeit, auswirken. Die Hauptprobleme liegen vor allem im Preisausdruck der materiellen Faktoren der Produktion, in der Höhe der Materialkosten, im Lohnniveau und bei den Reproduktionskosten der Arbeitskräfte sowie in der Wirkung von Instrumenten des Finanzsystems mit preisbildender Funktion (Abführungen, Abgaben und Steuern sowie Wirkungen des Währungskurses und andere).

Der sich wandelnde Charakter der Arbeit ruft Veränderungen hervor, die auch eine veränderte Qualifikation der Arbeitskräfte notwendig machen. Das erfordert nicht nur die Schaffung der entsprechenden subjektiven Bedingungen, sondern auch, daß das Interesse des Werktätigen für eine Qualifizierung geweckt wird. Erwerb, Ergänzung, Erweiterung und Aktualisierung der Qualifikation setzen voraus, daß Qualifikationsniveau und -struktur den Anforderungen der Wirtschaft entsprechen. Das wirkt sich entscheidend auf den Nutzungsgrad der Qualifikation aus.

Vom Standpunkt des einzelnen Werktätigen gibt es eine Reihe wichtiger Faktoren. So muß *erstens* die gesellschaftlich-moralische und materielle Stimulierung verbessert werden. Das schließt Maßnahmen zur gesellschaftlichen Anerkennung der Qualifikationsart und des Qualifikationsniveaus, zur Differenzierung von Löhnen und Gehältern sowie zur Sicherung eines Stammes qualifizierter Mitarbeiter (Schaffung von Voraussetzungen für Arbeitszufriedenheit, günstige Wohnverhältnisse, Aus- und Weiterbildung, Möglichkeiten für Erholung und kulturelle Betätigung und anderes mehr) ein. *Zweitens* ist es erforderlich, ein System der Kaderarbeit zu schaffen, das günstige Bedingungen für die berufliche Entwicklung, den richtigen Einsatz der qualifizierten Mitarbeiter und auch für die Nutzung besonderer Fähigkeiten und Erfahrungen schafft. *Drittens* sind über das Lohnsystem, da es die wirksamste Stimulierungsform ist, die schöpferischen Aktivitäten in der Arbeit sowie die Neuerer- und Erfinderbewegung zu fördern. Und *viertens* sind die Voraussetzungen dafür zu schaffen, daß zusätzliche Initiativen geweckt werden und der sozialistische Wettbewerb auf der Grundlage einer bewußten sozialistischen Einstellung zur Arbeit geführt wird.

Vom Niveau des Planungs- und Leitungssystems und von der effektiven Nutzung seines Instrumentariums hängt es ab, in welchem Umfang die Erkenntnisse von Wissenschaft und Technik im Reproduktionsprozeß angewendet werden. Insbesondere muß die Bedeutung des gemeinsamen, langfristig angelegten Programms für die sozialistische Integration in Wissenschaft und Technik hervorgehoben werden. Das „Komplexprogramm zur weiteren Vertiefung und Vervollkommnung der Zusammenarbeit und Entwicklung der sozialistischen ökonomischen Integration der Mitgliedsländer des RGW“ zeigt, daß wissenschaftlich-technische Integration der sozialistischen Länder unter anderem revolutionäre Veränderungen in der Brennstoff- und Energiebasis wie auch in der Rohstoffbasis, insbesondere bei synthetischen Rohstoffen, hervorruft und die Ausbreitung der Kybernetik und Anwendung ihrer Prinzipien bei der Automatisierung und Leitung der Produktionsprozesse und in verschiedenen anderen Bereichen zur Folge haben wird. Dies hat weitreichenden Einfluß auf die Zweig- und Berufsstruktur der Arbeitskräfte, aber auch auf ihre Mobilität und bewirkt wesentliche berufliche und soziale Veränderungen.

Das Planungsinstrumentarium muß eine solche Verbindung zwischen materiellen Fonds und Arbeit gewährleisten, daß beide ihrer Bedeutung entsprechend wirksam werden. Das erfordert, die Situation zu überwinden, daß Arbeitsplätze, die qualifizierte Arbeit verlangen, von unqualifizierten Arbeitskräften besetzt werden. Eine effektivere Nutzung der Grundmittel kann nicht zuletzt auch durch eine rationellere Ausnutzung des Arbeitsvermögens erreicht werden. Diese rationellere Ausnutzung umfaßt die Verbesserung der Arbeitsorganisation, die Erhöhung der Qualifikation und Optimierung der Qualifikationsstruktur sowie einen optimalen Arbeitsplatzwechsel. Sie beinhaltet weiterhin die Schaffung der erforderlichen beruflichen Mobilität, eine rationelle Nutzung der Arbeitszeit sowie medizinische Betreuung, günstigere Arbeitsbedingungen und verbesserten Arbeitsschutz, Stimulierung von Arbeitsinitiativen, des sozialistischen Wettbewerbs und der schöpferischen Einstellung zur Arbeit. Da die Motivation zur Arbeit sowohl direkt als auch indirekt wirkt, hat sie große Bedeutung für die Steigerung der effektiven Nutzung des Arbeitsvermögens. Das bestätigen auch die vom Tschechoslowakischen Forschungsinstitut für Arbeit durchgeführten Analysen.

Damit die Entwicklung der Reproduktion der Arbeitskräfte wissenschaftlich vorausbestimmt werden kann, ist es erforderlich, eine Reihe von Teilprognosen zu berücksichtigen. Insbesondere bezieht sich das auf demographische Prognosen, auf Prognosen über die Entwicklung des wissenschaftlich-technischen Fortschritts (vor allem voraussichtliche Entwicklung der materiell-technischen Basis) sowie auf ökonomische Aspekte der Kybernetisierung der gesellschaftlichen, wirtschaftlichen und wissenschaftlichen Entwicklung, der internationalen Arbeitsteilung, auf die Entwicklung und Standortverteilung der verschiedenen Zweige der Volkswirtschaft und die voraussichtlichen Veränderungen in der Zweig-, Berufs- und Territorialstruktur der Volkswirtschaft.

Ohne Berücksichtigung der genannten Prognosen lassen sich die Fragen der Beschäftigung und Reproduktion der Arbeitskräfte und alle in kausaler Beziehung zu den Arbeitskräften und zu ihrer effektiven Nutzung stehenden Probleme nicht zuverlässig beantworten.

4. Leitung des wissenschaftlich-technischen Fortschritts

4.1. Sozialökonomische Probleme der Leitung von Wissenschaft und Technik

Das System der planmäßigen Leitung wird bei der weiteren Gestaltung der entwickelten sozialistischen Gesellschaft durch drei zusammengehörende Elemente charakterisiert:

1. Theorie und Praxis der Planung im Rahmen der gesamten Gesellschaft als Instrument der langfristigen Gestaltung der gesellschaftlichen Entwicklung,
2. Theorie und Praxis der sozialistischen Rationalisierung als Instrument der Mobilisierung von Reserven zur Steigerung der Arbeitsproduktivität unter Ausnutzung aller Initiativen der Werktätigen,
3. Theorie und Praxis volkswirtschaftlicher Regelungen als Instrument zur Ausnutzung wissenschaftlicher Erkenntnisse über die Entwicklung des Systems der sozialistischen Wirtschaftsführung und Vervollkommnung des ökonomischen Mechanismus in allen Ländern des sozialistischen Weltsystems.

Das System der planmäßigen Leitung hängt vom Entwicklungsstand der Gesellschaftswissenschaften ab. Dieser drückt sich in der Formulierung langfristiger sozialökonomischer Ziele für das Planungssystem aus, die, verbunden mit konkreten Ergebnissen der Naturwissenschaften, die Grundlage für die Beziehungen zwischen den politökonomischen Zielen und den Ressourcen der gesellschaftlichen Entwicklung darstellen. Gesellschaftswissenschaftliche Erkenntnisse beeinflussen auch das System der sozialistischen Rationalisierung der Produktion mit Hilfe der wissenschaftlichen Arbeitsorganisation. Ein grundlegendes Element der effektiven gesellschaftlichen Entwicklung ist die Wirksamkeit des Wirtschaftsmechanismus, der auf die technische, organisatorische und soziale Aktivität der sozialistischen Produktionskollektive und der einzelnen Arbeiter einwirkt. Hierbei entstehen auch qualitativ neuartige Leitungsinstrumentarien wie das automatisierte Informationssystem.

Die Verbindung des wissenschaftlich-technischen Fortschritts mit der Entwicklung des sozialistischen Leitungssystems erfordert eine umfassende Planung von Wissenschaft und Technik als Grundlage des Zyklus Wissenschaft-Technik-Produktion innerhalb der sozialistischen erweiterten Reproduktion.

Theoretiker in kapitalistischen Staaten verabsolutieren aus der Sicht der

Zielfunktion des Kapitalismus, dem Streben nach Maximalprofit, die Entwicklung der Faktoren der vergegenständlichten Arbeit und des Kapitals im Zyklus Wissenschaft-Technik-Produktion. Dagegen orientiert sich die sozialistische Wirtschaftsführung an einer gesetzmäßig mehrdimensionalen Zielfunktion, die auf die Befriedigung der ständig wachsenden kulturellen und materiellen Bedürfnisse der Werktätigen gerichtet ist. In diesem Sinne wird der Prozeß des wissenschaftlich-technischen Fortschritts im Sozialismus als Einheit von drei Bestandteilen verstanden:

- Entwicklung von Wissenschaft, Technik und Produktion einschließlich Dienstleistungen,
- Entwicklung von Wissenschaft, Bildung und Qualifizierung sowie Schaffung von Bedingungen für die Entfaltung der Persönlichkeit des Menschen und die Entwicklung der Initiativen der Werktätigen,
- Entwicklung der Wissenschaft, des Systems der Organisation und Leitung sowie der Effektivität des gesellschaftlichen Reproduktionsprozesses.

Die Optimierung der gegenseitigen Beziehungen dieser drei Aufgaben ist die grundlegende Bedingung für die Steigerung der gesellschaftlichen Effektivität.

Eine höherentwickelte Technik erfordert auch eine entsprechende Kaderstruktur. Progressive qualifikations- und berufsmäßige Veränderungen auf der Ebene der unmittelbaren Produktion machen es notwendig, entsprechende Veränderungen auf volkswirtschaftlicher Ebene bei den Kaderstrukturen zu realisieren. Unter den Bedingungen der wissenschaftlich-technischen Revolution verstärkt sich die Tendenz, Arbeitskräfte in der nichtproduktiven Sphäre einzusetzen.

Das höhere technische Niveau der Produktion bedingt einen höheren Grad der gesellschaftlichen Arbeitsteilung. Das ist verbunden mit einer entwickelten innerstaatlichen und internationalen Integration, im Rahmen des RGW, der am höchsten entwickelten Form der gesellschaftlichen Kooperation.

Die Notwendigkeit, den Fragen der Komplexität, des globalen Herangehens an die Wirtschaftsleitung besondere Bedeutung beizumessen, wird auch durch eine Reihe von objektiven Veränderungen in den Produktivkräften bedingt. Dazu gehören vor allem Probleme der Arbeitskräftereserven, hervorgerufen durch den hohen Beschäftigungsgrad der arbeitsfähigen Bevölkerung. Die Erschöpfung der Arbeitskräftereserven stellt die Aufgaben, Bildung, Qualifikation und progressive Veränderungen in der Berufsstruktur der Werktätigen intensiver zu entwickeln sowie die Rolle aller intensiven Wachstumsfaktoren, vor allem des wissenschaftlich-technischen Fortschritts, bei der Steigerung der gesellschaftlichen Arbeitsproduktivität und der volkswirtschaftlichen Effektivität zu erhöhen.

Bei den materiell-technischen Elementen der Produktivkräfte entstehen mit dem Übergang von der Mechanisierung zur Automatisierung der Produktion in vielen Ländern unübersehbare Symptome einer Verknappung der

Energie- und Rohstoffressourcen, einer Verschlechterung der Bedingungen zur Gewinnung von konventionellen Brenn- und Rohstoffen und damit die Tendenz zur Aufwandserhöhung für Energie und Rohstoffe. Die Alternative besteht im allmählichen Übergang zu grundsätzlich neuen Verfahren der Energieproduktion.

In diesem Zusammenhang wird bisweilen von der „Ausnutzung des *technologischen Paradoxons der Wissenschaft*" gesprochen.[1] Das Wesen dieses „technologischen Paradoxons" besteht in folgendem: Wenn die bisherige Entwicklung dadurch gekennzeichnet war, daß einem bestimmten Wachstum des Gebrauchswertes ein proportionales Wachstum der verbrauchten natürlichen Rohstoffe entspricht, dann beginnt die Wissenschaft diese direkte Proportionalität in eine umgekehrte zu verwandeln. Unter Ausnutzung einer tendenziell kleineren Menge natürlicher Rohstoffe gilt es, eine immer größere Menge an Gebrauchswerten zu erhalten. Die Ausnutzung des „technologischen Paradoxons der Wissenschaft" bedingt jedoch umfangreiche Strukturveränderungen zwischen erzeugenden und verarbeitenden Industriezweigen. Besondere Anforderungen entstehen gegenüber der chemischen Industrie. Wenn in den Etappen der sozialistischen Industrialisierung der Schwerpunkt der Effektivität in der Rationalisierung einzelner Volkswirtschaftszweige liegt, werden gegenwärtig bei der Vereinigung der Errungenschaften der wissenschaftlich-technischen Revolution mit den Vorzügen des Sozialismus die gesellschaftlichen Strukturveränderungen zu einer wichtigen Quelle für die Steigerung der Effektivität.

Diese progressiven Veränderungen im Charakter der erweiterten sozialistischen Reproduktion machen es auch notwendig, progressive Veränderungen im gesamten Leitungssystem und vor allem im Planungssystem durchzusetzen. Die Veränderungen können kurz charakterisiert werden:

- Die Planung der Entwicklung von Wissenschaft und Technik wird zur Grundlage und zum Ausgangspunkt des gesamten Prozesses der Leitung und Planung.
- Die Planung von Wissenschaft und Technik nimmt einen komplexen Charakter an und schließt den gesamten Zyklus Wissenschaft-Technik-Produktion ein.
- Die Steigerung der Effektivität des wissenschaftlich-technischen Fortschritts ist mit der leitungs- und planungsmäßigen Umgestaltung der Struktur in der gesamten Volkswirtschaft verbunden.

Die Verbindung der Errungenschaften der wissenschaftlich-technischen Revolution mit den Vorzügen des sozialistischen Wirtschaftssystems kommt auch in der Überführung grundsätzlich neuer bedeutender wissenschaftlicher

[1] Vgl. F. Valenta, Neue Aspekte der gesellschaftlichen Effektivität (Konferenzbeitrag), in: Naučno-techničeskaja revoljucija i povyšenie effektivnosti narodnogo chozjajstva (Praha) vom 16. 4. 1974.

Erkenntnisse zum Ausdruck. Wissenschaftlich-technische Neuerungen, die zu Strukturveränderungen in der Volkswirtschaft führen, übersteigen den Zeitraum eines Fünfjahrplans. Aus diesem Grund nimmt das gesamte Planungssystem einen langfristigen Charakter an, wobei sich die kurzfristigen Jahrespläne auf langfristige Zielstellungen stützen.

Das Planungssystem ist folgendermaßen aufgebaut:

Langfristige Prognosen der wissenschaftlich-technischen, ökonomischen und sozialen Entwicklung werden für einen Zeitabschnitt erarbeitet, der mit dem Zyklus epochemachender Neuerungen (20 bis 30 Jahre) zusammenfällt.

Generalperspektiven der sozialistischen Entwicklung bestimmten den Aufbau der entwickelten sozialistischen Gesellschaft für eine Periode von etwa 15 Jahren. Diese basieren auf einem System von Hauptprogrammen, die komplex in allen wissenschaftlich-technischen, ökonomischen und sozialen Aspekten auf einzelne entscheidende Teile des gesellschaftlichen Ziels des Perspektivzeitraumes gerichtet sind. Jedes Hauptprogramm, das die Grundlage einer Reihe von Programmen und Projekten ist, drückt außer den gegenseitigen Beziehungen der vertikalen Verflechtung auch die entscheidenden horizontalen Beziehungen aus. Das geschieht unter Berücksichtigung aller grundlegenden ökonomischen und sozialen Ressourcen und Ergebnisse der Maßnahmen des Programms. Das System der Hauptprogramme erfaßt auf diese Weise langfristige strategische Tendenzen der Leitung in ihren gesellschaftlichen strukturellen Umgestaltungen und gegenseitigen Beziehungen. Es trägt dazu bei, den Rahmen eines strukturell begrenzten Herangehens zu überwinden, um die notwendigen langfristigen strukturellen Veränderungen im gesellschaftlichen Maßstab zu erfassen.

Auf der Grundlage von Hauptperspektiven wird das System *der mittelfristigen* (Fünfjahrpläne) und *kurzfristigen* Planung (Jahrespläne) aufgebaut.[2]

Kriterien zur Leitung des wissenschaftlich-technischen Fortschritts

In den sozialistischen Ländern unterlag die Auffassung vom Inhalt des Begriffs Arbeitsproduktivität einer Entwicklung. Während der Periode der sozialistischen Industrialisierung wurde die Arbeitsproduktivität als Beziehung zwischen den Aufwendungen für die lebendige Arbeit und dem Wachstum des gesellschaftlichen Gesamtprodukts oder des Nationaleinkommens[3] verstanden. Diese Kennziffer kann zwar die Effektivität des produktiven Bereiches charakterisieren, läßt aber den nichtproduktiven Bereich außer acht. Pravdin schreibt dazu: „Das Verhältnis der nichtproduktiven Sphäre zu der Bildung des Nationaleinkommens ist indirekt auch vermittelt, nicht einseitig sondern

[2] Vgl. Kompleksno narodnochozjajstvennoe planirovanie, Redaktion N. P. Fedorenko, Moskva 1974.

[3] Auf Betriebsebene ausgedrückt als Erzeugnisquantität je Arbeiter.

mehrseitig, durch komplizierte sozialökonomische Beziehungen, die mit der Aufteilung des Nationaleinkommens verbunden sind. Auf diese Weise wirkt auch die nichtproduktive Sphäre auf die materielle Produktion und das System der gesellschaftlichen Beziehungen zurück."[4] Außerdem berücksichtigte die frühere Definition der Kennziffer Arbeitsproduktivität ungenügend die Rolle der vergegenständlichten Arbeit für das Wachstum der gesellschaftlichen Arbeitsproduktivität und der Effektivität. Das hat zur Folge, daß die Arbeitsproduktivität zu einer Kennziffer der Produktivität lebendiger Arbeit wird, die selbst bei unrationeller Ausnutzung der vergegenständlichten Arbeit, zum Beispiel von Energie und Rohstoffen, wächst, obwohl die gesellschaftliche Effektivität stagniert.

Die aggregierten ökonomischen Kennziffern schließen die Aufwendungen für lebendige und vergegenständlichte Arbeit ein. Als Kriterium für die Ausnutzung der vergegenständlichten Arbeit eignet sich der Aufwand an Rohstoffen, Material, Brennstoffen und Energie, der sich wertmäßig in den materiellen Fonds ausdrückt. Als aggregierte ökonomische Kennziffer erfaßt die Arbeitsproduktivität das Quantum an verausgabter Arbeit in der Produktion und bei den produktiven Dienstleistungen und bildet eine brauchbare Basis, um die sozialökonomische Effektivitätsentwicklung nachzuweisen. In dieser Form stellt die sozialökonomische Effektivität einen aggregierten Ausdruck der Ökonomie der Arbeit (lebendiger und vergegenständlichter) dar.

Es muß betont werden, daß, ebenso wie die Entwicklung der Produktivkräfte die Grundlage für die gesellschaftliche Entwicklung ist, auch die ökonomischen Kriterien und Faktoren immer die Grundlage zur Bestimmung der gesellschaftlichen Effektivität bilden. So wie die ökonomische und die soziale Entwicklung zwei verschiedene Seiten sind, verhält es sich auch mit der Beziehung zwischen der Ökonomie der lebendigen und der Ökonomie der vergegenständlichten Arbeit. Die Verabsolutierung der ökonomischen Seite des wissenschaftlich-technischen Fortschritts im gesamtgesellschaftlichen Maßstab kann infolge ungenügender Berücksichtigung der sozialen Aspekte zur Stagnation der gesellschaftlichen Effektivität führen.

Die innere Widersprüchlichkeit der ökonomischen und sozialen Ergebnisse des technischen Fortschritts führten bereits Anfang der sechziger Jahre zur verstärkten Aufmerksamkeit der sozialistischen Gesellschaftswissenschaftler gegenüber den sozialökonomischen Problemen des technischen Fortschritts. Das Studium der sozialökonomischen Effektivität findet unter den Bedingungen der wissenschaftlich-technischen Revolution verstärkte Beachtung, weil die Wechselbeziehungen zwischen ökonomischen und sozialen Wirkungen des wissenschaftlich-technischen Fortschritts besonders deutlich hervortreten.

Der wissenschaftlich-technische Fortschritt ist unter den Bedingungen des

[4] D. I. Pravdin, Neproizvodstvennaja sfera: Effektivnost' i stimulirovanie, Moskva 1973, S. 29.

Sozialismus ein bedeutender Faktor der *Entwicklung der sozialistischen Produktionsverhältnisse.* Der wissenschaftlich-technische Fortschritt in der Produktion beseitigt schrittweise die grundlegenden Unterschiede zwischen der geistigen und körperlichen Arbeit. Das trägt zur Annäherung des Charakters der Arbeit zwischen der Arbeiterklasse und der Intelligenz sowie zur Entwicklung der sozialen Struktur im Sozialismus bei. Gleichzeitig fördert die Mechanisierung und Automatisierung der Arbeit in der Landwirtschaft die allmähliche Beseitigung der Unterschiede zwischen Stadt und Land und festigt das Bündnis zwischen der Arbeiterklasse und den werktätigen Bauern. Durch die immer weitere Vergesellschaftung der Produktivkräfte in der Landwirtschaft erfolgt eine allmähliche Verschmelzung des genossenschaftlichen mit dem gesellschaftlichen Eigentum. Es entsteht das kommunistische Eigentum des gesamten Volkes.

Auf diese Weise trägt der wissenschaftlich-technische Fortschritt in bedeutendem Maße zur Entwicklung der sozialistischen Produktionsverhältnisse bei. Das wiederum fördert die gesamtgesellschaftliche Entwicklung in den beiden Phasen der kommunistischen Gesellschaftsformation.

Die Entwicklung und Mobilisierung des subjektiven Faktors ist das entscheidende Ziel der Entwicklung des Sozialismus. Im Sozialismus werden die vielseitigen Initiativen der Arbeiterklasse und des gesamten Volkes für die Entwicklung aller Zweige der Volkswirtschaft genutzt. In bestimmten Etappen der Entwicklung der Produktionstechnik treten negative Tendenzen bei der Entwicklung der Arbeitsproduktivität innerhalb der Betriebe auf, zum Beispiel beim Übergang von den Universalmaschinen zu den Spezialautomaten und beim Übergang zur umfassenden Fließbandproduktion. Diese Periode des technischen Fortschritts wird von bestimmten Tendenzen zur Senkung von Arbeitsanforderungen charakterisiert. Solche Tendenzen verstärken sich bei nichtkomplexer Mechanisierung, besonders auf dem Gebiet des innerbetrieblichen Transports, der im großen Umfang gering qualifizierte Arbeit erfordert. Derartigen Tendenzen ist durch komplexe Mechanisierung und Automatisierung entgegenzuwirken, die den wachsenden Bedürfnissen nach Qualifizierung und der Beseitigung monotoner und einseitiger Arbeit untergeordnet sind. Monotoner Arbeit kann durch Ausnutzung von Methoden des Wechselns von Arbeitsplätzen, einer vernünftigen Folge von Arbeit und Erholung, des beschleunigten Übergangs von weniger qualifizierten zu stärker qualifizierten Tätigkeiten und durch allseitige Vervollkommnung des Arbeitsmilieus begegnet werden.

Die Effektivität einer allseitigen Vervollkommnung des Arbeitsmilieus ist nicht nur durch die ökonomischen Faktoren bedingt. Oft machen sich große zusätzliche Investitionen, die zur Verbesserung des Niveaus der Arbeitsbedingungen notwendig sind und die auf den ersten Blick den ökonomischen Effekt „senken", für die Gesellschaft durch die Entwicklung vielseitiger Initiativen der Werktätigen bezahlt. Die allseitige Entwicklung und die daraus abgeleitete Initiative der Werktätigen hängt von der proportionalen und planmäßigen Entwicklung aller Faktoren des gesamtgesellschaftlichen Potentials ab. Die grundlegende gesellschaftliche Bestimmung der Organisation und Leitung der Entwicklung besteht darin, die Kooperation der Volkswirtschaftszweige innerhalb des einheitlichen Systems der gesellschaftlichen Arbeitsteilung und der einzelnen Seiten des gesellschaftlichen Lebens zu realisieren.

In gleicher Weise kommt der *Leitung der Wissenschaft* die Aufgabe zu, die verschiedenen Wissenschaftsdisziplinen verantwortungsvoll zur Lösung der gesellschaftlichen Aufgaben zu vereinigen. Infolge der wechselseitigen Beziehungen zwischen der technischen, ökonomischen und sozialen Sphäre erfolgt eine interdisziplinäre Vereinigung der technischen, ökonomischen und soziologischen Disziplinen. Auf dieser Grundlage kann man das gesamte System der Leitung und Planung erweitern und vertiefen, indem man dem sozialen Element in der Leitung und Planung das notwendige Gewicht beimißt und allmählich globalere Kriterien der sozialökonomischen Effektivität anwendet. Bei der Leitung der Wissenschaft treten gleichzeitig bedeutende Tendenzen zur internationalen Integration auf, entstehen internationale Forschungskollektive, Problemkommissionen und internationale Forschungsorganisationen. Infolge der internationalen Kooperation vervielfältigt sich das wissenschaftliche Potential. Eine Reihe von Problemen der sozialen Effektivität können überhaupt nicht ohne eine solche internationale Kooperation gelöst werden. Zu diesem Problemkreis gehören Fragen des ökologischen und biologischen Gleichgewichts, das weit über den Rahmen einzelner Länder hinausgeht, Probleme der Theorie der Optimalplanung, der Kosmosforschung, des Erkundens von Rohstoff- und Energiereserven und andere.

Ähnliche Tendenzen treten in der Technik auf, wo beispielsweise die Schaffung einheitlicher Energiesysteme ein Hauptfaktor zur Steigerung der Effektivität der Produktion und des Verbrauchs an Elektroenergie war, deren Effektivität direkt mit dem Grad der internationalen Zusammenarbeit bei der Entwicklung neuer Lösungen zusammenhängt. Auf dieser Grundlage wird die allmähliche Integration von Organisation und Leitung in ein einheitliches System der Leitung und Planung ein wirksamer Faktor für die Steigerung der sozialökonomischen Effektivität des wissenschaftlich-technischen Fortschritts in jedem einzelnen sozialistischen Land.

Wie bei der Leitung auf volkswirtschaftlicher Ebene sind Leitung und Organisation auch auf Betriebsebene ein komplexer Faktor der sozialökonomischen Effektivität.

DieVerbindung der ökonomischen und sozialen Wachstumsfaktoren spiegelt sich deutlich in der sozialistischen *wissenschaftlichen Arbeitsorganisation* und der Rationalisierung wider. Es bildet sich eine Reihe voneinander abhängiger gesellschaftlicher, sozialer und wissenschaftlicher Disziplinen heraus: die Arbeitsökonomie, die die ökonomischen Aspekte der Arbeitsteilung und Arbeitskooperation untersucht, die Arbeitssoziologie, die die sozialen Aspekte untersucht, die Psychologie und Physiologie der Arbeit, die die gegenseitigen Beziehungen zwischen der Entwicklung der Arbeitsprozesse ermittelt, sowie die Physiologie und Psychologie der Werktätigen, die Ergonomie, die die Beziehungen in den Systemen „Mensch – Maschine“ aufdeckt.

Der sozialistische Betrieb wird bei derartigen Wissenschaftsdisziplinen als ein gesellschaftlicher sozialökonomischer Organismus verstanden, dessen Ziel darin besteht, durch eine allseitige Steigerung der Arbeitsproduktivität zur Schaffung von Bedingungen zur allseitigen Befriedigung der wachsenden materiellen und kulturellen Bedürfnisse der Werktätigen beizutragen. Diesem Ziel müssen sich auch die Arbeitsorganisation und die Produktion in den sozialistischen Betrieben unterordnen.

Auf dieser Grundlage erfolgt eine allmähliche Erweiterung der technisch-ökonomischen Planung, indem die Planung der sozialen Entwicklung der Arbeitskollektive, die die Organisation der Arbeit und Produktion mit der Organisation der sozialen Bedingungen für die Entwicklung der Werktätigen verbindet, einbezogen wird. Ein grundlegendes Merkmal des Plans der sozialen Entwicklung ist sein „Umschlagen“ in bestimmte Komponenten der territorialen Planung, da sich in den sozialen Faktoren die Bedingungen zur Ausnutzung der Arbeitszeit innerhalb der Betriebe und der Freizeit der Werktätigen außerhalb des Betriebes vereinigen. Solche sozialen Komponenten, wie Verbesserungen für die Beförderung der Werktätigen zum Arbeitsplatz, der Wohnbedingungen, der Erholung, des kulturellen Lebens oder der kommunalen Dienstleistungen übersteigen die Kompetenz der Betriebe.

Ein erstrangiges Problem bei der Realisierung der progressiven Veränderungen im System der Leitung und Planung ist die Schaffung von Kennziffern der sozialökonomischen Effektivität des wissenschaftlich-technischen Fortschritts. Während man qualitativ unterschiedliche ökonomische Erscheinungen mit Hilfe allgemeiner Berechnungskennziffern unter Ausnutzung mathematischer Methoden umsetzen kann, lassen sich soziale Erscheinungen in vielen Fällen nicht mathematisch bearbeiten.

Das System der sozialen Kennziffern geht von der Analyse der Entwicklungskomponenten der sozialistischen Lebensweise aus. Diese kann man kurz folgendermaßen charakterisieren:

- subjektive Ressourcen (demographische Aspekte, Reproduktion und Ausnutzung der Arbeitskraft, Umsetzung und Anpassung der Arbeitskraft),
- *Verteilung materieller Bedingungen der Reproduktion der Arbeitskräfreressourcen* (Verteilung durch den nominalen Arbeitslohn und entsprechend dem gesellschaftlichen Bedarf),
- *Ausbildung der Arbeiter* (Niveau und Veränderungen in den Bildungsproportionen, Qualifikation, Berufsausbildung),
- *Gesundheitsschutz* (Gesundheitszustand, prophylaktische und medizinische Betreuung),
- *Wohnbedingungen* (Wohnraumbedarf und Niveau der Wohnbedingungen),

- *Sozialfürsorge* (Sorge um die Familien, Sorge um die arbeitsfähigen Menschen, die nicht mehr arbeitenden und alleinstehenden Menschen),
- *Schutz des Lebens- und Arbeitsmilieus sowie Ausnutzung der Freizeit* (Arbeitsschutz, Urbarmachung und Besiedelung, Transport, Schaffung von Bedingungen zur Ausnutzung der Freizeit, Kultur und Erholung),
- *politisches Bewußtsein und Initiative der Werktätigen* (Entwicklung politischer Aktivität, Teilnahme der Werktätigen an der Leitung, Entwicklung des sozialistischen Wettbewerbs).

Die Bildung des Systems von Kennziffern für die soziale Planung wird in drei Etappen realisiert:

1. Berechnung und Klassifizierung der Kennziffern, die für die Charakteristik der sozialen Komponenten der Entwicklung in der Statistik angewendet werden,
2. Ausarbeitung einer Methode zur Ermittlung von neuen sozialen Kennziffern auf der Grundlage der vorhandenen statistischen Kennziffern und Angaben,
3. Schaffung eines komplexen Systems der sozialen Kennziffern und ihre Einführung in die statistische Praxis.

Das vorhandene Kennziffernsystem, das auf der Grundlage der Komponenten für die soziale Entwicklung ausgearbeitet wurde, ist nur ein erster Schritt zur Schaffung eines Systems der sozialen Kennziffern, das in der Praxis anwendbar ist. Das erfordert, das komplizierte Netz der Wechselbeziehungen zwischen den zahlreichen Kennziffern zu untersuchen, den Informationswert der einzelnen Kennziffern zu prüfen, eine Selektion durchzuführen und zur Optimierung ihrer Struktur durch Aggregation überzugehen. Dabei ist nicht nur das System der sozialen Kennziffern als solches zu vervollkommnen, sondern gleichzeitig ist es auch in das System der ökonomischen Kennziffern zu integrieren.

Keinesfalls darf jedoch die ökonomische und soziale Seite der gesellschaftlichen Effektivität getrennt werden. Aus diesem Grunde ist die Bildung des Systems der sozialen Kennziffern nicht unabhängig vom System der ökonomischen Kennziffern vorzunehmen, sondern sie erfordert die Integration, Aggregation, die gegenseitige Verflechtung dieser zwei Seiten der einheitlichen, objektiven sozialökonomischen Realität des wissenschaftlich-technischen Fortschritts.

4.2. Methodologie der komplexen Zielplanung des wissenschaftlich-technischen Fortschritts

Allgemeine Prinzipien

Die Planung ist das Kernstück der Leitung der sozialistischen Volkswirtschaft und ihrer Zweige. Entsprechend der gültigen Methodik schließt die Wirtschaftsleitung die materielle Stimulierung, Finanzierung und Preisbildung ein. Zu diesem Zweck werden normative Grundlagen erarbeitet, die die Rechte und die Verantwortlichkeiten der Leitungsorgane sowie die Rechte und Pflichten der ausführenden Organe auf allen Leitungsebenen bestimmen.

Somit wirken sich sowohl alle Verstöße und Mängel als auch die Verbesserungen in der Planung in vollem Maße auf den gesamten Mechanismus der Wirtschaft aus. Dabei sind Veränderungen und Ergänzungen im Leitungsmechanismus, die die Planungsmethodik nicht berühren, auch nicht in der Lage, die Qualität der Wirtschaftsleitung insgesamt zu beeinflussen. Ebenso können Versuche zur grundlegenden Verbesserung der Leitung der sozialistischen Wirtschaft und ihrer Bereiche sowie der Entwicklung von Wissenschaft und Technik nicht das gewünschte Ergebnis bringen, wenn dabei nicht die Planung qualifiziert wird.

Im Sozialismus ist die Planung ein Mittel zur Realisierung der gesellschaftlichen Ziele und der gesellschaftlichen Interessen aller Mitglieder der Gesellschaft. Sie enthält in gleichem Maße Elemente direktiven wie auch initiativen Charakters, und ist dadurch der wichtigste Stimulus für die Entwicklung der Produktion. Der unter Mitwirkung der Werktätigen aufgestellte Plan enthält die wichtigsten Elemente für das System der ökonomischen und moralischen Stimulierung. Dieses System der Stimulierung und Prämierung ist darauf orientiert, die Betriebe und Institutionen an der Ausarbeitung und Erfüllung angespannter Pläne zu interessieren, die die Wege zur Effektivitätssteigerung der Produktion und zum wachsenden Wohlstand des Volkes beinhalten.

Die Effektivitätssteigerung der Produktion richtet sich auf die Erhöhung der Menge, die Erweiterung des Sortiments und die Verbesserung der Qualität der Erzeugnisse und Dienstleistungen. Sie ist eine unabdingbare Voraussetzung für die Gestaltung der erweiterten Reproduktion und für die Lösung der Aufgaben zur ökonomischen und sozialen Entwicklung der Gesellschaft, für die Hebung des Volkswohlstandes, die Festigung der Verteidigungskraft des Landes sowie die Entwicklung der Wissenschaft und Kultur.

Eine typische Besonderheit der einfachen Reproduktion besteht darin, daß die Effektivität und das Volumen der erzeugten und verbrauchten materiellen Güter unverändert bleiben. „Verteilen und konsumieren", heißt es im Rechenschaftsbericht des ZK der KPdSU an den XXIV. Parteitag, „kann man nur das, was produziert wurde"[1]. Um mehr zu verbrauchen, muß mehr hergestellt werden, und zu diesem Zweck ist die Effektivität der Produktion zu steigern. Um eine kontinuierliche Effektivitätssteigerung der Produktion zu erzielen, müssen deren Quellen bekannt sein. Eine konsequente Analyse zeigt, daß die Effektivitätssteigerung der Produktion an die Erhöhung der gesellschaftlichen Arbeitsproduktivität gebunden ist. Die Effektivität der gesellschaftlichen Produktion wird letzten Endes am Gesamtaufwand an Arbeitszeit

[1] Rechenschaftsbericht des Zentralkomitees der KPdSU an den XXIV. Parteitag der Sowjetunion, Referent: L. I. Breshnew, Moskau-Berlin 1971, S. 58.

gemessen. Folglich sind die Produktionsaufwendungen desto kleiner und die Effektivität der Produktion um so größer, je geringer der Gesamtaufwand an Arbeit pro Erzeugniseinheit ist.

Die Faktoren zur Aufwandssenkung und Arbeitsproduktivitätssteigerung lassen sich in ständig und in zeitweilig wirkende Faktoren einteilen. Zu den ständig wirkenden Faktoren gehören der gesamte Komplex der Entwicklung von Wissenschaft und Technik und die Ausnutzung ihrer Errungenschaften in der Volkswirtschaft. Zu den zeitweilig wirkenden Faktoren gehört die Mobilisierung von real vorhandenen Produktionsreserven, die in nichtausgelasteten Produktionskapazitäten wie auch in Reserven bei der Nutzung der Arbeitskräfte- und Materialressourcen bestehen.

Selbst wenn die Gesellschaft über noch so große Reserven verfügt – diese sind nicht unendlich. Die Reserven erschöpfen sich sehr schnell, wenn man sie nicht ständig auffüllt. Werden der Arbeitstag des Arbeiters und die Kapazitäten der Maschinen und Anlagen restlos genutzt und alle Verluste auf ein Minimum reduziert, läßt sich die Arbeitsproduktivität nicht mehr über organisatorische oder ökonomische Maßnahmen steigern. Das kann nur durch die Einführung neuer Technik und neuer technologischer Prozesse und somit durch das Wachstum des gesamten Leistungsvermögens der Produktion erreicht werden. Bei Einführung der neuen Technik werden ihre potentiellen Möglichkeiten meist nicht sofort voll wirksam, vielmehr können sie in der Regel erst im Laufe einer gewissen Zeit vollständig ausgeschöpft werden. Durch Vervollkommnung bringt der technische Fortschritt immer wieder neue Reserven hervor, die in die Produktion einfließen und dadurch ihre Effektivität erhöhen.

Bei der Ausarbeitung des Fünfjahrplans zur Entwicklung der Volkswirtschaft der UdSSR für 1971 bis 1975 wurde zum Beispiel völlig richtig die Aufgabe gestellt, die Arbeitsproduktivität durch Ausnutzung der in den Zweigen und Betrieben vorhandenen Produktionsreserven beträchtlich zu steigern. Wäre eine solche Aufgabe jedoch für den langfristigen Plan gestellt worden, so wäre sie unreal gewesen und hätte ein akutes Arbeitskräftedefizit, Disproportionen und einen Effektivitätsverlust in der Produktion zur Folge haben müssen.

Die Methoden zur Lösung von ökonomischen und sozialen Aufgaben für einen kurzen Zeitraum unterscheiden sich also von denen für einen langen Zeitraum.

Unter den Bedingungen der gegenwärtigen wissenschaftlich-technischen Revolution ist die materielle Produktion zum wichtigsten Anreger und Konsumenten der Errungenschaften von Wissenschaft und Technik geworden. Dabei stützt sich die Wissenschaft in immer stärkerem Maße auf die materielle Basis der Produktion. Somit entsteht und entwickelt sich zwischen Wissenschaft und Produktion eine direkte Kooperation, auf deren Grundlage sich die Wissenschaft in eine unmittelbare Produktivkraft verwandelt.

Die Bildung und Entwicklung dieser im Prinzip neuen Kooperationsform zwischen Wissenschaft und Produktion beeinflußt beträchtlich die kooperierenden Partner: Die Produktion, die zum Partner der Wissenschaft wird, ändert ihre Zweig- und technologische Struktur. Dabei ändern sich die Quellen und Gewinnungsmethoden von Roh- und Werkstoffen sowie Energieressourcen, es beschleunigen sich die Reproduktionszyklen der Industrieproduktion, die Standortverteilung der Produktionskomplexe verändert sich und vieles andere mehr. Darüber hinaus nimmt die Produktion einzelne Züge an, die früher im wesentlichen nur für Prozesse in Wissenschaft und Technik typisch waren, wie zum Beispiel: Variabilität der Entwicklungsrichtungen verschiedener Zweige der materiellen Produktion, die Möglichkeit, gleiche Ergebnisse mit verschiedenen Methoden und mit unterschiedlichen Arbeits- und Materialaufwendungen zu erzielen.

Durch den unmittelbaren Kontakt mit der Produktion ändert sich in beträchtlichem Maße auch das „Antlitz" von Wissenschaft und Technik. In der Forschungsarbeit ist man bestrebt, eine komplexe Koordinierung sowohl der inneren Beziehungen, als auch der Beziehungen zu den Produktionsaufgaben herzustellen. Wissenschaft und Technik werden zum Gegenstand unmittelbarer ökonomischer Interessen und mit dem Mechanismus der Wirtschaftsleitung verbunden. Planungsmethoden und Methoden der ökonomischen Stimulierung mittels wirtschaftlicher Rechnungsführung, die für die sozialistische Produktion erarbeitet wurden, erlangen mehr und mehr auch im Bereich von Forschung und Entwicklung Bedeutung. Somit wird der Bereich Wissenschaft und Technik Schritt für Schritt in den Wirkungskreis der ökonomischen Gesetze einbezogen, darunter vor allem des Gesetzes der planmäßigen proportionalen Entwicklung der Volkswirtschaft. Deshalb erstrecken sich die grundlegenden Leitungsprinzipien der sozialistischen Wirtschaft – Planmäßigkeit und dynamische Bilanziertheit – ebenfalls auf Wissenschaft und Technik, besonders auf deren anwendungsorientierte Stadien. Die zentral geplante Entwicklung der sozialistischen Produktion könnte sich nicht effektiv auf die Errungenschaften von Wissenschaft und Technik stützen, wenn in diesem Bereich keine Planmäßigkeit herrschte.

Die Produktion löst ihre Aufgaben mit Hilfe des wissenschaftlich-technischen Fortschritts und nicht parallel dazu. Sie konsumiert neueste Erkenntnisse von Wissenschaft und Technik sowie Arbeits- und Naturressourcen. Folglich gibt es sowohl eine unmittelbare, direkte Beziehung zwischen der Entwicklung von Wissenschaft und Produktion und auch einen Unterschied hinsichtlich ihrer Endergebnisse. Dieser Unterschied stellt die Wissenschaft und die Wirtschaftspraxis vor die Aufgabe, ein System der planmäßigen Leitung des wissenschaftlich-technischen Fortschritts zu entwickeln und zu realisieren, das, erstens, den Planungsprinzipien der sozialistischen Wirtschaft insgesamt entspricht, zweitens, die Spezifik des wissenschaftlich-technischen Fortschritts berücksichtigt und, drittens, auf eine maximale Effektivitätssteigerung der gesellschaftlichen Produktion ausgerichtet ist. Einer solchen Aufgabenstellung zur Vervollkommnung der planmäßigen Leitung des wissenschaftlich-technischen Fortschritts entspricht die Entwicklung und Verwirklichung der Methoden der komplexen Ziel-Programm-Planung.

Methodologie der Programmplanung

Unzureichende Komplexität und Zielorientierung sind gegenwärtig Hauptmängel bei der Planung der Entwicklung von Wissenschaft und Technik, bei der Planung von Forschung, Entwicklung und Überleitung der neuen Technik. Es steht die Aufgabe, an die Gestaltung der Leitung des wissenschaftlich-technischen Fortschritts auf prinzipiell neue Art heranzugehen. Im Unterschied zur Produktionsplanung, der Fünfjahrpläne zugrunde gelegt werden, muß die Planung des wissenschaftlich-technischen Fortschritts offenbar auf langfristigen Plänen basieren. Dabei weist der wissenschaftlich-technische Fortschritt auf volkswirtschaftlicher Ebene die stärksten Verzweigungen auf. Daher müssen diese Pläne für 15 bis 20 Jahre, auf der Ebene der Zweige und Vereinigungen dagegen für 10 bis 15 Jahre aufgestellt werden. Kurzfristige Planauflagen zur Lösung von wissenschaftlich-technischen Problemen erweisen sich häufig als eine Sammlung von Problemen und Aufgaben, die mit den sozialen und ökonomischen Hauptzielen des Volkswirtschaftsplans sowie mit den Aufgaben zur Produktionsaufnahme und Überleitung abgeschlossener Entwicklungen nur ungenügend abgestimmt sind.

Die Pläne Wissenschaft und Technik werden in der UdSSR gegenwärtig für ein Jahr und für fünf Jahre aufgestellt. Für diese Planperioden beinhalten sie Festlegungen über die Mittelbereitstellung, die bearbeitenden Institutionen, den Umfang der zu erfüllenden Arbeiten sowie die Bearbeitungsdauer. Solch ein Zeithorizont ist jedoch sogar für kleine wissenschaftlich-technische Themen nur dann ausreichend, wenn ihr Ablauf mit der Planperiode voll zusammenfällt. Bei der Lösung von großen Problemen überschreitet eine Reihe erforderlicher Arbeiten im Vorbereitungs- oder Abschlußstadium den Planzeitraum, obwohl sie von der Nutzung der Entwicklungen und der Überführung der Forschungsergebnisse in die Produktion nicht zu trennen sind. Das hat zur Folge, daß der Fortgang der Arbeiten in den Folgestadien nicht genügend vorbereitet ist, die Handlungen nicht hinreichend koordiniert sind und Verzögerungen bei der Überführung der Neuerungen in die Produktion eintreten. Außerdem werden bei der Planaufstellung für den folgenden Planzeitraum Forschungsthemen, Finanzierung und Zeitdauer der Bearbeitung praktisch von neuem festgelegt. Dadurch verteuern sich die wissenschaftlichen Forschungen und verlängert sich ihre Bearbeitungsdauer. Weiterhin entstehen Verluste sowohl durch wiederholte Bearbeitung von Forschungsaufgaben und unbegründete Doppelarbeit, als auch durch die Einbeziehung von zweitrangigen Arbeiten in den Plan, die sich nicht in das Forschungsprofil eingliedern. Bei der Leitung entscheidender wissenschaftlich-technischer Forschungs- und Entwicklungsvorhaben wird demnach gegenwärtig deren Kontinuität noch nicht genügend Rechnung getragen.

Der Übergang zu Methoden der komplexen Leitung des wissenschaftlich-technischen Fortschritts, die Schaffung eines einheitlichen ökonomischen Planungs- und Stimulierungsmechanismus für die Entwicklung von Wissenschaft und Technik, die Vervollkommnung der Organisationsformen der Verbindung von Wissenschaft und Produktion sind Aufgaben, die objektiv der Entwicklung in Wissenschaft, Technik und Produktion gestellt werden.

Das komplexe System der planmäßigen Leitung des wissenschaftlich-technischen Fortschritts muß auf Kennwerten und Normativen basieren, die es gestatten, die technische Politik sowohl gesamtstaatlich als auch in den Wirtschaftszweigen entsprechend den langfristigen und kurzfristigen Zielen und Aufgaben der Produktion durchzuführen und in jedem Bereich die Erfüllung der Planaufgaben zu kontrollieren. Das Leitungssystem muß der Einpassung und Abgestimmtheit der aufeinanderfolgenden Stadien der Kette Forschung, Entwicklung und Überleitung der neuen Technik dienen. Dabei ist die abschließende Etappe – die Realisierung der Errungenschaften von Wissenschaft und Technik in der Volkswirtschaft – das Kernstück der zentralen Leitung. Die Leitung darf nicht über einzelne, isolierte Maßnahmen zur Weiterentwicklung von Technik, Technologie und Produktionsorganisation erfolgen, sondern sie muß durch zielorientierte Methoden zur Hebung des wissenschaftlich-technischen und ökonomischen Niveaus der Produktion als Ganzes verwirklicht werden.

Entsprechend den genannten Forderungen ist ein System zur planmäßigen Leitung des wissenschaftlich-technischen Fortschritts anzuwenden, bei dem komplexe Zielprogramme für Hauptentwicklungsrichtungen von Wissenschaft und Technik in verschiedenen Ebenen – Volkswirtschaft, Zweig, Vereinigung und Betrieb – die Plangrundlage bilden.

Die Planung des wissenschaftlich-technischen Fortschritts sollte daher folgende Abschnitte enthalten:

Auf der Ebene der Volkswirtschaft:

- Gesamtplan des wissenschaftlich-technischen Fortschritts,
- langfristige Komplexprogramme der für die Volkswirtschaft grundlegenden Entwicklungsrichtungen von Wissenschaft, Technik und Produktion.

Auf der Ebene der Zweige, Wirtschaftsgebiete, Allunionsvereinigungen und der Akademie der Wissenschaften:

- Gesamtplan des wissenschaftlich-technischen Fortschritts,
- Abschnitte aus den langfristigen volkswirtschaftlichen Komplexprogrammen des wissenschaftlich-technischen Fortschritts,
- lang- und mittelfristige Komplexprogramme der Zweige für den wissenschaftlich-technischen Fortschritt,

– Koordinierungspläne für die Forschungen zu Themen, die nicht in den Komplexprogrammen enthalten sind,
– einzelne, für den Zweig wichtige Maßnahmen hinsichtlich der neuen Technik, die nicht in Komplexprogrammen enthalten sind.

Auf der Ebene der Produktionsvereinigungen, Betriebe, Forschungs- und Projektierungseinrichtungen:
– Gesamtplan des wissenschaftlich-technischen Fortschritts,
– Abschnitte aus volkswirtschaftlichen und zweiglichen Komplexprogrammen,
– mittel- und kurzfristige Programme für die wissenschaftlich-technische Entwicklung der Betriebe und Einrichtungen,
– einzelne, in den Programmen nicht enthaltene wissenschaftliche Themen und die neue Technik betreffende Maßnahmen auf Zweigebene,
– einzelne wissenschaftliche Themen und Maßnahmen, die nur in den Plänen der Betriebe und Einrichtungen enthalten sind.

Der Gesamtplan des wissenschaftlich-technischen Fortschritts, dessen Grundlage auf allen Planungsstufen die komplexen Zielprogramme bilden, muß nach einem festgelegten System von ökonomischen, technisch-ökonomischen, technischen und Naturalkennziffern aufgestellt werden, das sowohl das Teil- als auch das Gesamtziel der Entwicklung von Wissenschaft und Technik sowie die Realisierung ihrer Errungenschaften in den Volkswirtschaftszweigen festlegt. Der Gesamtplan vereint auf der Grundlage der festgelegten Kennziffern alle Programme, alle einzelnen Forschungsthemen und Maßnahmen zur Meisterung der neuen Technik zu einem Ganzen und ist auf die Erhöhung der ökonomischen Effektivität der Produktion und die Lösung der vor der Gesellschaft stehenden sozialen, strategischen und technischen Aufgaben in den verschiedenen Bereichen gerichtet. Er wird auf alle Zweige, Betriebe und Einrichtungen aufgegliedert und erfaßt somit den Gesamtprozeß des wissenschaftlich-technischen Fortschritts.

Bei der Planung des wissenschaftlich-technischen Fortschritts verkörpern die Komplexprogramme das Verbindungsglied der aufeinanderfolgenden Entwicklungsetappen von Wissenschaft, Technik und Produktion. Im Programm wird das gesamte Spektrum von wissenschaftlich-technischen, organisatorischen, ökonomischen, sozialen sowie von Produktionsmaßnahmen festgelegt – abgestimmt nach Realisierungszeitraum und Aufwendungen an Finanzmitteln, Material und Arbeitskräften –, die der Erreichung des im Programm explizit formulierten Zieles dienen. Das Programm wird unter einer einheitlichen administrativen und organisatorischen Leitung verwirklicht. Bei der Gestaltung der Komplexprogramme für den wissenschaftlich-technischen Fortschritt muß von ihrer Effektivitätswirksamkeit, vom erforderlichen Investitionsvolumen, vom Zeitpunkt der Fertigstellung wie auch von der sozialen und politischen Bedeutung der zu lösenden Aufgaben ausgegangen werden. In das Programm wird der gesamte Komplex der zur Realisierung der Neuerung notwendigen Arbeitsschritte aufgenommen, darunter die Forschungsaufgaben, Projektierung, Schaffung von Versuchsmustern der neuen Technik, ihre Einführung in die Produktion, Errichtung von Produktionskapazitäten, materiell-technische Versorgung, Aus- und Weiterbildung von Kadern sowie organisatorisch-ökonomische Maßnahmen.

Die komplexen Zielprogramme des wissenschaftlich-technischen Fortschritts werden nach Arbeitsinhalt und Endergebnissen unterteilt in wissenschaftliche Programme, wissenschaftlich-technische Programme sowie produktionstechnische Programme.

Wissenschaftliche Programme beinhalten komplexe Forschungen, die von einer großen Anzahl von Forschungskollektiven auf dem Gebiet der Grundlagenforschung, insbesondere der Erkundungsforschung, vorgenommen werden. Solche Programme können sowohl im Rahmen einer Institution, zum Beispiel der Akademie der Wissenschaften, als auch unter Einbeziehung vieler Kooperationspartner aus verschiedenen Ministerien und Einrichtungen realisiert werden. Die Finanzierung der Arbeiten erfolgt unter Kontrolle des Staatlichen Komitees für Wissenschaft und Technik aus dem Staatshaushalt. Die Arbeiten im Rahmen derartiger Programme schließen mit der Erarbeitung konkreter wissenschaftlicher Empfehlungen zur Anwendung von Forschungsergebnissen in den Volkswirtschaftszweigen ab. Dabei müssen die Charakteristika der Endergebnisse, die die Volkswirtschaft bei der praktischen Anwendung der Forschungsergebnisse erhält, der Anwendungsbereich der Ergebnisse, die Inanspruchnahme von Naturressourcen und die möglichen ökonomischen und sozialen Folgen einer umfassenden Anwendung der Neuerungen explizit festgelegt werden.

Zu den wissenschaftlich-technischen Programmen gehören große wissenschaftliche Entwicklungen, die im allgemeinen auf bestimmte volkswirtschaftliche und soziale Probleme zugeschnitten sind und den Charakter angewandter Forschung tragen. Programme dieser Art haben die weitere Erarbeitung, Konkretisierung und praktische Ausnutzung der von der Wissenschaft erzielten theoretischen Ergebnisse und Entdeckungen zum Ziel, werden aber auch zur Entwicklung und Erweiterung des Anwendungsbereiches bereits vorliegender wissenschaftlich-technischer Errungenschaften aufgestellt. Mit der Leitung derartiger Programme werden bei großen volkswirtschaftlichen, zwischenzweiglichen Aufgaben das Staatliche Komitee für Wissenschaft und Technik und bei den übrigen Programmen die Planungsabteilungen der Ministerien, Vereinigungen, Betriebe und Institutionen beauftragt.

Die Finanzierung der wissenschaftlich-technischen Programme erfolgt im wesentlichen aus dem Staatshaushalt und im Abschlußstadium teilweise aus den Fonds der Ministerien, Vereinigungen und Betriebe. Die Verteilung der finanziellen, materiellen und der Arbeitskräfteressourcen zur Verwirklichung der Programme nimmt ein staatliches Organ vor, das dafür einen Bereich für Planung, Finanzierung und Kontrolle der Arbeiten im Rahmen der komplexen wissenschaftlichen und wissenschaftlich-technischen Zielprogramme einrichten muß.

Ein wissenschaftlich-technisches Programm ist erfüllt, wenn ein Industriemuster des neuen Erzeugnisses (Verfahrens) vorliegt und eine vollständige technisch-ökonomische Berechnung für seine Anwendung in konkreten Zweigen oder Bereichen der Volkswirtschaft vorliegt.

Die produktionstechnischen Programme müssen die am weitesten verbreitete Form der Ziel-Programm-Planung des wissenschaftlich-technischen Fortschritts auf allen Leitungsebenen der Wirtschaft und der Wissenschaft werden. Sie sollten wissenschaftlich-technische Maßnahmen zur Weiterentwicklung und Ausbreitung der neuesten Technik, Technologie und Produktionsorganisation in den Zweigen enthalten, in denen die Produktionseinführung bereits erfolgt ist. Die produktionstechnischen Programme beinhalten Forschungen zur Vervollkommnung und Erweiterung des Anwendungsbereichs der neuen Technik und Technologie. Sie enthalten Projektierungs-, Konstruktions- und Laborarbeiten für die Weiterentwicklung und Spezialisierung der gegebenen neuen Technik, für die Fertigung und Prüfung weiterentwickelter und spezialisierter neuer technischer Muster sowie Maßnahmen zur Produktionsaufnahme und Einführung in den Zweigen und Betrieben der Volkswirtschaft.

Mit der planmäßigen Leitung und Finanzierung produktionstechnischer Programme müssen bei bedeutenden zwischenzweiglichen Aufgaben staatliche Institutionen beauftragt werden, in denen spezielle Planungsbereiche einzurichten sind. Die Planung und Finanzierung von Zweig- und Regionalprogrammen hat durch die entsprechenden Ministerien zu erfolgen, die für den Hauptteil des Programmes die Verantwortung tragen, im übrigen durch die entsprechenden betrieblichen und territorialen Leitungsorgane.

Die Abschlußform eines produktionstechnischen Programms wird im konkreten Falle in Abhängigkeit von der Spezifik des eigentlichen Programms und den Aufgaben, die jeweils gelöst werden, festgelegt. In der Regel ergibt sich die Beendigung eines Programms aus einem bestimmten Sättigungsgrad der Volkswirtschaft, der Zweige und Territorien hinsichtlich der jeweiligen Art der neuen Technik.

Jedes Programm muß als komplexes Plandokument von den entsprechenden wirtschaftsleitenden Organen bestätigt werden und für alle Institutionen und Betriebe, die als Verantwortliche oder Beteiligte in ihm genannt sind, verbindlich sein. Der Übergang zur komplexen Ziel-Programm-Planung des wissenschaftlich-technischen Fortschritts und zu entsprechenden Formen der Produktionsplanung erfordert eine Umgestaltung der Organisationsstruktur und des ökonomischen Leitungsmechanismus der Wirtschaft insgesamt. Es ist ein neuer Mechanismus der Funktionalleitung zu schaffen, dessen Wirkung mit dem vorhandenen vertikalen (stufenartigen) Zweigleitungssystem der materiellen Produktion abgestimmt sein muß.

Die Leitungsorgane und -mechanismen in der Vertikale (Volkswirtschaft, Ministerien, Vereinigung, Betrieb) müssen unmittelbar und überall mit den zuständigen Leitungsorganen der Programme zusammenwirken. Diese Aufgabe scheint äußerst kompliziert zu sein. Wenn sie jedoch nicht gelöst wird, ist es unmöglich, die erforderliche Komplexität in der Planung des wissenschaftlich-technischen Fortschritts zu erreichen. Dabei sollte man sich nicht auf die Einrichtung neuer spezieller Verwaltungsorgane zur Leitung der Programme orientieren. Es ist denkbar, daß diese Arbeit im wesentlichen den vorhandenen Ministerien, Vereinigungen, Forschungs- und Projektierungseinrichtungen übertragen werden kann, die zu jedem Programm mit den dafür erforderlichen Rechten und Pflichten ausgestattet sein müssen. Lediglich in Einzelfällen kann es erforderlich sein, spezielle Organe ins Leben zu rufen. Daneben muß sich im Zusammenhang mit dem Übergang zu Methoden der komplexen Zielplanung des wissenschaftlich-technischen Fortschritts offenbar die Struktur und in gewissem Maße auch die Arbeitsmethodik der zwischenzweiglichen wirtschaftsleitenden Organe verändern. In diesen Organen müssen nach unserer Meinung Unterbereiche funktionalen Charakters und Unterbereiche für die Programmleitung entwickelt werden. Die Zweigstruktureinheiten in den staatlichen Leitungsorganen sollten nicht mehr die dominierende Stellung einnehmen.

Auch die Organisation und die Methoden der materiell-technischen Versorgung aller Vorhaben des wissenschaftlich-technischen Fortschritts müssen weiterentwickelt werden. Die wirtschaftliche, administrative und juristische Verantwortlichkeit für die qualitäts- und termingerechte Bereitstellung aller Erzeugnisarten ist unbedingt zu erhöhen. Bei nichteingehaltenen Lieferterminen, bei ungenügender Qualität der Ausrüstungen, der Materialien sowie der Projektunterlagen ist es unmöglich, ein Programm zu erfüllen.

4.3. Prognose des wissenschaftlich-technischen Potentials im Sozialismus

Die Entwicklung der Wissenschaft als Produktivkraft ist untrennbar damit verbunden, daß die sozialistische Gesellschaft in beträchtlichem Maße lebendige und vergegenständlichte Arbeit zur Durchführung der wissenschaftlichen Tätigkeiten aufwendet. Geleitet von den Lehren des Marxismus-Leninismus, werden in den sozialistischen Staaten planmäßig die notwendigen Maßnahmen durchgeführt, um ein wissenschaftlich-technisches Potential zu schaffen, das für die weitere Gestaltung der entwickelten sozialistischen Gesellschaft und die Schaffung von grundlegenden Voraussetzungen für den allmählichen Übergang zum Kommunismus erforderlich ist.

Unter dem wissenschaftlich-technischen Potential der sozialistischen Gesellschaft ist das in einem bestimmten Zeitraum vorhandene Leistungsvermögen zum Hervorbringen wissenschaftlich-technischer Ergebnisse und ihrer Überleitung in die gesellschaftliche Praxis, insbesondere in die materielle Produktion, zu verstehen.

Die Wirkung des wissenschaftlich-technischen Potentials, das ein Bestandteil des Wirtschaftspotentials des sozialistischen Staates ist, wird vor allem durch die Ergebnisse seines effektiven Einsatzes auf der Basis volkswirtschaftlich begründeter Zielstellungen für die Lösung der Hauptaufgabe in der sozialistischen Gesellschaft zum Ausdruck gebracht. Die Leistungen des wissenschaftlich-technischen Potentials sind fest in den gesellschaftlichen Reproduktionsprozeß integriert.

Die ökonomischen Resultate des Potentialeinsatzes in der Volkswirtschaft spiegeln sich vor allem darin wider, wie

– die im Volkswirtschaftsplan und im Plan Wissenschaft und Technik festgelegten wissenschaftlich-technischen und ökonomischen Ziele für neue und weiterentwickelte Erzeugnisse und Verfahren durch die wissenschaftlich-technische Arbeit erfüllt werden,

– die mit dem Volkswirtschaftsplan und den Planaufgaben für Wissenschaft und Technik vorgegebenen Termine für die Lösung der Forschungsaufgaben und die Überleitung ihrer Ergebnisse in die materielle Produktion eingehalten und unterboten werden, um den günstigsten Zeitpunkt für die umfassende Nutzung der neuen Erzeugnisse und Verfahren in der Volkswirtschaft zu gewährleisten,

– einerseits den Werktätigen der sozialistischen Gesellschaft neue und weiterentwickelte Konsumgüter mit hohen Gebrauchseigenschaften und zu günstigen Preisen zur Verfügung gestellt und andererseits das technische und technologische Niveau der gesamten Produktion erhöht und eine Steigerung ihrer Effektivität und Produktivität erreicht werden.[1]

Das Leistungsvermögen des wissenschaftlich-technischen Potentials wird wesentlich durch den Stand der gesellschaftlichen Organisation der Forschung sowie durch Leitung und Planung der wissenschaftlich-technischen Arbeiten bestimmt. Seinen konkreten Ausdruck findet das Leistungsvermögen im jeweiligen Niveau der Effektivität der wissenschaftlich-technischen Arbeit und der Überleitung der Forschungsergebnisse in die gesellschaftliche Praxis

Das Leistungsvermögen eines wissenschaftlich-technischen Potentials wird maßgeblich durch die Größe der ökonomischen Elemente dieses Potentials und durch ihr sachliches und zeitliches Zusammenwirken beeinflußt. In Analogie zum Produktionsprozeß bezeichnet man als *ökonomische Elemente des wissenschaftlich-technischen Potentials:*

– Arbeitskräfte, das heißt die Anzahl der Werktätigen im Bereich der Forschung (Grundlagenforschung, angewandte Forschung), Entwicklung und Überleitung mit ihrer politisch-ideologischen Bewußtheit, ihrer wissenschaft-

[1] Der inhaltlichen Bestimmung des wissenschaftlich-technischen Potentials lagen insbesondere folgende Quellen zugrunde: Vgl. G. M. Dobrov/V. N. Klimenjuk/A. A. Savel'ev/L. P. Smirnov, Potencial nauki, Nauka o nauke, Kiev 1969, S. 17–20; G. Klose/M. Koß/A. Lange, Sozialistische Forschungskooperation. Grundfragen, Berlin 1973, S. 20–22.

lichen, fachlichen Qualifikation und Schöpferkraft, ihren Erfahrungen, ihrer Leistungsfähigkeit und Leistungsbereitschaft, einschließlich der aus dem kollektiven Zusammenwirken resultierenden Erhöhung des Leistungsvermögens,

– Arbeitsmittel, das heißt die Qualität und Quantität der eingesetzten Grundmittel, insbesondere der als Arbeitsinstrumente fungierenden modernen Forschungsausrüstungen,

– Arbeitsgegenstände, das heißt die Qualität und Quantität der für die wissenschaftliche Arbeit zur Verfügung stehenden, aufbereiteten Informationen sowie der für Forschung, Entwicklung und Überleitung erforderlichen Rohstoffe, Materialien und Zulieferteile.

Diese ökonomischen Elemente des wissenschaftlich-technischen Potentials werden wertmäßig durch den Umfang und die Verwendungsstruktur der finanziellen Aufwendungen für Wissenschaft und Technik widergespiegelt und durch sie aktiv beeinflußt. Beim gegenwärtigen Stand der wissenschaftlichen Erkenntnisse sind nicht alle Potentialelemente einer quantitativen Analyse und Prognose zugänglich. Das betrifft zum Beispiel die Arbeitsgegenstände in Form von Informationen, für die es noch keine allgemein anwendbaren und aggregierfähigen ökonomischen Parameter gibt. Die Arbeitsmittel werden vielfach nicht systematisch und kontinuierlich genug erfaßt, so daß keine befriedigenden ökonomischen Grundlagen für deren Analyse und Prognose vorhanden sind. Verhältnismäßig gut und systematisch werden jedoch die Arbeitskräfte des Forschungspotentials erfaßt, so daß im Vergleich zu den anderen Potentialelementen bessere Grundlagen für die Analyse und Prognose zur Verfügung stehen.

Um alle Möglichkeiten des Potentialeinsatzes richtig beurteilen zu können, ist es vor allem notwendig, die Rolle des Menschen im wissenschaftlich-technischen Potential zu erkennen. Der werktätige Mensch mit seinem sozialistischen Bewußtsein, seinem Qualifikationsniveau und seiner schöpferischen Aktivität ist die Hauptproduktivkraft und damit auch die wichtigste Komponente des wissenschaftlich-technischen Potentials.

Für die Leistungsfähigkeit des wissenschaftlich-technischen Potentials spielen die mit einer hohen Qualifikation versehenen Werktätigen, die eine Hoch- oder Fachschulausbildung abgeschlossen haben und die wissenschaftliche Arbeiten ausführen, eine besondere Rolle. Sie sind deshalb auch der wesentlichste Bestandteil prognostischer Untersuchungen des wissenschaftlich-technischen Potentials, wobei die Wichtigkeit der bedarfsgerechten, nach der notwendigen Fachstruktur verfügbaren anderen Beschäftigten des wissenschaftlich-technischen Potentials (Facharbeiter nach Berufsgruppen) nicht unterschätzt werden darf.

Unter Berücksichtigung der Erfordernisse der objektiven ökonomischen Gesetze des Sozialismus haben die kommunistischen und Arbeiterparteien in den sozialistischen Ländern des RGW und die Regierungen dieser Staaten systematisch ein leistungsfähiges wissenschaftlich-technisches Potential zur Lösung der wissenschaftlich-technischen, ökonomischen und sozialpolitischen Aufgaben der gesellschaftlichen Entwicklung aufgebaut.

Das wissenschaftlich-technische Potential entwickelt sich in der sozialistischen Gesellschaft mit hoher Dynamik. Die notwendige *Langfristigkeit* der Entwicklung des Potentials ergibt sich aus dem Wesen der wissenschaftlichen Arbeit selbst. Man muß sich bei der Beurteilung dieser Problematik an die zeitlichen Dimensionen erinnern, in denen die wissenschaftlich-technischen Prozesse, insbesondere in der Grundlagenforschung, ablaufen. Nach Angaben des sowjetischen Wissenschaftlers Dobrov[2] betragen zum Beispiel die durchschnittlichen Zeiten, in denen erarbeitete wissenschaftliche Resultate produktionswirksam werden,

bei der Grundlagenforschung	10 bis 15 Jahre,
bei der angewandten Forschung	6 bis 8 Jahre,
bei der Überleitung beziehungsweise technischen Entwicklung	2 bis 4 Jahre.

Die notwendige *Komplexität* ergibt sich aus dem hohen Grad der gesellschaftlichen Arbeitsteilung in der wissenschaftlichen Arbeit. Die Arbeitsteilung entwickelt sich mit dem Fortschreiten der wissenschaftlichen Erkenntnisse und den hohen Anforderungen aus der Überführung der wissenschaftlich-technischen Ergebnisse in die gesellschaftliche Praxis weiter. Deshalb kommt es darauf an, das Zusammenwirken der verschiedenen gesellschaftlichen Teilarbeiten durch zielstrebige Maßnahmen der Leitung und Planung des wissenschaftlich-technischen Potentials auf eine effektive Weise zu erreichen. Wesentliche Aufgabe bei der Zusammenfügung dieser gesellschaftlichen Teilarbeiten ist die Sicherung der erforderlichen Proportionalität. Proportionalitätserfordernisse sind sowohl innerhalb der wissenschaftlichen Arbeitsprozesse (innere Proportionalität) als auch zwischen der wissenschaftlichen Tätigkeit und der Produktion (äußere Proportionalität) zu erfüllen.

Die *Prognose* als wissenschaftlich begründete Voraussage über Inhalt, Richtung und Umfang künftiger gesellschaftlicher, ökonomischer und technischer Prozesse schafft volkswirtschaftliche Entscheidungsgrundlagen für den langfristigen Einsatz und Aufbau des wissenschaftlich-technischen Potentials. Auf Prognosen basiert die langfristige Aufgabenstellung von der Grundlagen- und angewandten Forschung über die Entwicklung, Konstruktion, Technologie und Projektierung bis zu den Investitionen und der Ausbildung von Fachkräften sowie für alle anderen ökonomischen Fragen. In dieser Funktion stellt sie die Basis des gesellschaftlichen Planungsprozesses

[2] Vgl. G. M. Dobrow, Milliarden sind zu gewinnen, in: Neues Deutschland vom 2. August 1969, S. 10.

dar, auf dessen Grundlage gesellschafts-, wirtschafts- und wissenschaftspolitische Entscheidungen über Entwicklungsrichtungen von Wissenschaft und Technik als Bestandteil der Entwicklung der gesamten Volkswirtschaft getroffen werden. Um diesen Aufgaben gerecht zu werden, muß Prognosearbeit laufend durchgeführt werden, damit in einem fließenden Prozeß die gewonnenen Erkenntnisse stetig verallgemeinert, präzisiert und weiterentwickelt werden können. Die Prognose des wissenschaftlich-technischen Potentials ist auf die zu erbringenden Leistungen und die Entwicklung der Potentialelemente gerichtet.

Die vom wissenschaftlich-technischen Potential zu vollbringenden Leistungen werden als Orientierungsrichtung in der Prognose über die Hauptentwicklungsrichtungen von Wissenschaft und Technik herausgearbeitet. Diese werden in engem Zusammenhang mit der Gesellschaftsprognose erarbeitet und enthalten die für die Volkswirtschaft besonders wichtigen wissenschaftlich-technischen Zielstellungen. Damit trägt eine solche Prognose dazu bei, den Einsatz des wissenschaftlich-technischen Potentials nach den Bedürfnissen der sozialistischen Gesellschaft zu formieren und fördert die Befriedigung der entscheidenden Bedürfniskomplexe.

Da es sich in der Praxis der prognostischen Arbeiten wesentlich um die Prognose der Entwicklungsmöglichkeiten der wissenschaftlichen Kader sowie der Grundmittelausstattung der wissenschaftlichen Einrichtungen mit Hilfe von Investitionen handelt, ist es treffend, von einer Prognose der ökonomischen Elemente des wissenschaftlich-technischen Potentials zu sprechen. Im engen Zusammenhang hiermit erfolgt die prognostische Bestimmung der erforderlichen finanziellen Aufwendungen für die Entwicklung des wissenschaftlich-technischen Potentials. Auf diese Weise wird gesichert, daß die prognostische Arbeit zur Entwicklung des wissenschaftlich-technischen Potentials in die hauptsächlichsten Zielstellungen der volkswirtschaftlichen Entwicklung eingeordnet wird und bleibt. Das ist unter den gegenwärtigen Bedingungen der gesellschaftlichen Entwicklung in den sozialistischen Staaten vor allem die Intensivierung des gesellschaftlichen Reproduktionsprozesses. Die kontinuierliche Erhöhung des materiellen und kulturellen Lebensniveaus aller Werktätigen der sozialistischen Staaten, die weitere Gestaltung der entwickelten sozialistischen Gesellschaft setzt eine stabile Steigerung der gesellschaftlichen Arbeitsproduktivität voraus. Der Hauptweg des ökonomischen Fortschritts, nämlich die umfassende Intensivierung des Reproduktionsprozesses, erfordert, die sich aus der Entwicklung von Wissenschaft und Technik ergebenden neuen Quellen für die Steigerung der Effektivität der Produktion in vollem Umfange zu nutzen. Diesem Erfordernis liegt auch die Festlegung der Hauptforschungsrichtungen beim Einsatz des wissenschaftlich-technischen Potentials und die rasche Überführung der wissenschaftlich-technischen Ergebnisse in die gesellschaftliche Praxis, insbesondere in die Produktion zugrunde.

Nach Ansicht des sowjetischen Wissenschaftlers Gatovskij[3] werden zwei Hauptrichtungen bei den Gesetzmäßigkeiten der Intensivierung der Wissenschaft auftreten, die für die Gestaltung der Elemente des wissenschaftlich-technischen Potentials wichtig sind:

– wesentliche Veränderung der *Struktur der Aufwendungen*, schnelleres Wachsen des Anteils der materiellen Aufwendungen im Vergleich zu den Aufwendungen für Löhne und Gehälter des wissenschaftlichen- und Hilfspersonals, Erhöhung des Anteils wissenschaftlicher Geräte im Vergleich zu Bau- und Montageleistungen bei den Investitionen,

– Steigerung der *Effektivität* durch die bei der Intensivierung eintretende rationellere Gestaltung und Organisation der Wissenschaft, effektivere Ausnutzung des wissenschaftlich-technischen Potentials.

Aus diesen Ausführungen und dem dargestellten ökonomischen Inhalt des wissenschaftlich-technischen Potentials ergibt sich die Schlußfolgerung, daß das wissenschaftlich-technische Potential selbst nur Teilgröße aus einer Gesamtheit und funktionell in sehr vielfältiger Weise mit anderen gesellschaftlichen Erscheinungen verbunden ist. Das wird offenkundig, wenn nicht nur die Beziehungen zwischen den ökonomischen Elementen des wissenschaftlich-technischen Potentials, sondern auch zu dem gesamten gesellschaftlichen Reproduktionsprozeß betrachtet werden, dessen integrierter Bestandteil die Wissenschaft ist.

Hieraus läßt sich ein *erstes Erfordernis* für die Prognose des wissenschaftlich-technischen Potentials begründen: Sie muß engstens mit der Prognose anderer gesellschaftlicher Erscheinungen verbunden werden, wenn sie wissenschaftlich begründete Aussagen enthalten soll. Das betrifft insbesondere die

– Prognose der gesellschaftlichen Entwicklung und der künftigen gesellschaftlichen Bedürfnisse sowie vor allem der Entwicklung der Volkswirtschaft (des gesellschaftlichen Gesamtproduktes, des Nationaleinkommens) und ihrer Struktur, verbunden mit der Entwicklung des Arbeitsvermögens der Gesellschaft,

– Prognose über die Haupttendenzen der wissenschaftlich-technischen Entwicklung, die sich aus den Bedürfnissen der Wissenschaften in ihrer Wechselwirkung zur Gesellschaft ergeben.

So kann der hohen gesellschaftlichen Bedeutung des Prognosegegenstandes am besten Rechnung getragen werden. Neben der Berücksichtigung der exogenen Entwicklungsbedingungen ist auch die innere Struktur des wissenschaftlich-technischen Potentials für die Prognose wichtig. Sie kann nach

– Forschungsstufen (zum Beispiel Grundlagenforschung, angewandte Forschung),

[3] Vgl. L. M. Gatovskij, Zur komplexen Leitung von Wissenschaft, Technik, Produktion in der UdSSR, in: Kommunist, 10/1971; gekürzt nachgedruckt, in: Wirtschaftswissenschaft, 2/1972, S. 181–190.

- Tätigkeitsbereichen (zum Beispiel Industrie, Hochschulwesen),
- Wissenschaftszweigen (zum Beispiel Physik, Biologie, Wirtschaftswissenschaften) oder Wissenschaftsdisziplinen (zum Beispiel Festkörperphysik, Biologie),
- Qualifikationsstufen der Kader,
- der territorialen Verteilung des Potentials

dargestellt werden. Auf diese Weise werden die vielseitigen Beziehungen, die innerhalb und außerhalb des Potentials bestehen, gekennzeichnet. Ihre wissenschaftliche Begründung ist für die Prognosearbeit und die Realität ihrer Ergebnisse sehr wichtig. Strukturdarstellungen sind vor allem deshalb bedeutsam, weil damit notwendige Proportionen ermittelt und gesichert werden können, die zur effektiven Wirksamkeit des Gesamtpotentials erforderlich sind.

Angesichts der vielfältigen möglichen Strukturen drängt sich die Schlußfolgerung auf, daß nicht alle Strukturaspekte in allen Phasen der Prognosearbeit berücksichtigt werden können. Dies ist praktisch nicht möglich, aber auch nicht notwendig. Hieraus läßt sich ein *zweites Erfordernis* für die Prognose des wissenschaftlich-technischen Potentials ableiten: Es muß eine Auswahl der für die Prognose entscheidenden Strukturaspekte erfolgen, die in Abhängigkeit von dem zu erreichenden Ziel festzulegen sind. Daher gilt es, die Hauptrichtungen zu ermitteln, in der die Prognosearbeit zu entwickeln ist.

Nach Erfahrungen, die in der DDR mit Prognosen der Hoch- und Fachschulkader des wissenschaftlich-technischen Potentials gesammelt wurden, ist zu sagen, daß zunächst Wert auf die Prognose der Gesamtzahl der Hoch- und Fachschulkader innerhalb des Forschungspotentials gelegt und diese mit der Entwicklung der Gesamtzahl der Hoch- und Fachschulkader in der Volkswirtschaft in Beziehung gebracht wurde. Damit wurden Berechnungen nach Qualifikationsstufen verbunden. In späteren Phasen der Prognosearbeiten wurde versucht, eine Verteilung der Hoch- und Fachschulkader des wissenschaftlich-technischen Potentials auf Tätigkeitsbereiche vorzunehmen. Das ist wichtig, weil dadurch die Bindung des Potentials an die Bereiche des Reproduktionsprozesses ermittelt werden kann. So arbeiten zum Beispiel gegenwärtig 68 Prozent der Hoch- und Fachschulkader des wissenschaftlich-technischen Potentials im Bereich der Industrie, 6 Prozent im Bereich der Landwirtschaft und 12 Prozent in den Akademien und im Hochschulwesen.

Als *drittes Erfordernis* für die Prognose des wissenschaftlich-technischen Potentials ergibt sich folgendes: Die Prognose sollte auf der Ebene der gesamten Volkswirtschaft beginnen, wichtige Beziehungen zu anderen volkswirtschaftlichen Prozessen erfassen und im Verlaufe der Arbeiten nach wichtigen Strukturaspekten ergänzt und vertieft werden.

Die Entwicklung eines nationalen Forschungspotentials kann nicht mehr allein aus nationalen Bedingungen erklärt werden, sondern ist nur im Ergebnis einer internationalen, zwischen den Mitgliedsländern des RGW langfristig vorzunehmenden Arbeitsteilung bei den Hauptaufgaben der volkswirtschaftlichen Entwicklung und bei den Hauptentwicklungsrichtungen des wissenschaftlich-technischen Fortschritts unter internationalem Aspekt zu verstehen und festzulegen. Die Beschlüsse der XXIX. RGW-Tagung über den international abgestimmten Fünfjahrplan 1976 bis 1980 sind hierzu ein wichtiger Schritt.

Obwohl im Ergebnis der prognostischen Arbeit eine quantifizierte Aussage erreicht werden muß, sollte jegliche Prognose der Entwicklung der ökonomischen Elemente des wissenschaftlich-technischen Potentials mit qualitativen Einschätzungen der Entwicklungsmöglichkeiten beginnen, die aus der Gesellschaftsprognose und aus der Prognose der wissenschaftlich-technischen Hauptentwicklungsrichtungen abgeleitet werden. Ein solches Herangehen bietet die Möglichkeit, Veränderungen gegenüber dem derzeitig erreichten Entwicklungsstand festzustellen und ermöglicht Schlußfolgerungen für die Ableitung von Bedarfsvorstellungen nach den wichtigsten Aspekten des wissenschaftlich-technischen Potentials.

Schließlich läßt sich das *vierte Erfordernis* für die Prognose des wissenschaftlich-technischen Potentials ableiten: Es müssen die erforderlichen Proportionalitätsbedingungen ermittelt werden, die eine volle Wirksamkeit des wissenschaftlich-technischen Potentials für die Erzielung der höchsten Effektivität im Reproduktionsprozeß ermöglichen. Bei dieser Aufgabe kann es sich um innere Proportionalitätsbedingungen handeln, die im wissenschaftlich-technischen Potential selbst geschaffen werden müssen. Die genannten zahlreichen Strukturaspekte liefern Anhaltspunkte dafür, in welcher Hinsicht solche Proportionalitätsbedingungen existieren können. In der Praxis verflechten sich alle diese Proportionen miteinander, was den Zwang verstärkt, die Proportionalitätsbedingungen wirklich einzuhalten.

Eine häufig diskutierte Proportion ist das Verhältnis zwischen Hoch- und Fachschulkadern und übrigen Beschäftigten im wissenschaftlich-technischen Potential. Aus internationalen Vergleichen dieser Proportion nach Angaben von Dobrov[4], der auf eine Proportion von 1 : 4 hinweist, dürfte das Verhältnis in der DDR zu niedrig sein. Zudem ist es von Jahr zu Jahr gesunken – offenkundig stärker unter dem Einfluß der spezifischen Situation bei den Arbeitskräften als aus Gründen der Rationalisierung der Forschungsarbeit heraus oder unter dem Einfluß des veränderten Charakters der Arbeit. Für die Intensiverung der Forschungsarbeit wird künftig die Proportion der Forschungsgrundmittel je Hoch- und Fachschulkader des wissenschaftlich-technischen Potentials erheblich an Bedeutung zunehmen. Jedoch läßt sich die Entwicklung nur schwer berechnen, weil die Erfassung der Grundmittel für die Forschung bisher noch nicht genügend systematisch durchgeführt worden ist.

Neben den inneren sind auch die äußeren Proportionalitätsbedingungen zu

[4] Vgl. G. M. Dobrov, Nauka o nauke, Kiev 1966, S. 101.

ermitteln, die sich zwischen dem wissenschaftlich-technischen Potential und anderen Größen (Kategorien) des Reproduktionsprozesses ergeben. Unabdingbar ist in diesem Zusammenhang der Vergleich beziehungsweise die Ableitung der Entwicklung der Hoch- und Fachschulkader des wissenschaftlich-technischen Potentials aus der Entwicklung der Arbeitskräfte insgesamt beziehungsweise der Hoch- und Fachschulkader der gesamten Volkswirtschaft. Das gilt im gleichen Maße für den Vergleich mit der Entwicklung des Hochschulwesens und seinen Absolventen. Damit sind die beiden entscheidenden Quellen erfaßt, die als volkswirtschaftliche Ressourcen für die Zuführung von Hoch- und Fachschulkadern zum wissenschaftlich-technischen Potential bestehen. Für die Prognostizierung des Bedarfs an Hoch- und Fachschulkadern des wissenschaftlich-technischen Potentials sind auch Proportionalitätsbedingungen zu beachten, die ihn mit dem Produktionsprozeß und seinen Resultaten verbinden. Das ergibt sich letzten Endes daraus, daß die Forschung für die Entwicklung der Produktion im weitesten Sinne wirkt und von ihren Resultaten lebt. Für Proportionalitätsberechnungen eignet sich vor allem das Nationaleinkommen. Dieses wird zum Beispiel für Entwicklungsberechnungen der finanziellen Ausgaben für Forschung und Entwicklung verwendet, die ständig parallel mit der Entwicklung des Kaderbestandes des wissenschaftlich-technischen Potentials prognostiziert werden.

Die Präzisierung der quantitativen Aussagen der Prognosen erfolgt mit Hilfe mathematischer Methoden. Die ökonomische Wissenschaft hat ein umfangreiches Arsenal mathematischer Methoden ausgearbeitet, die für Prognosezwecke zur Verfügung stehen.[5] Viele der angewandten Verfahren beruhen entweder auf einer Extrapolation und unterstellen damit die Fortsetzung der bisherigen Entwicklungstendenz auch in der Zukunft, oder es werden Grenzwerte angenommen, die aus der bisherigen Entwicklung abgeleitet wurden, die für die Zukunft aber noch nicht ausreichend begründet werden können. Auch angesichts dieses Sachverhaltes wird meistens mit mehreren Varianten gerechnet. So wurde zum Beispiel bei früheren prognostischen Berechnungen in der DDR zur Ermittlung des Forschungs- und Entwicklungsaufwandes am Nationaleinkommen mit der logistischen Funktion

$$\hat{y} = \frac{k}{1 + e^{-at-b}} \tag{1}$$

gerechnet.

Dabei bedeuten:

$\hat{y}$ – Anteil der Forschungs- und Entwicklungsaufwendungen am Nationaleinkommen,

[5] Eine Übersicht über die vielfältigen Methoden mit Anwendungsdemonstrationen gibt Heinz-Dieter Haustein in „Prognoseverfahren in der sozialistischen Wirtschaft", Berlin 1970.

k – Grenzwert,
a, b – Konstante,
t – Zeitfaktor.

Gegenwärtig wird unter anderem die Prognose des Bestandes an Beschäftigten des wissenschaftlich-technischen Potentials, darunter auch der Wissenschaftler, an die Entwicklung des produzierten Nationaleinkommens je Berufstätigen gebunden (als Ausdruck der ökonomischen Effektivität) und nach folgender Formel berechnet:

$$\hat{y} = a \cdot x^b, \tag{2}$$

$$(B^{FE})^{VW} = a \cdot (N - Ap^P)^b. \tag{3}$$

Dabei bedeuten:

$(B^{FE})^{VW}$ – Beschäftigte für Forschung und Entwicklung in der Volkswirtschaft,
a – Konstante,
$(N\text{-}Ap^P)$ – produziertes Nationaleinkommen je Berufstätigen im produktiven Bereich,
b – Elastizitätskoeffizient.

Ein fehlerhaftes Ansetzen der Basiszahlen und Exponenten führt zu unrealen Resultaten (mit positiven oder negativen Abweichungen) und täuscht eine Scheingenauigkeit vor, die de facto nicht vorhanden ist. Bei Annahme ausreichend begründeter Basisdaten können, insbesondere bei Vorhandensein einer großen Zahl statistischer Daten, Ergebnisse ermittelt werden, die dem späteren tatsächlichen Verlauf nahekommen. Von großer Wichtigkeit ist deshalb eine kritische Beurteilung der Resultate durch Plausibilitätserwägungen, durch vergleichende Betrachtungen mit anderen Prozeßgrößen beziehungsweise durch internationale Vergleiche. Hierdurch lassen sich Erkenntnisse über die Realität der Berechnungen gewinnen, die Qualität der Prognose erhöhen und dadurch bessere Voraussetzungen für die Ableitung von Planaufgaben für die langfristige Planung schaffen.

Aus den prognostischen Aussagen, die in Entwicklungsvarianten und in „von . . . bis . . . Größen" ausgearbeitet werden, lassen sich durch neuerliche Prüfungen und Verifizierung der Ergebnisse Ansätze für die langfristige Planung ableiten. Damit kommt es zu einer neuen Qualität der Zielvorgaben. Charakteristisch für Prognosen ist, daß sie unverbindliche Orientierungen in bezug auf Entwicklungsmöglichkeiten darstellen. Aus ihnen wird dann in einem mehrstufigen Auswahlprozeß die geeignete Variante (oder Variantenkombination) ausgewählt und in verbindlichen langfristigen Planaufgaben niedergelegt, die dann im Fünfjahrplan und Jahresplan definitiv präzisiert werden. Je qualifizierter die Prognosen sind, desto höher ist das Niveau der Pläne.

4.4. Formen der Verflechtung von Wissenschaft und Produktion im Sozialismus

Die wissenschaftlich-technische Revolution ist durch enge Wechselbeziehungen von Wissenschaft und materieller Produktion gekennzeichnet. Daraus resultiert ihr verstärkter Einfluß auf die Entwicklung und qualitative Umgestaltung der gesellschaftlichen Produktivkräfte.

Die Verflechtung von Wissenschaft und Produktion beinhaltet die Entwicklung von Kooperationsformen, die zur Bildung eines einheitlichen, in sich geschlossenen Systems führen. Der enge, wechselseitige Zusammenhang der Bereiche setzt das Vorhandensein von charakteristischen Besonderheiten voraus. Die von jedem Bereich zu erfüllenden Aufgaben sind genau zu fixieren. Eine notwendige Voraussetzung für die Integration ist die Spezialisierung aller Teilbereiche im Zyklus Wissenschaft – Technik – Produktion. Dies gestattet, die gewonnenen wissenschaftlichen Ergebnisse zu konkretisieren und sie in der materiellen Produktion anzuwenden. Die Integration von Wissenschaft und Produktion bildet die Grundlage für eine optimale Materialisierung der wissenschaftlichen Erkenntnisse. Sie ermöglicht die Auswahl und Schaffung von Bedingungen, die die Realisierung der wissenschaftlichen Erkenntnisse in der Produktion mit dem größten volkswirtschaftlichen ökonomischen Nutzen und in kürzester Zeit garantieren. Eine optimale Materialisierung der Wissenschaft ist an technologiegerechte Konstruktionen der neuen Erzeugnisse gebunden. Darunter ist eine Verbindung der Konstruktionselemente zu verstehen, die eine hohe Qualität und Zuverlässigkeit der neuen Erzeugnisse bei niedrigsten Produktionskosten gewährleistet. Die optimale Materialisierung der wissenschaftlichen Erkenntnisse gestattet ferner, technologiegerechte Produktionsabläufe zu erreichen, wodurch Zeitverkürzung, Anwendung neuer effektiver Werkstoffe sowie kostengünstigere und vervollkommnete Verfahren für die Verformung, Bearbeitung und Montage von Werkstücken möglich werden. Dadurch entstehen gute Voraussetzungen, um den Vorlauf der Wissenschaft gegenüber der Technik und der Produktion zu sichern.

Die Verflechtung von Wissenschaft und Produktion ist keine isolierte, von der gesellschaftlichen Entwicklung unabhängige Erscheinung. Vielmehr unterscheidet sich der Charakter der Verbindung von Wissenschaft und Produktion im Kapitalismus grundlegend von dem im Sozialismus. In der sozialistischen Gesellschaftsordnung sind alle Hemmnisse für die allseitige Entwicklung sowohl der Wissenschaft als auch der Produktion beseitigt. Die Voraussage von W. I. Lenin verwirklicht sich, daß „nur der Sozialismus die Wissenschaft von ihren bürgerlichen Fesseln, von ihrer Unterjochung durch das Kapital, von ihrer sklavischen Bindung an die Interessen schmutziger kapitalistischer Gewinnsucht befreien werde“[1].

[1] W. I. Lenin, Rede auf dem I. Kongreß der Volkswirtschaftsräte, in: Werke, Bd. 27, Berlin 1960, S. 407/408.

Die äußeren Formen der Verbindung von Wissenschaft und Produktion können unter kapitalistischen und sozialistischen Bedingungen Ähnlichkeiten aufweisen. Entscheidend sind jedoch deren gesellschaftliche Zielstellung und der sozialökonomische Inhalt der Verflechtung von Wissenschaft und Produktion. Dabei besteht der größte Vorteil der sozialistischen Formen darin, daß sie die Möglichkeit bieten, eine einheitliche, gesamtstaatliche wissenschaftlich-technische, ökonomische und soziale Politik zu verwirklichen. Die gesamte Tätigkeit ist den allgemeinen Interessen des Volkes untergeordnet und verläuft nach einem einheitlichen Volkswirtschaftsplan.

Unter Hinweis auf die außerordentlich große Bedeutung des Integrationsprozesses von Wissenschaft und Produktion für unser sozialistisches Wirtschaftssystem unterstrich L. I. Breshnew: „Wenn wir erfolgreich voranschreiten wollen – als ein Land, das den Kommunismus aufbaut, müssen wir ständig voranschreiten –, so sind wahrhaft revolutionäre Maßnahmen zu ergreifen und eine feste und stabile Einheit zwischen Wissenschaft und Produktion zu schaffen."[2]

Für den Zyklus Wissenschaft – Technik – Produktion und alle seine Stadien existieren in der UdSSR folgende, dem Sozialismus eigene Formen der Verflechtung von Wissenschaft und Produktion:

1. komplexe wissenschaftliche Forschungsinstitute (komplexe wissenschaftlich-technische Vereinigungen),
2. Wissenschafts-Produktions-Vereinigungen,
3. Produktionsvereinigungen (produktions-technische Vereinigungen), die der Komplexität des Prozesses entsprechen und in denen alle Stadien des Zyklus Forschung – Produktion durchlaufen werden,
4. spezialisierte Vereinigungen zur Einführung der neuen Technik,
5. wissenschaftlich-technische Komplexe an den Hochschulen, zu denen neben Forschungsabteilungen auch Konstruktions- und Versuchseinrichtungen gehören.

Unter den Bedingungen der gegenwärtigen wissenschaftlich-technischen Revolution hängt die beschleunigte Einführung der Errungenschaften von Wissenschaft und Technik in bedeutendem Maße von der Entwicklung solcher effektiven Formen der Verbindung von Wissenschaft und Produktion ab, wie sie die *komplexen Institute* darstellen. Diese Einrichtungen verfügen – dem Prinzip der technologischen Einheit entsprechend – über Abteilungen für Forschung, Projektierung und Konstruktion, Technologie sowie Versuchsproduktion. Die Forschungs- und Entwicklungsarbeiten dieser komplexen Institute sollen dazu beitragen, den wissenschaftlich-technischen Fortschritt zu beschleunigen und die Effektivität zu steigern durch hocheffektive Erzeugnis- und Materialarten sowie Verfahren, die das internationale Niveau mitzubestimmen vermögen. Den komplexen Instituten obliegt die Herausarbeitung

[2] L. I. Breshnew, Auf dem Wege Lenins. Reden und Aufsätze, Bd. 4, Berlin 1975, S. 231.

der sich für die Zukunft abzeichnenden Entwicklungsrichtungen von Wissenschaft und Technik für den Produktionsbereich, für den das Institut zuständig ist, und die Erarbeitung von technisch-ökonomischen Anforderungen an Erzeugnisse und Verfahren, deren Anwendung die Beschleunigung des wissenschaftlich-technischen Fortschritts in der Volkswirtschaft gewährleistet.

Die komplexen Institute sind in der Lage, selbständig Muster der neuen Technik zu schaffen und sie in die Produktion einzuführen. Ihre charakteristischen Besonderheiten liegen in der Beweglichkeit und der Fähigkeit, Organisationsbeziehungen den Anforderungen anzupassen sowie Neuererbrigaden aus Wissenschaftlern und ingenieur-technischen Mitarbeitern zur Lösung konkreter wissenschaftlich-technischer Probleme und zielgerichteter Programme zu bilden. Erfahrungen zeigen, daß es den komplexen Instituten gelingt, die Zeit zur Schaffung neuer Maschinen, Ausrüstungen und Technologien einschließlich deren Einführung in die Produktion um 50 Prozent und mehr zu verkürzen. Das wird zum Beispiel dadurch erreicht, daß im Prozeß Forschung – Produktion solche langwierigen und arbeitsaufwendigen Etappen, wie die Schaffung halbindustrieller Anlagen, vermieden werden. Die Integration aller Stadien für die Entwicklung der neuen Technik erlaubt kurzfristig ein Muster herzustellen und die industriemäßige Anwendung vorzubereiten. Im Endergebnis wird nicht nur Zeit gewonnen, sondern auch dem moralischen Verschleiß der neuen Technik vorgebeugt.

Die komplexen Institute sind zweigspezifische und zwischenzweigliche wissenschaftlich-technische Zentren, die in ihrem Bereich die wissenschaftliche und technische Leitung ausüben und die Tätigkeit einer großen Anzahl wissenschaftlich-technischer Organisationen, Betriebe und Vereinigungen koordinieren.

Das komplexe wissenschaftliche Forschungsinstitut für die Reifenindustrie der UdSSR erfüllt erfolgreich die Funktion des zweigspezifischen wissenschaftlich-technischen Zentrums. Es koordiniert die Tätigkeit einer großen Anzahl von Forschungs- und Projektierungsinstituten sowie Konstruktionsbüros. Ein hocheffektives zweigspezifisches Leitungssystem für den wissenschaftlich-technischen Fortschritt bewirkt eine bedeutende Erhöhung des Niveaus der wissenschaftlich-technischen Entwicklungen und trug dazu bei, eine Reihe neuer Technologien zu entwickeln, neue Reifenkonstruktionen zu entwerfen und den Verbrauch von Naturkautschuk in der Produktion bedeutend zu senken.

Auf dem XXIV. Parteitag der KPdSU wurde die Arbeit des Instituts für Elektroschweißen E. O. Paton bei der Akademie der Wissenschaften der UdSSR hoch eingeschätzt. Es verfügt über Forschungsabteilungen, ein leistungsfähiges Konstruktionsbüro und einen Versuchsbetrieb. Dieses Institut betreibt Grundlagen- und angewandte Forschungen, führt Experimente durch, überführt wissenschaftliche Ergebnisse in die Produktion, legt die technische Politik auf dem Gebiet des Elektroschweißens fest und ist eng mit vielen Zweiginstituten und Betrieben der UdSSR verbunden. Das Institut besitzt ausreichende Vollmachten zur Koordinierung der Arbeit der Betriebe sowie der Forschungs- und Konstruktionseinrichtungen im Bereich Schweißen. Es ist berechtigt, die Organisation bei der Einführung neuer Schweißverfahren und ökonomischerer Schweißkonstruktionen vorzunehmen. Die Zeitdauer sämtlicher Arbeitsetappen bei einem anwendungsorientierten Thema beträgt nur ein bis drei Jahre, unter Berücksichtigung der theoretischen Forschungen vier bis fünf Jahre. Das bedeutet eine erhebliche Verkürzung gegenüber dem vergleichbaren durchschnittlichen Zeitbedarf im Landesmaßstab.

Die gegenwärtige wissenschaftlich-technische Revolution führte zur Gründung von *Wissenschafts-Produktions-Vereinigungen*, die den Gesamtzyklus Forschung – Produktion realisieren und sich als qualitativ neue Form eines komplexen Leitungssystems für den wissenschaftlich-technischen Fortschritt herausgebildet haben. Eine Wissenschafts-Produktions-Vereinigung stellt einen einheitlichen Komplex dar, der auf der Grundlage der Organisation des Gesamtzyklus Forschung – Produktion die Schaffung einer prinzipiell neuen Technik durchsetzt. Nach der experimentellen Erprobung und Herstellung der Nullserie erfolgt die Freigabe zur Serienproduktion in den Betrieben des Industriezweiges. Die Wissenschafts-Produktions-Vereinigung bildet das wissenschaftliche-technische Zentrum für den ganzen Industriezweig beziehungsweise Industriegruppen entsprechend der festgelegten Spezialisierung und besteht aus Forschungs-, Konstruktions-, technologischen sowie großtechnischen Versuchs- und weitere Abteilungen. Innerhalb einer Wissenschafts-Produktions-Vereinigung kommt dem Forschungsinstitut des Industriezweiges die entscheidende Bedeutung zu. Die Notwendigkeit einer solchen Form der Verflechtung von Wissenschaft und Produktion wurde vom XXV. Parteitag der KPdSU besonders betont. Gegenwärtig können je nach Art des Finalproduktes drei Haupttypen von Wissenschafts-Produktions-Vereinigungen unterschieden werden:

– spezialisierte Vereinigungen vorrangig zur Schaffung neuer Erzeugnisse (wie Positron, Elektroapparat, Sojussteklomaš und andere),
– Vereinigungen zur Entwicklung von Mechanisierungs- und Automatisierungsmitteln für die Produktion sowie von automatisierten Leitungssystemen (wie beispielsweise Piščeavtomatika, Kompleks, Sojusavtomatstrom, Sachar),
– Vereinigungen zur Ausarbeitung, Projektierung und Anwendung neuer technologischer Prozesse (dazu gehören Plastpolimer, Ritm, Neftechim und andere).

Die Wissenschafts-Produktions-Vereinigung ist eine qualitativ neue Form der Verbindung von Wissenschaft und Produktion. Alle ihre Bereiche werden zu Bestandteilen eines einheitlichen Wissenschafts-Produktions-Prozesses und sind durch die Notwendigkeit miteinander verbunden, den Gesamtzyklus von der Forschung bis zur Einführung der neuen Technik zu realisieren. In einer Wissenschafts-Produktions-Vereinigung verläuft der Prozeß der Umwandlung der Wissenschaft in eine unmittelbare Produktivkraft erfolgreicher als bei anderen Formen des Zusammenschlusses von Wissenschaft und Produktion. In diesen Vereinigungen wird die Strategie zur Erreichung der künftigen Zielstellungen festgelegt und werden Grundlagen der Wissenschaftspolitik erarbeitet. Gleichzeitig werden Voraussetzungen für eine Verbesserung der komplexen Planung der Wissenschafts-Produktions-Tätigkeit, den rationellen Kadereinsatz, die Schaffung optimaler Produktions- und Reproduktionsbedingungen für wissenschaftliche Erkenntnisse und zur Gewährleistung einer perspektivreichen Entwicklung der Forschung geschaffen.

Im Rahmen von Wissenschafts-Produktions-Vereinigungen sind alle Bedingungen gegeben, damit sämtliche Abteilungen eine einheitliche Zielstellung verfolgen. Die Anstrengungen der Forschungs-, Versuchs-, Konstruktions- und Produktionsabteilungen sowie aller anderen Abteilungen sind gemeinsam auf die Schaffung und Einführung des entsprechenden Erzeugnisses in die Produktion als Endergebnis der wissenschaftlichen Tätigkeit gerichtet. Auch die Koordinierung und Abstimmung der Tätigkeiten in den einzelnen Stadien lassen sich recht erfolgreich verwirklichen. Eine engere Zusammenarbeit ist gewährleistet, und es bestehen günstigere Möglichkeiten für eine rationelle Kräfteaufteilung und die Bildung entsprechend spezialisierter Forschungs-, Konstruktions- sowie Projektierungsabteilungen als bei anderen Formen des Zusammenschlusses von Wissenschaft und Produktion.

Wissenschafts-Produktions-Vereinigungen weisen auch eine Reihe von Vorzügen auf, die die weitere Entwicklung der Wissenschaft fördern. Sie verfügen über günstige Voraussetzungen für eine effektive Entwicklung der Forschung. Die Praxis zeigt, daß die Bildung von Wissenschafts-Produktions-Vereinigungen ermöglicht, die organisatorische Isoliertheit der verschiedenen Stadien im Prozeß von Forschung, Entwicklung und Aufnahme der Neuerung in die Produktion zu beseitigen und eine kontinuierliche Beschleunigung des wissenschaftlich-technischen Fortschritts zu erreichen.

Weiterhin kommt es in einer solchen Vereinigung zu einer allmählichen Verschmelzung zwischen der Forschungs- und Konstruktionsarbeit mit der wirtschafts-organisatorischen Vorbereitung der Produktion durch Erprobung und der industriemäßigen Fertigung der Erzeugnisse. Hierbei entsteht ein einheitlicher Zyklus des Prozesses Forschung – Produktion, der durch das zeitliche Zusammenfallen einzelner Etappen bedeutend verkürzt wird, zum Beispiel werden die Konstruktions- und Projektierungsarbeiten gleichzeitig mit der Produktionsvorbereitung in Angriff genommen. Bereits im Forschungsstadium beginnt die Gemeinschaftsarbeit von Forschungs- und Projektierungsabteilungen sowie der Versuchsfertigung. Diese Gemeinschaftsarbeit verschiedener Abteilungen in einer Wissenschafts-Produktions-Vereinigung erstreckt sich auf alle nachfolgenden Etappen.

Analysiert man den Gesamtzyklus der Arbeiten zur Schaffung der neuen Technik, dann zeigt sich, daß in den Wissenschafts-Produktions-Vereinigungen im Gegensatz zu selbständigen Forschungs-, Projektierungs- und Konstruktionseinrichtungen sowie Betrieben der Versuchs- und Serienproduktion durch Zusammenlegung von Entwicklungsstufen sowie parallele Arbeit günstigere Voraussetzungen für die Nutzung innerer Reserven zur Verkürzung des Zyklus bei der Herstellung neuer Erzeugnisse gegeben sind.

Die Besonderheit der Wissenschafts-Produktions-Vereinigung besteht in deren Verantwortlichkeit für das Niveau der wissenschaftlich-technischen Entwicklung des Zweiges insgesamt, das am vollständigsten die Effektivität ihrer Arbeit charakterisiert. Die Wissenschafts-Produktions-Vereinigungen sind die wissenschaftlich-technischen Zentren für die Spezialisierung des Zweiges. Zu ihren Aufgaben als Leitorgan des Zweiges gehören: die Erarbeitung der wichtigsten Forschungsrichtungen im Perspektivzeitraum und die Schaffung neuer Konstruktionen und Technologien, um den notwendigen Vorlauf in Wissenschaft und Produktion für eine stetige Steigerung des technischen Niveaus des entsprechenden Produktionsbereiches zu sichern.

Über den Einfluß der Wissenschafts-Produktions-Vereinigungen auf den Industriezweig, über ihre Rolle als wissenschaftlich-technische Zentren geben zahlreiche Unterlagen Auskunft. So beeinflußt die Vereinigung „Mikrobioprom" die technische Politik der mikrobiologischen Industrie sowie ihre Realisierungsrichtungen. Sie erarbeitet Entwicklungsprognosen für den Zweig, ermittelt den Bedarf an Erzeugnissen der mikrobiologischen Synthese, stellt Entwürfe für Perspektivpläne zusammen und koordiniert die wissenschaftlich-technische Arbeit der Einrichtungen und Betriebe des Zweiges. 70 Betriebe (35 Hydrolysebetriebe, 21 Betriebe zur Herstellung bakteriologischer Präparate, 14 Betriebe für Eiweißsubstanzen und Fermente) stellen Erzeugnisse nach Entwicklungen dieser Vereinigung „Mikrobioprom" her.

Die Wissenschafts-Produktions-Vereinigung „Sojusnaučplitprom" ist das wissenschaftlich-technische Zentrum der Holzverarbeitungsindustrie. Ihr sind 105 Betriebe des Ministeriums für Holzindustrie der UdSSR sowie 44 Betriebe anderer Ministerien zugeordnet. Die Vereinigung beschäftigt sich mit der Vervollkommnung der vorhandenen sowie der Entwicklung neuer Produktionstechnologien und Prozesse für Holzfaser- und Holzspanplatten für die Zündholzproduktion und den Wohnungsbau.

Sie erarbeitet staatliche Standards, technologische Verfahren sowie normtechnische Dokumentationen für die holzverarbeitende Industrie und nimmt die Prognostizierung des wissenschaftlich-technischen Fortschritts für den Zweig vor.

Für Wissenschafts-Produktions-Vereinigungen als einer neuen Organisationsform zur Leitung des wissenschaftlich-technischen Fortschritts ist es zweckmäßig, ein komplexes System der zentralen Leitung und Planung der wissenschaftlichen und Produktionstätigkeit auf der Grundlage langfristiger ökonomischer Normative zu schaffen. Dieses System muß die ökonomische Interessiertheit aller Abteilungen an der Effektivitätssteigerung in Forschung und Produktion sicherstellen und die Eigenverantwortlichkeit bei der Lösung der wichtigsten wirtschaftlichen Fragen erhöhen. Es ist zweckdienlich, für die Wissenschafts-Produktions-Vereinigungen ein aus dem Gewinn zu bildendes Normativ festzulegen, das für die erweiterte Reproduktion, für Aufwendungen zur Durchführung planmäßiger Forschungsaufgaben, zur Bildung ökonomischer Stimulierungsfonds sowie zur Finanzierung anderer planmäßiger Ausgaben zur Verfügung stehen soll.

Eines der wichtigsten Kriterien für die Bewertung der Tätigkeit der Wissenschafts-Produktions-Vereinigungen ist die ökonomische Effektivität der in die Volkswirtschaft eingeführten Neuerungen. Das erfordert, alle Anwendungsbereiche der neuen Technik, die zu verschiedenen Zeiten erfolgenden Aufwendungen und ihre Ergebnisse zu berücksichtigen.

Zu den häufigsten Formen der Verbindung von Wissenschaft und Produktion gehören die *Produktionsvereinigungen*, die für die Beschleunigung und Erhöhung der Effektivität des wissenschaftlich-technischen Fortschritts außerordentlich große Bedeutung erlangen. Produktionsvereinigungen gewährleisten den Zusammenschluß von Wissenschaft, Produktion und Leitung und auf dieser Grundlage die Schaffung eines in sich geschlossenen, integrierten Systems, eines einheitlichen Komplexes. Unter den Bedingungen eines solchen Organisationssystems werden Engpässe im Zyklus Forschung – Produktion beseitigt. Er wird zu einem stetigen und zielgerichteten Prozeß miteinander verbundener und aufeinanderfolgender Arbeiten zur Umwandlung eines Produktes der Wissenschaft in ein Produkt der materiellen Produktion.

In Produktionsvereinigungen bestehen günstige Bedingungen für die komplexe Leitung der neuen Technik, für die Einheit von Planung, Finanzierung, Abrechnung und Stimulierung aller Stadien des Zyklus Forschung – Produktion, indem sie die Konzentration der notwendigen materiellen, finanziellen und Arbeitskräfteressourcen gewährleisten.

Erfahrungen zeigen, daß Produktionsvereinigungen vorteilhafte Bedingungen für die effektive Ausnutzung der Produktionsfonds bieten, für die rasche Realisierung von Maßnahmen zur technischen Umrüstung der Produktion und zur Einführung der neuesten Technologien, für Produktivitätssteigerung durch Modernisierung der in Betrieb befindlichen Ausrüstungen sowie für den Ersatz moralisch und physisch veralteter Ausrüstungen. Um neue technologische Mittel herzustellen, ist das Einrichten von speziellen Abteilungen zur zentralen Versorgung mit Materialien, Komplettierungsteilen und Meßgeräten zweckmäßig. In Produktionsvereinigungen bildet und entwickelt sich rasch eine eigene Versuchsbasis und erhöht sich die Patentreinheit des hergestellten Erzeugnisses durch eine effektive Nutzung von wissenschaftlich-technischen Informationen. Darüber hinaus erfolgt ein rationellerer Einsatz der Arbeiter, Wissenschaftler sowie des ingenieurtechnischen Personals.

Die Beseitigung von Disproportionen im Zyklus Forschung – Produktion gelingt vor allem in Vereinigungen, in die alle Zyklusstadien einbezogen sind. Bei der Bestimmung der potentiellen Möglichkeiten dieser oder jener Form der Verbindung von Wissenschaft und Produktion zur Realisierung von wissenschaftlich-technischen Ergebnissen ist es überaus wichtig, auf Vollständigkeit und wissenschaftlich-technische Komplexität zu achten. Dies setzt die Existenz von Forschungs-, Projektierungs-, Konstruktions- und technologischen Abteilungen sowie einer Versuchs- und Serienproduktion innerhalb der Vereinigungen voraus, was in einer Reihe großer Vereinigungen des Maschinenbaus, der Metallurgie, der Chemie und Erdölverarbeitung sowie einiger anderer Industriezweige der Fall ist. Ein bedeutender Teil der Vereinigungen dieser Zweige verfügt aber lediglich über Betriebe mit Serienproduktion. Dabei ist hervorzuheben, daß selbst in Vereinigungen, in denen einige Stadien – ausgenommen die Produktion – nicht durchlaufen werden, die Möglichkeiten zur Einführung der neuen Technik bedeutend größer sind als in „reinen" Produktionsbetrieben. Die Beschleunigung des wissenschaftlich-technischen Fortschritts wird in diesen Fällen durch den rationellen Einsatz der Arbeitskräfte, Material- und Finanzressourcen sowie die Spezialisierung, Kooperation und Konzentration der Produktion gefördert. Zur erfolgreichen Lösung dieser Aufgabe trägt vor allem die Erhöhung der Effektivität von Leitung und Planung bei.

Die Notwendigkeit, den wissenschaftlich-technischen Fortschritt zu beschleunigen, erfordert die Erweiterung der Zahl von Vereinigungen, in denen alle Stadien von der Forschung bis zur Produktion bearbeitet werden. Dies muß ein zentral geleiteter, ökonomisch begründeter, planmäßiger Prozeß sein. Dabei müssen nicht unbedingt in jeder Vereinigung alle Stadien des Zyklus Forschung – Produktion durchlaufen werden. Das sollte in erster Linie in den Zweigen geschehen, die für die Beschleunigung des wissenschaftlich-technischen Fortschritts besonders wichtig sind. Bei Entscheidungen über die Zweckmäßigkeit, den Zyklus voll zu durchlaufen, ist das Vorhandensein von Wissenschafts-Produktions-Vereinigungen, komplexen Instituten und anderen Einrichtungen im Zweig zu berücksichtigen, die die Vereinigungen und Industriebetriebe bei der für sie festgelegten Spezialisierung betreuen und die die Aufgabe haben, den Prozeß der Schaffung und Meisterung der neuen Technik zu beschleunigen.

Dabei muß auch überprüft werden, über welche potentiellen Möglichkeiten die Vereinigungen verfügen beziehungsweise in Zukunft verfügen werden, um neue Technik zu entwickeln und einzuführen. Eine hohe Effektivität des wissenschaftlichen Potentials wird in Vereinigungen erreicht, in denen Produktionskapazitäten, Forschungs-, Projektierungs-, Konstruktions-, Versuchs- und technologische Abteilungen aufeinander abgestimmt sind. Eine Vereinigung muß die reale Möglichkeit besitzen, die Erhöhung des wissenschaftlich-technischen Niveaus der Produktion zu beeinflussen. Andernfalls verringert sich unvermeidlich ihre Rolle als Träger der Leitung und ihr bleibt lediglich die Funktion, die bereits aufgenommene Produktion und Technologie aufrechtzuerhalten.

Die Effektivität des wissenschaftlich-technischen Fortschritts hängt in bedeutendem Maße vom jeweiligen Typ einer Vereinigung ab. Die zwölfjährigen Erfahrungen der Tätigkeit von Produktionsvereinigungen zeigen die Überlegenheit von solchen Vereinigungen, die durch Zusammenlegung früher selbständiger Betriebe mit homogener Produktion unter Aufhebung der bestehenden Betriebsleitungen und vollständige Zentralisierung der Leitungsfunktionen gebildet wurden.

In den Produktionsvereinigungen besitzt die Vervollkommnung der Planung des wissenschaftlich-technischen Fortschritts entscheidende Bedeutung. Für Vereinigungen, die alle Stadien von der Forschung bis zur Produktion realisieren, ist die Einführung der neuen Technik in die Produktion die Hauptaufgabe, weil die Projektierung dieser Technik, die Herstellung von Versuchsmustern und ihre Serienfertigung nach einem einheitlichen Plan erfolgen müssen. Dessen Erfüllung setzt voraus, daß sowohl die wissenschaftlichen Mitarbeiter und Konstrukteure als auch die direkt in der Produktion Beschäftigten mit dem gleichen Interesse und hohem Verantwortungsbewußtsein mitwirken. Ausgehend von der Einschätzung des Zyklus Forschung – Produktion als einem einheitlichen System, ist eine verbindliche Ausarbeitung komplexer Pläne zur Entwicklung der Produktion, die alle Etappen zur Schaffung der neuen Technik und Technologie – vom Beginn der Forschungen bis hin zur vollständigen Einführung der neuen Technik – umfaßt, notwendig. Daher müssen in den Vereinigungen Voraussetzungen für die komplexe Planung und Leitung des wissenschaftlich-technischen Fortschritts geschaffen werden, für die Koordinierung der Arbeit aller technischen Abteilungen und auch der nicht unmittelbar beteiligten Einrichtungen, die diesen Bereich durch Zuarbeiten unterstützen. Ferner ist die Verantwortlichkeit dafür zu erhöhen, daß die Abstimmung der Pläne zur Einführung der neuen Technik mit den Planauflagen zur Effektivitätssteigerung der Produktion garantiert ist. Die Zusammenfassung der Konstruktions- und technologischen Abteilungen, die Bildung einheitlicher Konstruktionen und technologischer Entwicklungen beschleunigen den Zyklus Forschung – Produktion.

Die direkte Eingliederung der technologischen Abteilungen in die betrieblichen Konstruktionsbüros und Forschungsinstitute ist ein aussichtsreiches und effektives Mittel zur Beschleunigung des wissenschaftlich-technischen Fortschritts. In einer Reihe von Vereinigungen und in einigen Betrieben wurden die technologischen Abteilungen in die Forschungsinstitute und Konstruktionsbüros eingegliedert. In einigen Komplexen erfolgte die Zusammenlegung der Abteilungen Forschung und Projektierung. Dies bot die Möglichkeit, die Projektanten in die Forschungssphäre einzubeziehen.

Erfahrungen lehren, daß in einigen Vereinigungen durch ungenügende Abstimmung der Arbeit von Laboratorien und Konstruktionsbüros die komplexe Lösung von Grundsatzfragen der Beschleunigung des wissenschaftlich-technischen Fortschritts nicht gewährleistet ist. Sie sind nicht imstande, schwierige wissenschaftlich-technische Entwicklungen zu bewältigen, die die Teilnahme von Fachleuten verschiedener Spezialdisziplinen erfordern. Die komplizierten Aufgaben zur Erhöhung der Effektivität der neuen Technik fordern Strukturen der Laboratorien und Konstruktionsbüros auf einem qualitativ neuen, höheren Niveau unter einheitlicher Leitung. Eine solche Abteilung kann das *wissenschaftliche Zentrum* werden. Die Konzentration der Forschungs-, Projektierungs-, Konstruktions-, Versuchs- und technologischen Arbeiten in leistungsfähigen wissenschaftlichen Zentren ist ein effektives Mittel zur Verbesserung der Leitung des wissenschaftlich-technischen Fortschritts, wenn die Zentren die Verantwortung für das technische Niveau der Produktion tragen, wofür sie mit entsprechenden Rechten und Pflichten auszustatten sind. Die Einschätzung der Arbeit dieser Zentren hat auf Grundlage des technischen Niveaus der Produktion sowie der Effektivität der Einführung der neuen Technik zu erfolgen.

So ist im Titan-Magnesium-Kombinat Zaporožec eine Reihe von Labors und Konstruktionsbüros in einem einheitlichen wissenschaftlichen Zentrum vereinigt, das der Schaffung und Einführung der neuen Technik dient. Die zusammengeschlossenen Laboratorien verfügen über moderne Geräte und Ausrüstungen. Das wissenschaftliche Zentrum gab dem Kombinat die Möglichkeit, die Überführung von wissenschaftlich-technischen Entwicklungen in die Praxis erheblich zu beschleunigen. Es hielt enge Verbindung zwischen Mitarbeitern des Kombinats und Wissenschaftlern, ermöglichte die Erforschung von theoretischen Grundlagen für verschiedene technologische Prozesse hinsichtlich konkreter Bedürfnisse der Produktion. Diese wichtige Forschungsarbeit erforderte von den Fachleuten des Kombinats die Erhöhung ihrer wissenschaftlichen Qualifikation: 45 ingenieur-technische Mitarbeiter verteidigten Dissertationen und Habilitationen. Die Mitarbeiter des Kombinats erhielten mehr als 150 Erfinderpatente. Das wissenschaftliche Zentrum des Kombinats leitet alle Arbeiten zur komplexen Planung der Produktion und Einführung der neuen Technik. Es trägt die Verantwortung für eine termingerechte Ausarbeitung und Anfertigung wissenschaftlich-technischer Dokumentationen sowie für die Herstellung von Versuchsmustern.

In der Vereinigung für Traktorenbau Minsk entstand ein leistungsfähiges wissenschaftliches Zentrum. Es basiert auf einigen Betriebslaboratorien für Metallkunde, Ultraschall, Metallbearbeitung durch Druck, Schweißen und Gießen. Dazu gehören ferner ein Informations- und Rechenzentrum und eine Abteilung für technische Information. In diesem wissenschaftlichen Zentrum sind mehr als 500 Mitarbeiter beschäftigt.

In einigen großen Vereinigungen nimmt das Forschungsinstitut die Aufgaben des wissenschaftlichen Zentrums wahr. So sind zum Beispiel im Institut für Forschung, Konstruktion und Technologie der Vereinigung Schwermaschinenbau „Uralmaš“, das aus Konstruktions- und technologischen Abteilungen, Betriebslaboratorien und einem Rechenzentrum hervorgegangen ist, gegenwärtig etwa 6000 Mitarbeiter tätig, darunter ungefähr 60 Doktoren der Wissenschaftszweige. Das Forschungsinstitut für Schwermaschinenbau unterhält vertragliche Beziehungen zu mehr als 60 Forschungs- und Projektierungsinstituten sowie Hochschulen im Inland. Innerhalb von vier Jahren des Planjahrfünfts schufen die Uraler Maschinenbauer über 80 Modelle neuer Maschinen und Ausrüstungen, deren ökonomischer Nutzen seit ihrer Einführung in der Volkswirtschaft rund 173 Millionen Rubel betrug.

Viele der gegenwärtig geschaffenen Vereinigungen sind klein und bestehen aus drei oder vier Betrieben. Diese Komplexe entsprechen nicht in vollem Maße den objektiven Erfordernissen, die sich aus der wissenschaftlich-technischen Revolution ergeben.

Die Aufgabe besteht darin, die Größenverhältnisse einer bedeutenden Anzahl der gegründeten Vereinigungen rationell zu erhöhen durch Anschluß von gleichartigen beziehungsweise vor- oder nachgelagerten Betrieben und Produktionen, Forschungs-, Projektierungs-, Konstruktions- sowie technologischen Einrichtungen. Bei der Bestimmung der optimalen Größe sind in jedem Fall die Homogenität und technologische Gemeinsamkeit der Betriebe, die Möglichkeiten für Spezialisierung und Kooperation, der gegenwärtige und zukünftige volkswirtschaftliche Bedarf für das entsprechende Erzeugnis und andere Faktoren zu berücksichtigen. Für jeden Industriezweig muß unter Beachtung seiner Besonderheiten eine zulässige Mindestgröße der Vereinigung bestimmt werden, die ein hohes technisch-ökonomisches Produktionsniveau garantiert.

Unter den gegenwärtigen Bedingungen ist die Rolle der im Unions- und Republikmaßstab geschaffenen Industrievereinigungen besonders groß. Sie wurden objektiv darauf vorbereitet, bedeutende wissenschaftlich-technische Aufgaben zu lösen. Die Schaffung der Industrievereinigungen selbst, deren Organisations- und Leitungsform wurden durch die sich entwickelnde wissenschaftlich-technische Revolution hervorgerufen und erfordern eine adäquate Form in der Leitung der Wissenschaften. Sehr wichtig ist der konzentrierte Einsatz der wissenschaftlichen Mitarbeiter und Produzenten in den wichtigsten Richtungen des wissenschaftlich-technischen Fortschritts. Erfahrungen zeigen, daß in den industriellen Vereinigungen eine weitere Vervollkommnung der zweigspezifischen Leitung des wissenschaftlich-technischen Fortschritts durch die Schaffung von leistungsstarken *wissenschaftlich-technischen Zentren* für die Hauptrichtungen der Wissenschaftsentwicklung erreicht werden kann.

Besondere Aufmerksamkeit verdient auch die Frage, ob *spezialisierte Vereinigungen zur Einführung der neuen Technik* gebildet werden sollen. Bisher gibt es nur eine geringe Anzahl, die Mehrzahl ist klein und verfügt über kein ausreichendes Potential, so daß die Realisierung von wissenschaftlich-technischen Neuerungen sehr viel Zeit beansprucht.

Unter sozialistischen Bedingungen gibt es auf Grund der zentralen planmäßigen Leitung der Volkswirtschaft gute Möglichkeiten, die neue Technik in optimaler Zeitdauer umfassend in die Produktion einzuführen, die jedoch bis jetzt noch nicht vollständig genutzt werden. Vielfach sind die Abteilungen, die die Einführung der Errungenschaften der Wissenschaft in die Produktion vorzunehmen haben, dafür nicht genügend gerüstet.

Aus der Vielzahl der Vereinigungen in der UdSSR, die sich mit der Einführung der neuen Technik befassen, können entsprechend ihren Funktionen sowie Tätigkeitsmerkmalen folgende fünf Gruppen unterschieden werden:

1. vollständig auf die Einführung der neuen Technik spezialisierte Vereinigungen,
2. teilweise spezialisierte (gemischte) Vereinigungen, die neben der Einführung der neuen Technik Reparatur- und Bauarbeiten vornehmen,
3. Vereinigungen, die die Einführung verschiedener Arten neuer Technik mit zwischenzweiglichem Charakter realisieren,
4. Vereinigungen, die für wissenschaftlich-technische Dienstleistungen zur Verfügung stehen,
5. Organisationen, die als Vermittler zwischen den wissenschaftlich-technischen Einrichtungen und der Produktion wirksam sind.

Eine der effektivsten Vereinigungen zur Einführung der neuen Technik ist „Energotechprom“. Die Vereinigung verfügt über Forschungslabors, Konstruktions- und technologische Büros, eine Produktions- und Versuchsbasis sowie eine Versuchsproduktion. Sie organisiert den Umsetzungsprozeß neuer Erzeugnisse in die Produktion. Dazu erhält sie vom Forschungsinstitut die Ergebnisse der Entwicklungsarbeit oder Versuchsmuster der neuen Technik und übergibt den Betrieben für den Einsatz geeignete industrielle Anlagen, technologische Linien oder eine industrielle Kleinserie des neuen Erzeugnisses. Ihre Tätigkeit beginnt mit der Untersuchung und Vervollkommnung des Versuchsmusters des neuen Erzeugnisses unter Laborbedingungen. Gleichzeitig erfolgt die Konstruktion der Neuentwicklung sowie die Erarbeitung der Herstellungstechnologie. Parallel hierzu werden die technologischen Betriebsmittel und die notwendigen Ausrüstungen geschaffen. Ohne Zeitverlust zwischen den einzelnen Phasen des Entstehungsprozesses der neuen Technik erfolgt auch die Herstellung einer industriellen Kleinserie des neuen Erzeugnisses. Beim Anlauf der Serienproduktion der neuen Technik leistet „Energotechprom“ dem Herstellerbetrieb die notwendige Hilfe bei der Endmontage, Inbetriebnahme sowie beim Einrichten. Zudem werden die Kader auf die neue Technik vorbereitet. „Energotechprom“ bewältigt jährlich bei der Einführung der neuen Technik ein Arbeitspensum im Werte von mehr als 15 Millionen Rubel. Die Struktur dieser Vereinigung erlaubt, den übernommenen technischen Grundgedanken in jedem beliebigen Stadium aufzugreifen und ihn bis zur endgültigen Einführung weiterzuentwickeln. Der ökonomische Nutzen der Tätigkeit von „Energotechprom" übersteigt im 9. Fünfjahrplan die 20-Millionen-Grenze.

Für die Effektivität der Vereinigungen zur Einführung der neuen Technik ist es unvorteilhaft, daß sie noch keinen eigenen Status besitzen, keine Satzung ausgearbeitet wurde, die ihre Ziele, Aufgaben, Funktionen, rechtlichen, ökonomischen und produktionsmäßigen Beziehungen festlegt.

Die spezialisierten Vereinigungen für die neue Technik sollten folgenden Hauptforderungen entsprechen:

- Ausgehend von den Erfordernissen der Volkswirtschaft, sollte die Zielfunktion solcher Vereinigungen in der Einführung der neuen Technik bestehen.
- Die Vereinigungen müssen in der Lage sein, wissenschaftlich-technische Entwicklungen bis zu konkreten Ergebnissen zu führen und deren praktische Realisierung unter Berücksichtigung der Spezifik und Besonderheiten der Produktion zu sichern.
- Bis zum Übergang des neuen Erzeugnisses in die Serienproduktion ist den Forschern wie auch den Anwendern in der Anlaufphase größtmögliche Unterstützung zu gewähren.

Die wissenschaftlich-methodische Anleitung der spezialisierten Vereinigungen zur Einführung der neuen Technik hat durch die entsprechenden Wissenschafts-Produktions-Vereinigungen oder die komplexen Leitinstitute zu erfolgen. Die umfangreiche Arbeit zur Einführung der neuen Technik verlangt eine moderne organisatorische Grundlage. Der Übergang zur umfassenden Entwicklung eines Netzes spezialisierter Vereinigungen zur Einführung der neuen Technik bedeutet im Grunde nichts anderes als die Realisierung der Ergebnisse des wissenschaftlich-technischen Fortschritts auf Vertragsbasis, woraus sich große Möglichkeiten für die Verkürzung des Zeitbedarfs ergeben.

Die gegenwärtige wissenschaftlich-technische Revolution brachte eine neue Organisationsform der Verbindung von Wissenschaft und Produktion hervor, und zwar die *wissenschaftlich-technischen Komplexe an den Hochschulen*, zu denen außer Forschungsabteilungen auch andere Abteilungen des Zyklus Forschung – Produktion (wie Konstruktions- und Versuchseinrichtungen) gehören. Zum Leningrader Institut für Schiffsverkehr gehören beispielsweise das zentrale Forschungsinstitut der Binnenflotte, ein Versuchsbetrieb, der wissenschaftlich-technische Komplex beim radiotechnischen Institut „Taganrog," ein Forschungslabor, ein Versuchs-Konstruktionsbüro und eine Versuchsabteilung sowie einige andere Hochschuleinrichtungen der UdSSR. Die Mitarbeiter dieses Instituts für Schiffsverkehr entwickelten und installierten auf allen Schiffen ein automatisiertes Fernsteuerungssystem für Schiffsanlagen. Hierdurch wurde es möglich, die Stärke der Schiffsbesatzungen um ein Drittel zu verringern. Sie konstruierten völlig neue Schiffstypen: Eisbrecher mit Vibrationseinrichtungen, das Passagierhalbgleitboot „Zarja" für wasserarme Flüsse sowie eine Reihe neuer Geräte, Zubehör und Konstruktionen zur Mechanisierung arbeitsintensiver Tätigkeiten beim Wasserstraßen- und Seeverkehr. Mitarbeiter des radiotechnischen Instituts „Taganrog" bauten die kleinformatige elektronische Rechenmaschine „Don" mit integrierter Schaltung, die von Fachleuten hoch geschätzt wird.

Große Bedeutung für die Forschungsarbeit hat die schöpferische Zusammenarbeit der entsprechenden Lehrstühle und Laboratorien der Hochschulen mit den Mitarbeitern der Betriebe. Gegenwärtig sind über 1 Million Studenten in die Forschungsarbeit einbezogen und leisten so einen Beitrag zur wirtschaftlichen Entwicklung. Im Verlauf von vier Jahren des 9. Fünfjahrplanes erhielten Studenten mehr als 5300 Erfinderpässe und Patente und beteiligten sich an der Realisierung von über 70000 Arbeiten, die Anwendung in der Produktion fanden. Solche neuen Formen, wie das Forschungsinstitut für Studenten am Erdölinstitut „Ufa" sowie das wissenschaftliche Zentrum für Studenten am Industrieinstitut „Tjumen" verdienen Unterstützung und Verbreitung.

Analysiert man den Stand der Forschungsarbeiten an den Hochschulen unter Berücksichtigung der Tatsache, daß beinahe die Hälfte aller Doktoren der Wissenschaften und der Wissenschaftszweige im Hochschulwesen konzentriert sind, so ist ihr Umfang insgesamt zu gering. Die Praxis der Forschungsplanung an den Hochschulen entspricht nicht den gegenwärtigen Anforderungen. Sie garantiert nicht, daß komplexe Aufgaben sowie die wichtigsten zwischenzweiglichen Probleme gelöst werden. Das Hauptkriterium für die Bereitschaft der Hochschulen zur Übernahme von Forschungsaufgaben ist das wissenschaftliche Potential, das Vorhandensein eines wissenschaftlichen Vorlaufs und von Möglichkeiten der Lehrstühle oder Labors zur Lösung konkreter Probleme. Eine verbesserte Organisation der Planung und Finanzierung der Forschungen erfordert, beim Ministerium für Hoch- und Fachschulwesen der UdSSR ein Koordinierungszentrum zu bilden, das mit den regionalen Organen für Wissenschaft und Technik im engen Kontakt stehen muß. Besondere Aufmerksamkeit verdienen die langfristige Forschungsplanung und die verstärkte Übernahme von komplexen Entwicklungsaufgaben.

Eine wichtige Ursache für die zögernde Nutzung und zuweilen auch für die Nichteinführung von Forschungsergebnissen besteht darin, daß die Mehrzahl der Hochschulen wegen ihrer schwachen Versuchs- und Produktionsbasis ihre abgeschlossenen Arbeiten nicht als fertige Konstruktionen, allseitig erprobte Muster und in kleinen Versuchsserien vorstellen können. Hochschulen sind allein nicht in der Lage, Konstruktionsbüros und Versuchsproduktionen einzurichten. Als rationelle Maßnahme für eine qualifizierte konstruktions- und technologiegerechte Verwirklichung von wissenschaftlichen Entwicklungen der Lehrinstitute bietet sich an, in den Großstädten Konstruktionsbüros mit Versuchsproduktion, Rechenzentren und Ausleihstationen von wissenschaftlichen Geräten zu bilden, die von mehreren Hochschulen genutzt werden können. In den großen Zentren des Landes sollten spezialisierte Vereinigungen für die produktionstechnische Betreuung der Hochschulen gegründet werden, die über Möglichkeiten zu Versuchsproduktionen, Konstruktions- und Produktionseinrichtungen sowie Versorgungsdienste verfügen. Ökonomisch sinnvoll ist es, die Versuchsbasis der Hochschulen unmittelbar in den Industriebetrieben in Form von Versuchsabteilungen, Produktionsabschnitten und Forschungszentren zu stärken.

Die weitere Entwicklung der für den Sozialismus charakteristischen Formen der Verbindung von Wissenschaft und Produktion wird ein noch höheres Tempo bei der Steigerung der Effektivität der gesellschaftlichen Produktion ermöglichen.

4.5. Ökonomische Stimulierung des wissenschaftlich-technischen Fortschritts

Die aktive und bewußte Mitwirkung aller Werktätigen an der Beschleunigung des wissenschaftlich-technischen Fortschritts und seiner Umsetzung in ökonomischen und sozialen Fortschritt wird im Sozialismus mit der materiellen Stimulierung und der moralischen Anerkennung verbunden. Die Erzielung einer hohen Leistungsbereitschaft und die Befähigung der Werktätigen zu immer besseren Produktionsergebnissen werden durch Vervollkommnung der politisch-ideologischen Führungstätigkeit in Verbindung mit immer besseren ökonomischen, technischen und organisatorischen Bedingungen der Arbeit erreicht. Die Einheit von materieller und ideeller Stimulierung hat eine wesentliche Bedeutung für die „Sicherung der ... freien allseitigen Entwicklung aller Mitglieder der Gesellschaft“ [1].

Dabei kommt es vor allem darauf an, folgende Grundsätze zu beachten:

1. materielle und moralische Stimuli sind so einzusetzen, daß sie genau in dieselbe Richtung zielen,
2. moralische Stimuli sind langfristig nur dann wirksam, wenn sie mit materiellen Stimuli verbunden sind,
3. materielle Stimulierungen einer Leistung sind mit einer entsprechenden moralischen Anerkennung zu verbinden,
4. eingesetzte Stimulierungsfonds sind so zu bemessen, daß sie in optimaler Relation zum jeweils angestrebten Leistungsvolumen stehen,
5. Leistungsstimulierungen sind auf den jeweiligen gesellschaftlichen Endzweck einer wissenschaftlich-technischen Aufgabe auszurichten.

Bei konsequenter Beachtung dieser Prinzipien wird es gelingen, mit Hilfe der Leistungsstimulierung einen hohen ökonomischen und sozialen Effekt des wissenschaftlich-technischen Fortschritts zu erzielen. Gleichermaßen wird sich

[1] W. I. Lenin, Bemerkungen zum zweiten Programmentwurf Plechanows, in: Werke, Bd. 6, Berlin 1956, S. 40.

die sozialistische Arbeitsmoral vertiefen, eine bewußtere Einstellung der Werktätigen zu den gestellten Arbeitsanforderungen entwickeln und damit ein Beitrag geleistet, um die Arbeit bei einem immer größeren Teil der Werktätigen zu einem echten Bedürfnis werden zu lassen.

In den vergangenen Jahren wurden in der DDR große Erfolge bei der Entfaltung des sozialistischen Wettbewerbs und in der Neuererbewegung erzielt. Dies sind nach den vorliegenden Erfahrungen die Tätigkeitsgebiete der Werktätigen, in denen die Einheit von moralischer und materieller Leistungsmotivation am besten ausgeprägt ist. Ein deutlicher Beleg hierfür ist die Tatsache, daß in der sozialistischen Wirtschaft der DDR 1975 nahezu 30 Prozent aller Beschäftigten an der Neuererbewegung beteiligt waren. Die 1971 bis 1975 realisierten 2,4 Millionen Neuerungen erbrachten einen gesellschaftlichen Nutzen von 16,7 Milliarden Mark. Haupttätigkeitsfeld der Neuerer ist die Rationalisierung der laufenden Produktion, die Weiterentwicklung bereits genutzter neuer Prinziplösungen für technische Probleme, die Senkung der Kosten, die Einsparung von Arbeitszeit. Das sind jene Tätigkeitsfelder, in denen der Nutzen des wissenschaftlich-technischen Fortschritts in der ganzen Breite und Komplexität wirksam wird. Die Neuererbewegung als Ausdruck einer neuen Einstellung zur Arbeit ist also mit der Beschleunigung des wissenschaftlich-technischen Fortschritts auf das engste verbunden.

Das System der wirtschaftlichen Rechnungsführung als Grundlage für die Stimulierung des wissenschaftlich-technischen Fortschritts

Bei Bemühungen um die Vervollkommnung des Systems der ökonomischen Stimulierung zeigt sich immer wieder, daß das Hauptproblem in der Erhöhung der Wirksamkeit des wissenschaftlich-technischen Fortschritts als Hauptfaktor der Intensivierung des Reproduktionsprozesses besteht. Die Bewertung der Leistungen der Betriebskollektive und ihre Anerkennung kann nicht unmittelbar anhand von Kriterien oder Merkmalen des technischen Fortschritts, wie etwa Automatisierungsgrad, Neuheitsgrad der Produktionsausrüstungen, Modernität des Produktionssortiments erfolgen. Diese müssen sich in solchen ökonomischen Kriterien, wie erreichter Steigerungsgrad der Effektivität, der Warenproduktion und des Gewinns niederschlagen.

Das ökonomische Interesse der Betriebskollektive ist dementsprechend zu richten auf

- Steigerung der bedarfsgerechten Produktion, was Konsequenzen für die systematische Entwicklung des Produktionssortiments hat,
- qualitative Verbesserungen der Erzeugnisse entsprechend den Bedürfnissen der Konsumenten, der weiterverarbeitenden Betriebe, der Exportpartner,
- Senkung des spezifischen Aufwands an Energie, Material, Grundfonds,

lebendiger Arbeit, wodurch die Substitution einzelner Aufwandselemente durch andere notwendig wird,
- Senkung der Selbstkosten, Erhöhung des Gewinns, Zuführung zu den betrieblichen Fonds,
- hohe Steigerungsraten bei den verschiedensten Effektivitätskriterien, wie Arbeitsproduktivität, Materialintensität, Fondseffektivität, Exporteffektivität und anderen.

So bedeutungsvoll die ökonomischen Zielstellungen für die Beurteilung der Leistung der Betriebe sind, es ist doch nicht möglich, die Stimulierung anhand einer solchen Vielzahl von Kriterien vorzunehmen, die dem umfangreichen Spektrum der Einzelzielstellungen entsprechen würde. Einerseits würde das System der Stimulierung außerordentlich aufwendig und schwer handhabbar sein. Andererseits würde die Vielzahl der einzelnen Hebel zwangsläufig schwer überschaubare, gegenläufige Tendenzen auslösen, was ein ständiges Verschieben und Korrigieren der Bedeutung der einzelnen Hebel im Stimulierungssystem nach sich ziehen und letztlich das Stimulierungssystem als Ganzes in Frage stellen könnte. Das Hauptproblem, das ständig neu zu lösen ist, ist die komplexe Entwicklung des Systems der ökonomischen Stimulierung mit relativ stabilen Wechselbeziehungen zwischen den einzelnen Stimuli im Rahmen der wirtschaftlichen Rechnungsführung. „Die ökonomischen Kategorien Kosten, Preis und Gewinn sind effektiver für eine hohe Wirksamkeit der Intensivierung, insbesondere für die ständige Verbesserung des Verhältnisses von Aufwand und Leistung zu nutzen ... Wir betrachten den Kampf um die Senkung der Kosten und höchste Effektivität des Reproduktionsprozesses als Kernstück der wirtschaftlichen Rechnungsführung.“[2]

Die wirtschaftliche Rechnungsführung dient erstens der bedarfsgerechten Produktion und mithin einer immer besseren Befriedigung der sich entwickelnden materiellen und geistig-kulturellen Bedürfnisse. Sie dient zweitens der Deckung der Ausgaben durch die Einnahmen und der Erzielung eines Gewinns beim Erlös der abgesetzten Warenproduktion. Das Maß des zu erzielenden Gewinns ist eine entscheidende Bedingung für die Dynamik der wirtschaftlichen Entwicklung. Es genügt daher nicht schlechthin, auf Rentabilität der Betriebe und Kombinate zu orientieren. Vielmehr ist ein solcher Grad der Rentabilität anzustreben, der den Erfordernissen der Bildung des gesellschaftlichen Reineinkommens in geplanter Höhe und der Eigenerwirtschaftung der Mittel für die einfache und erweiterte Reproduktion der Betriebe in einem solchen Maße gerecht wird, wie es für die Entwicklung des Betriebes im Rahmen seiner Funktion in der sozialistischen Volkswirtschaft erforderlich ist. Die Eigenerwirtschaftung der Mittel gehört zu den Wesensmerkmalen der

[2] Bericht des Zentralkomitees der Sozialistischen Einheitspartei Deutschlands an den IX. Parteitag der SED, Berichterstatter: Erich Honecker, Berlin 1976, S. 88.

wirtschaftlichen Rechnungsführung. Die Bedingungen für die Eigenerwirtschaftung werden durch den sozialistischen Staat planmäßig festgelegt. Dabei sind die Reproduktion der Fonds und die Erzielung einer hohen Fondseffektivität zu sichern.

Aus der Tatsache, daß der wissenschaftlich-technische Fortschritt im Komplex mit weiteren Faktoren (Qualifikation der Werktätigen, Entwicklung der Produktionsstruktur und der Qualität der Erzeugnisse, sozialistische ökonomische Integration und andere) zur Intensivierung beiträgt, ergibt sich, daß es nicht möglich ist, den wissenschaftlich-technischen Fortschritt zu stimulieren, ohne gleichzeitig die Wirksamkeit anderer Intensivierungsfaktoren zu beeinflussen. Diese Erkenntnis findet bei der Gestaltung des Systems der wirtschaftlichen Rechnungsführung insofern Beachtung, als der ökonomische Fortschritt bei der Gestaltung des Stimulierungssystems im Zentrum der Aufmerksamkeit steht. Die wirtschaftliche Rechnungsführung muß die Wirksamkeit aller Intensivierungsfaktoren erfassen. Ebenso wird der wissenschaftlich-technische Fortschritt im umfassenden Sinne durch die wirtschaftliche Rechnungsführung forciert. Sowenig es in den Betrieben und Kombinaten eine Stimulierung des wissenschaftlich-technischen Fortschritts außerhalb des Systems der wirtschaftlichen Rechnungsführung gibt, sowenig ist es möglich, bei der weiteren Qualifizierung der wirtschaftlichen Rechnungsführung ausschließlich die Belange des wissenschaftlich-technischen Fortschritts zu berücksichtigen.

In der Praxis stehen davon ausgehend folgende Fragen im Mittelpunkt der Aufmerksamkeit bei der ökonomischen Stimulierung:

1. Ausrichtung des wissenschaftlich-technischen Potentials auf Schwerpunkte der Intensivierung des gesellschaftlichen Reproduktionsprozesses. Inhaltliche Abstimmung und quantitative Koordinierung des Forschungs- und Entwicklungspotentials mit dem Überleitungs- und Produktionspotential,

2. Ableitung von Forschungsaufgaben zur vollen, intensiven Nutzung des Forschungspotentials und zur Schaffung eines fundierten wissenschaftlich-technischen Vorlaufs für die Intensivierung des Reproduktionsprozesses. Ausarbeitung anspruchsvoller Pläne für die Forschungsinstitute und wissenschaftlich-technischen Einrichtungen in den produzierenden Bereichen,

3. allseitige termin- und qualitätsgerechte Erfüllung der Forschungspläne und gezielte Übererfüllung entsprechend volkswirtschaftlicher Schwerpunkte,

4. rasche und reibungsarme Überführung der Forschungsergebnisse in die gesellschaftliche Praxis, insbesondere in die materielle Produktion, in nichtmaterielle Bereiche, sowie Vergabe von Lizenzen beziehungsweise Patentierung der Resultate,

5. Einführung wissenschaftlich-technischer Neuerungen in die materielle Produktion, systematische Erneuerung des vorhandenen Produktionssorti-

ments, der Produktionsausrüstungen, der Technologie entsprechend volkswirtschaftlichen Erfordernissen,

6. zügiger Verlauf der Anfahrperiode neuer Produktionen mit dem Ziel, in möglichst kurzer Frist die projektierten technischen Parameter zu erreichen und damit ein hohes ökonomisches Ergebnis durch den wissenschaftlich-technischen Fortschritt zu realisieren,

7. rasche Ausbreitung wissenschaftlich-technischer Neuerungen im volkswirtschaftlichen Reproduktionsprozeß und darüber hinaus im Rahmen der sozialistischen Staatengemeinschaft, wobei einerseits eine vielfache Nutzung ökonomisch vorteilhafter Neuerungen, andererseits eine Nutzung der erprobten Neuerungen zugrunde liegender Prinziplösungen für andere Zwecke zu verfolgen ist. Der ökonomische Effekt der sogenannten Sekundärnutzung ist oft höher als der Primärnutzen.

Erfahrungen zeigen, daß nicht alle Prozesse gleichermaßen mit Hilfe der wirtschaftlichen Rechnungsführung stimuliert werden können. Da die wirtschaftliche Rechnungsführung die Erwirtschaftung eines – gesellschaftlich normierten – Gewinns erfordert, ist ihre Anwendung konsequenterweise nur dort möglich, wo die Arbeitsergebnisse den Charakter von Waren tragen. Das trifft aber für Forschungsinstitute in der Regel nicht zu, vor allem dann nicht, wenn diese vorrangig Grundlagenforschung betreiben. Aufgabe dieser Institute ist die Schaffung eines langfristig wirksamen, multivalent nutzbaren wissenschaftlichen Vorlaufs. Der Verkauf der Ergebnisse zum Zwecke der unmittelbaren praktischen Nutzung steht hingegen nicht im Vordergrund der Aufmerksamkeit. Gleichzeitig liefern Forschungsinstitute in vielfältiger Weise den wissenschaftlichen Vorlauf für nichtmaterielle Bereiche. Unter diesen Bedingungen eine Arbeit nach Prinzipien der wirtschaftlichen Rechnungsführung zu organisieren, ist nur bedingt möglich.

Im Jahre 1972 wurde die „Verordnung über die Leitung, Planung und Finanzierung der Forschung an der Akademie der Wissenschaften und an Universitäten und Hochschulen“ eingeführt. Die darin enthaltenen Regelungen gewährleisten in Verbindung mit der „Konzeption der langfristigen Entwicklung der naturwissenschaftlichen und mathematischen Grundlagenforschung sowie der Grundlagenforschung ausgewählter technischer Richtungen bis zum Jahre 1990“ eine konsequente Orientierung der Grundlagenforschung an den gesellschaftlichen Erfordernissen. Entsprechend der gültigen Finanzierungsordnung werden alle Forschungsarbeiten in den Einrichtungen der Akademie der Wissenschaften und des Hochschulwesens aus dem Staatshaushalt finanziert. Das gilt auch für Themen, deren Ergebnisse unmittelbaren Eingang in die Praxis finden sollen. Der Nutzer der Resultate zahlt nach Abschluß der Arbeit beziehungsweise bei Übergabe von Teilleistungen einen „Preis für wissenschaftlich-technische Leistungen“, dessen Höhe vor Beginn der Arbeiten vertraglich fixiert wird. Die auf diese Weise im Forschungsinstitut erzielten Erlöse werden an den Staatshaushalt zurückgeführt.

So wird erreicht, daß die Leistungen für wissenschaftliche Ergebnisse dem industriellen Nutzer in jedem Fall Kosten verursachen, gleichgültig, ob er die Arbeiten mit eigenen Kapazitäten ausführt oder ob er fertige Resultate kauft. Wissenschaftlich-technische Ergebnisse, die in die Produktion einfließen, werden in die betrieblichen Kosten verrechnet. Die Vorfinanzierung der Leistungen des Forschungsinstitutes aus dem Haushalt bedeutet eine zeitliche Verschiebung der Kostenverrechnung beim Nutzer. Somit ist gewährleistet, daß

1. alle Forschungen, die langfristig und multivalent nutzbar sind, auch Forschungen für nichtmaterielle Bereiche, aus dem Staatshaushalt finanziert werden (zu einem bestimmten Teil finden diese Arbeiten auch in Forschungseinrichtungen der Industrie statt),
2. alle Forschungs- und Entwicklungsarbeiten, die auf die unmittelbare Nutzung in der Industrie gerichtet sind, aus dem Fonds Wissenschaft und Technik der Betriebe, Kombinate beziehungsweise Vereinigungen Volkseigener Betriebe finanziert werden.

Erstere werden folgerichtig nicht über das Stimulierungssystem der wirtschaftlichen Rechnungsführung zu beeinflussen sein, letztere dagegen durchaus.

Leistungsbewertung des Betriebes als Ausgangspunkt der ökonomischen Stimulierung

Eine Kernfrage der Stimulierung des wissenschaftlich-technischen Fortschritts ist die Leistungsbewertung. Herauszukristallisieren, worin die Leistung eines Betriebes beziehungsweise eines einzelnen Werktätigen besteht, ist Grundvoraussetzung, um seine Leistung richtig und wirksam stimulieren zu können. Diese Leistungsbewertung muß zum Ausdruck bringen, worin der Beitrag zur Realisierung der gesellschaftlichen Zielstellung besteht. Effektiv in diesem Sinne ist also nur das, was der Funktion des Betriebes im Maßstab der Volkswirtschaft entspricht. Effektiv ist es also, wenn der Betrieb mit einer Leistung seinen Beitrag zur gesellschaftlichen Zielstellung vollbringt. Diese Feststellung scheint trivial zu sein, wenn man davon ausgeht, daß das Anliegen der ökonomischen Stimulierung überhaupt die Herstellung der Übereinstimmung der Interessen der Volkswirtschaft, der Betriebe und Werktätigen ist. Die Praxis zeigt allerdings, daß die reale Herstellung dieser Übereinstimmung ein komplizierter Prozeß ist. Nicht selten ist es in der Vergangenheit vorgekommen, daß Betriebe zu Leistungen stimuliert wurden, die im gesellschaftlichen Maßstab durchaus nicht vordringlich, manchmal sogar nachteilig waren.

Probleme ergeben sich beispielsweise bei der Arbeit mit der Kennziffer „Warenproduktion“. Sie besitzt als aggregierte Leistungsziffer für Warenproduzenten eine zentrale Funktion für die Leitung des Reproduktionsprozesses. Störungen entstehen dadurch, daß die Arbeit mit dieser Kennziffer nicht konsequent auf die Erfordernisse der Intensivierung ausgerichtet wird. Die Auswertung der gesammelten Erfahrungen schlägt sich in einem Politbürobeschluß nieder, in dem es heißt: „Die Warenproduktion bleibt in Verbindung mit der verstärkten Anwendung qualitativer Kriterien wichtigstes Kontrollinstrument der Partei- und Staatsführung für die Erfüllung des Planes auf allen Ebenen.“[3] Auf dieser Grundlage erarbeitete gesetzliche Regelungen[4] zielen darauf ab, daß betriebliche Anstrengungen zur Senkung des spezifischen Aufwands an Materialien, Energien und lebendiger Arbeit nicht zur Senkung der Betriebspreise und damit auch nicht zu einem verminderten Ausweis der Warenproduktion führen, sondern für den Betrieb ökonomisch vorteilhaft sind. Damit wurde ein wesentlicher Schritt zur qualifizierteren Leistungsbewertung der Warenproduzenten getan, der die Orientierung auf die volkswirtschaftlichen Intensivierungserfordernisse unterstützt. Die Einheit von gesellschaftlichen und betrieblichen Interessen ist mit dieser Regelung weit besser gesichert als bisher. Wesentlich ist, daß die Industriepreise grundsätzlich für die Dauer eines Fünfjahrplans konstant bleiben. Preisänderungen im Zusammenhang mit der Jahresplanung – also innerhalb einer Fünfjahrplanperiode – sind nur zur Durchsetzung bestimmter Maßnahmen des wissenschaftlich-technischen Fortschritts beziehungsweise zur Förderung einer bedarfsgerechten Produktion zulässig. Sie bedürfen der Entscheidung des Ministerrates.

Besonders kompliziert ist die Bewertung der betrieblichen Leistung unter dem Aspekt, daß die Herstellung einzelner Erzeugnisse und Erzeugnisgruppen bei einem bestimmten Entwicklungsstand ein Sättigungsniveau erreicht. Viele Bereiche der Leicht- und Lebensmittelindustrie haben in der DDR ein Produktionsvolumen erzielt, das von der Menge her eine volle Bedarfsbefriedigung sichert. Gleichzeitig gibt es hinsichtlich der Qualität, des Sortiments und der Kontinuität im Warenangebot beim Einzelhandel noch ungelöste Probleme.

Würde die Leistung der Betriebe unter diesen Bedingungen ausschließlich anhand der Höhe der Warenproduktion und ihrer Steigerung gemessen, müßten Sortiments- und Qualitätsprobleme in den Hintergrund der Aufmerksamkeit treten. Das könnte zur Folge haben, daß die Orientierung in Richtung einer Verteilung der gesellschaftlichen Arbeit, der Fonds und der Ressourcen erfolgt, die nicht unbedingt der weiteren Entwicklung des gesellschaftlichen Reproduktionsprozesses dienlich wäre, die auch nicht zu einer Verbes-

[3] Zitiert nach: Joachim Oelschlägel, Richtige Leistungsbewertung fördert die Initiative zur Intensivierung, in: Die Wirtschaft, 9/1976, S. 10.

[4] Vgl. Beschluß über die Bildung der Industriepreise zur Durchführung des Beschlusses zur Leistungsbewertung der Betriebe und Kombinate, in: Gesetzblatt der DDR, Teil I, Nr. 24 vom 13. Juli 1976, S. 317–321.

serung in der Bedürfnisbefriedigung führt und somit letztlich nicht effektiv im gesellschaftlichen Maßstab wäre.

Im Interesse einer wirksamen Stimulierung des wissenschaftlich-technischen Fortschritts muß die Leistung differenzierter und komplexer beurteilt werden. Ohne Veränderung in der Produktionsstruktur sowie der Struktur der nichtmateriellen Bereiche, des Dienstleistungsbereiches, der Infrastruktur usw. ist es auf lange Sicht nicht möglich, den sich verändernden und dabei insgesamt steigenden Bedürfnissen zu entsprechen, denn „in dem Maße, in dem mit der erfolgreichen Durchführung der Hauptaufgabe bei bestimmten Positionen die mengenmäßige Übereinstimmung von Angebot und Nachfrage erreicht wird, bilden sich neue, qualitativ höhere und differenziertere Bedürfnisse heraus. Sie vorausschauend zu erkennen und auf ihre Befriedigung hinzuarbeiten, erfordert neue schöpferische Anstrengungen in Forschung und Technik und stimuliert sie zugleich.“[5] Die Durchsetzung des wissenschaftlich-technischen Fortschritts verlangt deshalb in bezug auf die Stimulierung der betrieblichen Tätigkeit ein hinreichend flexibles und anpassungsfähiges Instrumentarium. Dementsprechend werden künftig zur Leistungsbewertung neben der Warenproduktion, die ein quantitativer Ausdruck der Leistungsentwicklung ist, auch qualitative Kennzahlen verwendet werden. Derartige qualitative Kennzahlen werden dann am besten dem Anliegen einer realen Leistungseinschätzung gerecht, wenn sie spezifische Merkmale des Zweiges hinreichend beachten. So ist für Erzeugnisse des Maschinenbaus weder die Anzahl noch das Gewicht primär, sondern entscheidend sind die Leistungsparameter, die Zuverlässigkeit, das technisch-ökonomische Niveau, die Exportfähigkeit. Entscheidend ist es also, möglichst umfassend zum Ausdruck zu bringen, inwieweit die betriebliche Leistung den Erfordernissen der Intensivierung des gesellschaftlichen Reproduktionsprozesses entspricht. „Es ist jedoch ein entschiedener Kampf gegen Tendenzen einer formalen Erhöhung der Warenproduktion durch Steigerung uneffektiver Kooperation, Vergeudung von Material und gegen nichtbedarfsgerechte Produktion zu führen.“[6]

Zur komplexen Einschätzung der Leistungs- und Effektivitätsentwicklung der Betriebe dienen künftig neben Kennziffern der Warenproduktion, wobei vor allem die Warenproduktion mit dem Gütezeichen Q gesondert ausgewiesen wird, die Arbeitsproduktivität auf Basis Eigenleistung, der Schichtkoeffizient des Produktionspersonals, Arbeitszeiteinsparungen durch wissenschaftlich-technische Maßnahmen, Normative des spezifischen Energie- und Materialverbrauchs (im Naturalausdruck), die Grundfondsquote, die Selbstkosten-

[5] Hermann Pöschel, Intensivierung und wissenschaftlich-technischer Fortschritt, in: Einheit, 7/1975, S. 705.

[6] Bericht zur „Direktive des IX. Parteitages der SED zum Fünfjahrplan für die Entwicklung der Volkswirtschaft der DDR in den Jahren 1976–1980“, Berichterstatter: Horst Sindermann, Berlin 1976, S. 55.

sowie die Nettogewinnentwicklung. Dieses differenzierte Spektrum von Leistungskennziffern gibt die weitgehende Gewähr dafür, daß eine komplexe Orientierung auf die intensiv erweiterte Reproduktion erfolgt und daß die Entwicklung der Produktion sich den entwickelnden Bedürfnissen anpaßt.

Nur was der Gesellschaft nützt, darf für den Betrieb von Vorteil sein. Es muß aber für den Betrieb vorteilhaft sein, weil sonst kein materieller Anreiz besteht, sich aktiv für die Verwirklichung der gesellschaftlichen Interessen einzusetzen. Wesentlich ist die Herstellung eines zwingenden Zusammenhanges zwischen den Fondszuführungen und der Effektivitätsentwicklung des Betriebes. So sind Zuführungen zum Leistungsfonds nur gerechtfertigt, wenn sowohl die erforderlichen Einsparungen an Rohstoffen, Materialien und Energie wie auch die geplante Senkung der Kosten erzielt werden, wenn die normative Effektivitätsentwicklung umfassend erreicht wird. Nur dann werden die Fonds ihrer limitierenden Funktion zur Lösung der geplanten Aufgaben der Produktionsentwicklung gerecht werden, und nur dann wird die stimulierende Wirkung der wirtschaftlichen Rechnungsführung in vollem Umfang gewährleistet.

Dabei zeigt sich, daß in der Praxis eine Reihe von Problemen auftreten, die bislang noch nicht befriedigend gelöst sind. Die Amortisationen berücksichtigen ungenügend die Dynamik des wissenschaftlich-technischen Fortschritts, die in den einzelnen Zweigen und Bereichen sehr verschieden ist. Eine stärkere Berücksichtigung des moralischen Verschleißes der Anlagen, aber auch der Technologien, der Verfahren und der hergestellten Erzeugnisse muß dazu beitragen, daß die Erfordernisse zur Beschleunigung des wissenschaftlich-technischen Fortschritts in der wirtschaftlichen Tätigkeit der Betriebe besser ihren Niederschlag finden. Tendenziell müßten sich daraus höhere und stärker differenzierte Abschreibungsnormative ergeben.

Die im Leistungsfonds angesammelten finanziellen Mittel geben nicht unbedingt die Gewähr für die Durchführung vorgesehener Veränderungen in der Produktion. Nicht selten fehlt die bedarfsgerechte materielle Deckung hierfür. Die Betriebe sind dann in einer Situation, in der sie wohl über hohe Fonds verfügen, diese Verfügung aber formal bleibt, weil die praktische Nutzung der Mittel nicht gewährleistet ist. Eine solche Situation führt dazu, daß die stimulierende Wirkung, die mit dem Fonds beabsichtigt ist, spürbar eingeschränkt wird.

Besonders wichtig ist die längerfristige Verfügungsmöglichkeit der Betriebe über ihre Fonds. Die Orientierung auf den Fünfjahrplan als Hauptsteuerungsinstrument des wissenschaftlich-technischen Fortschritts trägt der Tatsache Rechnung, daß die Maßnahmen des wissenschaftlich-technischen Fortschritts überwiegend nicht kurzfristig realisierbar sind. Grundsätzliche Veränderungen erfordern häufig eine Vorlaufzeit von fünf bis zehn Jahren. Eine längerfristige Planung, die auch schon auf prognostischen Vorstellungen über die künftige Entwicklung des Reproduktionsprozesses basiert, kann diesem Tatbestand Rechnung tragen. Damit nun aber nicht nur die grundsätzlichen Veränderungen langfristig vorbereitet und realisiert werden, sondern harmonisch damit abgestimmt auch die Veränderungen, die der Betrieb aus selbsterwirtschafteten Mitteln vornehmen kann, sind Konsequenzen in bezug auf die Fondserwirtschaftung und die Verfügbarkeit über diese Fonds zu ziehen. Vor allem betrifft das langfristig gültige Normative für die Fondszuführung, deren stimulierende Wirkung stärker ist als bei kurzfristig gültigen. Der Betrieb erhält dadurch die Möglichkeit, entsprechende Mittel in den Fonds zu akkumulieren. Überdies wird es auch möglich, die materielle Sicherstellung der Fonds durch längerfristige Bilanzierung und durch den Abschluß von Verträgen zu gewährleisten. Der Betrieb wird also in die Lage versetzt, auf längere Sicht bestimmte Projekte selbst zu erwirtschaften. Die längerfristige Gültigkeit der Normative für die Fondszuführung in Abhängigkeit von der betrieblichen Leistung ist mithin Bedingung dafür, daß die an die Fondszuführung gestellten Erwartungen in bezug auf die Stimulierung tatsächlich wirksam werden. Erfahrungen zeigen, daß die längerfristige Gültigkeit der Normative oft sogar wichtiger für den erzielbaren Stimulierungseffekt ist als die Höhe der Normative.

Ökonomische Zielstellungen für den wissenschaftlich-technischen Fortschritt und Preisbildung für neue Erzeugnisse

In den letzten Jahren wurde immer deutlicher, daß wissenschaftlich-technische Neuerungen nicht nur technische Probleme zu lösen haben. Es geht vielleicht nicht einmal primär um die Einführung neuer Erzeugnisse, Verfahren und Technologien. Ziel des wissenschaftlich-technischen Fortschritts ist es, einen Beitrag zum gesellschaftlichen Fortschritt zu leisten und die materiell-technische Basis weiterzuentwickeln. Nur auf dieser Grundlage ist es schließlich möglich, durch die weitere Gestaltung der entwickelten sozialistischen Gesellschaft grundlegende Voraussetzungen für den allmählichen Übergang in den Kommunismus zu schaffen. Auch wenn dieser Prozeß lange Zeit in Anspruch nehmen wird, muß er heute bei der Ausrichtung des wissenschaftlich-technischen Fortschritts beachtet werden. Denn nur langfristig ist es möglich, die großen technischen und gesellschaftlichen Wandlungen durchzuführen. Dementsprechend kommt es heute darauf an, bei der Planung von Maßnahmen des wissenschaftlich-technischen Fortschritts nicht nur wissenschaftlich-technische Ziele vorzugeben, sondern auch ökonomische und soziale Ziele. Dazu gehören die Beachtung des Umweltproblems bei der Durchsetzung des wissenschaftlich-technischen Fortschritts, die sparsame Inanspruchnahme der natürlichen Ressourcen, die Nutzung der geologisch recht ungünstig gelagerten einheimischen Rohstoffvorräte, die für die DDR von ausschlaggebender Bedeutung ist. Darüber hinaus ist der Einfluß der

Realisierung einzelner Maßnahmen des wissenschaftlich-technischen Fortschritts auf die Arbeits- und Lebensbedingungen der Werktätigen zu beachten, die Herausbildung von anspruchsvollen Arbeitsinhalten, die tendenziell dazu geeignet sind, die Arbeit zu einem echten Bedürfnis zu machen – das alles sind somit Zielstellungen für den wissenschaftlich-technischen Fortschritt, die über einen engen technischen Horizont hinausgehen, die die Suche nach gesellschaftlich effektiven Lösungen verdeutlichen, wie sie für die sozialistische Gesellschaft typisch sind.

Erfahrungen aus der Leitungstätigkeit des wissenschaftlich-technischen Fortschritts zeigen, daß trotz der prinzipiellen Erkenntnis der Notwendigkeit, sozialistische Ziele bei der Planung des wissenschaftlich-technischen Fortschritts vorzugeben, und trotz allgemeiner Anerkennung dieser Tatsache noch nicht in jedem Falle gewährleistet ist, daß die Einheit von wissenschaftlich-technischer und sozialökonomischer Zielstellung zum Ausgangspunkt für die Planung von wissenschaftlich-technischen Maßnahmen gemacht wird. Oftmals werden die sozialökonomischen Belange im Forschungsprozeß weniger beachtet als die naturwissenschaftlich-technischen. Da solche Lösungen durchaus nicht immer auch ökonomisch am vorteilhaftesten sein müssen, sind hieraus manche Störungen bei der planmäßigen Realisierung wissenschaftlich-technischer Lösungen in der Praxis zu erklären.

Aus dieser Erkenntnis heraus wurde in der DDR eine Regelung eingeführt, die die Forschungs- und Entwicklungseinrichtungen verpflichtet, während der Erarbeitung der Aufgabenstellung für ein Forschungs- beziehungsweise Entwicklungsthema ein sogenanntes Preislimit zu bestimmen, was zur Grundlage des später zu bildenden Industriepreises für das neue Erzeugnis zu nehmen ist. Damit ist das Problem der sozialökonomischen Vorgaben noch nicht umfassend gelöst. Immerhin wird aber erreicht, daß der Forschungsprozeß nicht ausschließlich auf die Verwirklichung bestimmter naturwissenschaftlich-technischer Ziele ausgerichtet wird, sondern daß ökonomischen Zielstellungen in der Forschung stärkere Beachtung gewidmet wird. Ausgangspunkte für den Limitpreis sind die Kosten und die Preise für vergleichbare Erzeugnisse, die zu erwartenden Gebrauchseigenschaften, die voraussichtlichen Aufwendungen der künftigen Produktion und der zu erwartende Nutzen beim Hauptabnehmer. Anliegen dieser Konzeption ist es also, Lösungen zu erarbeiten, die ökonomisch realisierbar sind, die nicht daran scheitern, daß die technisch attraktive Lösung ökonomisch nicht zu vertreten ist, weil sie zu hohe Kosten verursacht.

Ein Hauptproblem, das immer wieder zu Hemmnissen bei der Durchsetzung des wissenschaftlich-technischen Fortschritts in der Praxis führte, besteht in der Tatsache, daß neue Erzeugnisse und Problemlösungen bisweilen teurer sind als vergleichbare ältere, die sie ersetzen sollen. Damit ist nicht die Steigerung des nominalen Preises proportional zum Gebrauchswert gemeint. Vielmehr ist tatsächlich nicht selten eine Verteuerung der Produktion durch den wissenschaftlich-technischen Fortschritt zu erkennen. Es versteht sich, daß ein solcher „wissenschaftlich-technischer Fortschritt um jeden Preis" keineswegs effektiv ist und keinen echten wissenschaftlich-technischen Fortschritt darstellt. Nur effektive Lösungen sind wissenschaftlich-technischer Fortschritt, der den Bedürfnissen der entwickelten sozialistischen Gesellschaft genügt.

Die Arbeit mit Limitpreisen gibt in hohem Maße die Gewähr dafür, daß der Forderung nach Effektivitätssteigerung durch den wissenschaftlich-technischen Fortschritt schon vom Ansatz her entsprochen wird, daß also von vornherein ökonomisch vertretbare Lösungen konzipiert werden. Der Limitpreis dient als Ausgangspunkt für die Fixierung des neuen Preises. Er darf in der Regel nicht überschritten werden. Die praktisch gesammelten Erfahrungen sind in einzelnen Betrieben und Industriezweigen verschieden. Grundsätzlich wird die angewendete Methodik als brauchbares und praktisch realisierbares Instrumentarium eingeschätzt. Sie darf in ihrer Bedeutung aber auch nicht überbetont werden. Künftige Forschungsarbeiten sollten vorrangig auf praktische Regelungen abzielen, die geeignet sind, das Problem der sozialökonomischen Vorgaben für den wissenschaftlich-technischen Fortschritt möglichst komplex zu lösen.

Das Preisproblem spielt in bezug auf die Stimulierung des wissenschaftlich-technischen Fortschritts insofern eine zentrale Rolle, als die Preise gewissermaßen den Rahmen der wirtschaftlichen Rechnungsführung abstecken. Je nach der Höhe der Preise, der Relation zwischen ihnen und der Preisdynamik kann die Wirkung der einzelnen ökonomischen Stimuli verstärkt oder abgeschwächt, gegebenenfalls sogar aufgehoben werden. Der richtigen Preisbildung kommt daher ein großes Gewicht für die ökonomische Stimulierung des wissenschaftlich-technischen Fortschritts zu.

Objektive Grundlage für die Höhe des Preises ist der gesellschaftlich notwendige Arbeitsaufwand. Es steht also die Aufgabe, die Preise so festzulegen, daß sie den gesellschaftlich notwendigen Aufwand möglichst genau zum Ausdruck bringen. Dabei ist zu berücksichtigen, daß sich dessen Größe mit der Zeit verändert. In der Regel wird er sinken, bedingt dadurch, daß der tatsächlich im Betrieb erforderliche Aufwand für die Herstellung des Gebrauchswertes sinkt. Durch Rationalisierung der Produktion, durch Weiterentwicklung des Herstellungsverfahrens, durch die praktische Umsetzung von Neuerervorschlägen, durch wissenschaftliche Arbeitsorganisation und ähnliche Aktivitäten, die im Verlaufe der Produktionsperiode jedes Erzeugnisses wirksam werden, vermindern sich die Aufwendungen für die laufende Produktion. Gleichzeitig veraltet ein Erzeugnis meistens schon nach wenigen Jahren. Der Bedarf danach verringert sich und wird sich auf andere Erzeugnisse verlagern. Die Folge dieses Prozesses ist eine tendenzielle Senkung des gesellschaftlich notwendigen Aufwands. Aber die Verminderung des gesellschaftlich notwendigen Aufwands im Verlaufe der Produktionsperiode eines

Gebrauchwertes vollzieht sich nicht in jedem Falle tatsächlich. Es ist auch eine gegenläufige Tendenz festzustellen. So verteuerten sich merklich Rohstoffe auf dem Weltmarkt Anfang der siebziger Jahre. Bei Erdöl stieg der Preis beispielsweise von 1972 bis 1974 auf 532 Prozent. Auch die Preise, die im RGW für die Bezahlung von Erdöllieferungen gelten, erhöhten sich auf Grund der objektiv wachsenden Aufwendungen, bedingt vor allem durch die zunehmenden Aufwendungen für die Erschließung der Territorien, in denen die Rohstoffe gelagert sind. Gleichzeitig ist in der DDR im Ergebnis der Preissteigerungen für importierte Rohstoffe das Bemühen verstärkt worden, mehr einheimische Rohstoffe zu erschließen und in der Volkswirtschaft einzusetzen. Der notwendige Übergang auf Rohstoffe, die geologisch weniger günstig gelagert sind, die geringe Mächtigkeit und auch geringere Reinheit aufweisen, führt zu einer Verteuerung der Produktion, auch dann, wenn die angewendeten Produktionsverfahren effektiver werden. Der gesellschaftlich notwendige Arbeitsaufwand für die Bereitstellung von Rohstoffen aus Import oder eigener Produktion steigt in diesem Fall, was sich praktisch in Preiserhöhungen niederschlagen muß. Es sollte nicht angenommen werden, daß es sich dabei um eine einmalige oder seltene Ausnahme handeln würde. Im Gegenteil ist zu erwarten, daß künftig derartige Situationen häufiger auftreten werden. Die allmähliche Erschöpfung der traditionellen Rohstofflager macht es erforderlich, auf immer ungünstigere Quellen zurückzugreifen. Mit Sicherheit wird die Menschheit in einigen Jahrzehnten einen bedeutenden Teil der Rohstoffe aus Lagerstätten auf dem Meeresgrund gewinnen (bei Erdöl geschieht das bekanntlich seit langem), oder es werden alte Müllhalden zur Rohstoffgewinnung aufgearbeitet. Im ersteren Falle ist mit sehr aufwendigen Anlagen und gegebenenfalls hohen Transportkosten zu rechnen; im letzteren Falle ist der Rohstoff nur in außergewöhnlich geringer Konzentration in gelagertem Material vorhanden. Eine Aufwandssteigerung ist die logische Konsequenz. Wollte man auf eine entsprechende Erhöhung des Nominalpreises verzichten, um die entsprechende Produktion „zu stützen", würden die weiterverarbeitenden Betriebe nicht mit den realen hohen gesellschaftlichen Aufwendungen konfrontiert, ihre Bestrebungen nach sparsamer Verwendung des entsprechenden Einsatzstoffes würden ungenügend stimuliert.

Die Ausführungen verdeutlichen zwei mögliche Tendenzen der Entwicklung des gesellschaftlich notwendigen Aufwands. Es ist aber nicht so, daß beide alternativ zueinander auftreten würden. Vielmehr durchdringen sie einander. Der gesellschaftlich notwendige Aufwand für ein Erzeugnis, der infolge des Übergangs auf andere Lagerstätten sprunghaft ansteigt, wird allmählich wieder vermindert werden, in dem Maß nämlich, wie es gelingt, die Produktionsaufwendungen im Rahmen der neuen Technologie zu senken.

Hieraus ist zu schlußfolgern, daß den Bedingungen der Beschleunigung des wissenschaftlich-technischen Fortschritts ein dynamisches Preissystem am besten entspricht. Die Preise sollten also nicht zu lange konstant sein. In der

DDR wurde von 1967 bis 1975 mit konstanten Industriepreisen gearbeitet. Die immer stärker werdenden Divergenzen zwischen Preis und gesellschaftlich notwendigem Aufwand führten zwangsläufig zu einem Nachlassen der stimulierenden Wirkung des Preises beziehungsweise dahin, daß die Preise für verschiedene Erzeugnisse in unterschiedlichem Maße stimulierend wirkten. Daraus resultiert die Notwendigkeit, verstärkt die übrigen Stimuli der wirtschaftlichen Rechnungsführung (Fondszuführungen und Gewinnabführungen an den Staatshaushalt) zu verändern, um insgesamt eine hinreichende Leistungsstimulierung zu sichern. Die neuen gesetzlichen Regelungen über die Preisentwicklung im Zusammenhang mit der Ausarbeitung des Fünfjahrplans, auf die bereits eingegangen wurde, geben einerseits die Gewähr einer tendenziellen Anpassung des Preises an den gesellschaftlich notwendigen Arbeitsaufwand. Andererseits sichern sie soviel Stabilität, daß die Prinzipien der wirtschaftlichen Rechnungsführung längerfristig wirksam werden können.

Vielfach bewährt hat sich in der Praxis ein Preissenkungsmechanismus. Grundgedanke dieser Konzeption ist es, den Preis dem – im Rahmen einer gegebenen technologischen Prinziplösung – tendenziell sinkenden gesellschaftlich notwendigen Arbeitsaufwand anzupassen. Zu diesem Zweck wird der Preis vermindert, wobei der verminderte Preis nur für den Hersteller gilt, nicht für den Abnehmer. Der Hersteller, dessen Gewinnspanne sich durch die Preissenkung vermindert, wird dadurch stimuliert, die Aufwendungen für das Erzeugnis zu senken, schließlich aber das Erzeugnis auszusondern und durch ein neues zu ersetzen. Der Abnehmer, der weiterhin den ursprünglichen Preis bezahlt, wird in der Regel bereit sein, das neue Erzeugnis anzuwenden, das seinen Bedürfnissen natürlich entsprechen muß, da er keine Kostensteigerung zu spüren bekommt.

Nicht immer wird, wenn ein neues Erzeugnis entwickelt wurde, ein altes auszusondern sein. Mitunter werden neue Erzeugnisse die entsprechenden alten nur aus bestimmten Anwendungsgebieten verdrängen. Das gilt beispielsweise für Baustellenlaser, die zum kontinuierlichen Vermessen größerer Bauobjekte dienen, zum Beispiel Rollbahnbau auf Flughäfen, Autobahnbau, Kühlturmbau in Betonbauweise. Sie haben sich hier bewährt und zu großen ökonomischen Vorteilen geführt. Gleichzeitig haben sie den herkömmlichen Theodoliten auf vielen Baustellen, zum Beispiel im Wohnungsbau, nicht verdrängen können. Die Erscheinung einer tendenziellen Verbreiterung des Produktionssortiments ist bei der Realisierung des wissenschaftlich-technischen Fortschritts häufig zu beobachten. Ihr ist insofern Beachtung zu schenken, als sie objektiv begründet ist, andererseits aber zu nachweislichen relativen Effektivitätsverlusten führt. Das Tempo der erzielbaren Effektivitätssteigerung wird durch die sinkenden Losgrößen vermindert. Nur die konsequente Ausnutzung aller Vorteile der sozialistischen ökonomischen Integration gibt die Möglichkeit, dieser Tendenz ein entsprechendes Gegengewicht gegenüberzustellen und leistungsfähige, effektive Produktionskapazitäten zu schaffen.

Das Beispiel zeigt, daß allein mit dem Preis beziehungsweise durch bestimmte Preisregelungen nicht die heranreifenden Stimulierungsprobleme gelöst werden können. Deshalb muß konsequent darauf geachtet werden, daß Preisbildung und Weiterentwicklung der wirtschaftlichen Rechnungsführung als Einheit verstanden werden.

4.6. Steigerung der Interessiertheit von Betrieben und Vereinigungen an der Einführung neuer Technik

Die Entwicklung und Einführung der neuen Technik steht im engen Zusammenhang mit der laufenden Produktion und ist die Grundlage ihrer Vervollkommnung. Jedoch spiegelt die Bewertung der Wirtschaftstätigkeit eines an der Schaffung neuer Technik beteiligten Betriebes, mit Hilfe der gebräuchlichen ökonomischen Kennziffern, nicht immer die Arbeitsergebnisse des Kollektivs und die Effektivität der Produktion richtig wider. Im Zeitraum der Entwicklung und Einführung neuer Technik vergrößern sich die materiellen Aufwendungen und der Arbeitsaufwand. Dadurch können die Effektivitätskennziffern des Betriebes und folglich die Prämienhöhe der Beschäftigten sinken. Die Entwicklung neuer Technik kann nur durch Anwendung eines komplexen Systems der Planung und ökonomischen Stimulierung des wissenschaftlich-technischen Fortschritts gewährleistet werden. Ein solches System schließt die planmäßige Entwicklung von Wissenschaft und Technik, den Ausgleich der erhöhten Aufwendungen und den Ausgleich der Verluste ein, die bei der Einführung neuer Technik auftreten. Weiterhin sieht das System einen materiellen Anreiz für die Hersteller der neuen Technik vor.

Das in der UdSSR entwickelte und erfolgreich angewandte Stimulierungssystem bedarf gegenwärtig bereits einer Vervollkommnung. Es beinhaltet die ökonomische Stimulierung der Produktion neuer Technik im weitesten Sinne des Wortes, das heißt die Schaffung ökonomischer Bedingungen, die die Betriebe anregen, Neuentwicklungen einzuführen und die Produktion veralteter Erzeugnisse einzustellen. Die Aufgabe besteht nun darin, mit Hilfe von Plan, Preis, Sonderfonds, Prämien, Kredit und anderen ökonomischen Hebeln die neue Technik sowohl für den Hersteller als auch für den Anwender vom ersten Jahr ihrer Erzeugung an vorteilhaft zu gestalten. Die im System der Planung und ökonomischen Stimulierung des technischen Fortschritts vereinten Methoden und Formen müssen folgende Aufgaben lösen:

- getrennte Planung der laufenden Produktion und der Einführung neuer Technik mit Verteilung der Kapazitäten und aller Ressourcen,
- Verbesserung der Preisbildung,
- Ausgleich der erhöhten Kosten für die Einführung neuer Technik,
- Ausgleich der Verminderung des Prämienfonds der Betriebe, die aus der Aufnahme neuer Technik resultieren,

- materielle Stimulierung der Betriebe für Errungenschaften auf dem Gebiet des technischen Fortschritts im Rahmen des Prämiensystems für die Wirtschaftstätigkeit,
- besondere Prämierung von Beschäftigten in den Betrieben und Institutionen für die Entwicklung und Einführung neuer Technik.

Grundlage des Systems der ökonomischen Stimulierung des wissenschaftlich-technischen Fortschritts wie der sozialistischen Wirtschaftsführung überhaupt muß die Planung sein. Aufgaben des wissenschaftlich-technischen Fortschritts werden in besonderen Plänen für die Entwicklung von Wissenschaft und Technik ausgewiesen. Außerdem ist es erforderlich, in den Betriebsplänen weitere Kennziffern festzulegen: Nomenklatur und Umfang der im Volkswirtschaftsplan, in den Plänen der Ministerien, Ämter und Industrievereinigungen enthaltenen Arbeiten zur Schaffung der neuen Technik, Kostennormative für die Einführung neuer Technik und Normative für den ökonomischen Effekt, der durch Einführung dieser Technik erzielt wird.

Die Planaufgaben für die laufende Produktion, insbesondere für Umfang der realisierten Erzeugnisse, Gewinn und Rentabilität, müssen unter Berücksichtigung der Auswirkungen der Einführung neuer Technik auf die Arbeitsergebnisse der Betriebe festgelegt werden. Und schließlich besteht die führende Rolle der Planung im Zusammenhang mit der ökonomischen Stimulierung des wissenschaftlich-technischen Fortschritts in der Ausarbeitung und Anwendung von Normativen für zulässige Kostenerhöhung bei Einführung neuer Technik für die zu erstattende Verminderung des Prämienfonds, Rückzahlungszeit und anderes, die eine Voraussetzung für die Wirksamkeit des Systems sind.

Vorschläge zur Verbesserung der ökonomischen Stimulierung des wissenschaftlich-technischen Fortschritts sind so aufzubauen, daß die Wirkung des Systems der Planung und ökonomischen Stimulierung der Industrieproduktion berücksichtigt wird. Die Vervollkommnung von Theorie und Praxis der Anwendung des komplexen Systems der Stimulierung des technischen Fortschritts und des Systems der Planung und ökonomischen Stimulierung der Industrieproduktion wird sich für die Annäherung der beiden Systeme positiv auswirken und dazu beitragen, einzelne Elemente des künftigen einheitlichen Stimulierungssystems zu überprüfen und zu überarbeiten.

Preise für neue Technik

Preise für die neue Technik sind so festzulegen, daß sie dem Anwender der neuen Technik einen größeren Nutzen bringen als der Einsatz von herkömmlichen Erzeugnissen. Gleichzeitig ist es notwendig, daß der Hersteller einen vergleichsweise höheren Gewinn bei der Fertigung neuer Technik erwirtschaftet. Dieser höhere Gewinn muß die Abführungen an den Staatshaushalt und die Bildung der eigenen Stimulierungsfonds ermöglichen. Letztere sollten sowohl den Bedürfnissen der Produktionsentwicklung entsprechen als auch die Arbeiter an der Entwicklung und Einführung neuer Technik interessieren.

Der Preis hat die gesellschaftlich notwendigen Aufwendungen des Erzeugnisses, das technische Niveau und den ökonomischen Effekt zu berücksichtigen, den die Volkswirtschaft beim Einsatz des Erzeugnisses erzielt. Dementsprechend ergibt sich folgende Vorschrift zur Ermittlung des Preises:

$$P = S + R \cdot F + E_E \quad (1)$$

Dabei bedeuten:

P – Abgabepreis des Erzeugnisses,

S – Selbstkosten der neuen Produktion als Grundlage des Abgabepreises,

R – Rentabilitätsnormativ des Zweiges (bezogen auf den Wert der Produktionsfonds),

F – angewandte Fonds für die neue Produktion,

E_E – Anteil des ökonomischen Effekts, der in der Volkswirtschaft erzielt und vom Hersteller des neuen Erzeugnisses realisiert wird.

Eine solche Preisbildungsmethodik interessiert die Herstellerbetriebe an der Produktion neuer Technik, denn sie gewährleistet die Vergütung ökonomisch begründeter Produktionsaufwendungen und einen im Vergleich zum Normativ höheren Gewinn. Für den Verbraucher wird der neue Preis deshalb vorteilhaft sein, da er einerseits einen Teil der Einsparung aus der Anwendung der neuen Technik erhält, und da andererseits der spezifische Aufwand für eine Einheit Anwendernutzen sinkt. Dadurch wird er veranlaßt, neue Erzeugnisse einzusetzen.

Um zu sichern, daß eine wirklich effektive Technik geschaffen wird und die Reserven der schöpferischen Arbeit der Wissenschaftler, Konstrukteure und Projektanten erfaßt werden, müssen bereits im Entwicklungsstadium der technischen Aufgabenstellungen Limitpreise Anwendung finden, die als ein verbindlicher Parameter des neuen Erzeugnisses in die technische Aufgabenstellung einfließen.

Eine sehr wichtige Voraussetzung für die Erneuerung der eingesetzten Technik und folglich auch für die Beschleunigung des Tempos des wissenschaftlich-technischen Fortschritts ist die Anwendung von Stufenpreisen.

Erste Stufe: Förderung. Hierbei werden für die Einführung und die Erweiterung der Produktion von neuen, progressiven Erzeugnissen der höchsten Güteklasse Vergünstigungen gewährt. Diese Stufe, die sich durch einen höheren Preis für neue Technik auszeichnet, wird beim Anlauf der Serienfertigung bis zur vollständigen Einführung in die Produktion (Erreichen der projektierten Leistung bei der Herstellung des neuen Erzeugnisses in Übereinstimmung mit dem Fünfjahrplan) angewendet:

$$P_1 = S + R \cdot F + Z_F. \quad (2)$$

Dabei bedeuten:
P_1 – Preis der Stufe eins,
Z_F – Förderungszuschlag zum Preis in Form von Zusatzgewinn.

Zweite Stufe: Normativrentabilität. Diese ist dadurch charakterisiert, daß ein Normativgewinn bei durchschnittlichen Produktionsbedingungen des Zweiges unter der Voraussetzung der Serienfertigung gewährleistet ist:

$$P_{RN} = P_1 - Z_F = S + R \cdot F, \quad (3)$$

wobei P_{RN} der Preis der zweiten Stufe ist.

Dritte Stufe: Sanktionspreis. Er soll ungünstige ökonomische Bedingungen bei der Herstellung moralisch veralteter und abzulösender Erzeugnisse schaffen. Der Preis auf dieser Stufe muß eine geringere als die normative Rentabilität bedingen.

Die Anwendung von Stufenpreisen gewährt nur neuen Erzeugnissen, denen die höchste Güteklasse zugesprochen wurde, höhere Rentabilität. Für die Erzeugnisse, die Standardforderungen entsprechen und Bedürfnisse der Volkswirtschaft und der Bevölkerung des Landes befriedigen (Erzeugnisse der 1. Güteklasse), werden Preise festgelegt, die Gewinn, entsprechend der für den Zweig beziehungsweise die Erzeugnisgruppe gültigen Rentabilitätsnormative gewährleisten.

Sanktionspreise müssen in einer Höhe festgesetzt werden, die den Herstellerbetrieb ökonomisch zwingt, die Produktion moralisch veralteter Erzeugnisse einzustellen und neue, hocheffektive Erzeugnisse in die Produktion aufzunehmen. Zu diesem Zweck ist bei Sanktionspreisen nur eine verringerte Rentabilität möglich, und in Einzelfällen sind sie gleich den Selbstkosten. Die Rentabilität dieser dritten Preisstufe ist zunächst mit 25 bis 40 Prozent des üblichen Gewinns festzulegen. Die Anwendung von Sanktionspreisen muß zum Zeitpunkt der Einordnung des Erzeugnisses in Kategorie zwei beginnen und bis zum festgelegten Plantermin für die Produktionseinstellung gelten. Danach wird der Sanktionspreis in Höhe der Planselbstkosten des veralteten Erzeugnisses festgelegt. Dabei wird der gesamte, aus dem Absatz des Erzeugnisses erzielte Gewinn an den Staatshaushalt abgeführt.

Der Einführungsfonds zur Stimulierung der neuen Technik

Mit der Wirtschaftsreform wird neben anderen Methoden der ökonomischen Leitung der Produktion auch das System der Stimulierung des technischen Fortschritts weiterentwickelt. Der Ministerratsbeschluß der UdSSR „Zu einigen Maßnahmen der Verbesserung von Planung und ökonomischer Stimulierung der Industrieproduktion“ sieht eine Veränderung der Normative zur Bildung der Fonds für die Einführung neuer Technik vor, um zusätzliche Kosten einschließlich der erhöhten Aufwendungen des ersten Jahres und in einzelnen Fällen auch des zweiten Jahres der Serienfertigung des neuen Erzeugnisses auszugleichen. Um grundlegende Lösungen herbeizuführen, ist die wirklich erforderliche Höhe der Aufwendungen zur Einführung zu bestimmen. Das erfordert, daß die Nomenklatur der Aufwendungen nach Industriezweigen und einzelnen Arten der Technik präzisiert und Normative in bezug auf Höhe und Zeitraum ihrer Gültigkeit für Erzeugnisse und technologische Prozesse festgelegt werden. Dabei ist Nutzensgleichheit der neuen und der zu ersetzenden Technik zu gewährleisten. Das setzt voraus, daß diese Normative die Spezifik der Arbeiten zur Schaffung neuer Technik berücksichtigen, wodurch sie sich von den für die Serienproduktion gebräuchlichen Normativen unterscheiden. Der Differenzbetrag für jedes neue Erzeugnis wird nach einer auf diesen Normativen beruhenden Plankalkulation bestimmt.

Über die Verfahren und Methoden zur Ermittlung der Verluste der Betriebe in der Zeit der Einführung neuer Technik bestehen verschiedene Ansichten, aber noch keine Methodiken oder Empfehlungen. Für viele Zweige, darunter für den Maschinenbau, könnte man die Kennziffern der wirtschaftlichen Rechnungsführung mit einer Einheit Arbeitsaufwand zur Herstellung der Erzeugnisse vergleichen, um den Einfluß der neuen Technik auf die Kennziffern zu ermitteln. Neue Technik ist in der Regel arbeitsaufwendiger, besonders im ersten Fertigungsjahr, und deshalb ist Produktions- und Gewinnhöhe pro Einheit vom Betrieb aufgewendeter Arbeit (pro Beschäftigten im Jahr, pro Normstunde oder pro Rubel Grundlohn) bei neuer Technik in der Regel niedriger als bei laufender Produktion. Kennziffern des Arbeitsaufwandes sind für die Betriebe von großer Bedeutung. Bei Gegenüberstellung des normativen Arbeitsaufwandes und der betrieblichen Effektivität kann der Betrieb einschätzen, ob die Herstellung dieses oder jenes Erzeugnisses wirtschaftlicher ist. Um die erhöhten Aufwendungen während der Einführung der neuen Technik exakt zu planen, sind die normative Steigerung des Arbeitsaufwandes, des Materialaufwandes und der Amortisation für die einzuführenden Erzeugnisse zu berechnen. Nach dieser vorbereitenden Arbeit können die Normative für den Einführungsfonds festgelegt werden, wobei es zweckmäßig ist, Normative nach Industriegruppen zu erarbeiten. Das Abgabenormativ wird ermittelt als Verhältnis der Summe der normativen Einführungsaufwendungen im Planzeitraum zu den Gesamtselbstkosten der Warenproduktion für einen bestimmten Zeitraum (Jahr, Planjahrfünft):

$$N_E = \frac{A_E}{S_w}. \tag{4}$$

Dabei bedeuten:

A_E – vollständige Aufwendungen für die Einführung neuer Technik im Planzeitraum,

S_w – Selbstkosten der Warenproduktion für den gleichen Zeitraum.

Der Ausgleich der ökonomisch begründeten erhöhten Aufwendungen für die Einführung erlaubt dem Herstellerbetrieb, mit Beginn des Verkaufs des ersten Erzeugnisses die Einhaltung der Plankennziffern der Produktion für jede Einheit neuer Technik auf einem Niveau, das für den Zeitraum der regulären Produktion der neuen Technik vorgesehen ist. Werden zum Beispiel bei der Preisbestimmung eines neuen Erzeugnisses Selbstkosten von 100 Rubel und eine Rentabilität von 10 Prozent (auf Basis Selbstkosten) zugrunde gelegt, dann beläuft sich der Preis auf 110 Rubel. In der Zeit des Produktionsanlaufs dürfen die Selbstkosten entsprechend den Normativen auf 120 Rubel steigen. Die Differenz von 20 Rubel wird aus dem Einführungsfonds ausgeglichen und wirkt sich demnach nicht auf die Ergebnisse der Wirtschaftstätigkeit des Betriebes aus.

Der Zuschlag bei der Anwendung von Stufenpreisen ermöglicht es dem Betrieb, Stimulierungsfonds zu günstigeren Bedingungen zu bilden als bei der laufenden Produktion der neuen Technik nach Abschluß der Anlaufperiode und dem Übergang zur zweiten Preisstufe.

Die Einführung neuer Technik führt auch zu weiteren Verlusten, wie zum Beispiel verringerter Umfang der abgesetzten Produktionsmenge und damit Reduzierung des Prämienfonds. Im Zusammenhang mit dem erhöhten spezifischen Arbeitsaufwand für die neuen Erzeugnisse verringert sich die Anzahl dieser Erzeugnisse im Vergleich zur entsprechenden Anzahl der abgelösten Produkte pro Maschine und Kapazitätseinheit eines Bereiches oder Betriebes. Außerdem ist ein Produktionsrückgang durch Umrüstung der Anlagen und andere anfallende Arbeiten bei der Einführung neuer Technik möglich. Dieser erhöhte Arbeitsaufwand muß im Produktionsplan und bei der Planung des Lohnfonds berücksichtigt werden. Dem Betrieb wird die Verringerung des Prämienfonds entsprechend einer Regelung im oben erwähnten Regierungsbeschluß ausgeglichen.

Zum Ausgleich der Minderung des Prämienfonds sind aus dem Gewinn des Zweiges Mittel in einem Umfang bereitzustellen, die den Bedarf der Betriebe, die neue Technik produzieren und einführen, in voller Höhe decken. Dafür kann auch ein Teil der Mittel verwendet werden, die durch die Preisminderung für auszusondernde Erzeugnisse anfallen. Bei der Ausarbeitung einer Methodik zur Bestimmung der Fonds, die den Betrieben auf Grund der Einführung eines neuen Erzeugnisses nicht zur Verfügung stehen, müssen alle Veränderungen in den ökonomischen Bedingungen des Ausstoßes der neuen und alten Produktion berücksichtigt werden. Dazu gehören der normative Arbeitsaufwand bei der Produktionsvorbereitung und die Senkung der Herstellerpreise im Rahmen des Systems der Stufenpreise. Weiterhin sind die Veränderung der Selbstkosten für neu eingeführte Erzeugnisse innerhalb der Einführungszeit und der normative Zeitraum, während dessen diese Verluste zu erstatten sind, zu berücksichtigen. Danach ist es notwendig, die Höhe der Prämienfonds gesondert für den Ausstoß alter und neuer Produktion im

Zeitraum zu berechnen. Die Differenz dieser beiden Größen ergibt den zu erstattenden Betrag.

Zur Deckung aller Aufwendungen müssen für die Schaffung und Einführung neuer Technik aus dem Gewinn zwei Fonds geschaffen werden, ein Fonds zur Entwicklung von Wissenschaft und Technik und ein Fonds zur Einführung neuer Technik. Eine solche Verfahrensweise trägt zur verbesserten Finanzierung der Forschung und der Einführung neuer Technik in die Produktion bei, da auf Grundlage von Analysen des Standes von Forschung und Überleitung die entsprechenden Mittel, aufgegliedert nach Jahren und Quartalen, für jeden Zeitraum und für jede Art von Tätigkeiten genauer geplant werden können. Die Normative, die die Größe der Zuführungen zu den Fonds für Entwicklung von Wissenschaft und Technik sowie für die Einführung neuer Technik in die Produktion regeln, müssen sich aus den Volkswirtschaftsplänen ergeben und den Entwicklungsbedürfnissen der Zweige angepaßt sein. Sie sind in Relation zu den Erzeugnisselbstkosten festzulegen, die eine wesentlich stabilere Kennziffer als der Gewinn darstellen. Hierbei ist zu erwähnen, daß einige Wirtschaftswissenschaftler die Befürchtung hegen, daß die Verwendung der Selbstkosten als Basis zur Bestimmung dieser Normative zur Aufblähung des Kostenvolumens führen könnte. Diese Befürchtungen sind unseres Erachtens aber unbegründet, da Selbstkosten geplant werden und durch Preis, Gewinn und Fonds der ökonomischen Stimulierung reguliert werden. So führen Selbstkostensteigerungen zur Verringerung des Gewinns und folglich auch zu verminderten Abführungen an den Fonds der ökonomischen Stimulierung. Darüber hinaus erlangt die Verwendung ökonomisch begründeter Normative bei der Planung der Selbstkosten und anderer Kennziffern generell immer größere Bedeutung.

Der vollständige Ausgleich der erhöhten Aufwendungen und die Erstattung von Verminderungen des Prämienfonds, die von der Einführung neuer Technik in die Produktion herrühren, bewirken für den betreffenden Betrieb gleiche ökonomische Bedingungen mit jenen, die längere Zeit ein gleichbleibendes Erzeugnissortiment herstellen. Die Herstellung neuer Technik erfordert in jedem Falle zusätzliche schöpferische Leistungen und Arbeiten. Um folglich ein Betriebskollektiv an der Entwicklung und Einführung neuer Technik zu interessieren, muß die Leistung dieses Kollektivs zusätzlich anerkannt werden. Das geschieht sowohl durch Sondermittel, als auch durch die Fonds der materiellen Stimulierung, die entsprechend den Ergebnissen der Wirtschaftstätigkeit gebildet werden.

Von einigen Wissenschaftlern wird vorgeschlagen, den Fonds der materiellen Stimulierung des Betriebes nach einer besonderen Skala in Abhängigkeit vom Anteil der neuen Technik am gesamten Produktionsvolumen zu erhöhen. Dies kann nicht befürwortet werden, denn der Umfang der Arbeiten an der neuen Technik ist nicht mit deren Effektivität gleichzusetzen.

Gegenwärtig existieren in den Betrieben zwei Systeme des materiellen Anreizes, eins für die Ergebnisse der Wirtschaftstätigkeit und ein weiteres für die Schaffung neuer Technik. In Zukunft müssen diese beiden Systeme vereint werden. Das erfordert umfangreiche Forschungen und darauf aufbauend eine durchgreifende Umgestaltung der Planung und des Finanzierungs- und Preisbildungssystems.

Schon jetzt können Prämienmittel für Arbeiten zur neuen Technik, die planmäßig in betrieblichem Interesse durchgeführt werden, aus dem Sonderprämiensystem für die Schaffung und Einführung neuer Technik bereitgestellt und mit der Prämierung für Ergebnisse der Wirtschaftstätigkeit zusammengefaßt werden.

Dabei muß der Plan Wissenschaft und Technik als Teil des Betriebsplans ausgearbeitet und bestätigt werden und hinsichtlich der Arbeitskräfte- und Materialressourcen mit den anderen Planteilen verbunden sein. Die Finanzierung der Leistungen des Plans der neuen Technik erfolgt aus dem Fonds zur Entwicklung der Produktion und aus Krediten der Staatsbank. Die eingeführte neue Technik muß gewinnbringend sein und der Belegschaft zusätzliche Möglichkeiten einräumen, ökonomisch günstige Ergebnisse zu erzielen. Durch die Schaffung und Einführung neuer Technik soll die Arbeit des Betriebes verbessert werden. Deshalb darf die im betrieblichen Interesse liegende Schaffung und Einführung neuer Technik nicht von seiner eigentlichen Tätigkeit getrennt werden.

Die zur Prämierung für neue Technik vorgesehenen Mittel sind mit dem Fonds des materiellen Anreizes der laufenden Produktion zu vereinigen. Dieser ist um einen entsprechenden Betrag zu erhöhen, der nach einem eigens ausgearbeiteten, von der ökonomischen Effektivität der einzuführenden neuen Technik abhängenden Normativ festgelegt wird.

Die Hebung des technischen Niveaus der Erzeugnisse bestimmt im entscheidenden Maße das Tempo des technischen Fortschritts im Zweig und im Betrieb. Deshalb ist die Verwendung des Fonds der materiellen Stimulierung zum Zwecke der Stimulierung der Herstellung von Erzeugnissen mit dem höchsten staatlichen Gütezeichen von besonderer Bedeutung. Die Festlegung von Prämienzuschlägen zu den Preisen für Erzeugnisse der höchsten Güteklasse hebt das Interesse der Betriebe an der Verbesserung des technischen Niveaus der Erzeugnisse. Es sollten aber bei der Verleihung des höchsten Gütezeichens in stärkerem Maße Kennziffern der ökonomischen Effektivität berücksichtigt werden. Dabei ist es erforderlich, neben dem ökonomischen Effekt den Koeffizienten des spezifischen Arbeitsaufwandes zu berücksichtigen. Dieser erlaubt zu beurteilen, in welchem Verhältnis der Arbeitszeitaufwand zur Herstellung des alten im Vergleich zum neuen Erzeugnis steht, wobei beide Erzeugnisse nach einem vergleichbaren Hauptparameter eingeschätzt werden. Dafür gilt folgendes Berechnungsschema:

$$K_A = \frac{A_{SPN}}{A_{SPE}}. \qquad (5)$$

Dabei bedeuten:

K_A – Koeffizient des spezifischen Arbeitsaufwandes,

A_{SPN} – spezifischer Arbeitsaufwand pro Einheit des Hauptparameters des neuen Erzeugnisses,

A_{SPE} – spezifischer Arbeitsaufwand pro Einheit des Hauptparameters des zu ersetzenden Erzeugnisses.

$$A_{SPN} = \frac{L_N}{P}, \quad A_{SPE} = \frac{L_E}{P}. \tag{6}$$

Dabei bedeuten:

L_N, L_E – Arbeitsaufwand zur Herstellung des neuen beziehungsweise des zu ersetzenden Erzeugnisses,

P – Größe des Hauptparameters des Erzeugnisses.

Der Koeffizient der Arbeitsintensität für ein Erzeugnis, das der höchsten Güteklasse zugeordnet werden soll, muß nach diesem Schema einen Wert kleiner 1 annehmen.

Die Wirtschaftsreform rief verbesserte Prämierungsformen ins Leben. In der elektrotechnischen Industrie wird seit 1969 versuchsweise ein neues System der materiellen Stimulierung für die Schaffung, Einführung und Anwendung der neuen Technik angewandt. Entsprechend den Bedingungen dieses Systems wird ein Teil des von den Betrieben durch Einführung wissenschaftlich-technischer Entwicklungen erwirtschafteten Gewinns auf die Betriebe, Forschungsinstitute und Konstruktionseinrichtungen aufgeteilt. Damit wurde der Gewinn aus Anwendung neuer Technik zur Hauptquelle für die Bildung des Prämienfonds für die Schaffung und Einführung neuer Technik. Die Höhe der Prämienmittel stimmt mit der Effektivität der neuen Technik überein, während nach dem alten Prämierungssystem die Mittel zur Prämienzahlung an die Beschäftigten nach festgelegten Normativen in Prozenten zum Lohnfonds gebildet wurden.

Die Anwendung des neuen Systems steigerte die Arbeitsproduktivität in der elektrotechnischen Industrie und trug dazu bei, die neuesten Erkenntnisse von Wissenschaft und Technik schneller in die Produktion zu überführen. 1968 wurden 535 und 1974 1167 neue Erzeugnisse in die Produktion aufgenommen. Der ökonomische Effekt eines Jahres stieg durch Anwendung neuer Technik in dieser Zeit um das 4,8fache. Fast drei Viertel der Prämienfonds für Schaffung und Anwendung neuer Technik werden in diesem Industriezweig aus dem Gewinn gebildet, der durch Einführung neuer Erzeugnisse und progressiver Technologien erwirtschaftet wird. Die Prämienmittel sind insgesamt gestiegen, und diese Steigerung ist durchaus berechtigt. Die Effektivität des Zweiges ist im ersten Jahr nach der Einführung dieses Systems um 86,6 Millionen Rubel gestiegen. In der gleichen Zeit erhöhten sich die Zuführungen zu den Prämienfonds für neue Technik um 5,5 Millionen Rubel.

Die Summe der zusätzlichen Abführungen betrug lediglich 6,3 Prozent vom erzielten Effektivitätszuwachs. Im darauffolgenden Jahr betrugen die zusätzlichen Abführungen an den Fonds 5,8 Prozent vom Zuwachs.

Bei einem Gesamtanstieg der Prämienmittel war ihre Höhe in den einzelnen Betrieben jedoch recht unterschiedlich. So schwankte bei einem durchschnittlichen Umfang der Fonds der materiellen Stimulierung für Forschungsinstitute und Konstruktionsbüros von 16,1 Prozent des Lohnfonds 1974 die Höhe der Mittel der einzelnen Institutionen zwischen 6 und 22 Prozent. Der geringe Umfang der Fonds der materiellen Stimulierung in einer Reihe von Institutionen ist die Folge davon, daß diese nicht den nötigen wissenschaftlich-technischen Vorlauf haben beziehungsweise abgeschlossene Entwicklungen nicht in die Produktion überführen. Die Prämienfondsbildung für neue Technik trägt keinen von vornherein feststehenden Charakter mehr, sondern die Fondsbildung und die Höhe der Zuführungen wird von der Effektivität der Arbeit der Betriebe und Einrichtungen bei der Schaffung neuer Technik und, was das wichtigste ist, vom ökonomischen Effekt bestimmt, der durch Einführung wissenschaftlich-technischer Neuerungen in die Produktion erzielt wird. Eine Untersuchung der Prämierungspraxis für neue Technik hatte gezeigt, daß bezüglich der Aufteilung der Prämienmittel noch wesentliche Aufgaben zu lösen sind. Hierbei muß Methoden zur Bewertung der Arbeit in Forschung und Entwicklung große Aufmerksamkeit gewidmet werden. Die Erfahrungen der elektrotechnischen Industrie zur Stimulierung des wissenschaftlich-technischen Fortschritts sind in breitem Rahmen zu nutzen.

Sachregister

Personenregister

Kolibri 360 GmbH
Ferdinand-Jühlke-Straße 7
99095 Erfurt, Deutschland
produktsicherheit@kolibri360.de